中国交通运输
中长期发展战略研究

Strategy Research on the Mid-term and
Long-term Development of China’s Transportation

◎ 王德荣 主编

中国市场出版社
China Market Press
·北京·

图书在版编目(CIP)数据

中国交通运输中长期发展战略研究 / 王德荣主编.
—北京:中国市场出版社, 2014.8
ISBN 978-7-5092-1281-3

Ⅰ.①中… Ⅱ.①王… Ⅲ.①交通运输发展—经济发展战略—研究—中国 Ⅳ.①F512.3

中国版本图书馆CIP数据核字(2014)第151466号

中国交通运输中长期发展战略研究

主　　编: 王德荣
责任编辑: 宋　涛 (zhixuanjingpin@163.com)
出版发行: 中国市场出版社
社　　址: 北京市西城区月坛北小街2号院3号楼 (100837)
电　　话: (010) 68034118/68021338/68022950/68020336
经　　销: 新华书店
印　　刷: 河北鑫宏源印刷包装有限责任公司
开　　本: 185mm×260mm　1/16
印　　张: 22.5　　**字　　数**: 510千字
版　　次: 2014年8月第1版　　**印　　次**: 2014年8月第1次印刷
书　　号: ISBN 978-7-5092-1281-3
定　　价: 58.00元

中国交通运输中长期发展战略研究
编　委　会

序

发展战略是一个国家、一个地区、一个系统在预定时间内实现最优发展的谋划方案。交通运输业作为国民经济和社会发展的基础性、先导性产业，为经济社会发展提供重要支撑和保障。截止到2013年年底，我国铁路营业里程达到10.31万公里，其中，高速铁路营业里程突破1.1万公里，位居世界第一；我国公路通车里程达到435.62万公里，其中，高速公路通车里程达到10.44万公里，位居世界第一；内河航道通航里程12.59万公里；全国港口拥有万吨级及以上泊位2001个，港口吞吐量和集装箱吞吐量世界第一；颁证民用航空机场193个；输油（气）管道里程突破10万公里；全国城市轨道交通运营里程达到2400公里以上。我国交通运输业成就斐然。

党的第十八次全国代表大会明确提出了“两个一百年”的奋斗目标，即：到建党一百周年，我国将全面建成小康社会；到建国一百周年，我国将建成富强、民主、文明、和谐的社会主义现代化国家。在这一时期，国际政治经济形势复杂多变，科技创新和“再工业化”将快速发展。我国在“稳增长、调结构、促改革、惠民生”的方针指引下，经济增速虽然逐步放缓，但是我国作为发展中的大国，在全面深化改革的背景下，经济社会仍会持续稳定较快发展，我国的经济总量将不断增大，经济转型升级，经济结构将不断调整，城镇化进程将不断加快，对外经贸合作的空间分布、规模和结构将不断扩大和升级，人口结构和消费结构将不断变化，基本公共服务不断推进，交通运输如何加快发展和创新转型，满足“两个一百年”发展战略目标的要求，是我国交通运输业面临和亟待解决的问题。

以未来的眼光，从全球视野和战略高度，认真总结我国交通运输发展取得的成绩和存在的问题，研判我国交通运输发展面临的国内外环境，借鉴国外交通运输发展的经验，科学地选择我国交通运输发展的战略目标和发展的战略重点，以及加快我国交通运输发展应采取的政策措施，不仅关系到我国综合交通运输体系的发展前景，而且对我国经济社会发展全局具有重要意义。

为了满足上述要求，中国交通运输协会主办了中国交通运输中长期发展战略研讨会。本次研讨会以“创新·转型·协调·高效”为主题，各位领导和专家学者共聚一堂，为我国交通运输发展筹谋划策，旨在为共同编制“十三五”综合交通运输发展规划和制定中长期交通运输发展战略做出贡献。本次活动得到了广大科研院所、高校、企业界的积极支持和响应。经专家认真评审，择优录用，现将成果编辑成册。本书涵盖了综合运输、铁路、公路、水运、民航、管道、城市交通、综合枢纽等多个领域的战略与规划理论研究、运营管理、技术开发等，是编制交通运输领域中长期发展战略与规划的参考资料。文中如有疏漏之处，敬请谅解并指正。

2014年8月

目　录

我国交通运输发展现状研究

王德荣　杨冷飞
（中国交通运输协会，北京中交协物流研究院，北京　100825）

【摘　要】 新中国成立以来，尤其是改革开放后，我国交通运输业全面快速发展，取得了举世瞩目的辉煌成就。总体上，交通运输能力的紧张状况得到了初步缓解，有力地支撑了国民经济和社会的发展。本文回顾了我国交通运输发展的历程，论述了交通运输业发展取得的成就和存在的问题，以及存在问题的原因。

【关键词】 交通运输　发展历程　成就　存在问题及原因

Research on the Current Situation of China's Transportation

Wang Derong　Yang Lengfei
(China Communications and Transportation Association,
Institute of Logistics and Transportation of Beijing, Beijing 100825)

Abstract: China's transportation industry has developed rapidly and made brilliant achievements since the establishment of People's Republic of China and reform and opening up. On the whole, the inadequate capacity of transportation has been relieved to a certain degree. Transportation supports the national economy and social development effectively. This paper reviewed the development history of China's transportation, discussed the achievements and the current problems of China's transportation, and analyzed the reasons finally.

Keywords: Transportation　Development history　Achievement　Problem and reason

新中国成立以来，尤其是改革开放后，在党中央、国务院的正确领导下，我国交通运输业全面快速发展，取得了举世瞩目的辉煌成就。21 世纪以来是我国交通运输业投资力度最大、发展速度最快的时期，也是运输供给能力和运输服务质量提升最快的时期。总体上，交通运输能力的紧张状况得到了初步缓解，有力地支撑了国民经济和社会的发展，交通运输多项技术、经济指标已经位居世界前列。但是，交通运输有效供给不足，在一些地区、一些运输方向上难以满足工业化、城镇化、国际化、农业现代化对交通运输提出的更高层次的需求，仍然是制约经济社会发展的关键因素。在“十三五”及更长远的一段时期内，我国仍然处于深化改革开放、加快转变经济发展方式的攻坚时期，这对我国交通运输业的发展提出了新的挑战和要求。在这种形势下，回顾我国交通运输发展的历程，正确认识和评价我国交通运输发展的状况和存在的问题，是研究制定我国交通运输发展战略的立足点，对正确确定我国交通运输业进一步发展的方向和途径具有重要意义。

一、我国交通运输发展取得了巨大成就

（一）运输基础设施建设步伐加快，综合运输网主骨架基本形成

1. 运输线路里程不断增长，综合运输通道建设加快

运输线路是交通运输基础设施主要的组成部分。新中国成立以前，交通运输业十分落后，广大内地普遍处于封闭状态。1949 年铁路里程为 2.18 万公里，能通车的只有 1.1 万公里；公路 8.07 万公里，其中铺有路面的仅占 40%；内河航道 7.36 万公里，其中水深 1 米以上的航道仅占 33%；民航只开通了 12 条短程航线，共 1.13 万公里，接收机场 36 个，但多数机场不宜通航，到 1952 年通航机场为 23 个；油气管道尚未建设。新中国成立后，从 1953 年即第一个五年计划开始，有计划地进行了交通运输建设，并取得了一定成绩。之后由于受到政治运动的影响，从 60 年代开始发展速度明显降低，交通运输线路里程增长缓慢。到 1978 年年底，铁路营业里程为 5.17 万公里；公路通车里程为 89.02 万公里；内河航道里程为 13.6 万公里；民航机场数量达到 88 个（1984 年），民航航线里程为 14.89 万公里；随着油气开采量的增长，开始建设输油气管道，管道里程从零增加到 0.83 万公里。

改革开放后，党的工作重点转移到以经济建设为中心的现代化建设上来，工农业生产蓬勃发展，商品流通迅速增加，内外贸运输量大幅上升。在这种情况下，交通运输不能适应经济社会发展的矛盾日益突出，成为国民经济发展中的薄弱环节，严重制约了经济社会的发展。1982 年党的十二大把交通运输和能源作为国民经济发展的重点，“要想富，先修路”逐渐成为社会共识，交通运输线路建设速度逐渐加快。到 2000 年年底，铁路营业里程达到 6.87 万公里；公路通车里程达到 140.27 万公里；内河航道里程达到 11.93 万公里；民航机场达到 139 个，航线里程达到 150.29 万公里；管道里程达到 2.47 万公里。

进入 21 世纪以来，在“十五”、“十一五”和“十二五”（计）规划期，我国交通运输继续发展，交通运输投资显著增长，运输线路里程快速增加。到 2013 年年底，铁路营业里程达到 10.3 万公里，位居世界第二位，其中高速铁路营业里程达到 1.1 万公里，位居世界首位；公路通车里程达到 435.6 万公里，位居世界第二位，其中高速公路通车里程达到 10.44 万公里，跃居世界首位；内河航道里程为 12.58 万公里；民航机场数达到 193 个，定期航班国内通航城市 188 个（不含港澳台），航线 2457 条，不重复民航航线里程为 410.6 万公里；输油（气）管道里程达到 10.6 万公里。这一时期由于加大了投资力度，交通运输建设大提速，除内河航道外，其他各种运输方式线路里程的年均增速都显

著高于前两个时期。

经过多年的快速发展，目前我国交通运输已经初步形成了由铁路、公路、水运、航空、管道五种运输方式组成的综合运输网主骨架，逐步构建了“五纵五横”综合交通运输通道。新中国成立以来各种运输方式线路里程增长趋势见图 1，各阶段线路里程增速见表 1。

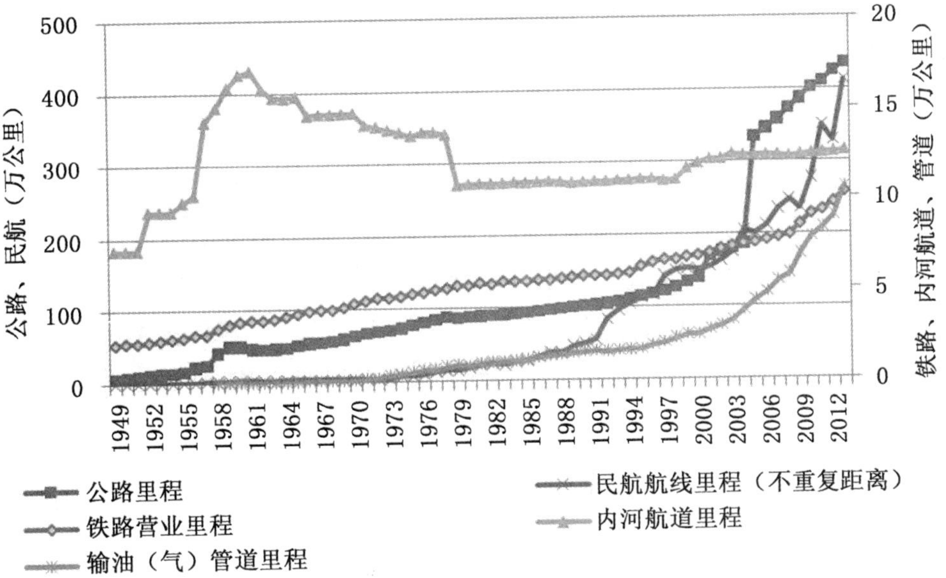

图 1　1949—2013 年我国各种运输方式线路里程变化情况

注：从 2003 年起，内河航道里程为内河航道通航里程数；从 2005 年起，公路里程包括村道。

数据来源：《2013 年国民经济和社会发展统计公报》、《中国交通运输年鉴 2012》、《中国统计年鉴 2013》、《新中国 60 年统计资料汇编》（以下不做注明则为相同来源）。

表 1　不同阶段我国各种运输方式线路里程变化情况

单位：万公里

运输方式	里程				年均里程增加		
	1949	1978	2000	2013	1949—1978	1978—2000	2000—2013
铁路	2. 18	5. 17	6. 87	10. 3	0. 10	0. 08	0. 26
公路	8. 07	89. 02	140. 27	434. 60	2. 79	2. 33	7. 46 *
航道	7. 36	13. 60	11. 93	12. 58	0. 22	–0. 08	0. 05
航线（不重复距离）	1. 14	14. 89	150. 29	410. 60	0. 47	6. 15	20. 02
管道	–	0. 83	2. 47	10. 60 * *	0. 03	0. 07	0. 63

注：* 为按可比口径，扣除村道里程。

* * 2013 年起包括中国海洋石油总公司所属管道里程。

2. 运网布局不断改善

从各种运输方式线路布局分析，新中国成立初期，由于多年的战争破坏，我国的交通运输网络不仅发展滞后，地区分布也十分不平衡。铁路、公路集中于东部地区和东北地区，而国土面积大的西部地区和人口众多的中部地区缺少必要的交通基础设施，严重制约着我国中部和西部地区的经济和社会发展[1]。从运输网络地区分布的比重分析，1949 年国家铁路营业里程中，东部地区占总里程的21.5%，东北地区占40.1%，中部和西部地区分别只占22.5%和15.9%（主要是在内蒙古）；从运网密度分析，全国铁路为0.23 公里/百平方公里，东部地区为0.53 公里/百平方公里，东北地区为1.11 公里/百平方公里，中部地区为0.48 公里/百平方公里，西部地区仅为0.05 公里/百平方公里，运输线路十分稀疏，四川、新疆、西藏、宁夏、青海5 个省（自治区）仍不通铁路。1950 年公路通车里程中，东部地区占27.9%，东北地区占21.7%，中部地区占19.6%，西部地区占30.8%；从运网密度分析，全国公路网密度为1.04 公里/百平方公里，东部地区为3.14 公里/百平方公里，东北地区为2.75 公里/百平方公里，中部和西部地区分别为1.90和0.44 公里/百平方公里，中西部地区的主要运输方式仍然是肩挑手扛以及借助原始的畜力和风力。

新中国成立后，随着我国经济建设和“备战、备荒、为人民”战略的实施，我国铁路、公路建设速度加快，重点建设了兰新、包兰、青藏线北段、成昆、黔桂、川黔、焦柳等一批中西部地区铁路干线和川藏、青藏、天山等一批公路干线，中西部地区交通面貌得到了显著改善。到 1978 年，国家铁路营业里程中东部地区占 18.3%，东北地区占30.2%，中部地区占20.8%，西部地区大幅提高到30.7%；全国铁路网密度为0.51 公里/百平方公里，东部地区为1.01 公里/百平方公里，东北地区为1.51 公里/百平方公里，中部地区和西部地区分别提高到0.98 和0.22 公里/百平方公里。公路通车里程中，东部地区占24.2%，东北地区占13.1%，中部地区提高到25%，西部地区提高到37.7%；全国公路网密度为9.27 公里/百平方公里，东部地区为24.42 公里/百平方公里，东北地区为14.78 公里/百平方公里，中部地区和西部地区分别为21.64 和4.86 公里/百平方公里。经过这一时期的建设，大大改变了新中国成立初期运网布局严重不平衡的状况，使广大中西部地区人民享受到了交通条件改善带来的好处，为中西部地区经济发展奠定了基础。

改革开放后，随着国家发展战略的重大调整，交通建设重心重新向东部沿海地区转移，中西部地区运输线路比重和密度增长势头有所放缓。到 2000 年，国家铁路营业里程中东部地区占 19.3%，东北地区占 20.5%，中部地区和西部地区分别占 22.5%和37.7%；国家铁路网密度为0.61 公里/百平方公里，东部地区为1.28 公里/百平方公里，东北地区为1.53 公里/百平方公里，中部地区和西部地区分别为1.28 和0.32 公里/百平

[1] 东部地区指北京、天津、河北、山东、江苏、上海、浙江、福建、广东、海南10 省（直辖市）；中部地区指山西、安徽、江西、河南、湖北、湖南六省；西部地区指内蒙古、新疆、青海、西藏、重庆、四川、云南、贵州、陕西、甘肃、宁夏、广西12 个省（自治区、直辖市）；东北地区指辽宁、吉林、黑龙江3 省。下同。

方公里。公路通车里程中东部地区占 30.2%，东北地区占 10.6%，中部地区和西部地区分别占 21.8% 和 37.4%；国家公路网密度为 12.67 公里/百平方公里，东部地区为 41.63 公里/百平方公里，东北地区为 16.28 公里/百平方公里，中部地区和西部地区分别为 25.82 和 6.59 公里/百平方公里。特别是高速公路的发展，这一时期主要集中在东部地区，2000 年年底，全国高速公路网密度为 0.17 公里/百平方公里，东部地区为 0.84 公里/百平方公里，东北地区为 0.23 公里/百平方公里，中部地区和西部地区分别只有 0.28 和 0.06 公里/百平方公里。

2000 年以后，区域协调发展提上了重要议事日程。2000 年提出西部大开发战略，2006 年提出促进中部崛起，中西部地区各项建设速度加快。青藏铁路的建成结束了西藏不通铁路的历史，公路建设更是突飞猛进。到 2012 年，全国铁路营业里程中东部地区占 23.0%，东北地区占 15.8%，中部地区和西部地区分别占 22.9% 和 38.3%；国家铁路网密度为 1.02 公里/百平方公里，东部地区为 2.54 公里/百平方公里，东北地区为 1.96 公里/百平方公里，中部地区和西部地区分别提高到 2.18 和 0.54 公里/百平方公里。公路通车里程中东部地区占 24.5%，东北地区占 8.4%，中部地区和西部地区分别占 27.3% 和 39.8%；国家公路网密度为 44.14 公里/百平方公里，东部地区为 117.62 公里/百平方公里，东北地区为 45.41 公里/百平方公里，中部地区和西部地区分别提高到 112.39 和 24.43 公里/百平方公里。与此同时，中西部高速公路里程增长迅速，中部地区和西部地区高速公路密度分别提高到 2.56 和 0.42 公里/百平方公里。

新中国成立以来，我国东、东北、中、西部地区铁路、公路线路比重及密度变化情况见图 2 和图 3。中西部地区运网比重和密度的提高，标志着我国交通运输发展开始由适应型向引领型转变。尽管部分地区存在着建设速度过快、标准过高的问题，但是总体来说，中西部地区交通的大发展有利于区域协调发展目标的实现。

铁路线路比重

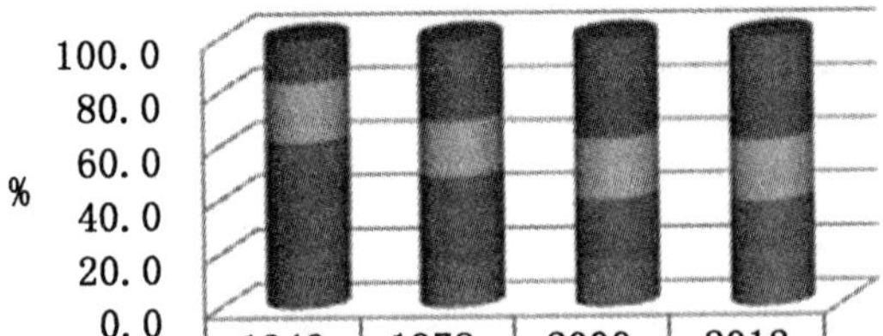

	1949	1978	2000	2012
西部	15.9	30.7	37.3	38.3
中部	22.5	20.8	22.5	22.9
东北	40.1	30.2	20.5	15.8
东部	21.5	18.3	19.3	23.0

公路线路比重

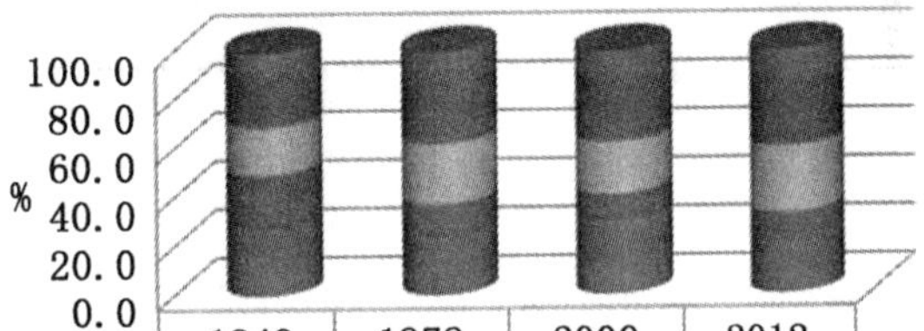

	1949	1978	2000	2012
西部	30.8	37.7	37.4	39.8
中部	19.6	25.0	21.8	27.3
东北	21.7	13.1	10.6	8.4
东部	27.9	24.2	30.2	24.5

图 2　新中国成立以来我国东、东北、中、西部地区铁路、公路比重变化

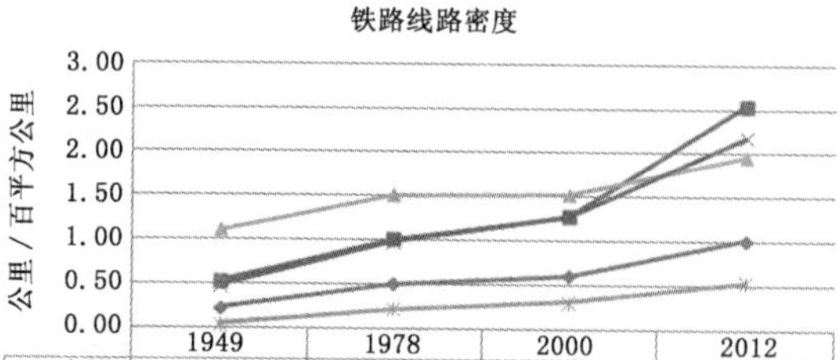

	1949	1978	2000	2012
全国	0.23	0.51	0.61	1.02
东部	0.53	1.01	1.28	2.54
东北	1.11	1.51	1.53	1.96
中部	0.48	0.98	1.28	2.18
西部	0.05	0.22	0.32	0.54

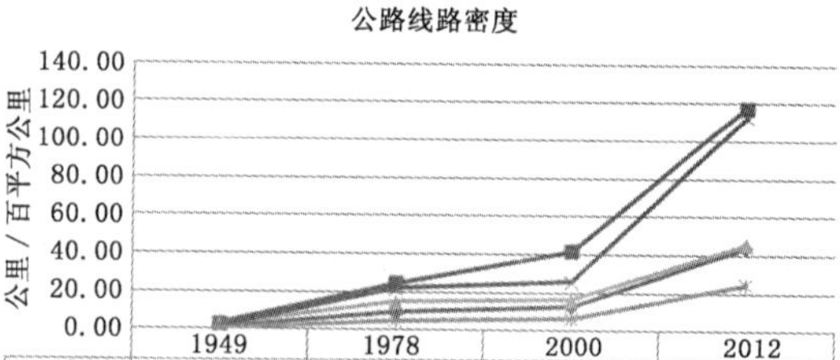

	1949	1978	2000	2012
全国	1.04	9.27	12.67	44.14
东部	3.14	24.42	41.63	117.62
东北	2.75	14.78	16.28	45.41
中部	1.90	21.64	25.82	112.39
西部	0.44	4.86	6.59	24.43

图3　新中国成立以来我国东、东北、中、西部地区铁路、公路密度变化

从民航机场布局分析[1]，新中国成立初期，我国机场主要是为军事服务，西北、华北、中南地区机场比重最高，分别占全国机场总数的39.1%、17.4%和17.4%，华东地区仅有1个机场。此后，机场转为民用，机场建设布局以适应经济社会发展需要为主。到改革开放初期西北地区机场数量比重降低到27.8%，华东地区提高到17.7%，西南地区提高到15.2%。改革开放后，东部地区开始融入国际经济格局中，到2000年华东地区机场比重增加到28%，为全国最高。中南和西南地区比重上升，其他地区比重下降。进入21世纪后，在实施西部大开发、促进中部崛起等区域战略指导下，中西部机场数量增长较快。到2012年，华东地区机场数量比重降到21.9%，西北地区上升到19.7%。1952—2012年六大区域机场数量及机场布局情况见表2。

表2　1952—2012年我国民航机场布局变化情况

年度	机场总数（个）	区域机场数量（个）						区域机场比重（%）					
		华北	东北	华东	中南	西南	西北	华北	东北	华东	中南	西南	西北
1952	23	4	3	1	4	2	9	17.4	13.0	4.3	17.4	8.7	39.1
1981	79	11	5	14	15	12	22	13.9	6.3	17.7	19.0	15.2	27.8
1990	89	13	10	17	18	10	21	14.6	11.2	19.1	20.2	11.2	23.6
2000	125	14	12	35	26	19	19	11.2	9.6	28.0	20.8	15.2	15.2
2006	147	18	12	37	25	31	24	12.2	8.2	25.2	17.0	21.1	16.3
2012	183	23	20	40	29	35	36	12.6	10.9	21.9	15.8	19.1	19.7

注：1952—2000年数据引自莫辉辉，王姣娥．复杂交通网络——结构、过程与机理［M］．北京：经济管理出版社，2012：130；2006年数据引自《全国民用机场布局规划》；2012年数据由《2012年民航机场生产统计公报》和《2006年民航机场生产统计公报》比较计算而得；六大区域划分方法为国家统计年鉴划分方法。

［1］ 由于民航分区域管理的历史沿革，此处采用华北、东北、华东、中南、西南、西北六大区的分区方法。

3. 对外运输通道建设进程加快

对外交通是国家对外开放、从事国际交流和参与国际竞争的重要基础条件，对外运输通道是对外交通的载体，承担国际客货运量。通过几十年的发展，我国已经初步形成由五种运输方式组成、陆海空三位一体的对外运输通道，为对外经贸合作提供了重要支持。

对外陆运通道包括铁路、公路和管道。新中国成立初期，我国对外运输以铁路为主。先与苏联签订了铁路货物联运协定，后又参加了 12 个社会主义国家之间的铁路货物联运协定，我国与周边的苏联、蒙古、朝鲜、越南，并通过苏、蒙与欧洲部分国家建立了直接的铁路的联系。改革开放后，我国对外贸易广度深度迅速扩大。铁路陆续修建了兰新、集二、京九、临策铁路，开通了二连、阿拉山口、霍尔果斯、策克等口岸，加强了与中亚、北亚和香港地区联系。特别是 1980 年起，开办了通过苏联西伯利亚铁路至欧洲的国际铁路集装箱联运（大陆桥运输），使铁路辐射范围扩大到欧洲全境。随着公路建设速度的加快，与周边国家进行边境贸易的公路运输通道逐渐形成，并占据了越来越多的陆上国际运输份额。公路对外运输通道的走向多与既有铁路走向相同，以高等级公路为主。随着我国油气进口需求的不断增加，管道运输在进口油气资源上发挥了越来越重要的作用。目前已经形成东北、西北、西南三大进口油气通道，初步缓解了进口油气资源过度依赖马六甲海峡的状况。东北通道为中俄原油管道，北起俄罗斯斯科沃罗季诺市，经过中国黑龙江省和内蒙古自治区，止于大庆市。西北通道包括中哈原油管道和中亚天然气管道，中哈原油管道西起哈萨克斯坦阿塔苏，终点为新疆独山子，是我国第一条战略级跨国原油进口管道。中亚天然气管道西起里海旁的土库曼斯坦，穿过乌兹别克斯坦及哈萨克斯坦，到达中国新疆的霍尔果斯，连接我国西气东输二线。西南通道为中缅油气管道，从中缅边境地区进入我国昆明，并将原油管线延伸到重庆，将天然气管线延伸到广西贵港。

对外水运通道主要为近洋、远洋国际运输线路。新中国成立后由于受到西方国家封锁禁运，我国远洋运输线路很少。1961 年中远公司成立后，进行了广州至印尼、青岛至日本等几次不定期航行，60 年代末才开通了至欧洲的第一条国际班轮航线。改革开放后，我国远洋运输飞速发展，很快取代陆路成为进出口货物的主要运输方式。目前已经开通了至澳大利亚西岸、澳大利亚东南岸、北美太平洋、北美大西洋、墨西哥湾、地中海、西欧、北欧、南美太平洋、南美大西洋、东南亚、红海、西非、海湾共 14 个主要方向的 30 多条航线，通行 160 多个国家和地区。

对外空运通道主要为国际航空运输线路。我国 1950 年开辟了三条通往苏联的国际航线，1965 年开始建立中国自己的国际空中通道，承担领导人出国的专机和包机任务，陆续开通了上海、广州通往巴基斯坦、柬埔寨、印度尼西亚和法国等地的国际航线，到 1978 年国际航线发展到 12 条，共 18 万公里。改革开放后，我国民航业进入改革和发展的新阶段，为适应国际经贸往来大幅增长的需要，新增通达北美、欧洲、东南亚、澳大利亚等地的一大批新国际航线，使我国同世界五大洲均可通过空中航线相联系，到 2012 年国际航线已达 381 条，不重复距离 128. 5 万公里，通航 52 个国家的 121 个城市，目前形成了以北京、上海、广州等城市为枢纽，连接世界主要国家和地区的航空运输网络。

4. 交通枢纽建设成绩显著

运输枢纽是综合交通运输基础设施网络体系中的关键节点，是各种运输方式有效衔接，实现高效率一体化运输的重要设施。运输枢纽既包括处于宏观层面的重要枢纽城市，也包括承载旅客和货物换乘换装的枢纽场站。

从枢纽城市角度看，各个时期的铁路、公路、航空发展规划中设定了各自的枢纽城市。2007 年国务院批准了《综合交通网中长期发展规划》，按照“位于综合运输大通道重要节点，省市自治区首府所在地或区域经济中心，国家重要的港口、航空和陆地口岸，有较大的客货吞吐量和增长潜力，与综合运输大通道相协调，能保障有最合理的客货运输路径”6 个原则划定了 42 个全国性综合交通枢纽。目前，以北京、上海、广州、武汉为代表的全国性综合交通枢纽建设布局正在推进，一批区域性综合交通枢纽、地区性综合交通枢纽建设也取得了阶段性成果。

从枢纽场站角度说，到 2013 年年底，我国铁路客运站约 2000 个，货运站约 3400 个，北京南站、上海南站、广州南站等一大批现代化的铁路客运枢纽以及上海、重庆等多个铁路集装箱中心站投入运营。全国港口生产用码头泊位达到 31760 个，其中万吨级港口 2001 个，比 2000 增加 1217 个，年均增速 7.5%；民用航空定期通航机场 190 个，比 2000 年增加 51 个，年均增速 2.3%。以港口、机场、铁路公路客货运站为重点的枢纽场站数量、规模、作业效率、服务质量均得到了显著提升，世界规模最大的综合交通枢纽上海虹桥枢纽投入运营，为今后各类综合交通枢纽的发展起到了良好的示范作用。

（二）运输供给能力不断增长，承担了日益繁重的运输任务

经济社会的快发展产生了不断增长的运输需求，交通运输基础设施规模、等级以及交通技术装备水平不断提高增加了运输供给能力。需求的增长和供给能力的不断提高使交通运输业完成了越来越多的客货运量。1949 年以来不同时期我国客货运量及年均增速情况见表 3。由表中可见，各个时期我国客货运量及旅客周转量增速均较快，与同期 GDP 增速同步，而货物周转量增速在改革开放前和进入 21 世纪以后明显高于货运量增速，说明这两个时期货物平均运距不断提高。

表 3　1949 年以来不同时期我国客货运量及年均增速情况

	数量				年均增速（%）		
	1949	1978	2000	2013	1949—1978	1978—2000	2000—2013
客运量（亿人）	1.4	25.4	147.9	401.9	10.5	8.3	8.0
旅客周转量（亿人公里）	155.0	1743.1	12261.1	36036.0	8.7	9.3	8.5
货运量（亿吨）	1.9	24.9	135.9	450.6	9.3	8.0	9.7
货物周转量（亿吨公里）	257.9	9829.0	44320.5	186478.4	13.4	7.1	11.7

注：2013 年数据引自《2013 年国民经济和社会发展统计公报》。

2013 年全社会完成客运量 401.9 亿人，旅客周转量 36036 亿人公里；完成货运量 450.6 亿吨，货物周转量 186478.4 亿吨公里。各种运输方式客货运量及比重见表 4。

表 4　2013 年各种运输方式客货运量及比重

	数量（水运含远洋）					比重（%，水运不含远洋）				
	铁路	公路	水运	航空	管道	铁路	公路	水运	航空	管道
客运量（亿人）	21.1	374.7	2.6	3.5	—	5.3	93.2	0.6	0.9	—
旅客周转量（亿人公里）	10595.6	19705.6	76.3	5658.5	—	29.4	54.7	0.2	15.7	—
货运量（亿吨）	39.7	355.0	49.3	0.06	6.6	9.0	80.0	9.5	0.0	1.5
货物周转量（亿吨公里）	29173.9	67114.5	86520.6	168.6	3500.9	21.2	48.7	27.4	0.1	2.5

注：数据引自《2013 年国民经济和社会发展统计公报》，2008 年公路、水路运输量统计口径有调整。

在重点物资运输及港口、机场吞吐量方面，2013 年，全国铁路煤炭运量完成 23.22 亿吨，冶炼物资 8.51 亿吨，粮食 1.10 亿吨，石油 1.39 亿吨，化肥及农药 0.87 亿吨，集装箱 0.83 亿吨。我国铁路完成的旅客周转量、货物发送量、货物周转量、换算周转量居世界第一位。全国港口完成货物吞吐量 117.7 亿吨，其中外贸货物吞吐量 33.6 亿吨，自 2000 年以来年均增速分别为 14.2% 和 14.1%。货物吞吐量超过亿吨的港口达到 29 个，超过 2 亿吨的达到 16 个，超过 4 亿吨的共有 8 个，超过 5 亿吨的有 3 个。全国港口集装箱吞吐量为 1.9 亿 TEU，自 2000 年以来年均增速为 18.6%。集装箱吞吐量超过百万 TEU 的港口有 22 个，比 2000 年增加 14 个，港口货物吞吐量连续 7 年位居世界第一，其中上海港完成集装箱吞吐量 3361.7 万 TEU，继续保持世界集装箱吞吐第一大港，香港、深圳、宁波—舟山、广州、青岛、天津港也栖身世界集装箱吞吐量前十名。民航机场完成旅客吞吐量 7.5 亿人次，货邮吞吐量 1258.5 万吨，飞机起降 731.5 万架次，自 2000 年以来年均增速分别为 14.5%、10.0% 和 11.6%。所有通航机场中，年旅客吞吐量在 100 万人次以上的有 61 个，比 2000 年增加 33 个，年旅客吞吐量在 1000 万人次以上的为 24 个，比 2000 年增加 21 个；年货邮吞吐量 1 万吨以上的运输机场 50 个。北京首都国际机场完成旅客吞吐量 8369 万人次，位列亚洲第一、世界第二；上海浦东机场完成货邮吞吐量 291.5 万吨，位列世界第三。

（三）交通运输基础设施与技术装备水平明显提高

1. 铁路

新中国成立初期，我国铁路营业里程名义上有 2.2 万公里，但这些铁路技术标准低、质量差，实际能够通车的仅有 1.1 万公里。复线里程仅有 860 多公里，铁路机车全部为蒸汽机车，没有内燃机车和电力机车，电气化铁路里程为零。随着国民经济发展，一些经济发展较快地区铁路线路上的运量快速增长，线路运输能力紧张。为此，铁路部门通过修建复线和升级机车扩大运输能力。1958 年我国试制了第一台电力机车和内燃机车，1961 年建成了第一条电气化铁路。到 1978 年国家铁路复线里程达到 7600 公里，复线率为 15.6%，电气化铁路里程达到 1000 公里，电气化率为 2.1%。机车车辆设备也不断增加，到 1980 年国家铁路拥有机车 10278 台，其中蒸汽机车 7801 台仍占绝大多数，内燃机车 2190 台，电力机车只有 287 台。货车、客车拥有量分别达到 26.64 万辆和 1.62 万辆，比 1957 年分别增加 17.61 万辆和 0.76 万辆，货车以棚车和敞车为主，客车以硬座和硬卧为主。改革开放后，在继续新建、改扩建线路的同时，技术升级在扩大铁路运输能力中起到越来越重要的作用。1978—2000 年是铁路复线化阶段，到 2000 年年底，国家铁路复线里程达到 2.14 万公里，复线率提高到 36.5%，比 1978 年提高 20.9 个百分点；电气化里程为 1.49 万公里，电气化率为 25.4%。国家铁路机车拥有量为 14472 台，蒸汽机车数量已经大幅减少，只有 601 台，内燃机车和电力机车分别增加到 10355 台和 3516 台。

2000 年以后随着快速铁路建设规模的扩大，我国铁路进入电气化时代。到 2013 年年底，全国铁路[1]复线里程达 4.8 万公里，复线率为 46.8%，比 2000 年提高 10.3 个百分点，电气化里程达 5.6 万公里，电气化率提高到 54.1%，比 2000 年提高 28.8 个百分点，电气化里程超过俄罗斯跃居世界首位。全国铁路机车拥有量为 2.08 万台，其中内燃机车占 47.8%，电力机车占 52.1%，电力机车比重已经超过内燃机车比重。铁路客车达到 5.88 万辆，货车保有量达到 68.8 万辆。

2008 年我国第一条高速铁路京津城际开通运营，标志着我国铁路进入高速时代。在经过引进消化吸收再创新后，我国高速铁路成套技术已经达到了世界领先水平，在工程建造、高速列车、列车控制、客站建设、系统集成、运营管理、调度指挥等领域形成了一批具有自主知识产权的核心技术。2010 年创造了时速 486.1 公里的世界最高铁路运营速度。高速铁路技术输出正在成为我国对外技术输出的新领域。2006 年青藏铁路开通运营，我国高原铁路技术达到了世界一流水平，在青藏铁路建设和运营过程中，多年冻土、高寒缺氧、生态脆弱三大世界性工程难题攻关取得重大成果。铁路重载运输技术达到世界先进水平，主要干线普遍开行 5000～6500 吨货物列车。大秦铁路大量开行 2 万吨重载组合列车，运量由 2002 年的 1 亿吨，最高增长到 2012 年的 4.6 亿吨，创造了世界铁路重载运输的奇迹。

2. 公路

新中国成立时公路状况十分不好，8.07 万公里公路中，有路面公路仅有 3.2 万公里，占 39.7%，其他为无路面公路，有路面公路中高级、次高级公路仅有 300 公里。经过十年的建设，到 1960 年有路面公路里程超过无路面公路，高级、次高级路面公路里程达到 1943 公里。到 1978 年，在 89 万公里公路中，有路面公路为 65.1 万公里，已经占到

[1] 由于资料可得方面的原因，2013 年复线、电气化情况为全国铁路数据，其余年份为国家铁路数据，两者复线率和电气化率差别不是很大，可以进行比较，但总里程不可直接比较。

73.1%，高级、次高级路面公路里程增至14.3万公里，已经占公路总里程的16.1%。改革开放后，在运输业放开搞活以及公路体制改革的背景下，公路建设速度进一步加快，在里程增加的同时，技术等级不断提高。1979年等级公路里程为50.6万公里，占公路总里程的57.8%，其余为等外公路。等级公路中一级公路有188公里，二级公路有1.16万公里，一、二级路仅占等级公路的2.3%。到2000年等级公路里程达到131.6万公里，已经占到公路总里程的93.7%，一、二级路里程分别达到2万公里和13.7万公里，高速公路达到1.63万公里，高速及一、二级路占等级公路总里程的14.4%，比1979年提高12.1个百分点。2000年以后，高速公路发展进入快车道，2007年高速公路里程超过一级公路，到2013年年底达到10.45万公里，居世界第二位，比2000年增加8.82万公里，年均增速15.4%。等级公路里程继续增长，2013全国等级公路里程为375.55万公里，占公路总里程的86.2%[1]，二级及以上高等级公路里程52.45万公里，占公路总里程的12.0%。各等级公路里程分别为：高速公路10.45万公里，一级公路7.95万公里，二级公路34.05万公里，三级公路40.70万公里，四级公路282.41万公里，等外公路60.07万公里。改革开放以来，等级公路里程变化情况见图4。

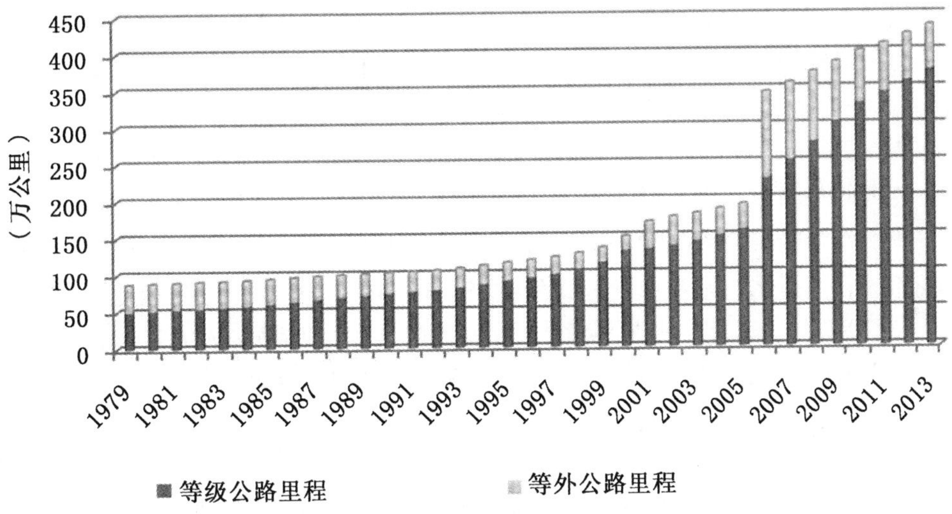

图4　1979—2013年等级公路和等外公路里程变化情况

载运工具方面，改革开放前由于禁止私人从事公路运输，加上计划经济体制、汽车工业落后等原因，我国汽车拥有量较少，1949年民用汽车拥有量为5.09万辆，到1978年增加到135.84万辆，年均增加4.5万辆。改革开放后随着市场经济体制、公路体制、汽车生产消费政策等一系列改革，我国汽车保有量快速增长。到2000年民用汽车保有量增加到1608.91万辆，年均增加66.96万辆。2000年以后，随着公路建设速度的加快，

[1] 2005年起公路里程统计中包括村道，村道普遍等级较低并存在大量等外路，导致高等级路比重降低。

汽车价格的下降，汽车保有量增速进一步加快，到2013年年底，民用汽车拥有量达到13741万辆，年均增加933万辆，每万人拥有量达到1010辆。在民用汽车拥有量中，随着国民收入水平的提高，居民消费升级，私人汽车拥有量从无到有，增长迅速。1985年私人汽车拥有量为28.49万辆，到2013年增加到10892万辆，年均增加388万辆，其中私人小型载客汽车即通常说的私人小汽车拥有量也快速增长，2002年私人小汽车拥有量为408.49万辆，到2012年已经增长到7226.48万辆，年均增加681.8万辆。到2013年年底全国公路拥有营运性汽车1504.7万辆，其中营运货车1419.5万辆，平均载重6.77吨/辆，营运客车85.26万辆，平均客位25.5客位/辆。专用货车、大型客车的数量和平均载重（客）都在不断增加。

3. 水运

（1）港口。新中国成立初期我国港口处于恢复阶段，到1957年沿海港口万吨级泊位只有38个，仅占泊位总数的16.2%，码头长度只有3万多米，各类装卸机械只有200多台。到1973年为响应周恩来提出的“三年改变港口面貌”的号召，港口建设进入起步发展阶段。到1978年，沿海主要港口万吨级码头泊位达到133个，占泊位总数的比例大幅提高到42.8%。码头长度增加到6.5万米，各类装卸机械增加到9800台。改革开放后，港口进入快速发展阶段。到2000年，沿海主要港口万吨级码头泊位增加到518个，尽管由于码头总数增加更快，万吨级码头比例逐渐下降，但是这一时期万吨级码头年均增加17.5个，远高于1957—1978年间年均增加4.5个。码头长度增加到20.7万米，各类装卸机械达到2.6万台。同时，这一时期内河港口发展速度也显著加快，到2000年年底，内河港口万吨级码头泊位从没有增加到55个。2000年以来，随着我国国民经济和对外贸易的快速发展，作为经济交流重要节点的港口发挥了越来越重要的作用，相应的港口建设也进一步加快，大型化、专业化码头逐渐增多。到2013年年底，万吨级及以上码头泊位2001个，自2000年以来年均增加94个，发展速度比前一时期又大大加快，万吨级以上码头泊位中十万吨级及以上码头泊位达到了238个。2012年码头长度已经达到72.1万米，沿海主要港口各类装卸机械已经超过5万台。

（2）内河航道。1949年等级航道只有2.42万公里，占航道总里程的32.9%，到1978年等级航道增加到5.74万公里，占航道总里程的42.2%。改革开放后，航道质量继续提高。2000年等级航道达到6.14万公里，占51.4%。2000年以后，围绕长江干线、珠江干线、京杭运河、长江三角洲和珠江三角洲“两横一纵两网”重要航道、港口等加大建设力度，使内河水运成为区域内综合运输体系的重要组成部分。到2013年年底，等级航道里程为6.49万公里，占总里程的51.6%；三级及以上航道10201万公里，占总里程的8.1%；五级及以上航道2.76万公里，占总里程的21.9%。各等级内河航道通航里程分别为：一级航道1395公里，二级航道3034公里，三级航道5763公里，四级航道8796公里，五级航道8600公里，六级航道19190公里，七级航道18113公里，等外航道61000公里。

（3）运输船舶。新中国成立初期，我国民用内河运输工具大都是木帆船，1950年水运部门木帆船有近30万艘，313万载重吨，轮驳船只有4525艘，木帆船净载重量为轮驳船的7.8倍。50年代后期轮驳船拥有量有所增加，到1962年轮驳船吨位才超过木帆船。到1978年轮驳船拥有量增至10.28万艘，载重量提高到1592.5万载重吨。改革开放后，船队面貌焕然一新，船舶数量继续增长，到1988年轮驳船数量达到峰值46.1万艘，船舶吨位3460万载重吨。同时，货运船队结构不断优化，由单一的杂货船向多用途船、散货船和专用船方向发展。特别是以集装箱船为主的专用船迅速发展，大大改变了我国运输船队的结构。1978年中国远洋运输公司购置了第一艘半集装箱船，到1990年各类集装箱船达到99艘，集装箱箱位10多万TEU。进入90年代后，调整船舶吨位结构，提高船队竞争力成为主要工作，轮驳船数量开始减少，到2000年减至22.9万艘，船舶吨位继续增加至5128.1万载重吨。2000年以后，我国船队结构继续优化，中、大中型船舶数量大幅增加，船舶运力结构有了根本性变化。到2013年年底轮驳船数量减至17.26万艘，船舶吨位提高到24401.03万载重吨，集装箱箱位170.16万TEU。海运船队已逐步发展到包括集装箱船、滚装船、油轮、冷藏船、载驳船、LNG船、LPG船在内的类型齐全的船队。同时，随着船舶载重量的不断增大和动力结构不断优化，船舶运输单位能耗明显降低。

4. 民航

我国民航的机群不断升级，不断更新。在20世纪50年代，只有少量的伊尔-14等活塞式小飞机。60年代开始使用安-24、伊尔-18等涡轮螺旋桨飞机。70年代开始采用三叉戟、伊尔-62、波音707等喷气式飞机。到1981年年底，我国拥有民用飞机396架，其中波音747机型3架。到2000年，民用飞机数量增加到982架，其中大中型民用运输机462架，占运输飞机的87.7%。2000年以后，随着经济社会的快速发展和对外扩大开放，我国民航运输业呈现出良好的发展态势。到2013年年底，我国拥有民用飞机3810架，其中大中型飞机占比约为91%，比2000年提高3.4个百分点；运输飞机2179架，通用航空飞机发展到1631架。

5. 管道

我国管道事业是随着石油、天然气工业的发展而发展壮大的，它对保证石油和天然气的生产和供应的稳定增长，促进国民经济的发展起着日益重要的作用。自1958年我国建成第一条新疆克拉玛依—独山子长距离输油管道以来，我国管道建设运营养护技术不断提高，输油气能力大幅提高，能耗、输油损耗率等显著降低。2000年以后，随着多条长输油气管道的兴建，我国在大流量输气管道设计、油气输送管道运行、管道工程建设施工等方面取得重大技术进步，目前中国长输油气管道建设已达到或接近国际先进水平。

（四）交通运输服务质量明显改善

铁路自1997年起，进行了六次大提速，2007年实施第六次大提速后，提速线路已经覆盖全国大部分省区市。在主要干线开行时速200公里及以上的国产“和谐号”动车组，部分区段运行时速达到250公里以上，形成了动车组列车、一站直达和夕发朝至列车以及传统的普通旅客列车三大系列客运产品，主要城市间旅行时间总体压缩20%～30%，较好地满足了旅客不同层次的旅行需求。在货运方面，积极推进大宗货物战略装车点，组织直达运输，开行行包和行邮专列、集装箱班列、冷藏班列等，初步形成了覆盖全路的货运快捷运输网络。开行了“连云港—郑州—新疆—欧洲”、“成都—欧洲”等多条国际货运班列线路，使广大中西部地区与欧洲市场联系更加紧密。2013年开始启动铁路货运改革，通过改革运输组织方式、简化程序、规范收费、提供门到门快递式服务等措施，变“等客上门”为主动开拓市场、争取客户，服务水平有了明显的改善。

公路运输市场化改革较早，且公路运输企业为多种所有制并存，在市场竞争中公路运输服务质量普遍提高，已成为许多货主及中短途旅客的首选。在我国大力推动物流业发展的背景下，一些公路运输企业由单一提供运输服务向物流企业转型，运输车辆也向专业型运输车辆方向发展。

港口继续加强引航服务和理货服务。到2012年年底，全国共有引航员2125人，全年引领船舶37.4万艘次，其中引领超大型船舶7.88万艘次，引领集装箱船舶13.12万艘次。部分港口开发并应用引航信息管理系统，有效提高引航的效率和安全性。推行港口理货员从业资格认证，在理货行业建立现代企业制度，并引入竞争机制，理货服务得到了客户的好评。完成理货船舶35.7万艘次，理货量13.4亿吨，集装箱理箱量1.2亿TEU。

民航运输安全性继续保持高水平。以中国国航和东方航空等为代表的航空公司很好地完成了2008年北京奥运会和2010年上海世博会、广州亚运会、亚残运会的航空运输任务，使我国民航形象在国际上显著提升。

近年来，随着互联网、电子商务的不断发展，为电子商务提供线下物流服务支持的快递业异军突起，成为传统货物运输业务中的新增长点。2013年我国网上交易额达到1.8万亿元，占社会消费品零售总额的7.8%。迅速扩大的网上交易市场产生了大量快递业务需求，交通运输业较好地满足了数量不断增长、时效性要求不断提高的快递需求。2013年快件运输达到92亿件，居世界第二位，人均6.76件。铁路在原有快运业务的基础上，探索高速铁路进行快递运输业务。公路、航空作为快递业务的主要承运方式，不断提升软硬件实力，提高快件运输保障能力，支撑了电子商务的快速发展。

（五）交通运输体制改革和法规建设取得巨大进展

进入21世纪以来，在党中央深化改革方针的指引下，我国交通运输业继续实行一系列改革措施，并组建了大交通运输部，向着综合运输管理体制迈出了至关重要的一步。

铁路经过了一系列改革，首先实行了主辅分离。2005年又撤销所有铁路分局，调整了运输生产力布局。投融资改革迈出较大步伐，包括扩大合资铁路规模、积极开展股份制改革试点、扩大铁路建设债券等其他市场化融资渠道等。2013年实行了铁路政企分离，将铁道部拟定铁路发展规划和政策的行政职责划入交通运输部；组建国家铁路局，由交通运输部管理，承担铁道部的其他行政职责；组建中国铁路总公司，承担铁道部的企业职责；不再保留铁道部。

公路于2009年1月1日起开始实施成品油税费改革，提高了汽柴油税率，取消了原“公路养路费、航道养护费、公路运输管理费、公路客货运附加费、水路运输管理费和水运客货运附加费”，并将逐步有序取消政府还贷二级公路收费。

从2001年开始，我国港口管理体制实施新一轮重大改革，原中央直属和中央与地方政府双重领导的港口全部下放地方，并实行政企分开。港口管理按照建立社会主义市场经济体制的要求，合理划分中央与地方政府管理港口事权，有利于各级政府加强港口的行业行政管理，有力地调动港口企业做大做强的积极性，促进了我国港口经济的良性发展。

我国民航业也启动了新一轮改革，实现了政企分开。民航总局不再代行脱钩企业国有资产所有者职能，而是主要承担安全管理、市场管理、空中交通管理、宏观调控和对外关系五大行政职能。除北京首都国际机场和西藏自治区机场外，其他机场全部移交地方政府管理。对一些航空公司和机场进行股份制改造并成功上市。通过一系列改革，我国民航业初步建立了符合市场经济要求，并与国际接轨的民航管理体制和运行机制。

在法律法规、部门条例制定方面，各运输部门更加倾向于用法律法规代替行政命令的管理模式，积极完善法规体系，使运输市场逐渐规范。铁路在修改《铁路法》的同时，出台了《铁路运输安全保护条例》、《铁路交通事故应急救援和调查处理条例》、《铁路局经营业绩考核办法》等。交通方面出台了《港口法》、《道路运输条例》、《收费公路管理条例》、《国际海运条例》等。民航方面颁布了《通用航空经营许可管理规定》、《一般运行和飞行规则》、《民用机场运行安全管理条例》等。

（六）交通运输节能减排初见成效

新中国成立以来，我国交通运输的发展以扩大能力供给为主。近年来，随着可持续发展战略的提出，建设“资源节约型、环境友好型”社会步伐的加快，交通运输业也出台了一系列相关的环境保护政策措施，节能减排初见成效。各种运输方式都在积极开展节能降耗。铁路加快电气化改造，实行以电代油，2012年国家铁路单位运输工作量主营综合能耗3.89吨标准煤/百万换算吨公里，运输企业化学需氧量排放量为2149.6吨，二氧化硫排放量为3.79万吨，综合能耗和污染物排放量均呈逐渐下降的趋势。铁路沿线绿化里程已达4.4万公里，逐年增长。交通运输部于2008年7月颁布了《公路、水路交通实施〈中华人民共和国节约能源法〉办法》，明确了各级交通运输主管部门对节能降耗的管理职责，对交通节能技术标准做出规定，对重点用能单位的节能减排工作做出具体安排，开展了多批次的节能减排示范项目，并在全行业推广。2012年年底，全国营运车、船单位运输周转量能耗、港口生产综合单耗分别比“十五”末下降了约5.5%、7.2%和4.3%。

民航初步建立起层次清晰、上下联动、内外呼应的节能减排工作体制，2012年航空公司节约航油消耗7.6万吨，减少二氧化碳排放24万吨，民航吨公里燃油消耗比2005年下降了约10%。

（七）城市交通不断发展，支撑城市化进程的加快

城市不仅是地区的政治、经济、文化中心，也是交通中心。城市交通问题在综合运输中的地位和作用越来越重要。

1949年新中国成立时全国设市城市有157个，共铺装道路1.1万公里，道路面积8431.6万平方米。157个城市中有公共交通的城市仅有26个，公交营运线路总长度只有722公里，有破旧公共交通车辆2292辆。随着大规模城市建设的展开，按照城市总体规划开展了城市道路建设，到1960年城市道路总长度和总面积分别比1949年增加了1.1倍和1.4倍。60—70年代由于城市建设投资减少，道路建设进展缓慢，到1978年道路长度和面积仅比1960年增长16%和12%，远落后于城市交通量的增长。改革开放后，随着经济社会的发展，我国各类城市规模逐渐扩大。进入21世纪后，随着城镇化进程的进一步加快，城市交通快速发展，为居民出行提供便利条件，有力地支撑了城镇化的进程。许多城市疏通城市交通走廊，打通断头路，改善道路微循环，使路网结构得到优化，城市道路网总体承载能力得到提升，有效地改善了城市交通的硬件环境。

城市轨道交通发展取得了突破性进展。1965年北京开始兴建我国第一条地下铁路，1969年建成，全长23.6公里。天津第一条地铁1984年建成，全长7.4公里。上海第一条地铁1994年建成，全长17公里。到2013年年底，全国共有北京、天津、上海、广州等19座城市开通运营包括地铁、轻轨、市郊铁路等在内的城市轨道交通共85条（含有轨电车和磁悬浮线路），总里程2509.5公里。轨道交通里程比例按照地区分布由高到低依次为：华东37%、华北29%、华南21%、东北9%、华中2%、西南2%。此外还有36座城市正在建设轨道交通。2013年城市轨道交通客运量接近100亿人次（不包括中国香港），自2004年以来年均增速32%，城市轨道交通已经成为大城市的主要公共交通出行方式。

二、我国交通运输目前存在的主要问题

我国交通运输业发展虽然取得了显著成就，但与世界主要发达国家相比，特别是与我国国民经济和社会发展对交通运输不断增长的需求相比，仍然存在较大差距，主要是：

（一）交通基础设施总量不足，部分地区主干线运输能力紧张

虽然我国各种运输方式的线路里程均排名世界前列，但由于我国幅员辽阔、人口众多，单位国土面积运网里程（即运网密度）和人均拥有量与世界主要国家相比，仍有很大差距。到2013年年底，我国铁路、公路网密度分别为107.3公里/万平方公里和45.3公里/百平方公里，仅为美国的44.0%和64.8%，日本的20.3%和14.2%，以及同为发展中国家和人口大国印度的49.9%和32.8%；而从人均拥有量来看则与发达国家差距更为显著，见表5、图5和图6。我国港口深水泊位比例较低，机场密度仅为每万平方公里0.19个，而几乎所有发达国家机场（不含私人机场）密度都超过了每万平方公里2.5个。我国输油气管道里程与美国的70万公里和俄罗斯的25万公里相比，也仍然有很大差距。

表 5　我国铁路、公路网密度及人均拥有量与世界主要国家比较表

指标	中国	美国	俄罗斯	日本	德国	英国	法国	印度
国土面积（万平方公里）	960	936.3	1707.55	37.8	35.7	24.4	55.2	297.5
人口（万人）	135400	31159.2	14193	12781.7	8172.6	6264.1	6543.7	124149.2
铁路里程（万公里）	10.3	22.85	8.53	2.00	3.37	3.15	3.36	6.40
公路里程（万公里）	434.6	654.58	98.20	120.79	64.40	41.97	95.12	410.90
单位国土面积铁路里程（公里/万平方公里）	107.29	244.05	49.95	529.10	943.98	1291.00	608.70	215.13
单位国土面积公路里程（公里/百平方公里）	45.27	69.91	5.75	319.55	180.39	172.01	172.32	138.12
人均铁路里程（公里/万人）	0.76	7.33	6.01	1.56	4.12	5.03	5.13	0.52
人均公路里程（公里/千人）	3.21	21.01	6.92	9.45	7.88	6.70	14.54	3.31

数据来源：《2013 年铁道统计公报》、《2013 年公路水路统计公报》、《中国统计年鉴 2013》、《世界统计年鉴 2012》。中国为 2013 年数据，其他国家国土面积、人口为 2011 年数据，铁路里程为 2010 年数据，公路里程为 2009 年数据。

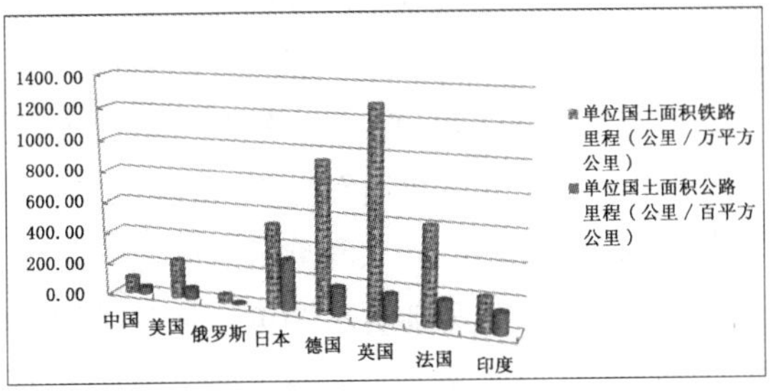

图 5　世界主要国家单位国土面积铁路、公路里程比较图

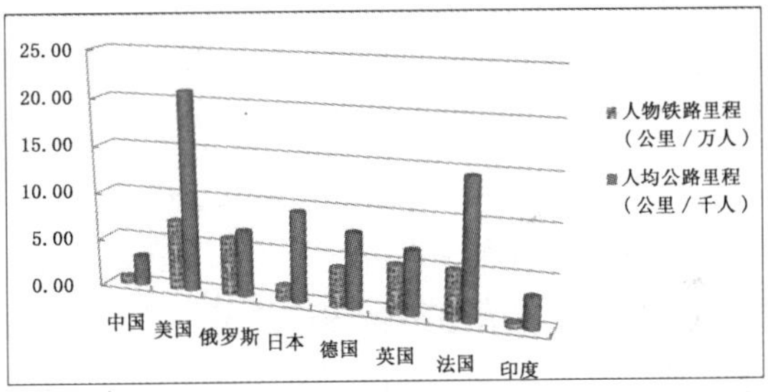

图 6　世界主要国家人均铁路、公路里程拥有量比较图

我国运输网总规模仍然不足，通达性仍然有待提高。到 2012 年年底，全国仍有 32 个地级市/地区驻地/自治州首府不通铁路客运，占地级市总数的 9.6%；全国仍有 2.57% 的乡镇和 13.5% 的建制村未通硬路面公路，晴通雨阻现象仍然比较严重。同时有超过 20% 的人口未被民航服务区域覆盖[1]。

经济社会的快速发展和交通运输基础设施滞后导致我国交通运输系统供需不平衡，长期处于超负荷运转状态。自 2000 年以来，我国铁路换算运输密度逐年提高，由 2600 万换算吨公里/

[1] 被民航服务区域覆盖指距离 100 公里或车程 1.5 小时之内。

公里提高到3995万换算吨公里/公里，货运密度由1941万吨公里/公里提高到2990万吨公里/公里，均居世界第一位。铁路运输系统长期处于紧张状态，日请求车满足率总体上只有35%～45%。在主要运输方向上，70条干线中，能力利用率在90%以上的超过40条，京沪、京广、陇海、浙赣线绝大多数区段能力利用率已超过90%，部分区段达到100%。2012年全国公路国道网年均拥挤度[1]为0.47，北京、天津、河北、上海、浙江、广东的国道年均拥挤度均已超过0.6；国家高速公路网平均拥挤度也达到0.37（对于高速公路来说较高），京津冀、长三角、珠三角部分高速公路拥堵现象日益严重。由于部分港口通过能力不足、码头结构不合理、集疏运系统不协调等原因，经常出现压船压港现象。沿海港口通过能力适应度（港口通过能力与实际吞吐量之比）长期小于1，远低于发达国家1.4的水平。民航航路、航线拥堵，限制了航空运输量的进一步增长，部分枢纽机场飞机起降密度和客流量接近或超过设计能力，造成在港等待时间增长、运输安全隐患增大等问题。

（二）运输服务质量有待提高

在现代社会生产生活中，随着商品经济的发展和社会活动范围的不断扩大以及运输线路的不断延伸，旅客和货物从出发地到目的地的全过程，往往需要利用几种运输工具或几家运输企业，经过两程或以上接力运输才能完成。综合运输意义上的多式联运就是将无序、复杂的自流状况的接力运输提升为有序、简单、有组织的多式联运。这既需要各种运输方式硬件上的物理衔接，更需要在制度、法规、管理、运营等软件上的有效衔接。我国开展多式联运始于20世纪50年代，改革开放后有了较快发展，在组织煤炭等大宗物资的铁路、水路联运、组织零担、件杂货物的干线、支线联运等方面都取得了一定成绩。但由于体制机制上的障碍等原因，我国多式联运全过程仍然存在较大问题。以集装箱联运为例，目前我国集装箱联运业务中，海（运）公（路）联运占集装箱吞吐量的84%左右，水（运）水（运）联运占14%左右，海铁联运仅占2%左右，远低于世界发达国家主要港口海铁联运水平。集装箱吞吐量最大的上海洋山港，由于铁路未接入港区，进出口的集装箱在铁路集装箱芦潮港中心站和港区之间需要由公路集卡跨越东海大桥进行短途运输，增加了二次装卸的费用、时间和能耗、污染。在各种运输方式基础设施、技术装备不断增长，单方式供给能力不断提高的背景下，如何更好地衔接各种运输方式，提供一体化的运输产品，是需要重点解决的问题。

在运输市场建设、企业经营方面，我国铁路运输市场化程度仍然较低。公路货运市场则存在过度竞争问题，目前约有720万家公路运输企业，其中的650万是个体户，全行业平均每家企业只有1.5辆车。运输企业规模过小、管理混乱。为争夺市场，部分地区公路货运市场价格长期低于成本线，造成客货运输超载超限等违规经营现象十分严重，既对公路带来严重损害又造成了安全隐患。我国远洋、航空运输企业与世界同行业一流企业相比仍存在较大差距。目前我国进出口货物中，80%出口货物采用离岸价，80%进口货物采用到岸价，绝大部分国际航运市场仍掌握在外国船公司手中，我国航运企业在世

[1] 交通拥挤度指公路上某一路段折算交通量与适应交通量的比值，反映交通的繁忙程度。理论上来说饱和度0.8为上限，超过0.7即为拥堵。

界航运市场上的话语权仍然很小，这与我国全球第一大出口国和第二大进口国的地位极不相称。近年来我国航空运输总周转量一直列世界第二位，但是国际运输总周转量仅列第十位左右，民航企业国际化仍任重道远。在国内航空货运市场上，世界主要航空货运巨头的快递网络已经遍布我国众多城市，高价位的快件、包裹、电子元器件的航空运输由外航主导的趋势越来越明显，我国航空货运企业存在被边缘化的风险。

（三）运输结构有待进一步优化

新中国成立以来特别是改革开放以来，我国旅客运输中铁路和水运份额急剧下降，公路和航空份额大幅上升；货物运输中铁路份额不断下降，2000 年以后降幅趋缓。公路份额自改革开放以来大幅上升，近年来略有下降。水运份额先降后升，民航和管道稳步增长。各种运输方式客货运输比重见表 6、表 7。

表 6　1949—2013 年各种运输方式客运量比重表

单位:%

年份	客运量比重				旅客周转量比重			
	铁路	公路	水运	民航	铁路	公路	水运	民航
1949	75.2	13.2	11.4	0.2	83.9	5.1	9.8	1.2
1952	66.7	18.6	14.7	–	80.9	9.1	9.9	0.1
1962	61.4	25.2	13.4	–	79.2	13.0	7.7	0.1
1970	40.3	47.6	12.1	–	69.6	23.3	6.9	0.2
1978	32.1	58.8	9.1	0.1	62.7	29.9	5.8	1.6
1990	12.4	83.9	3.5	0.2	46.4	46.6	2.9	4.1
2000	7.1	91.1	1.3	0.5	37.0	54.3	0.8	7.9
2010	5.1	93.4	0.7	0.8	31.9	54.7	0.3	13.1
2013	5.3	93.2	0.6	0.9	29.4	54.7	0.2	15.7

注：水运不包括远洋运输。

表 7　1949—2013 年各种运输方式货物运输量比重变化表

单位:%

年份	客运量比重					货物周转量比重				
	铁路	公路	水运	民航	管道	铁路	公路	水运	民航	管道
1949	34.7	49.5	15.8	0.0	0.0	72.1	3.1	24.7	0.1	0.0
1952	42.0	41.7	16.3	0.0	0.0	82.0	1.9	16.1	0.0	0.0
1962	41.3	38.4	20.3	0.0	0.0	81.1	2.9	16.0	0.0	0.0
1970	45.7	37.7	16.6	0.0	0.0	84.3	3.3	12.4	0.0	0.0
1978	44.9	34.7	16.2	0.0	4.2	72.8	3.7	17.6	0.0	5.9
1990	15.7	75.3	7.4	0.0	1.6	58.8	18.6	19.1	0.05	3.5
2000	13.4	77.8	7.4	0.01	1.4	50.5	22.5	24.5	0.2	2.3
2010	11.4	76.9	10.1	0.02	1.6	28.6	45.4	23.4	0.2	2.4
2013	9.0	80.0	9.5	0.0	1.5	21.2	48.7	27.4	0.1	2.5

注：水运不包括远洋运输。

由于铁路运输能力尤其是部分主要干线能力不足，不能满足经济社会发展的要求，公路承担了大量不适宜公路运输承担的中长距离大宗物资、集装箱和一部分中长距离的旅客运输；由于内河运输发展相对滞后，内河航运的优势没有得到充分发挥；特大、大城市内部及城市化地带之间公共交通和轨道交通发展滞后，城市交通拥堵现象日益严重，造成了大量的效率损失。目前，交通运输业作为耗能大户，是主要碳排放源之一，能源资源过度消耗，环境污染问题日益严重。

（四）交通运输技术装备水平有待进一步提高

目前我国铁路复线率和电气化率水平仍然较低，2013 年年底铁路复线率为 46.8%，电气化率 54.1%，复线率仍低于日本、法国和德国等一些发达国家，如表 8 所示。

表 8　世界主要国家铁路复线率和电气化率比较表

指标	中国	俄罗斯	日本	德国	法国
营业里程（公里）	103000	86075	20160	36588	32515
复线里程（公里）	48000	36308	9946	19079	15863
电气化里程（公里）	56000	40962	12140	17709	14104
复线率（%）	46.8	42.18	49.34	52.15	48.79
电气化率（%）	54.1	47.59	60.22	48.40	43.38

数据来源：《铁路主要指标手册》。中国为 2013 年数据，其他国家为 2000 年数据。

同时我国的快速铁路和客运专线的线路建造、机车车辆、通信信号等技术装备水平有所提高，但系统稳定性仍有待检验，重载、集装箱运输和冷藏运输等还难以适应市场需求。公路路况差、等级低的局面仍未根本改变。我国的客货运输车辆技术性能偏低，据研究，我国各类汽车平均油耗比发达国家高 20% 以上，其中载货汽车油耗比国际平均水平高 30% 左右。其他类型的特种货物运输车辆、农村客运车辆技术水平仍有待提高。

我国内河航道总里程虽居世界第一，但大部分航道等级低，可通航 300 吨级以上船舶的航道仅占通航里程的 20% 左右，千吨级以上航道所占比重仅为 7%。而美国千吨级航道比重高达 61%，欧洲干线航道及其主要支流均已实现千吨级船舶畅通无阻。内河运输船舶老旧，吨位小、技术水平落后。对民航来说，民航客机主要依靠进口，导航和空中管制技术装备水平也有待进一步提高等。

（五）运输管理体制仍有待进一步完善

近年来，我国交通运输领域的改革不断深化，但在不同运输方式之间和同一运输方式的不同层面上仍然存在着政企不分、行业垄断和各自为政等体制性障碍，制约了综合交通运输的发展。

从政府机构层面看，随着交通运输部的组建和铁道部的改革，我国综合交通运输管理体制的顶层设计已经完成，但是由于组建时间较短、铁路改革仍需推进等原因，交通运输部内部铁路总局、原交通部、中国民航局的部分职能范围仍然没有理顺。同时，与交通运输有关的机构，包括国家发展和改革委员会、交通运输部、住房和城乡建设部、公安部、中石油管道局等仍然存在职责交叉的现象，造成规划、管理、服务等方面存在一些不协调的地方。

从交通运输运营层面看，虽然各地方基本明确了综合交通运输的发展观，但在实际操作中，由于部门利益等原因，综合交通运输在硬件建设和软件配套等方面，距离高效率、一体化的现代交通运输体系仍有较大差距。

（六）交通运输面临的资源环境问题日益突出

交通运输业是能源消耗大户，2012 年我国交通运输、仓储和邮政业能源消耗为31524.7 万吨标准煤，占总能耗的 8.7%，比 2000 年提高 0.53 个百分点。由于能源统计中是按行业能耗进行统计，一些非交通行业的道路或水运交通工具及大量的社会非运营交通工具的燃油消耗没有纳入交通行业的能耗统计中，据估计全社会交通运输能耗占总能耗的 12% ~15%。随着汽车数量的快速增加，公路运输份额的不断提高，交通运输业消耗的石油产品也在不断增长，2000 年和 2012 年交通运输、仓储和邮政业耗油情况见表9。需要特别注意的是，2012 年交通运输、仓储和邮政业石油消耗量首次超过了工业，石油消耗量占比达到 37.4%，比工业高 0.3 个百分点。

表 9　2000 年和 2012 年交通运输、仓储和邮政业耗油情况表

	汽　油		柴　油		煤　油		燃料油	
	2000 年	2012 年	2000 年	2012 年	2000 年	2012 年	2000 年	2012 年
总量（万吨）	3504.56	8140.9	6806.23	16966.0	871.61	1956.6	3872.75	3683.3
交通运输、仓储和邮政业（万吨）	1527.78	3753.0	3293.81	10727.0	535.9	1787.1	850	1383.9
比重（%）	43.6	46.1	48.4	63.2	61.5	91.3	21.9	37.6
增量（百分点）	2.5		14.8		29.8		15.7	

资料来源：《中国能源统计年鉴 2013》。

交通运输对环境的影响也日益严重。环境问题是当今世界面临的重大问题，交通运输活动是造成环境污染的重要影响因素之一。交通运输造成的环境污染又以公路运输为主，如汽车尾气、可吸入颗粒物的排放和产生噪音等。从发达国家情况看，一些主要污染物如一氧化碳、二氧化碳、一氧化氮、细小颗粒物、挥发性有机复合物等的排放量中，交通运输所占的比重仅次于工业，其中公路运输污染物排放量又占交通运输污染物排放量的 60% ~90%。同样由于汽车数量的大幅增加，运输结构的变动和运输技术装备水平较低，最近 10 年我国交通运输对环境的负面影响越发严重，尤其在一些大城市中，汽车尾气排放已经成为第一大污染源。在我国承诺到 2020 年单位 GDP 二氧化碳排放量比 2005

年减少 40% ~45% 的背景下，交通运输业减排任务艰巨。

（七）城市交通拥堵现象日益严重

20 世纪 80 年代中期以来，随着我国城市化进程加速，人口持续向大城市尤其是特大城市聚集，交通需求急剧增长。到 90 年代，汽车开始进入家庭。进入 21 世纪，这一进程进一步加快，城市家用轿车的年均增长率长期保持在 15% ~20%。随着城市汽车数量的快速增长，城市交通的主要矛盾由 20 世纪 80 年代的自行车交通拥堵逐渐演变为由小汽车导致的交通拥堵，以及小汽车普及所带来的土地、能源资源消耗，以及空气污染、效率损失等问题。

据统计，全国约有 2/3 的城市交通在“高峰”时段出现拥堵。在我国一些大城市市区，机动车平均时速已经下降到 12 公里，而在市中心，机动车时速更是只有 8 ~10 公里，不如普通自行车速度快。有学者测算，北京、上海等特大城市每年因交通拥堵造成的财富损失占 GDP 的 3.5% ~4%。城市拥堵问题已经不仅仅是交通问题，还因为拥堵降低了城市竞争力和居民幸福感而成为受到广泛关注的社会问题。

（八）交通运输建设资金可持续性问题逐渐凸显

近年来，随着交通运输建设大提速，在交通运输快速发展的同时，建设资金可持续问题也逐渐凸显。到 2013 年三季度末，铁路总公司负债规模已经达到 3.06 万亿元，资产负债率为 63.2%。尽管这一负债率低于国企平均水平，在交通运输领域也不是最高的，但由于负债规模过于庞大，每年利息支出超过千亿元，并且铁路资产变现率低，盈利能力较差、偿债能力弱，债务负担已经相当沉重。铁路债务主要由三部分构成：铁路部门发行的各类建设债券、银行贷款和商业信用负债（施工、装备企业的应收账款），其中银行贷款占比约为六成。随着 2014、2015 年偿债高峰期的到来，铁路债务对银行体系的冲击不可小视。

我国公路负债同样沉重。官方数据显示到 2010 年年底，全国收费公路累计债务余额为 2.35 万亿元，其中贷款余额为 2.13 万亿元，其他债务余额为 0.22 万亿元。而根据李志军的估计[1]，我国公路行业债务总规模已超 5 万亿元，债务风险已经显现。公路债务中高速公路债务也明显上升，2012 年半年报显示，19 家上市公司的负债合计为 1247.9 亿元。19 家上市公司负债中，中原高速和五洲交通负债率超过 70%，分别为 79.07% 和 71.02%。目前，很多省市高速公路应付利息总规模已经超过收入总规模，还款能力不足。公路建设资金占地方融资平台融资比重较大，公路债务问题也对银行构成了较大的财务风险。

三、我国交通运输发展滞后的主要原因分析

造成目前我国交通运输业不能很好地满足经济社会发展和人民出行需要的原因是多

[1] 李志军．关于进一步完善收费公路政策的提案［R］．全国人民代表大会，2012.

方面的，主要是：

（一）较长时期内对交通运输的地位和作用认识不足

新中国成立以后较长时期内，对交通运输在国民经济发展中的重要地位和作用以及必须超前发展的重要性认识不足，投资比重过小。世界主要发达国家的发展经验表明，在工业化前期和中期交通运输投资占 GDP 的比重一直保持在 3.5% ~4%，交通运输建设的进程可以基本满足经济社会发展对交通运输的需求。而我国自新中国成立后，在第一个五年计划至第九个五年计划期间，这一比例始终低于 3.4%。从第十个五年计划期开始，在公路、港口投资大幅增长的带动下，投资比例开始上升，“十五”期间为 3.9%。“十一五”规划期内，在中央加大基础设施投资力度的情况下，该比例提升至 4.73%。“十二五”期间，交通运输投资比重进一步上升，2012 年交通运输投资相当于当年 GDP 的 5.09%，达到历史新高。详见表 10。

从各种运输方式的投资来看，改革开放前铁路运输投资占交通运输总投资的绝对比重，“七五”计划期以后，由于铁路、公路采取不同的改革措施，公路投资比重快速上升，公路里程、承担的客货运输量比重也不断增长。而铁路投资比重急剧下降，导致铁路发展严重滞后，成为综合运输体系中的制约因素。详见表 10。

表 10　各个时期交通运输总投资及各种运输方式投资比重表

单位:%

时期	交通运输投资相当于 GDP 比例	各种运输方式投资占交通运输总投资比重				
		铁路	公路	水运	民航	管道
“一五”	2.22	75.89	14.52	8.62	0.97	–
“二五”	3.21	74.83	14.86	9.39	0.92	–
调整	1.47	68.58	21.14	7.24	3.03	–
“三五”	0.97	43.74	33.56	20.34	2.37	–
“四五”	1.19	–	–	–	–	–
“五五”	3.01	74.26	8.33	13.05	1.72	2.64
“六五”	1.90	65.95	11.42	17.69	4.39	0.55
“七五”	1.63	33.93	36.28	20.19	9.51	0.09
“八五”	2.64	38.90	45.67	11.69	3.59	0.16
“九五”	3.32	26.51	63.91	5.93	3.23	0.43
“十五”	3.90	17.77	71.58	6.31	2.90	1.43
“十一五”	4.67	28.04	57.70	10.05	3.54	0.67
2012 年	5.09	22.91	64.81	7.44	4.12	0.73

资料来源：根据《中国交通年鉴 2013》、《中国统计年鉴 2013》及相关资料整理。

造成我国交通运输债务问题的直接原因是近年来交通运输建设速度过快，但根本原因还是对交通运输认识不足，在交通运输长期发展战略上出现了偏差。主要表现在三方面：一是由于 2000 年以前我国在交通运输建设上欠账过多，导致交通运输特别是铁路严重滞后，制约了经济社会发展。2000年以后尤其是“十一五”以来为了弥补欠账，交通运输在较短时期内进行了大规模建设——如铁路2005年以前基本上是按铁路建设基金征收额的两倍安排投资，资产负债率保持在30%～35%之间，2005年以后，在跨越式发展的情况下，投资规模和债务持续攀升。而交通运输项目的投资回收期较长，形成了收益和债务在期限上的矛盾。二是对交通运输在国民经济和社会发展中的地位和作用认识不足。发展经济学的理论和发达国家经验表明，经济起飞之前需要具备良好的经济基础设施和社会基础设施，交通运输作为重要的经济基础设施要优先发展，以发挥其对经济的推动作用。而长期以来，我国在实际操作中并未优先发展包括交通运输在内的一系列基础设施，反而是屡次将交通运输投资作为刺激经济增长的政策工具，在经济衰退期，大规模上马“铁公基”项目，在资本金仅占30%～40%比例的情况下，必然导致积累大量债务。三是市场化改革过程中没有很好地区分交通运输项目的公益性和商业性，一些公益性强的如中西部地区铁路、公路项目也承担了超过总投资六成的银行贷款，这些本应由各级财政负担更多的项目因自身外部性突出，盈利能力和偿债能力弱，必然面临巨大的债务压力。

（二）各种运输方式改革进程不一

由于各种运输方式分部门管理，改革进程不一，造成铁路发展滞后，运输能力不足。自20世纪80年代中期以来，在公路建设中由于实施了“贷款修路，收费还贷”的政策，通车里程快速增长，汽车运输在全社会运输量的比重快速上升。在这一时期，铁路实施了“以路养路，以路建路”的“大包干”政策，铁路投资在交通运输业投资中的比重显著下降，1980年铁路投资占交通运输总投资比重为57.6%、公路投资为9.79%，1990年铁路投资比重为43.4%、公路为32.6%，2000年铁路投资比重为23.1%、公路为66.6%，2005年铁路投资比重为16.9%、公路为68.1%。“十一五”以来铁路投资额大幅增长，在交通运输业总投资中的比重也开始回升。详见表10。

（三）交通运输的公益性、商业性体制机制仍不完善

交通运输是经济社会发展必不可少的基础产业。由于交通运输设施具有投资巨大、资本回收期长、资产专用性强、惠及面广等特点，通常被看作准公共产品，即公益属性更强。随着经济社会和交通运输业自身的发展，尤其是现代金融体系不断完善，部分交通运输项目的商业属性逐渐增强，交通运输兼具了公益性和商业性特征。如同为公路项目，偏远地区的农村公路具有显著的公益性，发达地区高速公路则具有较强的商业性。这就需要建立交通运输的公益性和商业性合理机制，在交通运输业内部更好地区分公益性和商业性项目，保证公共资源的合理分配。

然而由于目前我国关于公益性和商业性的理论研究相对滞后，只有水利水电、地质勘查的公益性商业性问题有一些初步研究成果。在交通运输领域，仅限于探讨城市公交的公益性质和制定扶持措施，还有零散介绍一些国外经验。在实践中也没有建立政府层面的长效机制。这导致公益性强的农村公路、部分地区的铁路、内河运输、支线机场建设缺乏稳定的资金来源，长期投资不足，发展滞后。而一些商业性强的项目如高速公路，

部分港口却获得了过多的公共资源（我国绝大多数交通投资公司、城投类公司的实际控制人仍是地方政府，其所获得的银行贷款由政府财政隐性担保），同时，过度商业化（如高速公路超期收费）又损害了这些交通运输项目中含有的公益性成分。公益性和商业性理论和机制的缺失，使交通运输的持续健康发展受到一定程度的影响。

（四）交通运输可持续发展较晚才提上议事日程

纵观发达国家交通运输发展历程，可以归纳为经历了三个阶段：第一阶段是各种运输方式的能力扩张，第二阶段是构建综合运输体系，第三阶段是强调以人为本、环境友好、资源节约的可持续发展。而我国交通运输发展的复杂性就缘于要同时面临这三个阶段的发展任务。目前，我国交通运输的情况是由第一阶段向第二阶段过渡，同时还要兼顾第三阶段，这种客观情况和所处阶段决定了对资源环境问题重视不够，对优化运输结构、转变运输发展方式的认识滞后。也导致了交通运输领域至今仍缺乏可操作性的可持续发展政策措施。例如1994年国务院通过的《中国21世纪议程》标志着可持续发展战略成为国家战略，但一直到《“十五”交通运输专项规划》中才提出我国交通运输发展的长期战略要以可持续发展为前提。在“十一五”和“十二五”综合交通体系发展规划中又进一步细化了交通运输可持续发展的内涵和政策意见，但实施起来仍然需要一个过程。

参考文献

[1] 铁道部档案史志中心．新中国铁路五十年（1949—1999）[M]．北京：中国铁道出版社，1999.

[2] 交通部综合规划司．新中国交通五十年统计资料汇编 [M]．北京：人民交通出版社，2000.

[3] 徐宪平．我国综合交通运输体系构建的理论与实践 [M]．北京：人民出版社，2012.

[4] 陈航，张文尝，金凤君，等．中国交通地理 [M]．北京：科学出版社，2007.

[5] 季令．交通运输政策 [M]．北京：中国铁道出版社，2003.

[6] 李京文．中国交通运输要览 [M]．北京：经济科学出版社，1989.

典型国家交通运输发展历程及可资借鉴经验的研究

王德荣　莫辉辉

（中国交通运输协会，北京中交协物流研究院，北京　100825）

【摘　要】 交通运输在各国或地区的经济社会发展中具有基础性的作用和地位，交通运输中长期发展战略是发达国家和发展中国家重要的国家战略之一。优化运输结构、促进协调发展是构建综合运输体系的重要任务，公益性属性决定交通运输发展需要财税、土地等政策的支持，推进管理体制改革是实现交通运输系统的协调发展和公平发展的重要途径。

【关键词】 交通运输　发展战略　综合运输　运输结构　管理体制

Research on Experience and Process of Transportation Development in Typical Countries

Wang Derong　Mo Huihui

(China Communications and Transportation Association, Institute of Logistics and Transportation of Beijing, Beijing 100825)

Abstract: Transportation plays a fundamental role and holds essential status in the social-economic development in all kinds of countries and regions. Mid-term and long-term strategy of transportation development has become one of the important national development strategies in developed & developing countries. Optimization of transport structure and promotion of coordinate development are the long-term task to constitute integrated transportation system. Nonprofit properties determine that transportation development should provide fiscal, taxation, and land support. To propel reform on management system facilitates a critical approach to achieve coordinate development and equitable development.

Keywords: Transportation　Development strategy　Integrated transportation　Transport structure　Management system

伴随工业革命以来的现代交通运输技术变革，各国交通运输发展大体先后经历了水运、铁路、公路、航空的大发展，而后进入“综合运输”时代。在不同历史时期、不同国家或地区，交通运输发展及战略因历史进程、经济社会状况、自然地理基础而型式各异，成绩与教训共存，可为我国交通运输发展及战略的制定提供重要的经验借鉴。

一、交通运输发展历程

（一）美国

美国现代交通运输发轫于19世纪初的水运，蒸汽动力轮船的发明和运用使运河迅速崛起；19世纪50年代初运河通航里程达到顶峰的6500公里，加上密西西比河、五大湖区岸线及沿海航线，近4万公里航道里程奠定了美国交通的水运时代。1830年铁路进入美国现代运输业，伴随1865年国内战争的结束，逐步取代水运步入铁路运输时代，1916年铁路达到顶峰的41万公里。

进入20世纪，机动化和城镇化进程迅速扩张。1916年的“公路发展援助法案”开始资助公路建设，联邦政府和地方政府的投资比例为“五五开”，公路运输迅速崛起并迅速抢占铁路、水运的市场。第二次世界大战后，为应对就业、城镇化及机动化的压力，1956年的“联邦公路资助法”开始资助建设联邦州际公路，联邦政府和州政府的投资比例为9∶1；同时设立源于燃油税的“公路信托基金”，专用于公路的发展，随之公路进入繁荣发展时代。

20世纪50年代喷气式飞机的发明为民航运输发展提供了巨大的经济技术支持，加之人们生活水平的提高，美国航空运输快速发展起来。50年代中期以来的集装化运输为水运的发展赢得了一些发展空间，管道因内燃动力对石化燃料需求的高涨而快速发展。70年代以前的铁路处于严格管制阶段，伴随着70年代的全球能源危机对交通运输的巨大挑战，1976年“铁路复兴和改革法”和1980年“斯塔格斯铁路法”放松对铁路的管制，铁路运输逐步复兴。整体而言，第二次世界大战后，美国交通运输进入全面发展的综合运输阶段。进入90年代后，美国州际公路网基本建成，铁路网保持缓慢的减少态势，内河航道里程基本稳定，石油管道运输逐步复苏，天然气管道网快速增长，大都市区交通成为发展的焦点。2011年美国公路（含城市道路）、I级铁路、城市轨道、内河、石油管道、天然气管道网络长度分别为656.3万公里、15.4万公里、17045公里、29.4万公里、4万公里和251.6万公里。

旅客运输市场方面，2011年美国铁路、公路和航空的旅客周转量分别为107亿人公里、67983亿人公里和9264亿人公里，市场份额分别为0.1%、87.9%和12%。货物运输市场方面，2009年美国铁路、公路、水运、航空和管道的货物周转量分别为22370亿吨公里、19229亿吨公里、6966亿吨公里、176亿吨公里和9196亿吨公里，市场份额分别为38.6%、33.2%、12.0%、0.3%和15.9%。美国社会已经进入后工业化时期，城镇化步入成熟阶段，社会生活处于高端消费阶段，旅客出行习惯基本形成；加之美国国土、资源等禀赋及其社会制度结构，旅客运输难以从公路、航空为主的结构转向铁路等资源节约型的运输；相对而言，其货运结构较为合理性。

（二）德国

第一次世界大战前，德国现代水运和铁路的发展是由州、地方政府及私人企业完成的；水运和铁路因其技术经济优势，先后占据这一时期现代交通运输的主导地位，1913年铁路发展接近历史顶峰的6.3万公里。第一次世界大战后，德国的汽车工业迅速发展。20世纪20年代，德国政府规划建设大规模的高等级公路，并于1932年建成全球首条高速公路，第二次世界大战前建成全球首个高速公路网系统。

第二次世界大战后近20年间，西德奉行“重公路、轻铁路”的交通运输政策。在1959—1970年的“十二年公路发展建设规划”中，明确优先发展长距离公路运输网。1949年西德铁路网里程为3.7万公里，1988年降低到3万公里。20世纪70年代全球能源危机影响了西德的运输发展政策。70年代后期西德提出“扶持铁路，限制公路，维持水运，发展国际民航”的政策。尽管如此，随后实施的四次“联邦交通基础设施规划”（1973年、1977年、1979年和1985年）都偏重于公路，铁路投资比重明显低于公路；1960—1992年联邦政府投入干线公路建设的资金约4500亿马克，而铁路仅为560亿马克，不到公路的1/8。

1990年德国重新统一后，根据1992年《铁路新秩序法》等法规，原两国的铁路管理机构进行重组；1994年成立“上下分离”、业务部制的德国铁路股份公司，1998年组建联邦铁路资产管理局，并承担铁路历史债务，使新成立的股份公司以零债务启动。20世纪90年代初实施的“1991—2010年州际高速公路发展计划”提出：新建高速公路2300公里。进入21世纪以来，德国铁路网营业里程仍处于下降状态，2011年下降到3.36万公里，而高速铁路增长到2012年的1334公里。高速公路稳步增长，2010年上升到1.28万公里。内河水运航道里程在2006年达到峰值的7600公里。管道自2000年以后保持2370公里。

旅客运输市场方面，铁路旅客周转量市场份额在经历一段时期的下滑后，开始稳步回升，由2003年的6.9%提高到2010年7.6%；公路市场份额整体呈现下降态势，由2003年的89%下降到2010年的86.8%；航空运输呈现稳定的上升趋势，由2003年的4.2%上升到2010年的5.6%。货物运输市场方面，铁路市场份额由2003年的22%上升至2010年的24.4%。2001年提高了重型卡车高速公路时间通行费率，2005年改为按里程征收，因此公路则由2003年的58.8%下降到2010年的57.4%；水运市场份额略有波动，但整体处于下降的趋势，由2003年的15%下降到2010年的14.2%。公路在德国运输市场中占据主导地位，但铁路和水运在货运市场也承担了相当规模的市场份额。

（三）英国

1825年英国建成世界上首条现代铁路（斯托克顿—达林顿）。19世纪50年代铁路营业里程近1万公里，19世纪末营业里程突破3万公里，其后仍保持缓慢的增长；第一次世界大战后不久，铁路营业里程开始下降，自1929年顶峰的3.3万公里下降到1960年的2.96万公里。20世纪60年代《重塑英国铁路》和《重要干线铁路发展》实施铁路裁减计划，1990年营业里程为1.67万公里。1993年颁布《铁路改革法》推进民营化改革，将英国铁路分拆为120多家私营企业。2012年铁路营业里程下降为1.58万公里。

19世纪末，汽车被引入英国，公路快速发展。1938年干线公路里程为4.4万公里。1946年制定首个“全国高速公路网络发展计划”，1955年提出约1600公里规模的高速公路网络规划方案，1970年的“道路建设白皮书”实施了“干线公路网建设计划”。1989年公路白皮书《繁荣之路》计划投资230亿英镑建设500余条公路以应对未来（2025年）公路运输需求预计142%的增长。1990年公路里程达到35.8万公里，其中高速公路约3000公里。2012年公路总里程为39.5万公里，其中高速公路约3600公里，不到公路总里程的1%。

1908年英国迎来首次飞机飞行，1919年伦敦与巴黎间开辟了世界上首条国际航线。1924年组建英国皇家航空公司，1925年开通布鲁塞尔、苏黎世等欧洲航线；20世纪20—30年代开辟埃及、南非、新加坡、中国香港等航线，期间英国皇家航空公司和英国航空公司合并组成国有航空公司——英国海外航空公司（BOAC）。第二次世界大战后BOAC主要从事国际长途服务，新成立的英国欧洲航空公司主要从事国内运输。1980年通过的《民航法》开启了民航私有化进程。

旅客运输市场方面，2000—2010年英国铁路旅客周转量由470亿人公里上升至650亿人公里，市场份额则由6.3%上升至8.4%；公路旅客周转量由6850亿人公里上升至2007年峰值后下降至2010年的7010亿人公里，市场份额则由92.6%下降至90.6%，其中私人汽车份额则由86.3%下降至84.8%；航空旅客运输市场份额较少，保持1%左右波动。货物运输市场方面，2000—2010年铁路货物周转量由180亿吨公里上升至190亿吨公里，市场份额由7.0%上升至8.6%；公路货物周转量由1590亿吨公里下降至1510亿吨公里，市场份额反而由62%上升至68%；水运货物周转量由590亿吨公里下降至420亿吨公里，市场份额由26.2%下降至18.9%；管道货物周转量由110亿吨公里下降至100亿吨公里，市场份额保持在4%～5%。英国铁路运输市场开始复兴，但公路仍占据运输市场的主导地位。

（四）欧盟

欧盟包括德国、英国、法国等西欧发达国家，是欧洲现代交通运输的策源地。莱茵、多瑙、塞纳等河流、运河及大西洋构建出早期繁荣的现代水运网络，19世纪中期后的铁路成为联系欧洲大陆的重要运输方式。第二次世界大战后，公路、航空和管道开始快速发展，其中公路尤为显著。如1970年西德公路里程约41.3万公里，其中高速公路达到6000公里；英国公路达到32.2万公里，其中高速公路约1200公里；法国公路里程达到71.2万公里，其中高速公路约1000公里。

尽管受20世纪70年代全球能源危机影响，欧洲各国公路里程仍不断扩大，而铁路大多出现不同程度的减少。如1970—2000年间德国铁路营业里程减少7000公里，英国铁路减少至2300公里，法国铁路减少8300公里；2000年英国公路里程增加到41.6万公里，法国公路里程增加到100万公里。从90年代开始，欧盟交通政策中可持续发展理念逐步体现，铁路网营业里程趋于稳定，高速铁路快速崛起，内河航道经历衰退后开始复兴。

2010年欧盟（EU27）铁路营业里程为21.2万公里，其中高速铁路营业总里程为6600公里；高速公路总里程由1990年的4.19万公里增长至2010年的6.95万公里，增速较为平稳；内河航道由2003年低谷时的3.94万公里回升至2010年的4.06万公里。

旅客运输市场方面，欧盟铁路旅客周转量由2000年的4486亿人公里增长到2011年的5000亿人公里，市场份额由7.5%增长到7.6%；公路由2000年的49982亿人公里增长到54578亿人公里，市场份额由84.1%下降到83.1%；航空由4570亿人公里增长到5750亿人公里，市场份额由7.7%上升至8.8%。货物运输市场方面，铁路货物周转量由2000年的4040亿吨公里上升至2011年的4200亿吨公里，市场份额由11.5%下降为11.0%；公路由15190亿吨公里上升为17340亿吨公里，市场份额由43.4%上升为45.3%；海运由13140亿吨公里上升至14080亿吨公里，市场份额由37.5%下降为36.8%；管道由1270亿吨公里下降为1190亿吨公里，市场份额由3.6%下降到3.1%。尽管欧盟支持铁路、水运的发展，但公路仍主导客运市场，并在货运市场具有举足轻重的地位。

（五）日本

日本交通现代化始于19世纪初的水运，19世纪中后期开始引入铁路。1912年以前，日本政府实施“铁路优先发展，促进国家现代化”的交通运输政策，中央政府主要投资铁路建设，水运、公路以地方投资为主。汽车于20世纪初引入日本，第二次世界大战前汽车总量达到22万辆。受惠于早期的运输政策，铁路在第二次世界大战前一直处于主导地位，1939年营业里程已达到接近历史峰值的2.7万公里。

第二次世界大战结束后的10年，日本交通处于恢复过程中；进入20世纪50年代后期，伴随经济社会的快速崛起，日本交通运输发展迅速。1961年实施汽车进口自由化政策，加速机动化进程；1947—1972年中央政府支持实行了28次造船计划，同时实施补助海运、扩充商船队政策；1964年修建全球首条高速铁路，70年“国家新干线规划法”提出建设近6900公里新干线铁路。70年代的全球能源危机中断了日本经济的快速增长。1973年通过“汽车尾气排放规定”，同年的“租税特别措施法”将汽油税提高至48.6日元/升。1973—1990年中央政府支持实行了18次造船补助计划；1979年的“节能法”推广节能措施，提高能源使用效率，强制推行汽车能耗值标准。80年代放松对铁路和航空的运输管制，铁路运输改善，而航空运输快速发展。

进入90年代后，日本经济社会发展面临的资源环境压力进一步增大。1991年《21世纪运输技术政策展望》重点强化以高速铁路、高速公路和航空运输所组成的高速干线交通运输体系。2000年《21世纪初日本综合运输政策的基本方向》提出摆脱对汽车社会的过度依赖及削减其不利影响。2006年经济产业省的《国家能源战略》提出新一代运输能源计划。1997—2013年经产省和交通省出台五部《综合物流施策大纲》（每四年），对不同时期物流成本引发的竞争力、物流产生的环境与污染及能源利用、各种运输方式衔接等问题提出相应政策措施。

自20世纪80年代中期以来，随着高速铁路的发展，日本铁路营业里程保持稳定规模水平，2012年日本铁路营业里程为2.74万公里，其中高速铁路2664公里。日本公路里程增长较为平稳，1968年突破100万公里，2011年为121万公里，其中高速公路7900公里。

旅客运输市场方面，1980年铁路旅客周转量为3150亿人公里，2011年为3950亿人公里，市场份额由40.3%下降为32.6%；1980年公路旅客周转量为7820亿人公里，2011年上升为12100亿人公里，市场份额由55.2%上升为61.2%；民航旅客周转量由1980年的300亿人公里上升至2011年的720亿人公里，市场份额由3.8%上升至6.0%。货物运输市场方面，1980年铁路货物周转量为370亿吨公里，2011年下降为200亿吨公里，市场份额由8.4%下降为4.7%；1980年公路货物周转量为1790亿吨公里，2011年为2310亿吨公里，市场份额由40.8%上升至54.1%；1980年水运货物周转量为2220亿吨公里，2011年下降为1750亿吨公里，市场份额由50.6%下降为41%。铁路和公路在客运中具有重要地位，而公路和水运在货运中占据主导地位。

（六）巴西

巴西第一条铁路建成于1854年，此后因资金短缺而发展缓慢。19世纪70年代至20世纪20年代政府积极支持发展铁路，1920年铁路营业里程迅速增长至2.85万公里。1941年成立国家铁道部，1957年成立联邦铁路公司经营全国3.7万公里铁路。20世纪60—70年代巴西铁路迅速衰退，此后保持2.8万~3.0万公里的水平。1974年撤销国家铁道部，其职能转移至联邦铁路公司和交通运输部。1996年之前，铁路运输由联邦铁路公司垄断，其后开始推行民营化；2007年撤销联邦铁路公司，实行特许经营。2010年铁路货物周转量约2779亿吨公里，约占运输市场比重的20%。

1930年以来，政府积极倡导发展公路及汽车工业。20世纪60年代进入汽车飞速增长期，1980年民用汽车拥有量突破1000万辆。为此政府加强公路尤其是国家公路建设，2000年国家公路系统达到70.6万公里。90年代开始对公路实行民营化，2008年公路里程约175万公里，其中约10%为铺面路。目前，公路承担近60%的货物运输量。

巴西海岸线长达7376公里，境内可航行河道长达4.28万公里，目前使用的内河航道里程约2.7万公里。目前巴西拥有50个公用港口，主要海港有34个，海运量约占该国国际货运量的90%。

航空运输发轫于20世纪20年代，1925年的航空运输政策限制国外航空公司的发展。1941年成立民航局对国外航空公司进行收购，1972年成立机场基础设施公司，1986年出台《民航守则》对航空监督程序等进行规范化，90年代初开始实行放松航空管制。巴西通用航空十分发达，2008年有跑道机场共计734个，而无跑道机场多达34442个。

（七）俄罗斯（苏联）

18世纪中期俄罗斯已建成相当规模的运河系统，1940年苏联内河航道里程达到9200公里。1952年伏尔加河-顿河运河将苏联欧洲部分的五个海域联成一个水运网络系统。20世纪60年代开始推广内河联运、公路-内河联运和河-海直通联运。70年代中期内河航道里程达到顶峰的1.23万公里，1990年航道里程降为1万公里。随后加强对航道的维护和建设，航运开始复苏。1992 年俄罗斯航道里程为 9800 公里，2011 年恢复至 1 万公里。

俄罗斯第一条铁路建成于 1837 年。1842 年成立铁道部，1856 年出台《铁路网发展规划》。1900 年铁路营业里程突破 5 万公里，1916 年铁路里程达到 6.9 万公里。1956 年苏联开始大规模电气化改造，20 世纪 60 年代开始对线路进行复线或多线改造，1980 年之后大力推行生产集约化，1990 年铁路里程达到峰值的 8.7 万公里。2003 年俄罗斯建立政府完全控股的国有企业——俄罗斯铁路公司。

1817—1834 年俄罗斯建成莫斯科—圣彼得堡公路，1913 年公路里程仅为 3.7 万公里。1928 年苏联公路总里程达到 20 万公里。第二次世界大战后，苏联加快公路的建设进程，1990 年公路总里程达到 65.7 万公里。苏联解体之后，俄罗斯仍十分注重发展公路运输，但线网规模增长较为缓慢，2011 年公路总里程为 90.3 万公里。

1921 年俄罗斯开始发展航空运输，1922 年与德国合办航空公司。1923 年苏联建立首条定期航班。1933 年成立垄断航空运输市场的国有航空公司 Aeroflot，1971 年成立垄断国际航空业务的国际航空交通中央管理局。苏联解体后，俄罗斯继承 Aeroflot 公司，20 世纪 90 年代 Aeroflot 公司集中发展围绕莫斯科的国际航空运输，近年来开始关注国内市场。1994 年俄罗斯政府出售 Aeroflot 公司 49% 的股份，2006 年 Aeroflot 公司加盟国际三大航空联盟之一的“天合联盟”。自苏联解体以后，航空运输经历长达十年的低迷期；进入 21 世纪以后，航空运输开始复苏。

旅客周转量方面，铁路旅客周转量由 1992 年的 2532 亿人公里下降至 2011 年的 1398 亿人公里，市场份额由 43.2% 下降到 31.3%；公路由 2123 亿人公里下降到 1386 亿人公里，市场份额由 36.3% 下降到 31.1%；航空由 1177 亿人公里上升至 1668 亿人公里，市场份额由 20.1% 上升至 37.4%。货物周转量方面，铁路货物周转量由 1992 年的 19670 亿吨公里增长至 2011 年的 21280 亿吨公里，市场份额由 40.0% 上升至 43.3%；公路由 2570 亿吨公里下降到 2230 亿吨公里，市场份额由 5.2% 下降到 4.5%；管道由 21460 亿吨公里上升到 24220 亿吨公里，市场份额由 43.7% 上升至 49.3%；水运由 5410 亿吨公里下降到 1380 亿吨公里，市场份额由 11.0% 下降到 2.8%。铁路运输在地域辽阔的俄罗斯具有重要的地位，航空和公路分别在旅客长途和中短途运输占据重要的地位，管道运输在俄罗斯货物（油气）运输中具有十分重要的地位。

（八）印度

1853 年印度建成第一条铁路，1859 年铁路营业里程突破 1000 公里，1874 年突破 10000 公里。1893 年后出台促进私人资本发展铁路的政策，1936 年达到顶峰的 6.94 公里，1946 年成立铁道部对铁路进行监管。尽管受到第二次世界大战等影响，1970 年铁路营业里程恢复到 6 万公里。20 世纪 70 年代后技术装备现代化成为铁路发展的重点，到 20 世纪末基本实现宽轨化。

20 世纪初印度引入汽车，1920 年出现商业汽车运输。1943 年首次提出“公路建设 20 年长期规划（1943—1963 年）”，1944 年公路总里程约 42.6 万公里。1948 年通过的《公路运输公司法》授权联邦政府组建公共运输公司。1957 年制定独立后首个“公路长期发展规划（1961—1980 年）”，1980 年公路总里程达到 148.5 万公里。第二个“20 年公路发展计划（1981—2000 年）”的重点目标是建成 6.6 万公里国家公路。1988 年成立的国家公路管理局着力推进 5 条中央政府资助的国家公路建设，1995 年《国家公路管理局法》修正案提出“国家公路发展规划”。

印度内河可通航河流、运河等水道里程约 14000 公里，1947 年可通航里程约 5200 公里。1959 年内陆水上运输委员会向中央政府提交发展内陆航运的长期建议，但中央政府对内陆水运发展关注度较低，到 20 世纪 80 年代仅有 1700 公里河道和 330 公里运河可通航。20 世纪 80 年代实施的两个五年发展计划开始重视水运。1986 年确立中央政府负责国家水道管理，地方政府负责其他水道管理。2012 年提出第六条国家水道，并着力发展多式联运。独立后沿海运输出现倒退情形，20 世纪 80 年代后沿海逐步恢复。与沿海运输相比，印度远洋运输发展较好。

1927 年印度成立民航部，1932 年开始发展定期航班，到 1939 年共有 3 家航空公司从事商业航空运输。第二次世界大战后航空运输发展开始加速，1946 年建立空运许可认证委员会为 11 家公司发放许可证；民航仍由私人企业经营，政府提供财政支持。1972 年成立国际机场管理局，1987 年成立民航安全局。20 世纪 90 年代开始放松民航管制，1994 年的《航空公司法》打破了国营航空公司的长期垄断，经营国内外航空运输的企业增加到 42 家。1995 年组建机场管理局，2000 年政府对印度航空公司和印度国际航空公司实行民营化。2004 年支持发展私人机场，2006 年支持发展公私合营的机场。目前印度拥有 82 个机场，年运量超过 1 亿人次，是世界第九大航空市场。

（九）南非

南非第一条营运铁路于 1860 年建成，20 世纪初南非铁路营运里程达到 1.1 万公里，第二次世界大战后铁路达到历史高位的 2 万公里，70 年代后铁路几乎没有新线建设。80 年代初开始放松对铁路的管制，并尝试对国有运输部门进行私有化改革，目前南非铁路线路主要由 Transnet 运输集团和南非客运铁路公司负责营运管理。截至 2008 年年底，南非铁路总里程约 2.1 万公里。2009 年度南非铁路客运量 6.46 亿人次，旅客周转量 168.7 亿人公里，2009 年铁路货运量 1.86 亿吨。

19 世纪末南非开始引入汽车。1935 年全国 12 万公里的公路基本上为泥路或碎石路，1936 年实施全国道路铺装，20 世纪 70 年代开始发展高速公路。80 年代末公路里程达到 18 万公里。90 年代初期汽车总量突破 500 万辆。截至 2008 年年底，南非公路总里程达到 74.1 万公里。2009 年公路客运量 2.76 亿人次，货运量 4.9 亿吨。

第一次世界大战后，南非民航运输开始发展。1934—1939 年建立南非航空公司，20 世纪 40—50 年代开辟北非、欧洲等航线，60—70 年代开通澳洲、拉美、亚洲等国航线，80—90 年代受到国际航空制裁。截至 2005 年年底，南非共有机场 181 个，其中国有机场 25 个。2008 年民航旅客运量 3463 万人次，货物运量约 36 万吨。

南非水运主要由海运承担，已建成 18 个港口，港口主要由 Transnet 运输集团控制。2008 年南非港口吞吐总量 1.85 亿吨，其中集装箱吞吐量 390 万 TEU。南非约 90% 以上的国际贸易都通过海运完成，同时为周边内陆邻国提供运输服务。

二、交通运输发展战略

（一）美国

自建国以来，美国一直重视交通运输的长远发展。如19世纪初开始的“内陆改善计划”致力于改善国家运输系统，1916年的《公路发展援助法案》成为公路发展的重要里程碑。自20世纪30年代以来，交通运输规划作为唯一的国家级区域（空间）规划延续至今。

20世纪70年代以来联邦政府相继出台三部综合运输发展战略。1977年的《国家运输趋势与选择（至2000年）》从部门（交通方式）和空间（国家、州与地方、国际）的双重视角对各种运输方式的发展进行了展望。1990年的《移动美国：新方向、新机遇》提出六大战略目标：维护与扩展国家运输系统；为交通运输发展建立良好的财政基础；保持强大而有竞争力的运输业；确保交通运输保障公众安全和国家安全；保护环境和生活质量；提高运输技术和专业。2008年最新战略《2030年的交通运输愿景：为运动中的国家确保个人自由与经济活力》提出新六大战略目标：交通安全和通畅，即让所有人自由做出日常决策，确信人和货物能够安全和准时地抵达目的地；经济性的竞争力，即强化在全球经济中的美国领导地位，并刺激经济增长和创造就业；能源自主性，即减少对国外石油的依赖，确保能源自主性；环境可持续性，即确保环境可持续的社区，遏制温室气体排放；安全防卫，即为国内和国际旅客、货物及危险物资的移动提供安全防卫；弹性，即准备、响应和弹性化应对人为与自然的破坏。

（二）德国

第二次世界大战后，西德实施了四次“联邦交通基础设施规划”。重新统一后的德国十分重视交通运输的综合发展，先后制定了两次“联邦交通基础设施规划”。1993年的“联邦交通网发展规划”（规划期20年）提出：降低运输成本，维护既有交通基础设施，提高交通安全，保护生态环境，简化流程及加快项目推进进程等。重点建设内容包括：①铁路。规划建设2200公里高速铁路，对46条铁路进行更新改造；通过改善枢纽的线路和交通控制系统提升网络运输能力。②公路。一级公路（包括高速公路）从10850公里增长到13300公里，增加连接重要城市线路的车道数；二级公路里程增加6160公里，建设绕城线路；加强东德地区公路网的建设，扩建高速公路4800公里；保护居民免受噪声干扰与环境污染。③水运。继续对莱茵、美茵、多瑙、易北河等进行管制，提升航道等级。④航空。提高航空运输能力，建立现代化的交通管制和信息系统。

2003年的“联邦交通网发展规划”（目标年为2015年）确立八个交通政策和社会目标：保证有利于环境的可持续运输；提高德国经济地位，以创造和保障工作岗位；地区和居民点平稳、持久发展；为所有交通工具创造公平和平等的竞争条件；改善交通参与者和公众的交通安全性；减轻自然、环境和不可再生资源的负担；降低噪声、有害物质和温室气体的排放；促进欧洲一体化。规划的重点内容包括：强化在日益扩大的欧盟中的德国交通基础设施；在新联邦州（原东德地区）修建能力强大的交通线路；构建综合交通网络系统；促进联合运输的发展；扩建内河港口；加强沿海地区连线；加强机场地区连线；有目的地消除交通瓶颈；加强城镇边缘迂回线路的建设；促进现代交通技术的发展。

（三）英国

中央政府制定的交通发展规划在英国具有悠久的历史。如1946年出台“全国高速公路网络发展计划（规划期10年）”，1989年的《繁荣之路》计划花巨资建设公路以应对2025年运输需求，20世纪90年代综合运输发展战略被列入重要议事日程。1998年的《交通新政：更好为大家》以可持续发展为核心，试图创造一个更好的、更具综合性的交通运输系统，以解决交通拥堵和污染问题。其具体发展目标包括六个方面：更多的出行选择；更综合的公共交通；为公众服务的街道系统；更好地利用公路；更好的整合机场和港口；安全出行。

2004年《交通运输业的未来：2030年的运输网络》围绕未来30年运输网络的长期投资、运输管理改进和提前规划三个问题展开，具体目标包括：①公路。继续提高安全性，及时投资提高必要公路的运输能力、加强需求管理等。②铁路。做好项目管理、控制成本，在可获得财政支持下生存，推行铁路管理体制改革。③公共汽车。在交通拥堵地区给予公共汽车以优先权，建立对出行者和纳税人而言具有良好价值的公交系统，兼顾最新信息、旅行信息、可容易获得的班车频繁而可靠的服务等。④步行与自行车。增加步行和骑自行车出行的数量。⑤航空与水运。充分利用既有机场和港口的运输能力。⑥货运。促进有竞争力、高效率的货运业的可持续发展，同时减少货物运输对交通拥堵及环境造成的影响。⑦地方与区域抉择。推进运输决策体制改革。⑧环境保护。向更清洁、更低噪声和减少环境破坏的方向发展。⑨安全与防卫。为能够建设交通事故风险和事故安全程度的新技术提供资金，提高运输网路上的人身安全等。

（四）欧盟

交通一体化一直是欧盟实现区域一体化的重要目标和基础，自成立以来已经发布了三份交通发展白皮书，成为区域内各国交通运输发展的重要战略指导。1992年的《共同运输政策未来发展白皮书》着力进一步建设一体化运输市场以实现欧盟经济的融合、消除地区间经济发展的不平衡，特别提出大力发展铁路、水路等有利于环境的运输方式，并强调不同运输方式的有效结合，发展多式联运。2001年的《欧洲面向2010年运输政策白皮书》运输政策核心是可持续发展和以人为本，基本目标是在保证公民正常出行的条件下，恢复各种运输方式间的平衡、协调发展，发展多式联运，解决交通拥挤，提高安全性和服务质量。

2011年的《一个单一欧洲运输区路线图：迈向竞争和资源高效的交通运输体系》（目标年为2050年）以减少对石油进口的依赖为指向，明确2050年运输领域的碳排放减少60%（与1990年比）。其具体愿景目标包括：在不影响运输效率和降低机动性的前提下，大幅降低目前依赖石油的交通运输格局；构建一个有效的多式联运主干网络；远途旅行和洲际运输仍是一个全球领域；构建清洁的城市交通体系；降低60%温室气体排放量（与1990年相比）。

（五）日本

第二次世界大战后，日本的交通运输发展战略一直蕴含在其国土空间开发战略之中。自20世纪50年代中期经济起飞以来，共出台六次国土空间开发规划或战略。

1962年的首次国土综合开发规划（简称“一全综”，规划期为10年）目标是解决大城市的过密问题和地区差距扩大问题，使国土均衡发展，重点强调利用环太平洋沿岸主要工业基地，采用“据点开发模式”，成为带动整个经济发展的主要力量；“一全综”侧重于支持外向型经济发展的港口建设和主要交通干线道路。

1969年第二次全国综合开发规划——《新全国综合开发计划》（简称“二全综”，规划期为20年）目标是实现高福利社会，为人们创造丰富的环境；其交通目标是通过大规模工程和技术革新来发展高速交通线路，以建设新的全国范围内的交通网络。

1977年第三次全国综合开发规划（简称“三全综”，规划期为10年）以有限的国土资源为前提，以实现人口的定居为主线，提出“综合居住圈”的设想，注重人与自然的协调共处，以及地方开发。即改造人生存的环境，尊重地方的历史和传统文化，发展人与自然之间的协调关系。“三全综”着力改变集中在东京地区的交通干线体系，规划建立全国范围内的综合主干线结构和纵横交错的支线交通网（包括陆地、航空和航海）。

1987年的第四次全国综合开发规划（简称“四全综”，规划目标年为2000年）旨在“建设一个充满活力的，并在国际生活中发挥作用的国家”，使全国土地结构从“单一的东京集中型”转变为“多级的分散型”，主张国土均衡发展，更多地体现公正和效率，加强中央与地方的联系。“四全综”全面认识到运输结构问题，着力推进铁路改革，促进铁水连接及发展集装箱运输，加快高速铁路建设步伐，推动铁路电气化改造，通过快速交通系统（尤其是轨道交通）缓解东京的交通压力。

1998年的第五次全国综合开发规划——《21世纪国土宏伟蓝图：促进区域独立性和创建美丽国土》（简称“五全综”，规划期为2001—2015年）追求多轴型国土结构和实现21世纪的国土宏伟设计，其基本战略目标包括：创建独立的、居民引以为自豪的区域；使日本成为安全、宜居的国家；享受和养护自然福祉；建立一个充满活力的经济社会；使国家向全世界开放。“五全综”的长期交通运输发展战略目标包括：建立各个区域相互合作和独立发展的运输系统，为国民提供更多的生活出行选择；建立与自然和谐发展、考虑安全和环境的交通运输系统，以帮助建立人与自然互动的国家区域。

2008年的《国家空间战略》（俗称“六全综”，规划目标年为2020年）致力于实现由“国土综合开发”向“国土形成”的转变。其交通运输发展措施包括三个方面：一是通过实现日本与东亚之间的无缝衔接，建立将东亚与世界各地联系起来的综合国际运输系统。二是建立灾害抵御性强的、弹性的国家干线运输系统，提高区域板块之间的联系与交流。三是为支持城市和农村社区，在更大空间活动范围上建立生活环境基础。

（六）巴西

2012年的《交通基础设施投资规划》致力于解决巴西经济发展中的瓶颈问题，增强该国经济可持续发展能力。《交通基础设施投资规划》计划在未来30年内投资1330亿雷亚尔（约656亿美元）在高速公路和铁路建设上。最近5年（至2018年）将完成795亿雷亚尔的投资，此后20~25年的交通基础设施建设将完成剩余535亿雷亚尔的投资。创建物流规划公司，统一制订后续的行动计划并进行项目监测，促进巴西的物流在未来向一体化发展。

（七）俄罗斯

计划经济时代的苏联制定五年规划以指导其交通发展，俄罗斯新时期的交通发展则十分注重战略发展。2004年的《俄罗斯联邦交通发展战略》（目标年2020年）明确运输要保证经济增长和提高下一代人的生活质量的要求，其目标包括：强化国家对交通运输体系发展和运输业务活动的宏观调控；引入竞争机制，推动运输服务市场的发展；加强基础设施建设；发挥俄罗斯在国际运输通道中的作用；改善技术作业和技术装备；提高交通运输系统的可持续性；继续推进各种运输方式的管理体制改革；建设全国统一的基础运输网；实现地区和地区间交通运输体系的均衡发展。2008年的新战略——《2030年俄联邦交通发展战略》提出两个阶段发展目标：第一阶段到2015年，通过专项投资完成交通系统的现代化，对关键领域进行系统的优化配置；第二阶段从2016年至2030年，强化所有重点交通领域的创新发展，以保证实现创新社会的发展道路。

（八）印度

印度将其交通运输发展规划融入国民经济社会发展战略之中。2012年《印度“十二五”规划：更快、更具有包容性和可持续的增长》提出的交通运输发展重点是提升各种方式的运输能力，其战略目标与建设重点包括：①铁路。进一步提高铁路的运输能力，发展高速铁路网，并扩大其覆盖范围。②公路。除完成当前在建的国道外，切实发展高速公路网；提升国道维护标准，对有关道路进行扩容；优先发展乡村道路通道建设计划。③民航。计划以PPP方式新建新孟买机场和果阿机场，在二、三线城市新建机场8个，完成21个机场的升级改造工作。④港口。简化和便利港口建设的各项手续，吸引私营资本参与港口现代化建设及扩建；修建或改造部分港口成为深水码头。

（九）南非

2008年《南非国家交通运输总体规划（2005—2050）》提出：满足货运和客运需求，提供方便实惠、安全快捷、优质可靠、高效无缝的运输业务和基础设施；采取不断升级和创新的、灵活的，以及经济上和环境上可持续的方式来支持在南非和非洲南部地区执行政府策略，特别是那些针对经济增长、发展、重新分配、创造就业机会和社会一体化的策略。其具体发展目标包括：完善交通基础设施，推动经济发展，保障社会公平，提高交通可持续发展能力。

三、交通运输发展及其中长期战略的经验

（一）交通运输发展的作用与地位

毋庸置疑，交通运输对国民经济社会的发展具有基础性的作用，是经济社会发展的必要条件之一，然而各国历史进程中的交通运输地位却不尽相同；交通运输的发展进程映射了认知和发展的错位差异，同时也影响了各国经济社会发展的进程和型式。

美国长期以来注重交通运输的发展。如美国 1825 年伊利运河的成功促进了运河的迅速发展，1860 年运河通航里程超过 6000 公里；1865 年“国内战争”结束后，铁路发展进入黄金时期，1916 年营业里程达到顶峰的 41 万公里。随后铁路网络规模下降的同时，公路快速发展；1916 年铺面公路里程为 47 万公里，2011 年公路总里程达到 656 万公里。美国运河、铁路和公路在网络规模上存在形式上的替代发展，即运河率先发展达到峰值后开始下降，随后铁路迅速发展达到峰值后也开始下降，此后公路运输迅速崛起并快速发展；欧美（如德国、英国）及日本等国家也大体经历这一相似的发展型式。尽管如此，交通运输系统整体保持与经济社会较好的协同性，为各国和地区的经济社会发展提供了充足的运力保障，同时也响应了技术、经济、社会的变革需求和自然本底的特征。

需要进一步看到的是交通运输对保障国家安全、缩小区域差异、协调地区经济社会发展中的重要作用和地位。如美国 19 世纪 60 年代后支持建设连通西部地区的铁路，不仅为开发西部提供条件，也为维护国家统一提供重要支撑；20 世纪 60 年代的“阿巴拉契亚区域开发计划”优先发展公路，支持区域开发和复兴。自 1962 年以来，日本坚持实施的“国土综合开发规划”致力于从国家层面融合交通与国土开发。2002 年德国的“联邦交通网发展规划”明确提出：加强对东部落后地区的交通建设，实现目标包括地区和居民点平稳、持久发展等内容。

反观发展中国家，独立前受殖民或外国侵略的影响，现代交通运输大多具有资源掠夺、开拓贸易市场等特征，然而独立后各国对交通运输发展重视不足。如巴西水运条件十分丰富，可航行的河道长达 4. 28 万公里，目前仅利用了 2. 8 万公里；铁路营业里程一度达到 3. 7 万公里，目前保持在 3 万公里的水平。南非自 1930 年以来铁路发展停滞不前，长期保持 2. 1 万 ~2. 4 万公里的水平。印度内河可通航河流、运河等水道里程约 14350 公里，目前仅利用约 4400 公里航道；20 世纪 70 年代铁路营业里程高达 7 万公里，目前为 6. 3 万公里。拥有世界上最大国土面积的俄罗斯，铁路长期徘徊在 9 万公里的规模水平，公路仅有 90 万公里，远低于美国铁路 22 万公里、公路 656 万公里的水平，交通系统不足也许是影响其经济社会国际地位的重要因素。

（二）制定和实施中长期交通运输发展战略

欧美日等发达经济体十分重视制定和实施有关交通运输的发展战略。如 19 世纪初美国实施“内部改善计划”支持水运和公路的建设，1944 年实施《国家机场计划》，1956 年基于《公路发展援助法》的发展规划一直延续至今；20 世纪中后期以来出台的《国家运输趋势与选择（至 2000 年）》、《移动美国：新方向、新机遇》和《2030 年的交通运输

愿景》确保为经济社会发展提供长期、充足的交通运输保障。

1955年西德实施《公路建设规划》，1959出台《十二年公路发展建设规划》，此后实施了四次“联邦交通基础设施规划”，统一后的德国于1993年和2003年分别出台两次“联邦交通网发展规划”，为其在欧盟发展中赢得重要地位。1989年英国的《繁荣之路》计划花巨资建设公路；1998年出台的《交通新政：更好为大家》关注可持续发展，着力解决交通拥堵、污染问题；2004年《交通运输业的未来：2030年的运输网络》关注经济的可持续增长、社会结构变化下的交通公平性需求，以及响应欧盟发展需要的交通节能减排。20世纪60年代后日本先后制定了六次“国土综合开发规划”，交通运输一直是其重要内容。德、英、日等发达国家的交通运输战略成为经济社会发展的重要组成部分。

值得注意的是，国外发展战略不仅提供科学的预测，同时也注重规划严肃性的发展约束。如1956年美国《联邦公路资助法》确立州际公路约7万公里，此后历经多次调整，州际公路里程规模有所增长，但增幅都十分有限；20世纪90年代初州际公路网建成时规模为7.25万公里，2011年为7.56万公里。日本1966年通过的《国家主要高速公路建设法》计划修建32条长7600公里的高速公路；经过40余年的发展，作为国家干线系统的高速公路2010年总里程仅为7800公里。

反观发展相对滞后的国家，交通运输发展一方面缺乏长远的战略发展思路或战略，另一方面则是战略的约束力较差。进入21世纪以后，各国的交通运输发展战略（或中长期规划）不断涌现，如俄罗斯出台了《2030年俄联邦交通发展战略》、南非制定了《南非国家交通运输总体规划（2005—2050）》、巴西通过了《交通基础设施投资规划》等，这些战略成为改善落后的交通运输现状、适应国民经济发展和提升人们生活水平的重要基础。

（三）优化运输结构、促进系统协调发展

在现代交通技术进步的历程中，水运、铁路、管道、公路、航空等方式先后出现，运输方式由一种演变为多种，各国和地区的交通运输体系从第二次世界大战前较为单一的运输方式发展逐步向综合运输系统转变；同时各种运输方式技术经济性能不断改进，不同运输方式在综合运输体系乃至国民经济社会中的作用和地位不断变化。从综合的视角分析，交通运输不仅需要适应各国和地区的经济、社会与国情的需求，同时也须响应生态环境的变迁。因此，重视运输结构优化、促进协调发展成为交通运输发展的核心内容之一。

美国及欧盟等国土辽阔，区域差异较大，能够产生并必然产生大量的国内（区内）长距离运输，适宜铁路的经济性长途运输及航空的高效率长途运输。2008年美国铁路旅客平均运距346公里，公路为230公里，相对差距不明显，导致铁路优势无法充分发挥；铁路货物平均运距1388公里，而公路为781公里，货物运输具有长途运输的特征，且铁路与公路的相对与绝对差距都较大。比较而言，日本国土狭长呈南北向的条状分布，周边为海洋所包围，城市间平均运距为491公里；2007年98%的旅客和76%的货物集中在100公里以内，短途运量相对较为丰富。2008年日本旅客平均运距只有16公里，铁路为

18 公里，公路为 14 公里，公路与铁路差距较小，竞争激烈；货物平均运距为 108 公里，铁路为 482 公里，公路为 73 公里，表明铁路主要承担城际间的运输任务。德国国土面积较小，城市间的平均距离为 261 公里，适宜公路运输。从人口和土地情况分析，美国人均土地资源较多，2012 年每平方公里仅有 34 人；日本、德国、英国等工业化国家人口密度大，每平方公里分别为 350 人、235 人和 261 人，分别是美国的 10.3 倍、6.9 倍和 7.7 倍；值得注意的是，德国城镇空间分布较为均匀，人口最大的城市柏林仅有 340 万人口，未形成类似于美国纽约、日本东京、英国伦敦为中心的大都市区，但德国对小汽车的依赖仅超过日本，低于英美。

从资源情况分析，美国石油资源相对丰富，而日本及大部分欧洲国家的石油资源匮乏。美国旅客运输结构“汽车+航空”的模式是其国情的体现，即中短途仍以汽车特别是小汽车为主，中长途运输则利用飞机。尽管如此，资源占用少、污染低的铁路、水运在美国货物运输中占有重要的市场，铁路更是长期以来保持主导的地位，2010 年铁路货物周转量市场比重为 38.6%。相比而言，日本人口密集、土地资源紧张、石油资源匮乏。1987 年日本“四全综”以来一直倡导发展高速铁路来解决干线交通的运输问题，并提倡人们选择以轨道交通为主的出行方式；采用电力驱动的高速铁路和轨道交通系统进行旅客运输，既解决了日本客流量大而密集的运输难题，又比过度使用小汽车节省石油资源。英国早在 1975 年和 1982 年的《运输（财政）法》从环境保护和能源节约的角度出发，鼓励铁路多承担货运。日本、德国及欧盟都十分注意充分利用国土天然的水资源优势。如 2003 年德国的“联邦交通网发展规划”明确指出水运和铁路尽可能承担更多的新增运量；2011 年欧盟出台的《一个单一欧洲运输区路线图》提出货物多式联运依赖于远途水运和铁路，水运在运输结构中占有较大的份额。2010 年德国水运货物周转量市场份额约占 14%，英国为 19%，欧盟和日本高达 40%。

自然禀赋体现的国情虽然对运输结构的形成具有较大基础性，但人类活动的社会性能够实现更高效、更可持续的运输结构。美、英、德、日等国都是经济高度发达的国家，在其工业化、城镇化、现代化的过程中，形成了汽车化社会，但各国汽车消费模式却有着显著差异。如美国不仅大量拥有汽车，百人乘用车拥有量 43.5 辆，且无节制使用，每车年均行驶 1.98 万多公里。尽管日本也大量拥有汽车，百人乘用车拥有量 32 辆，但节制使用，每车年均行驶约仅为 5160 公里；日本采取各种措施，将小汽车的“大量拥有”与“节制使用”的矛盾统一起来，形成节能型运输结构模式。更值得注意的是，德国公交平均行驶距离为 4.2 万公里（2005 年），法国为 3 万公里（2007 年），日本为 2.9 万公里（2006 年），美国仅为 1.3 万公里（2007 年），德、法、英等欧洲国家及日本注重公共交通的发展，有效地改善各自的运输结构。

与此同时，响应国内资源环境态势和全球气候变化需求，深入优化运输结构、积极推进“绿色、低碳”战略已逐步成为各国经济社会可持续发展的共识。即便是作为“汽车轮子上的国家”，美国 2008 年的《2030 年的交通运输愿景》也明确提出了能源自主性、环境可持续性等目标。而欧盟 2011 年《一个单一欧洲运输区路线图：迈向竞争和资源高效的交通运输体系》(目标年为2050年),其目标直指减少欧洲对进口石油的依赖,2050年运输领域的碳排放减少60%(与1990年比)。

(四)重视属性界定及其政策保障

交通运输服务是一种公共服务产品,即将运输产品的效应扩张于他人的成本为零,并且具有非排他性。交通用户(企业与个人)是运输产品的使用者,而运输产品的提供者可以是政府、企业及私人。在供需双方的平衡过程,因政府的发展能力和发展理念,形成了公益性和商业性供给。纵观全球,不同国家在提供交通运输供给时采取了不同的策略,形成差异显著的发展模式。

美国1789年首届国会批准联邦政府对交通运输发展提供资助,并为交通部门的私营企业提供优惠政策。其后联邦政府不断通过政府拨款等支持交通发展,如1815—1860年的交通投资中联邦政府约占7%,地方政府约占58%。此外,政府提供贷款、认购债券、赠予土地等,为运河的发展提供了巨大的支撑。1850年颁布的“赠地法案”为保障铁路发展用地提供了巨大的支撑。截至1871年,各级政府对铁路建设用地的支持高达1.79亿英亩(1英亩=0.4047公顷),其中州政府支持4800万英亩。1850—1873年各级政府资助铁路的建设投资约占总投资的30%,其他资助包括贷款优惠、发行债券、税收减免等。1916年《公路发展援助法案》确立联邦与州政府之间对公路建设的投资比例为“五五开”,且规定受资助的公路一律不容许收费;1956年通过的《联邦公路资助法》确立发展州际公路,设立“公路信托基金”专用于联邦公路计划,并规定90%以上的州际公路禁止收费。1978年以前美国内河航道建设和维护费用一直由联邦政府承担,此后仅实施10年收费政策即被废除。20世纪80年代开始实施的《机场改造计划》扶持支线机场,运营亏损由地方政府补贴。

西德1951年《联邦铁道法》确认铁路运输的商业性原则,1961年的《联邦铁道法》将铁路运输定位为公益性与商业性并存,以商业运营为主的原则,但必须承担维持义务线路运营。1995年以前德国公路免费使用,其后对重型卡车征收与时间单元挂钩的高速公路使用费,2001年提高了此费率,2004年该税改为按里程征收。德国联邦政府负责跨州的长距离道路建设,各州的公路由州政府负责。财政投入的资金主要来源于汽车税,资金直接拨给交通部。当财政不足时,考虑采用“私人投资建设+政府运营模式”或私人投资运营的BOT模式。德国港口由政府投资,投资主体是地方政府,联邦政府不资助港口建设,但进港航道和河流航道的建设和维护费用全部由国家承担。

日本早期的铁路由国家投资建设,其后向民间开放路权,到19世纪末民营铁路约是国铁里程的3倍。1906年对用于一般运输的铁路实行国有化,始于1964年的国铁亏损持续到20世纪80年代中期。1986年日本对铁路进行民营化重组,国铁被拆分为6家区域客运公司和1家全国性货运公司;在票价不变的前提下,6家铁路客运公司均实现了盈利,并能向国家缴纳可观的税收。50年代成立日本政府出资组建的道路公团,依靠邮政储蓄收集民间资金及国际资本,为高速公路等基本建设提供了发展资金,并对高速公路实行“通行收费制度”。1975年将高速公路通行收费制度由“单一核算制度”变更为

"统一核算制"。80年代后半期兴起BOT模式；近年来随着道路公团民营化进程的加快，已全部改为隶属国土交通省的"半官方"财团法人。

英国是最早发展商业性交通的国家之一，并建成了世界上最早的收费公路体系。随后的铁路也主要由私有资本建设和运营，第二次世界大战后对铁路实行国有化。1968年的《铁路运输法》将铁路债务一笔勾销，并针对商业上无利可图而社会效益突出的客运线路进行补贴，给予投资负债利息7.05亿英镑补贴，对新线建设和设备现代化投资补贴占投资总额的20%～75%。20世纪70年代引入"公益服务"对客运进行补贴等机制，1972年《运输法》实行抑制运价上涨的补贴，1974年的《铁路运输法》继续引入"公益服务"对客运进行补贴；1994—1997年英国对铁路进行了民营化改革，但1998年在实施《交通新政：更好为大家》的战略途径中，提出以非营利为基础，如撤销港口私有化计划。

20世纪70—80年代以来，发展中国家对交通运输商业化程度有较大幅度的扩大。如印度认为铁路具有公益性和商业性双重属性，铁路运价由议会定期商议制定，中央政府对铁路投资可获得利息收益；铁路承担向全体民众（尤其是低收入群体）提供都能负担的公共交通服务，实行低票价政策。最近的《印度"十二五"规划》明确政府鼓励PPP方式进行交通基础设施建设，以吸引私人投资，将海外投资者为基础设施项目融资所获得利息税从之前的20%降至5%。《南非国家交通运输总体规划（2005—2050）》明确发展资金来源包括准入权收费和使用费两大类，准入权收费项目包括牌照费和环境外部性收费等，使用费是指按照交通工具行驶的里程数而收取的费用。巴西在对铁路、民航等交通领域实行民营化改革之后，在其《交通基础设施投资规划》进行新的尝试，如铁路建设将采用PPP方式。

（五）推进交通运输管理体制改革

随着历史进程的推进，各种交通运输方式技术快速完善、基础设施逐步饱和，交通运输将从传统的供给侧管理逐步过渡到需求侧管理，交通运输与经济社会发展将深度融合，形成一个综合的、复杂的系统工程问题。传统管理体制难以适应综合发展的需要，需要基于综合运输系统的管理制度架构的支撑，大部门交通制是协调发展的重要前提。长期以来，美、法、德、英、日等国对交通运输管理体制进行改革，建立综合运输管理体制，对水、陆、空运输实行集中统一管理。美国早在1881年成立州际商务委员会对运输业务进行管制，1967年成立运输部对联邦公路、铁路、航空、水运等进行综合管理。德国于1998年将联邦交通部改革为联邦交通、建设与住房部，主要负责运输以及交通法律、运输政策的制定和监督执行。英国于2002年将环境保护、交通运输管理以及地方事务3部整合为新运输部。日本于2001年将运输省、建设省、北海道开发厅和国土厅合并为国土交通省，主要负责国家有关土木、建筑、国内外海陆空运输事务管理、国土整治、开发和利用等。

推进管理体制改革不仅有利于提高系统运行效率，更重要的是协调各个运输部门、各种交通方式实现公平发展。公平发展是指交通运输系统应为运输系统建立合理受益的发展体系，并为运输需求者提供广泛的、均等化、可支付的服务条件。前者主要是运输市场的公平性，后者关注空间（如区域、城市、城乡）与群体（如残障人、老年人）的服务。1940 年美国通过的《运输法》提出："国家的运输政策，在依办法之规定以公平合理的方法，管理各种运输事业，用以承认并维持各种运输方式的内在利益；促进安全、适宜、经济及有效的运输服务，并建立运输业间的健全经济状况；核定合理费率，使无不公平之差别待遇或不合理之破坏竞争；其最终目的是使铁路、公路、水运及其他运输方式所组成的全国运输系统得以发展，配合及维护美国商业、邮政服务及国防之需要。" 1990 年的《移动美国：新方向、新机遇》提出建立公平竞争平台，以保持强大而有竞争力的运输业。1998 年的"21 世纪运输公平法"和 2005 年的"安全、负责、灵活、高效运输公平法"均十分重视公平发展。日本 1980 年的《综合运输政策方向的长期展望》提出对运输企业经营活动采取"不干预"政策，加强行业法律进行宏观调控、规范企业的经营行为，引导企业公平竞争。1993 年德国尝试建立基于公平原则的竞争环境，即采取"谁引起、谁负担"的原则，对运输外部成本进行内部化；但铁路、公路、航空等并未处于公平竞争的环境中，如铁路线路使用费高于公路，航空运输免征燃油税；较高的运输成本及较低的运输效率，难以实现优化运输结构的愿景；进而德国《2000 年交通报告》提出建立公平公正的竞争条件，从税收方面采取措施，为各种交通工具在欧盟范围和德国境内建立公平的竞争环境；2003 年"联邦交通基础设施规划"明确为所有交通方式创造公平和平等的竞争条件。

参考文献

1. [美] D. 洛克林．运输经济学 [M]．赵传云，译．长沙：长沙铁道学院运输系，1985.

2. [美] 罗依·桑普森，马丁·法雷斯，戴维·夏克．运输经济：实践、理论与政策 [M]．赵传云，荣朝和，等，译．北京：经济管理出版社，1989.

3. [英] 肯尼斯·巴顿．运输经济学 [M]．冯宗宪，译．北京：商务印书馆，2006.

4. 王庆云．交通运输发展理论与实践 [M]．北京：中国科学技术出版社，2006.

5. 胡思继．综合运输工程学 [M]．北京：清华大学出版社，北京交通大学出版社，2006.

6. 黄民，张建平．国外交通运输发展战略及启示 [M]．北京：中国经济出版社，2007.

我国交通运输未来运输需求预测的研究

王德荣　程　亮

（中国交通运输协会，北京中交协物流研究院，北京　100825）

【摘　要】 对未来的运输需求进行定量分析是制定交通运输发展战略的重要依据，定量分析的主要指标包括客运量、旅客周转量、货运量、货物周转量、港口吞吐量等。本文采用多种方法对这些运输需求指标进行定量分析，对各指标未来可能达到的水平做出预测。为使预测具有一定针对性，预测还包括各种运输方式相应的运量、周转量指标。另外，对主要货类的港口出港量或进港量，以及口岸进出口货运量也做出相应的预测。

【关键词】 运输需求　预测　客货运量　周转量　港口吞吐量

Study on Transportation Demand Forecast of China Transportation in the Future

Wang Derong　Cheng Liang

(China Communications and Transportation Association,

Institute of Logistics and Transportation of Beijing, Beijing 100825)

Abstract: The quantitative analysis is an important base of formulation of the transportation strategy. The indexes of the quantitative analysis include Passenger Travel Volume, Freight Volume, Passenger-Kilometers, Ton-Kilometers of Freight, Port Throughput, etc. The article analyzes these indexes of transportation demand and forecasts the future possible value of these indexes. For the specific targets of the forecast, it is included the passenger travel volume, freight volume, passenger-kilometers, ton-kilometers of freight of each transport modals. In addition, the inbound or outbound in seaports of main cargoes, and the imports & exports of cargoes through ports-of-entry are also forecasted.

Keywords: Transportation demand　Forecast　Passenger travel volume　Freight volume　Passenger-kilometers　Ton-kilometers of freight　Port throughput

运输需求预测是交通运输发展战略研究的重要内容，其研究内容包括对主要运输需求指标的未来发展水平的定量分析，这些指标包括全社会客货运量及周转量、各种运输方式货运量及周转量、港口吞吐量、口岸进出境量、重要货类相关运输量等，这些指标值是确定未来运输发展战略目标、建设重点等的重要依据，本文对这些反映未来运输需求的数量指标进行预测。

一、运输需求预测的内容和方法

运输需求是经济和社会发展过程中人和物空间位移的要求，它包括数量和质量两个方面。运输质量需求是指人和物对空间位移服务的质量要求，而这一要求又和位移中的人与物的活动特征有关；数量需求是指人和物在空间上移动的工作量的需求，既包括人和物移动的数量，即运输量，同时还包括人和物移动的工作量，即运输工作量，诸如旅客和货物空间移动的距离而产生的人公里、吨公里需求，等等。由于运输质量的预测难以全面地用数量指标来衡量，因此，在文中主要做了运输量的需求预测。在整个发展战略研究中对发展战略目标的制定和运输系统的建设内容等，都按一定质量的数量需求进行研究和论证。

本文对反映未来运输需求的数量指标进行预测，作为制定交通运输发展战略的定量依据，这些指标包括客运量、旅客周转量、货运量、货物周转量、沿海港口货物吞吐量、集装箱吞吐量、口岸进出口货运量（包括分方向的陆路口岸进出口货运量）等。一些大宗货类如煤炭、原油、矿石、集装箱等，对国民经济发展有重要影响，在运输需求中占有较大份额，文中对这些货类的运输需求也做出预测，主要指标包括北方主要沿海港口煤炭下水量、沿海港口原油外贸进港量、铁矿石外贸进港量。

本文运输需求预测的目标年度为2020年和2030年。

运输需求的预测，遵循定量分析与定性分析相结合的原则。对于运量、周转量以及港口货物吞吐量指标的预测，主要采用回归模型、弹性系数、趋势外推及灰色模型、波布加门公式等预测方法。回归模型选取对预测指标有着较大影响的相关的国民经济指标，分析二者的相关关系，建立多个一元或者二元预测模型，从不同的侧面考虑该指标的发展趋势，然后综合各个模型的预测结果，最终确定相应预测指标的结果。对于沿海港口外贸集装箱吞吐量的预测，由于它和各地外贸进出口状况有直接关系，采用类似集装箱腹地生成量的方法进行预测。对煤炭、原油、铁矿石等大宗货物相应运输需求指标的预测，主要考虑分析该指标自身及与相关产品消费量、产量的关系，以及近年来该指标的变化趋势，进而得出相应的预测结果。

二、客货运量、周转量预测

（一）全社会客运量、货运量、旅客周转量、货物周转量预测

近年来，随着我国经济的持续快速增长，我国客货运输量也保持稳步增长趋势。2000—2012年全社会客货运量及周转量增长情况如图1和图2所示，该两图直观地反映客运量、旅客周转量和货运量、货物周转量指标的变化趋势。

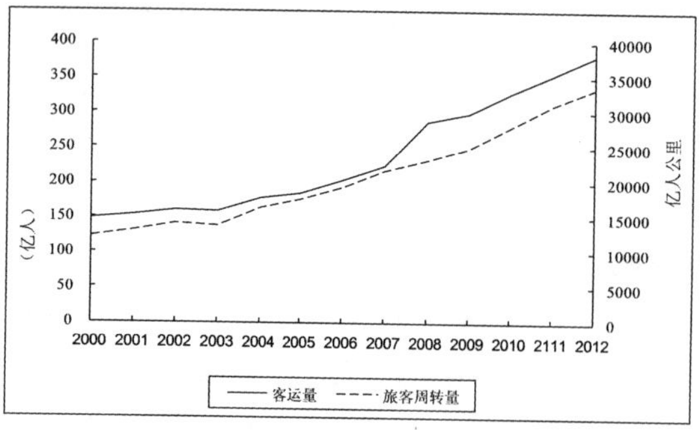

图 1　近年来全社会客运量、旅客周转量增长

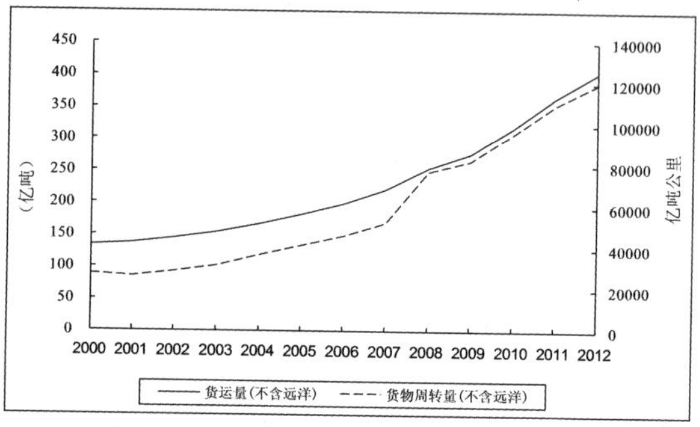

图 2　近年来全社会货运量、货物周转量增长

由以上两图可见，近年来我国客运量、旅客周转量指标除 2003 年以外，均保持平稳增长，其中旅客周转量增幅高于客运量增幅，2008 年因公路客运量统计口径变化，数据有较大增幅（达 30.8%），使得总客运量增幅明显高于往年；2003—2012 年间货运量和货物周转量指标保持平稳增长趋势，两个指标变化趋势大体一致，但 2008 年因公路货物周转量指标统计口径的原因，当年公路货物周转量是上年的近三倍，使得总货物周转量大增，增幅大大高于之前年份的平均增幅。对于因统计口径变化而出现的年度数据明显变化的指标，之前的历史数据无法使用，预测主要以 2008 年以后的数据为依据。

从图 1 和图 2 可见，客货运量、周转量指标的增长大体呈线性趋势，货运量、货物周转量指标与国内生产总值（GDP），特别是第一、第二产业的国内生产总值关系密切，客运量、旅客周转量指标主要受人均 GDP 指标的影响。经计算，各预测指标与相应经济指标的相关性检验结果良好，R 平方检验值全部高于 0.98，因此建立相应预测指标与相关国民经济指标的回归模型和时间序列模型。此外，还采用基于预测指标自身序列的灰色模型。

对同一指标，多个模型得出多个预测结果，相应地对应多个不同的增长率水平。一般地，灰色模型的预测结果所得的增长率往往过高，基于时间序列模型所得预测结果的增长率又会偏低，尤其是应用于较远期的预测结果这种情况更为显著。因此，以上述预测模型的预测结果为基础，综合各个增长率结果，并考虑运量、周转量指标之间的关系，经过适当调整得出较为合理的增长率水平，以趋势外推法确定未来年度各指标最终的预测结果。

综合各种预测方法的计算结果，并结合综合判断，得到未来年度全社会客货运量、周转量预测结果，如表 1 所示。

表 1　客货运量、周转量预测结果

年份	客运量		旅客周转量		货运量（不含远洋）		货物周转量（不含远洋）	
	亿人	年均增长率（%）	亿人公里	年均增长率（%）	亿吨	年均增长率（%）	亿吨公里	年均增长率（%）
2012 实际	380. 4	7. 3（>2008）	33383	9. 5（>2008）	403. 4	12. 2（>2008）	120359	11. 7（>2008）
2015 预测	480	8. 1	44300	9. 9	500	7. 4	147000	6. 9
2020 预测	680	7. 2	65500	8. 1	680	6. 3	200000	6. 4
2030 预测	1150	5. 4	116900	6. 0	1120	5. 1	333000	5. 2

由表 1 可见，预计到 2020 年，我国客运量和旅客周转量有可能分别达到 680 亿人和 6. 55 万亿人公里，货运量和货物周转量有可能分别达到 680 亿吨和 20 万亿吨公里，分别比 2015 年年均增长 7. 2%、8. 1%、6. 3% 和 6. 4%；到 2030 年，我国客运量和旅客周转量有可能分别达到 1150 亿人和 11. 7 万亿人公里，货运量和货物周转量有可能分别达到 1120 亿吨和 33. 3 万亿吨公里，分别比 2020 年年均增长 5. 4%、6. 0%、5. 1% 和 5. 2%。

（二）各种运输方式总客货运量、周转量预测

为了更细致地反映未来运输需求特征，除了上述对总运量、周转量的预测，还需对运输量的构成进行预测，这包括各种运输方式客货运量周转量预测。本小节对铁路、公路、水路、民航、管道等五种运输方式的客货运输需求进行预测。

2000—2012 年全国铁路、公路、水路和民航四种运输方式客运量和旅客周转量增长情况分别如图 3 和图 4 所示。由于各种运输方式运量、周转量数据的数量级不同，为了避免数据过低而使折线被压缩在绘图区下方紧靠横坐标轴位置，图中每种运输方式的数据采用不同的计量单位。此两图直观反映了各运输方式运量、周转量的变化趋势。

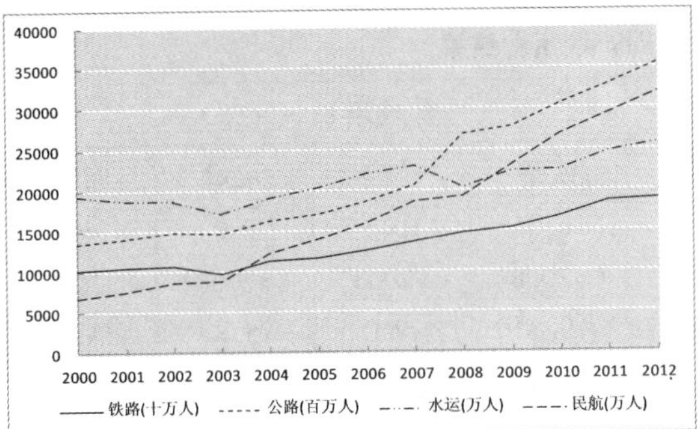

图 3　近年来各种运输方式客运量增长趋势

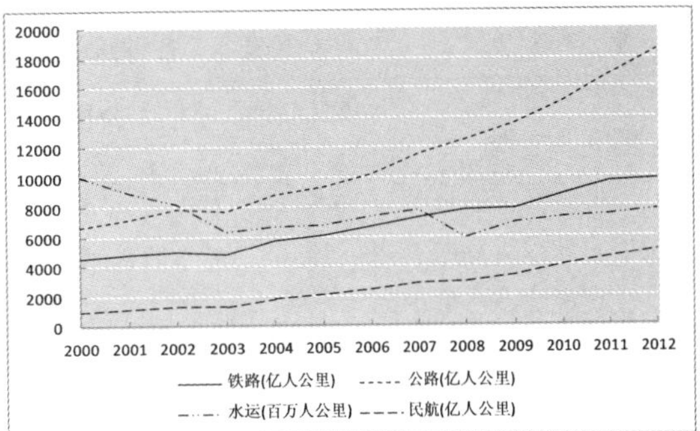

图 4　近年来各种运输方式旅客周转量增长趋势

如图 3 和图 4 可见，水运的客运量和旅客周转量出现波动起伏的情况，变化不是线性增长趋势，特别是旅客周转量还在波动中出现一定的下滑。铁路、公路、航空三种运输方式近十年中除 2003 年稍有下降外，其余年度均稳步增长，且大体呈线性增长趋势。经

计算，三种运输方式客运量、旅客周转量指标与年份及 GDP 有很强的线性相关性，R 平方检验值除个别指标外均在 0.98 以上，其中公路客运量指标由于统计口径变化，2008 年数据较上年出现 30% 以上的较大增幅，预测采用 2008 年以后的数据。

为此，对这四种运输方式相应指标建立时间序列模型和对 GDP 的线性回归模型以及二元模型，对未来客运量、旅客周转量进行预测。此外，也采用基于预测指标自身序列的灰色模型和波布加门公式进行预测。考虑到我国正加快交通运输发展，近期运量、周转量应保持较高增幅，参照 2000—2012 年各运输方式运量、周转量指标的平均增幅，对模型计算出的预测结果的增幅进行适当调整，得出最终的预测结果。

"十二五"期间铁路"四纵四横"客运专线骨架网络将基本建成，在经济发达和人口稠密地区还将建成城际客运系统，铁路客运能力将大幅提高，2015 年的铁路客运量、旅客周转量增幅将超过以往，"十二五"期末的铁路客运量、旅客周转量水平参照铁路有关规划来确定。对于水运客运量、旅客周转量指标，不能使用数学方法进行预测，经综合判断，按增长率外推法得出未来的预测结果。2015 年、2020 年和 2030 年我国各种运输方式客运量、旅客周转量预测结果分别如表 2 和表 3 所示。

表 2　各种运输方式客运量预测结果

年份	客运量（亿人）				年均增长率（%）			
	铁路	公路	水运	航空	铁路	公路	水运	航空
2012 实际	18.9	355.7	2.6	3.2	6.0 (>2008)	7.3 (>2008)	6.1 (>2008)	13.5 (>2008)
2015 预测	25	450	3.1	4.5	10.0	8.2	5.9	12.5
2020 预测	38	630	3.9	7.6	8.7	7.0	5.2	10.8
2030 预测	70	1060	5.7	17.1	6.2	5.3	3.7	8.4

表 3　各种运输方式旅客周转量预测结果

年份	旅客周转量（亿人公里）				年均增长率（%）			
	铁路	公路	水运	航空	铁路	公路	水运	航空
2012 实际	9812	18468	77	5026	6.0 (>2008)	10.3 (>2008)	7.0 (>2008)	14.9 (>2008)
2015 预测	12800	23900	92	7000	9.3	9.0	5.8	11.7
2020 预测	19200	34700	113	11500	8.4	7.7	4.3	10.4
2030 预测	34400	59600	157	24800	6.0	5.6	3.3	8.0

由表 2、表 3 可见，预计到 2020 年，我国铁路、公路、水路、民航四种运输方式的客运量有可能分别达到 38 亿人、630 亿人、3.9 亿人和 7.6 亿人，旅客周转量有可能分别达到 1.9 万亿人公里、3.47 万亿人公里、113 亿人公里和 1.15 万亿人公里；到 2030 年，

四种运输方式客运量有可能分别达到 70 亿人、1060 亿人、5.7 亿人和 17.1 亿人，旅客周转量有可能分别达到 3.44 万亿人公里、5.96 万亿人公里、157 亿人公里和 2.48 万亿人公里。

2000—2012 年全国铁路、公路、水路、民航及管道五种运输方式货运量和货物周转量增长情况分别如图 5 和图 6 所示。与上述客运量和旅客周转量的处理方法相同，由于为了避免各种运输方式运量、周转量数据的数量级不同造成数值过低而使折线被压缩在绘图区下方紧靠横坐标轴位置，图中每种运输方式的数据也采用不同的计量单位。此两图直观反映了各运输方式运量、周转量的变化趋势。

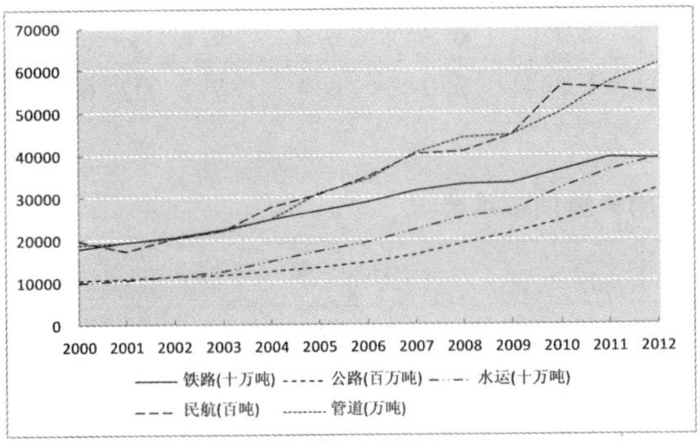

图 5　近年来各种运输方式货运量增长趋势

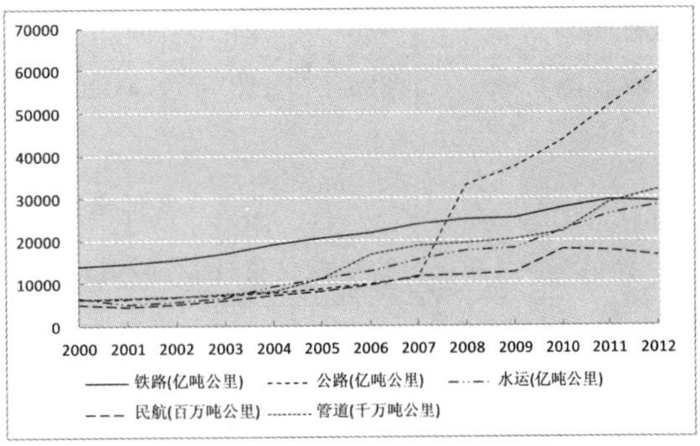

图 6　近年来各种运输方式货物周转量增长趋势

如图 5 和图 6 可见，铁路、公路、水运、航空、管道五种运输方式近年来大体保持持续增长，且呈线性增长趋势。但 2008 年公路货物周转量数据比上年增长近 190%，几乎是上年数值的三倍，这是由于该指标统计方法出现变化，之前年度的数据不具可比性，预测未来数据须以 2008 年及以后数据为基础。与客运需求预测方法相类似，五种运输方式货运量、货物周转量指标与年份及 GDP（第一产业、第二产业之和）有很强的线性相关性，多数指标的 R 平方检验值均高于 0.97。

采取与前文类似的预测方法，包括回归模型、弹性系数、灰色模型等方法，测算未来年度我国各种运输方式的货运量、货物周转量。对未来铁路货运量、货物周转量的预测有较大的不确定性，一方面，近几年来多条高速铁路（客运专线）建成并投入运营，实现客货分线运输后，既有铁路货物运输能力将有较大幅度的提高，为铁路货运量、货物周转量增长提供了有利条件。铁路运输具有单位运量能耗小、污染少的优势，符合可持续发展的要求。另一方面，随着国家经济结构调整，适宜铁路运输的大宗物资货源（如煤炭、矿石）持续下降，未来也有继续下降的趋势，而铁路由于自身的问题，还不能很好地适应发展高附加值货物运输的需求，导致近两年以来铁路货运发展徘徊不前的局面，铁路货运量、货物周转量增长乏力，预计在未来一段时间这种局面还难以扭转。参考相关研究，在预测中适当调低了未来铁路货运量、货物周转量的增幅。水运由于其成本低、资源占用少、能源利用效率较高等特点，其发展速度应适当高于以往。据此在上述数学方法预测结果的基础上，对根据数学模型预测的各运输方式货运量、货物周转量结果的增幅进行适当调整。2020 年和 2030 年我国各种运输方式货运量、货物周转量预测结果分别如表 4 和表 5 所示。

表 4　各种运输方式货运量预测结果

年份	货运量（亿吨）					年均增长率（%）				
	铁路	公路	水运	航空	管道	铁路	公路	水运	航空	管道
2012 实际	39.0	318.8	39.3	0.05	6.1	4.3 (>2008)	13.6 (>2008)	11.7 (>2008)	7.5 (>2008)	8.7 (>2008)
2015 预测	42	400	53	0.07	7.9	2.5	7.9	10.2	8.4	8.9
2020 预测	48	540	81	0.10	11.8	2.9	6.2	8.9	7.6	8.3
2030 预测	65	880	150	0.20	21.8	3.0	5.0	6.4	7.2	6.3

表 5　各种运输方式货物周转量预测结果

年份	货物周转量（亿吨公里）					年均增长率（%）				
	铁路	公路	水运	航空	管道	铁路	公路	水运	航空	管道
2012 实际	29187	59535	28295	164	3177	3.8 (>2008)	16.0 (>2008)	12.9 (>2008)	8.2 (>2008)	13.1 (>2008)
2015 预测	31700	73800	36200	250	4000	2.8	7.4	8.6	15.1	8.0
2020 预测	36700	101200	56700	400	6400	3.0	6.5	9.4	9.9	9.9
2030 预测	50000	164100	106500	810	11900	3.1	5.0	6.5	7.3	6.4

由表 4、表 5 可见，预计到 2020 年，我国铁路、公路、水路、民航、管道五种运输方式的货运量有可能分别达到 48 亿吨、540 亿吨、81 亿吨、1000 万吨和 11.8 亿吨，货物周转量有可能分别达到 3.7 万亿吨公里、10 万亿吨公里、5.7 万亿吨公里、400 亿吨公里和 6400 亿吨公里；到 2030 年，五种运输方式货运量有可能分别达到 65 亿吨、880 亿吨、150 亿吨、2000 万吨和 21.8 亿吨，货物周转量有可能分别达到 5 万亿吨公里、16.4 万亿吨公里、10.7 万亿吨公里、810 亿吨公里和 1.19 万亿吨公里。

三、沿海港口货物、集装箱及主要货类吞吐量预测

（一）沿海港口货物吞吐量预测

2000 年以来是我国沿海港口货物吞吐量快速增长的时期，吞吐量从 2000 年的 12.6 亿吨增长到 2012 年的 66.5 亿吨。除了 2012 年，每年同比增长均高于 10%，个别年份增幅超过 20%，2012 年同比增幅降至 7.9%，为历年来最低，2000—2012 年年均增长率为 14.9%，大大高于同期 GDP 的增幅。历史数据的这种高速增长趋势对预测未来中长期的沿海港口货物吞吐量数值带来一定困难，特别是 2012 年出现增幅回落的情况，如依据吞吐量指标与相关经济指标的相关性采用数理统计方法来预

测未来吞吐量，由于我国 GDP 也保持持续快速增长趋势，作为应变量的港口吞吐量数据也将一直保持增长趋势，预测结果有可能偏高。如前所述，对全国沿海港口货物吞吐量的预测采取统计方法，并参照大宗货类相关吞吐量指标的预测结果，对统计方法得出的预测结果进行适当调整。

2000—2012 年全国沿海规模以上港口货物吞吐量与第一、第二产业 GDP 增长趋势如图 7 所示。

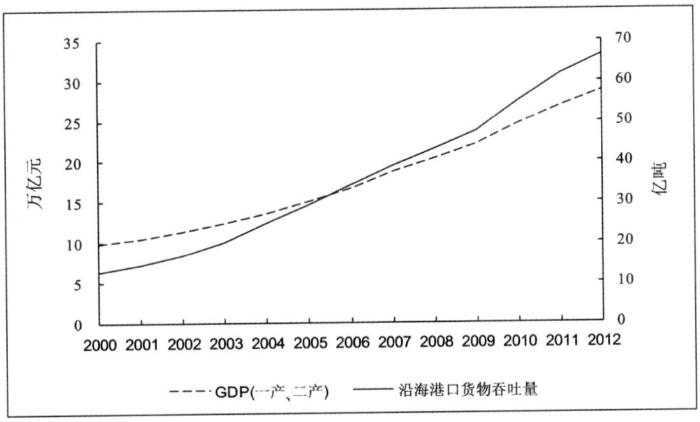

图 7　2000—2012 年全国沿海港口货物吞吐量与 GDP 增长趋势

从图 7 可以看出，2000 年以来我国沿海港口货物吞吐量平稳增长，大体呈线性增长趋势，增幅稍高于 GDP（第一产业、第二产业之和）增幅。沿海港口货物吞吐量与第一、第二产业 GDP 指标有很强的相关性。建立相应的回归分析模型，对未来沿海港口货物吞吐量进行预测。

由于我国 GDP 增速很快，采用上述纯统计方法预测的结果有偏高的倾向，为此需参考本文对煤炭、原油和铁矿石相应指标的预测结果，考虑货类吞吐量比例关系，对模型计算的结果做出适当调整。

据此，预计到 2020 年和 2030 年，我国沿海港口货物吞吐量有可能分别达到 105 亿吨和 160 亿吨，年均增幅分别为 5.7% 和 4.4%。

（二）沿海港口集装箱吞吐量预测

随着我国经济持续增长和对外开放不断扩大，近年来我国沿海港口集装箱吞吐量一直保持高速增长势头，从 2000 年的 2061 万 TEU 增长到 2012 年的 1.57 亿 TEU，其中外贸集装箱从 1817 万 TEU 增长到 1.07 亿 TEU，年均增长 15.9%，内贸箱从 244 万 TEU 增长到 5041 万 TEU，年均增长高达 28.7%。2000—2012 年我国沿海港口外贸及内贸集装箱吞吐量增长情况如图 8 所示。

沿海港口外贸集装箱吞吐量与外贸货物进出口总额有密切的联系，二指标近年来增长趋势及相关关系分别如图 9 和图 10 所示。本文采用回归分析法和腹地生成量法预测沿海港口外贸集装箱吞吐量。

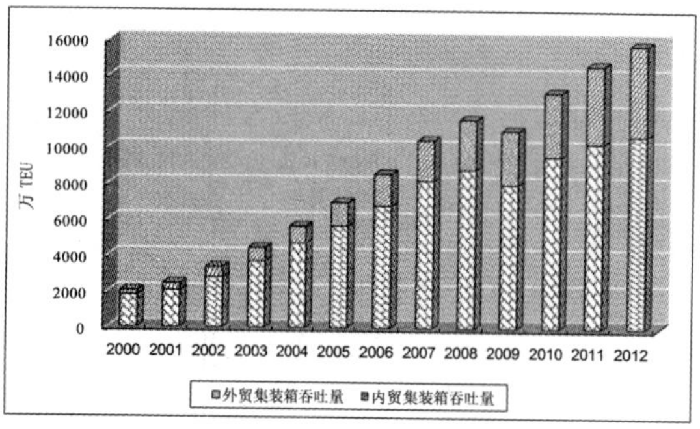

图 8　2000—2012 年全国集装箱吞吐量

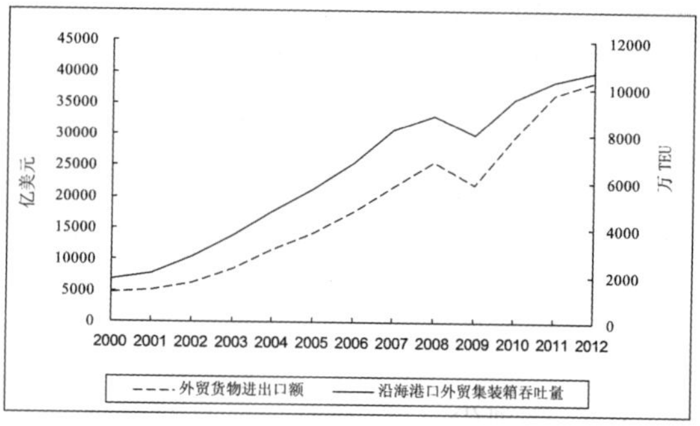

图 9　2000—2012 年我国沿海港口外贸集装箱吞吐量与外贸货物进出口总额变化趋势

由图 9 可见，2000 年以来沿海港口外贸集装箱吞吐量与外贸货物进出口总额增长趋势大体相同，除 2009 年因受国际金融危机影响，集装箱吞吐量及外贸进出口总额均出现下降外，其余年份保持较高增幅，特别是经历 2009 年的下降后，2010 年两指标明显反弹，增幅显著，但 2011 年和 2012 年增幅回落显著。

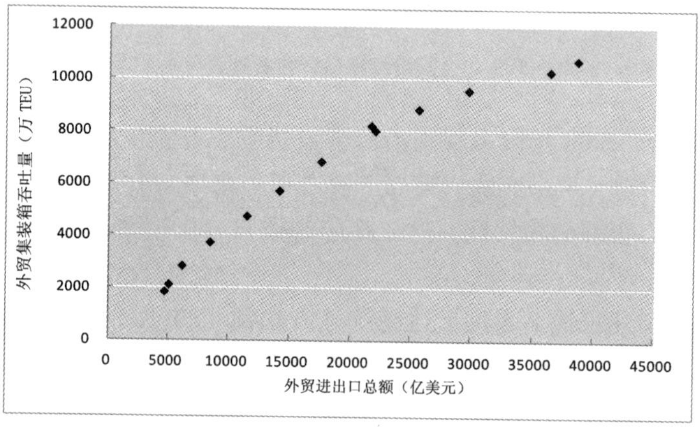

图 10　外贸集装箱吞吐量与外贸货物进出口总额相关关系

由图 10 可见，外贸集装箱吞吐量与外贸货物进出口总额两个指标有很强的相关关系，相关性检验 R 平方检验值大于 0.98，建立沿海港口外贸集装箱吞吐量与外贸货物进出口总额的回归模型来预测未来年度沿海港口外贸集装箱吞吐量。

另外，采用简化的集装箱腹地生成量法，以未来外贸进出口总额增长为依据，通过对一系列参数的估计，包括外贸适箱货金额比率、外贸适箱货生成系数、外贸适箱货集装箱化率、重箱平均载货重量及重箱比重等，来推算未来外贸集装箱生成量。考虑到我国不同地区经济发展水平及特征的差异，不同区域上述参数的取值也不尽相同，为便于确定预测中所需的参数，依据我国沿海各主要港口群吸引腹地区域范围，将全国范围划分为多个腹地区域，分别预测各腹地区域的外贸集装箱生成量，计算中对不同的腹地区域分别确定相应的参数。将各港口群的外贸集装箱吞吐量汇总，得到全国沿海港口外贸集装箱吞吐量的预测结果。

对两种预测方法的结果进行综合判断，预计到2020年和2030年，我国沿海港口外贸集装箱吞吐量有可能分别达到1.65亿TEU和2.5亿TEU。

我国内贸集装箱业务从20世纪90年代中期起步，从无到有，港口吞吐量增长十分迅速，2000年以来，连续保持20%以上的年增幅，个别年份增长甚至超过50%，内贸箱吞吐量占总吞吐量的比重也从2000年的12%提高到2012年的32%。近年来内贸集装箱吞吐量及GDP（第一产业和第二产业之和）增长趋势如图11所示。内贸集装箱吞吐量受外贸进出口影响小，随着我国经济的快速增长，预计未来沿海港口内贸集装箱吞吐量还将保持稳定的增长趋势。

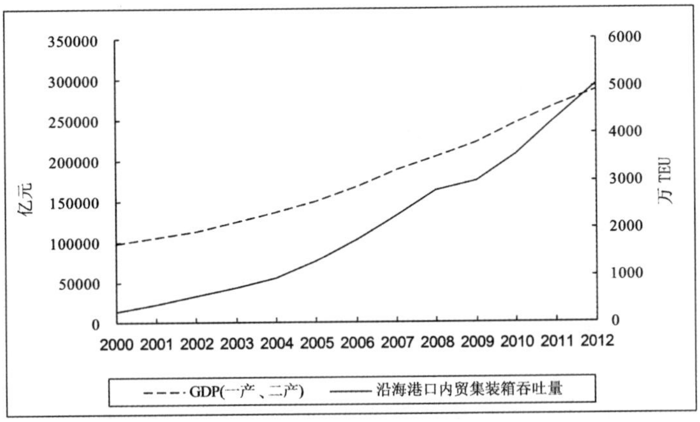

图11　2000—2012年我国沿海港口内贸集装箱吞吐量与GDP增长趋势

采用预测沿海港口货物吞吐量类似的方法，建立内贸集装箱吞吐量时间序列模型及其与第一、第二产业GDP的回归模型，来预测未来年度我国沿海港口内贸集装箱吞吐量。经计算并做适当调整，预计到2020年和2030年，我国沿海港口内贸集装箱吞吐量有可能分别达到9500万TEU和1.7亿TEU。

汇总外贸、内贸集装箱吞吐量的预测结果，预计到2020年和2030年，我国沿海港口集装箱吞吐量有可能分别达到2.6亿TEU和4.2亿TEU。我国沿海港口集装箱吞吐量预测结果如表6所示。

表6　未来我国沿海港口货物、集装箱吞吐量预测结果

年　份	沿海港口货物吞吐量（亿吨）	沿海港口集装箱（亿TEU）		
		总吞吐量	外贸箱吞吐量	内贸箱吞吐量
2012年实际	66.5	1.57	1.07	0.50
2020年预测	105	2.6	1.65	0.95
2030年预测	160	4.2	2.5	1.7

综上，预计到2020年和2030年，我国沿海港口货物吞吐量有可能分别达到105亿吨和160亿吨，年均增长率分别为5.7%和4.4%。集装箱吞吐量有可能分别达到2.6亿TEU和4.2亿TEU，年均增长率分别为6.5%和5.0%。

（三）主要货类港口吞吐量预测

在我国港口吞吐量中，占较大比例的大宗货类主要有煤炭、石油天然气及制品和金属矿石三个货类，其中，石油天然气及制品中石油占较大比例，金属矿石主要是铁矿石，对煤炭、石油和铁矿石这三大货类的吞吐量做出预测，就可以大体把握沿海港口吞吐量的总体水平。近十年来，这三大货类占沿海港口货物吞吐量的比例在31%～44%之间，而且近年来随着铁矿石及煤炭进口量猛增，这一比例基本保持在40%以上。2012年三大货类吞吐量27.4亿吨，占总吞吐量的41.2%。以下分别对未来煤炭、石油、铁矿石相关运输需求指标进行预测。

对煤炭和原油相关运输指标的预测与未来我国能源消费量的总水平有较大的关系。2012年，我国能源消费量为36.2亿吨标准煤，人均能耗约2.67吨标煤，在世界上还处于较低水平。未来随着我国经济持续快速增长，人均GDP也将随之上升，依据未来我国人均能源消耗量的增长情况，并参考国内外有关部门的对我国未来能源需求的研究结果，预计到2015年我国能源消耗量有可能达到40亿吨标煤，2020年有可能达到46.5亿吨标煤，据此推算，2030年能源消耗量有可能达到60亿吨标煤，人均能源消耗分别约达到2.9吨、3.2吨和3.8吨标煤。

1. 北方主要沿海港口煤炭下水量及沿海港口煤炭吞吐量预测

煤炭是我国能源消费的重要组成部分，在我国一次能源消费量中占有较高比重，2000年以来这一比例保持在70%左右的水平，近几年略有下降趋势，2012年煤炭消费量占能源消费量的比重为66.6%，全国原煤消费量约为33.7亿吨，比2000年消费量14.1亿吨年均增长7.5%。据有关能源战略研究，到2050年我国煤炭消费量占一次能源消费量的比重有望下降至40%左右的水平，在2010—2050期间这一比例将会逐步降下来，初步判断是初期下降较慢，后期下降较快，2020年和2030年煤炭消费量占一次能源消费量的比重分别按62%和55%考虑。根据上述对能源总消费量和煤炭所占比例的推算，并将单位由标准煤折算成原煤，预计2020年和2030年我国原煤消费量将有可能分别达到约40亿吨和46亿吨。

近两年我国煤炭消费格局出现的较大变化是煤炭进口量激增，2009年我国煤炭进口量突破亿吨，到2012年又增长至2.89亿吨，接近3亿吨水平。与此同时，煤炭出口量已下降至极低水平，从2003年的近1亿吨降至2012年不足1000万吨。考虑到煤炭进口来源，预计未来煤炭进口量不会大幅增长，还会出现一些波动，判断未来煤炭进口量即保持现有水平并略有增长，2020年和2030年煤炭进口量按3亿吨和5亿吨考虑，相应地，未来年度煤炭出口量大体可以忽略不计。依据上述对煤炭消费量和进出口量的判断，消费量加上出口量减去进口量即为当年原煤产量，据此可以得出未来我国原煤产量的大体水平。2020年和2030年我国原煤产量有可能分别达到37亿吨和41亿吨，即稍高于2012年36.5亿吨的产量水平。

我国煤炭资源分布不均衡，煤炭产量主要集中在北方的山西、内蒙古西部和陕西三省区（简称“三西”地区），近年来蒙东地区煤炭也有一定的外调量。2010 年我国原煤产量32.35 亿吨，首次突破30 亿吨，2012 年达36.5 亿吨。作为煤炭主产区的晋、陕、蒙三省区 2012 原煤产量高达 24.5 亿吨，占全国总产量的 67.2%。

近年来晋陕蒙原煤产量占全国原煤产量的比重逐年上升，且增势强劲，该比例从 2009 年的约 50% 的比例大幅提升至 2012 年的近 70%。考虑未来我国原煤消费量、产量都还要继续保持一定的上升势头，晋陕蒙煤炭产量的比例也应保持较高的比例，判断未来年度晋陕蒙煤炭产量占全国煤炭产量的比例均按 65% 考虑，据此推算，2020 年和 2030 年晋陕蒙煤炭产量有可能分别达到 24 亿吨和 27 亿吨。

我国煤炭消费多集中在经济发达的京津冀、华东及华南沿海地区，煤炭运输的总体格局是北煤南运。晋陕蒙原煤外调主要有陆上直接运输和铁海联运两种方式，由于海运成本较低，目前南方沿海省区的煤炭调入主要依靠铁海联运方式，外调煤炭首先通过铁路运输运至北方几个主要的煤炭下水港，再经海运运至南方各省沿海接卸港口。煤炭历来是我国铁路运输最主要的大宗运输物资，在铁路货运量和货物周转量中占有较大比重，2012 年我国铁路煤炭发送量 22.6 亿吨，占全国原煤产量的 62%。但近年来由于铁路运能不足，公路也大量承担煤炭运输的任务。

传统上，承担煤炭海铁联运的北方主要煤炭下水港包括秦皇岛、京唐、天津、黄骅、青岛、日照、连云港等七港，2008 年以来，锦州港煤炭出港量增幅较大，承担较多的蒙东煤炭的外运任务，2011 年锦州港煤炭出港量达 2200 万吨，已高于上述七港中的青岛、日照、连云港等港口，预测未来北方港口煤炭下水量将锦州港也一并考虑在内。2011 年北方八个港口煤炭下水量达到峰值 6.27 亿吨，2012 年煤炭下水量为 6.03 亿吨，其中内贸下水量 5.93 亿吨，均比上年有所回落。近年来我国煤炭消费量、产量、进出口量及港口吞吐量如表 7 所示。

表 7　2000—2012 年我国煤炭消费量、产量、进出口量及港口下水量

单位：亿吨

年份	煤炭消费量	原煤产量	晋蒙陕原煤产量	原煤出口量	原煤进口量	北方港口煤炭下水量	沿海港口煤炭吞吐量
2005	23.19	22.05	9.62	0.717	0.262	3.50	6.36
2006	23.92	23.73	10.62	0.633	0.381	3.87	7.05
2007	25.86	25.26	11.88	0.532	0.510	4.44	8.19
2008	28.11	28.02	13.54	0.454	0.404	4.89	8.90
2009	29.58	29.73	15.12	0.224	1.258	4.33	9.48
2010	31.22	32.35	18.78	0.190	1.648	5.36	11.63
2011	33.32	35.20	22.63	0.147	1.824	6.27	13.69
2012	33.98	36.50	24.54	0.093	2.885	6.03	13.81

北方港口下水的煤炭主要来自山西、陕西及内蒙古的原煤产量，因此北方港口煤炭下水量与晋陕蒙煤炭产量有密切联系，2000—2012 年北方港口的煤炭下水量与晋陕蒙煤炭产量的关系如图 12 所示。

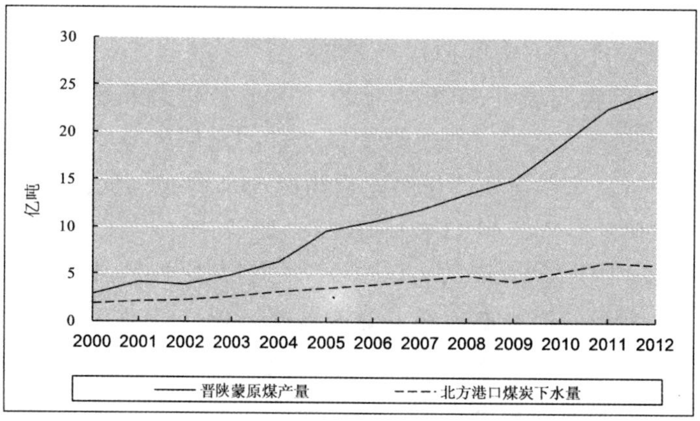

图 12　2000—2012 年北方港口煤炭下水量与晋陕蒙原煤产量关系

由图 12 可见，2000 年以来，晋陕蒙地区原煤产量基本保持平稳增长，其中 2005 年和 2010 年两年增幅较显著，而北方港口煤炭下水量增长平稳，2011 年达到峰值 6.05 亿吨，2012 年有所回落。煤炭下水量占晋陕蒙地区原煤产量的比重也呈大体下降的趋势，前期降幅较大，自 2005 年以后降幅趋缓，从 36% 左右降至 2012 年的 24%。考虑未来煤炭下水量占晋陕蒙地区原煤产量的比例保持在稍高于 20% 的水平并略呈下降的趋势。依据前述晋陕蒙未来原煤产量的预测结果，预计到 2020 年和 2030 年，北方港口煤炭下水量将稳定在 5.5 亿吨左右。

通过北方煤炭下水量与沿海港口煤炭吞吐量的关系来预测煤炭吞吐量，大体上看，北方煤炭下水量扣除煤炭出口量后的 2 倍，再加上煤炭进出口量，就等于全国沿海港口煤炭吞吐量。依据前述对北方煤炭下水量的预测，预计 2020 年和 2030 年，全国沿海港口煤炭吞吐量有可能分别达到 13.7 亿吨和 15 亿吨。

2. 沿海港口原油外贸进港量

随着我国经济的持续快速增长，特别是机动车保有量快速增加，我国的原油消费量持续快速增长。根据我国能源消费构成推算，2012 年我国原油消费量约为 4.76 亿吨，2000—2012 年间，我国原油消费量年均增长 6.4%。

受原油储量和开采条件的限制，我国原油产量增长疲软，2005—2009 年一直在 1.8 亿 ~1.9 亿吨之间徘徊，2010 年产量突破 2 亿吨，2010—2012 年三年中石油产量稳定在 2.0 亿 ~2.1 亿吨的水平，2012 年石油产量为 2.03 亿吨。可见，我国原油消费量的供给缺口较大，需由大量进口原油来满足。2000 年以来，我国原油进口量大幅增长，到 2012 年原油海关进口量达 2.71 亿吨，年均增幅为 11.9%。2000—2012 年我国原油消费量、产量及进口量如图 13 所示。

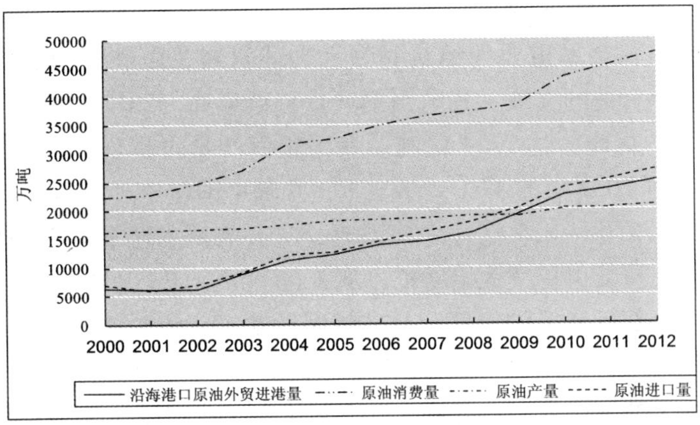

图 13　2000—2012 年我国原油消费量、产量和进口量

要预测未来原油进口量需首先确定未来的原油消费量。根据前述对我国未来能源消费量的估计，2020 年和 2030 年我国能源消耗有可能分别达到 46.5 亿吨标煤和 60 亿吨标煤。在我国能源消费结构中，原油所占比重从 2000 年的 22% 逐步下降到 2012 年的 18.4%，最近五年这一比例均保持在 18% ~20% 之间，大体保持下降趋势，仅 2010 年有所反弹。预计未来这一能源消费结构的变化规律还将继续保持下去，未来年度原油消费量按 17% ~18.5% 的比例考虑，经计算并将单位折算为标准油（原油），2020 年和 2030 年我国原油消费量有可能分别达到 6 亿吨和 7 亿吨。

由图 13 可见，我国原油进口量与原油消费量保持同步增长，根据石油供需平衡的原理，原油消费量大体等于国内产量加上进口量再减去出口量（未考虑储备量）。考虑到未来我国原油产量增幅不会太快，特别是随着产量基数的增大，未来增幅还将逐渐减小，据此，未来我国原油产量将保持在 2 亿吨左右的水平。另外，近年来我国每年有少量原油出口，最近几年基本低于 500 万吨，预计未来还将保持这一出口量水平，对于预测未来原油进口量影响不大。

按消费量减去生产量，并适当增加少量的储备量，可得出未来原油进口量水平。预计 2020 年和 2030 年，我国原油海关进口量有可能分别达到 4.1 亿吨和 5.1 亿吨。

我国沿海港口原油外贸进港量从 2000 年的 6296 万吨增加到 2012 年的 2.5 亿吨，年均增长率 12.2%。如图 13 所示，我国沿海港口原油外贸进港量变化趋势与原油海关进口量基本相当，进港量略低于进口量，其差值为陆上原油进口量。从我国原油进口来源看，这部分陆上进口量主要是来自俄罗斯和中亚哈萨克斯坦的进口量，目前这部分进口量在 2000 万吨左右。预计未来随着进口基数的增加这部分陆上进口量也将保持一定增幅，预计有可能达到 3000 万 ~4500 万吨。

以前述对原油海关进口量的预测为基础，预计 2020 年和 2030 年，我国沿海港口原油外贸进港量有可能分别达到 3.8 亿吨和 4.6 亿吨。

3. 沿海港口铁矿石外贸进港量

钢铁是当今人类社会最重要的结构材料和功能材料，随着我国经济持续快速增长，特别是建筑、汽车等行业的发展，我国粗钢产量持续攀高。2011 年我国粗钢产量达 6.85 亿吨，2012 年突破 7 亿吨，达 7.24 亿吨。我国粗钢产量占世界钢产量的比重已从 2000 年的 15% 持续攀升到 2012 年的 47%。事实上，扣除中国粗钢产量的增长，世界其余国家粗钢产量近十年都在 7 亿～8.5 亿吨之间波动，有升有降。随着我国粗钢产量的快速增长，我国的铁矿石消费量也持续大幅增长，从 2000 年的 1.75 亿吨增加到 2012 年的 10.24 亿吨。由于我国铁矿石可开采储量低、贫矿较多，铁矿石供给相对不足，2007 年铁矿石成品矿产量达到 4 亿吨，之后几年在 3 亿吨上下波动，2012 年铁矿石产量为 2.8 亿吨。为满足我国快速增长的钢铁生产的需要，近十多年来，我国铁矿石进口量逐年增长很快，2000 年我国进口铁矿石仅为约 7000 万吨，到 2009 年突破 6 亿吨，2012 年超过 7 亿吨，达 7.44 亿吨。2000—2012 年我国粗钢、铁矿石产量及铁矿石进口量如表 8 所示。

表 8　2000—2011 年我国粗钢、铁矿石产量及铁矿石进口量

年份	中国粗钢产量（亿吨）	世界粗钢产量（亿吨）	中国铁矿石消费量（亿吨）	铁矿石成品矿产量（亿吨）	铁矿石进口量（亿吨）	铁矿石外贸进港量（万吨）
2005	3.53	11.48	5.60	2.85	2.75	26686
2006	4.19	12.50	6.82	3.56	3.26	32686
2007	4.89	13.48	7.83	4.00	3.83	37300
2008	5.03	13.43	7.65	3.21	4.44	45993
2009	5.72	12.37	8.59	2.31	6.28	62247
2010	6.37	14.33	9.63	3.44	6.19	63328
2011	6.85	15.37	10.08	3.22	6.86	66591
2012	7.24	15.45	10.24	2.81	7.44	73709

预测未来铁矿石进口量，需要首先确定未来我国粗钢产量，进而确定铁矿石消费量水平。2000—2012 年我国粗钢产量和铁矿石消费量、进口量的关系如图 14 所示。

未来几十年是我国经济快速增长的时期，特别是未来随着城市化进程加快，建筑业用钢需求旺盛，未来我国粗钢产量还有上升空间，但由于受资源、环境因素制约，考虑到淘汰落后产能等因素，粗钢产量增幅不会出现如 2000—2012 年这十几年间的巨幅增长。预计我国钢产量有可能在 2020 年比近几年产量有所回落，按 7.6 亿吨考虑，2030 年按 7 亿吨产量考虑。

由图 14 可见，矿石消费量与粗钢产量大体保持同步增长，二者的比例关系有助于确定未来我国铁矿石的消费量。矿石消费量与粗钢产量的比例关系与矿石的品位有较大关系，此外还受废钢回收量变化的影响。由于我国废钢回收量还不高，近期这一因素的影

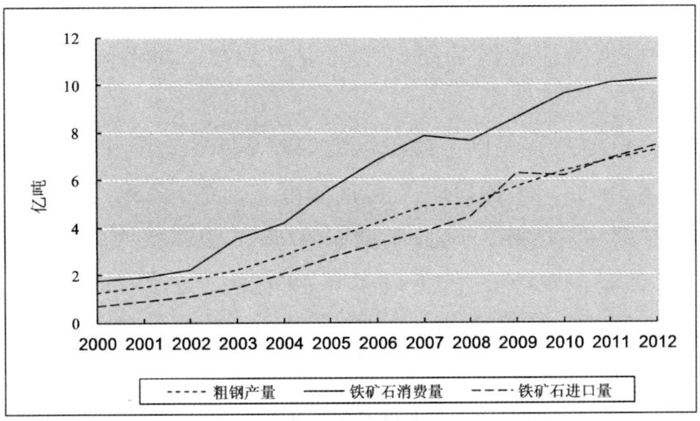

图 14　2000—2012 年我国粗钢产量和铁矿石消费量、进口量

响可以暂不考虑。近几年平均来看，每生产 1 吨粗钢消费的矿石量（成品矿）为 1.5 ~ 1.6 吨，由于国产铁矿石品位较低，进口矿石品位较高，近年来矿石进口量增加，在总矿石消费量中进口矿石所占比例上升，单位粗钢产量所消费的矿石量还略呈下降趋势。预计未来这一趋势还将继续保持，特别是远期废钢回收量将会逐步增加，这部分粗钢产量将进一步拉低单位钢产量的矿石消费量。据此，预计 2020 年和 2030 年我国铁矿石消费量将有可能分别达到 12.5 亿吨和 11.3 亿吨。按国产铁矿石保持在大约 3.5 亿吨产量的水平考虑，矿石消费量减去国内产量即为进口量，而我国铁矿石进口的主要来源是巴西、澳大利亚这样的矿石出口大国，基本全部来自海上，铁矿石外贸进港量基本等同于矿石进口量，据此，预计 2020 年和 2030 年我国铁矿石外贸进港量将有可能分别达到 8.2 亿吨和 7.1 亿吨。

综上，到 2020 年和 2030 年，我国北方沿海主要港口煤炭下水量将有可能保持在 5.5 亿吨的水平，沿海港口原油外贸进港量可能分别达到 3.8 亿吨和 4.6 亿吨，铁矿石外贸进港量分别达到 8.2 亿吨和 7.1 亿吨。具体预测结果如表 9 所示。

表 9　我国主要货类运输量预测结果

单位：亿吨

年　份	北方主要港口煤炭下水量	沿海港口原油外贸进港量	沿海港口铁矿石外贸进港量
2012 年实际	6.03	2.51	7.37
2020 年预测	5.5	3.8	8.2
2030 年预测	5.5	4.6	7.1

四、口岸进出口货运量预测

确定未来我国口岸进出口货运量，特别是陆路口岸进出口货运量水平，对测算未来国际运输系统的建设规模具有重要意义。以下对未来我国口岸进出口货运量水平做一个大致的分析预测，并根据沿边省区陆路口岸的空间分布，对不同运输方向的陆路口岸进出口货运量进行预测。

至2012年年底，全国共有经国务院批准的口岸285个，其中：航空口岸63个，公路口岸64个，铁路口岸19个，水运口岸（包括海港、河港）139个。全年通过全国口岸直接进出的总货运量达28.47亿吨，比上年增长42%，增幅很大，其中：水运口岸26.98亿吨，约占口岸总货运量的95%，铁路口岸0.49亿吨，公路口岸0.92亿吨，航空口岸0.08亿吨。出入境交通工具2523.2万辆（艘、列、架）次，其中：汽车2407.2万辆次，船舶51.1万艘次，飞机58.4万架次，火车6.5万列次。

全国口岸进出口量的统计数据过去较注重货值的统计，即按美元统计的进出口货值，近几年统计才包含货物重量的数据，但由于统计口径差异，同一年份的口岸进出口货运量往往出现不同的统计数据，如上述2012年全国口岸直接进出口总货运量为28.47亿吨，如将各省口岸进出口货运量进行汇总，则2012年全国口岸进出口货运量达34.47亿吨，其中进口20.86亿吨，出口13.61亿吨，与28.47亿吨的直接进出口总货运量有较大差异，特别是水运口岸货运量差异较大。据判断，这是由于一些省份的进出口货物不是从本省口岸直接进出，而是经沿边、沿海省份转运后再完成进出口，存在重复计算的情况。如水运口岸货运量统计中重复计算量较大，是将港口外贸吞吐量中的内支线吞吐量重复计算的结果。相反，沿边省份陆路口岸的重复计算较小，各口径统计数据差异不大。

本节预测的口岸进出口货运量以前述“直接”进出口量为口径，但该统计的历史数据较为缺乏，对预测带来一定的困难，故也适当参考其他统计口径数据的变化趋势。

口岸进出口货运量与外贸进出口总值有密切的相关关系。2000年以来，我国外贸进出口额保持快速增长趋势，除个别年份外年增幅高达20%以上，这也是口岸进出口货运量持续增长的基础。根据进出口货运量增长趋势、时间序列模型以及与外贸进出口额的回归模型，预测未来年度口岸进出口货运量水平，经计算，预计到2020年和2030年，全国口岸直接进出口的货运量有可能分别达到42亿吨和65亿吨，年均增长率分别为5.0%和4.5%。

尽管陆路口岸的进出口货运量大约仅占口岸进出口总货运量的5%，但是未来陆路口岸货运量水平对确定我国与周边国家的陆路运输系统建设规模有较大的参考意义，下面也对未来我国陆路口岸的货运量水平进行预测。为避免笼统叙述，能更有针对性地描述我国陆路口岸的进出口货运量水平，将我国陆路口岸按地理方位划分为五个进出口方向，分别是东北亚、北亚、中亚、南亚和东南亚方向，其中，东北亚方向包括我国东北三省与朝鲜、俄罗斯之间的口岸，北亚方向包括内蒙古和新疆两自治区与蒙古国及俄罗斯之间各口岸，中亚方向包括新疆维吾尔自治区与中亚哈萨克斯坦、吉尔吉斯斯坦及塔吉克斯坦三国间的口岸，南亚方向包括新疆、西藏与巴基斯坦、印度和尼泊尔之间的口岸，东南亚方向包括云南、广西两省区与缅甸、老挝和越南之间的口岸。按此方向划分，经汇总沿边省区各口岸的进出口货运量，各方向近几年进出口货运量水平如表10所示。

表 10　我国陆路口岸进出口货运量变化情况

单位：万吨

年　份	口岸方向				
	东北亚	北亚	中亚	南亚	东南亚
2005	1261	2701	–	6.6	491
2008	–	3400	2122	12.3	510
2009	1103	3754	–	7.8	604
2010	1128	5278	2518	5.8	835
2011	1224	6014	3263	5.2	997
2012	2791	6933	3915	22.9	662

上述各进出口方向的货运量主要是汇总沿边九省区各陆路口岸近几年的货运量水平而得，包括57个公路口岸和11个铁路口岸，考虑到黑龙江省沿黑龙江与俄罗斯交界的几个内河口岸实际上主要承担的是轮渡功能，与陆路口岸具有相似的功能，在东北亚方向的进出口货运量中将这部分河港口岸的进出口货运量也包括在内，其中货运量较大的主要是同江、黑河和漠河口岸。此外，个别年份某些省份的口岸进出口货运量数据不全，导致某些进出口方向口岸货运量数据汇总缺失。

如表10所见，各进出口方向的货运量水平和增长趋势表现出很不一样的特点，其中，北亚和中亚方向进出口货运量规模比较大，2012年分别接近7000万吨和4000万吨，北亚方向主要是满洲里、二连浩特、甘其毛都和策克口岸，过货量均在千万吨以上，中亚方向主要是阿拉山口和霍尔果斯口岸货运量规模比较大，过货量也分别超千万吨，而且，这两个方向的进出口货运量增长较快，增幅稳定，年均增幅在10%以上，特别是近年来阿拉山口和霍尔果斯开通管道运输以后，中亚方向进出口货运量骤增。

2012年以前，东北亚方向进出口货运量变化幅度较小，基本在1100万～1250万吨的幅度内上下波动，其中过货量较大的口岸包括绥芬河（铁路、公路）、丹东（公路、铁路、管道）、南坪、漠河、同江等，2012年，黑龙江与俄罗斯间开通管道运输，管道进口量达1300万吨，使当年东北亚方向进出口货运量猛增，达到近2800万吨。考虑到扣除管道运量以外的货运量近年来增幅不大，未来仍将保持这一趋势，管道运量的增幅受管输能力和中俄供油合同的影响，也不会有较大幅的增长，预计未来该方向进出口货运量将在大体保持现有水平的基础上略有增长。

东南亚方向进出口货运量近年来运量增长较快，从2005年的约500万吨增加到2011年的约1000万吨，年均增长12.5%，主要口岸包括河口（铁路、公路）、腾冲猴桥、友谊关、瑞丽等，但该方向进出口货运量在2012年又有较大幅的回落，仅为662万吨，未来如缺乏大宗货物支撑，该方向口岸进出口运量增幅不会太高。

南亚方向的进出口货运量规模还很小，主要是通过新疆红其拉甫和西藏樟木两个口岸进出，因统计数据不全，近年来实际年进出口量应在20万吨左右的水平。

由于历史数据有限，本节的预测主要依据各口岸方向现有进出口货运量和近几年的增长率水平，采用趋势外推法来预测未来各方向进出口货运量水平。预计未来北亚和中亚两个方向货运量还将保持一定的增幅，2020年进出口货运量有可能分别达到1亿吨和8000万吨，2030年有可能都达到1.2亿吨；东北亚方向2020年和2030年有可能分别达到4500万吨和6000万吨；预计东南亚方向将保持较高增幅，2020年和2030年有可能分别达到2500万吨和3500万吨；南亚方向因目前基数较低，对未来进出口货运量的预测存在一定难度，预计应有较大的增幅，判断南亚方向2020年和2030年进出口货运量有可能分别达到1600万吨和2500万吨的水平。合计陆路口岸进出口货运量2020年和2030年有可能分别达到2.7亿吨和3.6亿吨。具体预测结果如表11所示。

表11　我国陆路口岸进出口货运量预测结果

单位：万吨

年　份	口岸方向				
	东北亚	北亚	中亚	南亚	东南亚
2012年实际	2791	6933	3915	22.9	662
2020年预测	4500	10000	8000	1600	2500
2030年预测	6000	12000	12000	2500	3500

我国交通运输中长期发展战略目标的研究

王德荣　高月娥
（中国交通运输协会，北京中交协物流研究院，北京　100825）

【摘　要】 发展战略是研究与探索一个国家、一个地区、一个系统在预定时间内实现最优发展的谋划方案。在发展战略制定的过程中，战略目标的选择是发展战略研究的核心。因此，正确地选择交通运输发展战略目标，是我国交通运输战略研究的关键之一。本文提出了我国交通运输中长期发展战略的指导思想和基本原则，明确了战略目标的内涵以及指标体系、应用理论基础和方法，分析了战略目标选择的影响因素，结合未来运输方式发展规模以及资金等方面，科学地选择战略目标。

【关键词】 交通运输　发展战略　战略目标　目标选择

Research on Mid-term and Long-term Development of China's Transportation Strategic Objectives

Wang Derong　Gao Yuee
(China Communications and Transportation Association,
Institute of Logistics and Transportation of Beijing, Beijing 100825)

Abstract: Development of strategy is to study and explore a country, a region, a system to achieve optimum development plan for the program within a predetermined time. In the strategic objectives is the core of the development strategy research. Therefore, the correct selection of transport development strategy is one of the key strategies of transportation research. This paper proposed guiding ideology and basic principles of China's mid to long-term transport development strategy, a clear connotation of strategic objective and index system, the application of the theoretical basis of the strategic objectives and methods, analyzes the factors that influence that combined with the future development scale of transport mode, transport investment, and etc. to select the strategic objectives scientifically.

Keywords: Communications & Transportation　Development strategy　Strategic objectives　Objectives selection

未来“十三五”时期乃至更长一段时期，是我国全面建成小康社会和富强、民主、文明、和谐的社会主义现代化国家的攻坚时期。这一时期，国际政治经济复杂多变，国内经济结构将不断调整、城镇化进程不断加快，对外经济合作将不断扩大，人口结构和消费结构也在不断变化，基本公共服务不断推进，交通运输作为国民经济社会的基础设施和重要支撑，对交通运输系统提出新的要求。在此背景下，研究我国交通运输中长期发展战略目标，对实现“两个百年”目标具有重要的意义。

一、指导思想和基本原则

（一）指导思想

根据2020年全面建成小康社会和2050年建成富强、民主、文明、和谐的社会主义现代化国家宏伟目标的总体要求，以邓小平理论和“三个代表”重要思想为指导，深入贯彻科学发展观，以加快转变发展方式为主线，优化运输结构，充分发挥各运输方式的比较优势，继续完善运输网络，盘活存量，用好增量，提升服务质量，驱动科技创新，改革体制机制，强化交通安全，促进交通低碳发展，满足国民经济持续快速发展、国家安全的要求，建立现代化的、具有全球经济竞争力的、智能化的综合运输体系。

（二）基本原则

1. 坚持全面统筹、超前发展原则

统筹考虑自然禀赋、经济布局、地区分布、国土开发、城镇化格局、对外开放，以及国防建设、经济安全和社会稳定对交通运输的要求，立足现阶段客货运输需求，坚持交通运输超前发展原则。

2. 坚持突出重点、服务经济社会发展原则

交通运输是国民经济和社会发展的基础性、先导性和服务性产业，应紧紧围绕着全面实现现代化目标和方向，突出反映现代化经济社会发展。

3. 坚持以人为本、惠及民生原则

在交通运输设计、建设、运营等方面，坚持以人为本，提高运输服务水平；大力发展轨道交通、公共交通、农村公路等民生工程，扩大交通网覆盖面，充分反映交通运输使用者不同层次人群的诉求。

4. 坚持优化结构、协调发展原则

充分发挥各种运输方式的技术经济特征和比较优势，优化运输结构，推进各种交通运输方式间以及各种运输方式与城市交通系统相协调。

5. 坚持安全第一、提升服务水平原则

提高客货运输安全，提升安全生产理念，加强交通安全管理和监督，减少交通事故频发多发。进一步扩大服务范围，增强服务能力，提升服务水平和服务质量，提高人民满意度。

6. 坚持低碳发展、绿色交通原则

注重资源节约，减少能源消耗，保护生态环境，各种运输方式共线，节约土地资源，

建立与我国国情和资源禀赋相适应的、低碳发展的综合交通，强化绿色出行，加强交通安全。

7. 坚持维护国防安全、提升应急能力原则

适应巩固国防和加强战备、维护社会稳定、保障经济安全，特别是能源运输安全的需要，提高国防交通的机动性与应对重大自然灾害和突发事件的能力。

8. 坚持科技创新、增强效率效益原则

实施科技强交战略，统筹推进科技创新能力建设，研发重大交通科技技术与应用，加强信息化建设，推广成果转化等，增强行业发展的强大动力，提升综合运输效率和效益。

9. 坚持市场导向、全面深化改革原则

坚持以市场为导向，统筹交通运输的经济效益和社会效益，在管理、运营中强化市场的决定性作用，合理配置运输资源；通过全面深化改革，发挥各种运输方式的优势和交通网络效能，提升服务水平。

10. 坚持地缘政治、增强国际竞争力原则

重视地缘政治，加强与周边国家和地区的交通通道建设，既是解决地区间交通瓶颈、实现互联互通，又是解决边界安全的战略举措。

二、战略目标内涵和指标体系

（一）战略目标的内涵

交通运输作为经济社会发展的基础设施和经济社会活动的支撑，其发展的战略目标是交通运输业对经济社会发展满足或者支撑的程度。

根据“两个百年”对交通运输的需求，提出交通运输发展服务未来经济社会发展的功能，根据功能确定交通运输发展战略的目标，然后根据目标筛选代表性指标，由三个层次构建。

第一层次是功能层，为满足全面实现“百年目标”要求的交通运输发展体现总体功能；

第二层次是目标层，反映交通运输发展战略目标和特性；

第三层次是指标层，基于交通发展战略的目标要求，提出指导行业发展和体现交通运输对经济社会发展的指标。

（二）战略目标的指标体系

1. 功能层

交通运输发展战略应满足全面建成“两个百年”目标的要求，应考虑通达通畅状况、交通服务水平、可持续发展、国防经济安全及技术创新进步等五个方面。

2. 目标层和指标层

根据全面实现“两个百年”目标对交通运输发展不同阶段的要求，提出相应的交通运输发展目标和指标，具体如下：

（1）运输通达通畅状况。主要构建畅通经济的交通基础设施，包括国际运输网络、国内运输网络，提高交通基础设施能力的适应度，以及保证技术等级的不断提高等。

——通达性指标。通达性包括国内城乡间、城市内、城市间和地区间的通达，也包括陆上、海上、空中与邻近国家、地区乃至全球的通达状况。此外，还要考虑公交覆盖率。

——能力适应度指标。交通运输基础设施要有足够的能力保证运输通畅。交通运输能力满足客货运输需求，是我国交通运输发展战略目标的重要内容之一。选取了固定设施能力保障状况、移动设施能力保障状况、枢纽（换装、换乘保障状况）等。

（2）运输服务水平。运输服务是满足用户需求的根本性标志，是反映交通运输系统发展状况和战略目标的重要内容。提升交通运输服务水平，保证舒适、快捷、安全便利，以及具有应急安全系统、方便旅客换乘、提高客运准点率等。

——安全。选择了单位运输周转量交通事故死亡人数下降比例。

——正点。一定程度上反映了服务水平。此外，公交分担率，即公共交通占出行比重体现城市公交社会服务水平。

——快捷。出行效率是表示快捷性的主要指标。选择交通路径和交通方式的方便程度，以及交通满足经济发展需求和综合交通运输发展程度，可以用平均单位公里的时耗表示，即出行时间/出行距离。

——舒适度。表示各行业各阶层对交通运输提供的主观舒适度的指标。包括旅客换乘和货物中转的方便度、乘车环境、拥挤度等。

——应急系统。交通运输系统建设应急系统特别是其应对突发事件的状况，是评价交通运输系统发展状况的标准之一。包括应急系统的出警救援时间、人员以及设备等。

（3）可持续发展。实现可持续发展已成为交通运输系统建设的重要内容，是制定战略目标必须考虑的要求。加快构建绿色环保的交通运输体系，关键在于加强交通资源的集约节约利用和生态环境保护。

——节能减排状况。包括单位运输周转量的占用土地（岸线）下降比例、单位运输周转量的碳排放下降比例和单位运输周转量的能耗下降比例 3 个指标。

——新能源使用情况。包括城市交通中新能源汽车比重、航空运输低碳燃料。

（4）国防、经济安全保护要求。交通运输作为国防建设的基础设施之一，是保障国防运输和应对突发事件的需要。因此，满足国防安全要求是评价交通运输系统发展状况的标准之一。主要指交通能源依赖度等指标。

（5）科技进步。交通运输系统科技创新是指交通基础设施、装备设备以及管理服务水平都需要科技支撑，是评价交通运输系统发展状况的重要标准。主要指标包括交通科技投入占交通总投资比重、贡献率、智能化率、信息要化覆盖率等。如表 1 所示。

表 1　战略目标的指标体系

一级指标（功能层）	二级指标（目标层）	三级指标（指标层）
运输通达通畅状况	通达性	国际运输网络通达度
		国内运输网络通达度（地区间、城市、城乡间）
		公交站点覆盖率（城市交通）
	能力适应度	固定设施能力保障状况
		移动设施能力保障状况
		枢纽（换装、换乘保障状况）
运输服务水平	安全	单位周转量事故率
	正点	正点率、公交分担率
	快捷	出行效率（出行时间/出行长度）
	舒适	出行舒适度（换乘方便度、乘车环境、拥挤度）
	应急系统	应急出警率（救援时间、人员、装备等）
可持续发展	节能减排状况	单位运输周转量的能耗和碳排放状况
	新能源使用情况	新能源汽车比重、航空运输低碳燃料
国防、经济安全保护状况	国防、经济安全要求	交通能源依赖度
技术创新进步状况	科技研发	交通科技投入占交通总投资比重、贡献率
	技术装备水平	智能化率、信息化覆盖率

三、战略目标选择的理论基础和影响因素分析

（一）战略目标选择的理论基础和方法

发展战略目标的选择是制定发展战略的核心问题。研究脉络分析，战略目标的选择应着眼于交通运输发展全局，从我国资源禀赋、经济社会发展以及国家体制改革进程与交通运输系统的内在关系，认识交通运输的基础性、准公共产品性、网络与规模经济效应、系统性等产业属性，以及体现国家意志和人民利益的社会政治属性，提出制定战略的理论基础，提出与经济社会发展相适应的交通运输发展战略目标。选择战略目标的主要理论依据包括 SWOT 分析、波特理论、产业经济学等。研究中采用的方法是实现可能性分析法，即按照设定的战略目标进行可能性分析。

（二）战略目标影响因素分析

从系统工程角度分析，影响交通运输发展战略目标的主要因素有系统内因素和系统外因素。系统内因素主要包括对交通运输业的认识、资金、技术装备、人力资源、时间等；系统外

因素主要包括经济社会发展状况、自然禀赋、体制机制、制度与政策环境或者说改革进程等。

1. 系统内因素

（1）认识因素。未来几十年，交通运输需求仍将持续增长，同时资源、环境和国防安全、应急突发事件的压力越来越大，推进综合运输体系建设对增强我国综合国力和竞争力的重要性将日益凸显。

（2）资金因素。建设交通运输基础设施和购置运输装备需要巨额资金，并且交通运输的维护和维修也需要大量资金，能否有足够的可持续的资金投入，成为实现战略目标的关键因素。

（3）技术装备因素。技术装备的供给条件直接关系到交通运输能力、服务水平和运输企业的效率与效益，而这取决于我国交通运输技术装备工业的生产能力和产品质量，而后者受到我国科技总体发展水平的限制。

（4）人力资源因素。交通运输人力资源供应状况直接关系到交通运输的服务质量，关乎未来交通运输业的可持续发展，对交通运输的设计、建设、运营管理起着关键的先导作用。

（5）时间因素。交通运输基础设施建设具有投资规模大、建设周期长的特点，制定政策筹集资金到政策实施并筹到资金，都需要一个时间过程。因此，时间因素是影响战略目标选择的十分重要的因素。

2. 系统外因素

（1）经济社会发展状况。经济社会主要包括经济总量、经济结构、区域经济、城乡发展一体化以及对外贸易、人口等方面，它们的发展变化对交通运输的客货运输产生巨大的内生需求。

（2）自然禀赋。土地、资源、环境是交通运输发展的硬约束，合理和有效地利用土地、水等资源，节约土地，保护海域岸线、空域等资源，适应气候变化，推行交通运输与自然和谐发展。我国“黑河—腾冲”一线东南方36%国土居住着96%的人口，GDP占全国总量的90%以上，此线以西人口稀少，矿产丰富，此线以东人口密集，经济发达。

（3）体制、机制因素。良好的体制和机制是有效地配置与整合交通资源、激发市场活力、充分发挥各种资源效能的重要条件，也是加快交通运输发展的重要条件。

（4）政策因素。交通运输的建设与运营需要有效的政策措施和良好的政策法规环境。包括投融资政策、土地利用政策、运输市场法规政策、税收政策等，政策法规的制定以及实施，对战略目标的选择和实现有重要的影响。

四、战略目标的选择

（一）实现战略目标所需投资分析

未来30多年，我国经济社会发展面临着较为复杂的国内外环境，对交通运输业提出更大的运输总量和更高的运输质量需求，资金规模则成为能否实现战略目标的关键。交通运输网发展规模及投资如下。

1. 铁路网发展规模

对未来铁路路网规模的预测采用线路负荷法和类比法两种方法。线路负荷法主要是以客货运输需求量为基础，根据铁路线路的运输密度来确定满足未来相应的客货运输周转量所需的线路长度。类比法主要是根据我国不同地区的经济发展水平，通过类比不同国家的线路路网密度，确定我国不同地区的路网密度，汇总后确定未来的铁路路网规模。

（1）线路负荷法。线路负荷法的依据是铁路线路的运输密度，即每公里线路承担的客货换算周转量水平。预计到2020年，铁路旅客运输周转量将达到近1.9万亿人公里，货物运输周转量达到约5.1万亿吨公里，合计换算周转量约为7万亿吨公里；到2030年，铁路旅客运输周转量将达到近3.4万亿人公里，货物运输周转量达到约8.6万亿吨公里，合计换算周转量约为12.0万亿吨公里。根据设定的运输密度，分为平均负荷法和分类负荷法确定路网规模。

——平均负荷法。2012年我国铁路换算密度为3964万吨公里/公里，其中客、货运输密度及分地区的铁路运输密度如表2所示。由表2可见，2012年我国铁路运输各地区运输密度差异较大，其中，东、中部地区均达到5000万吨公里/公里以上，东北地区和西部地区平均为3000万吨公里/公里左右。而京广线、京沪线、京沈线、陇海线、沪杭—浙赣线等干线铁路的换算运输密度均已超过1亿吨公里/公里。

根据有关规划，到2020、2030年我国铁路的复线率和电气化率都将有较大提高，到2020、2030年复线率分别达到50%、60%以上，高于2012年复线率的水平，未来我国建设的铁路客运专线也将具有较高的技术等级，我国铁路全路网的运输密度将会比2012年的水平有较大的提升。据此，2020年我国铁路的平均运输密度（换算密度）如分别按5300万吨公里/公里考虑，要完成7万亿吨公里的运输需求，届时我国的铁路路网规模将达到13万公里左右。2030年我国铁路的平均运输密度（换算密度）如分别按8500万吨公里/公里考虑，要完成12.0万亿吨公里的运输需求，届时我国的铁路路网规模将达到14万公里左右。

表2　2012年我国各地区铁路运输密度

地区		运输密度（万吨公里/公里）			线路里程（公里）
		换算密度	货运密度	客运密度	
全国		3964	2959	1005	97625
东部地区		5052	3617	1435	22457
中部地区		5002	3493	1509	22402
东北地区		2674	2004	670	15427
西部地区	西部地区合计	3222	2639	583	37340
	内蒙古、青海、新疆、西藏4省区	2450	2183	267	16613
	西部其他8省区市	3839	3004	835	20727

——分类负荷法。以上平均负荷法没有分别考虑不同线路的运输密度，通过一个全路网平均的运输密度来确定未来的路网水平，按新建客运专线、干线复线、其他复线以及单线四部分分别确定不同的运输密度。

根据相关规划，未来铁路网发展目标是在路网总规模扩大的同时，突出繁忙干线实现客货分线，以满足快速增长的旅客运输需求。建立省会城市及大中城市间的快速客运通道，形成铁路快速客运通道，客运专线的客车速度目标值将达到每小时200公里及以上。客运专线建成后，与之平行的既有线路将用于货物运输，运能将极大地释放。与建设的铁路快速客运通道平行的这些既有线路基本都是我国重要的铁路干线，如京沪线、京哈线、京广线等，这部分干线铁路技术等级高，运输密度大，完全用于货物运输后，运输密度将达到1亿吨公里/公里以上。除这部分干线铁路（复线）外，其余复线铁路的运输密度按8000万吨公里/公里考虑，单线铁路运输密度按3000万吨公里/公里考虑。

根据中长期铁路网规划，到2020年我国将建成客运专线1.2万公里以上。到2020、2030年我国铁路复线率将达到50%、60%，该指标作为测算未来我国铁路网规模的一个重要约束条件。根据以上确定的不同线路的运输密度，经计算，到2020、2030年我国的铁路网规模将达到13万公里、14万公里左右，如表3所示。

表3　2020年、2030年我国铁路里程预测

单位：公里

类　别	2020年	2030年
新建客运专线	12000	20000
与客运专线平行的干线（复线）	12000	20000
其他复线铁路	40000	45000
单线铁路	66000	60000
合　计	130000	145000

（2）类比法。类比法是参考国外一些工业化国家的铁路路网密度，来估算未来我国的路网密度，进而确定未来我国铁路路网规模。由于我国各地区自然条件、经济社会发展状况差异较大，这种参照应区分不同的地区来考虑，东、中部地区特别是东部沿海经济较发达，其他国家的铁路路网密度对未来东部地区的路网密度有较大的参考意义，而我国西部地区地广人稀，铁路主要分布在重要的运输通道，连接主要经济据点，路网密度较低。我国各地区及世界部分工业化国家铁路路网密度如表4所示。

表 4　我国各地区及部分国家铁路现状路网密度比较

<table>
<tr><th colspan="2">地　　区</th><th>线路密度
（公里/万平方公里）</th><th>铁路里程
（公里）</th><th>国土面积
（万平方公里）</th></tr>
<tr><td colspan="2">中国</td><td>102</td><td>97625</td><td>960</td></tr>
<tr><td colspan="2">中国东部地区</td><td>254</td><td>22457</td><td>88.3</td></tr>
<tr><td colspan="2">中国中部地区</td><td>218</td><td>22402</td><td>102.8</td></tr>
<tr><td colspan="2">中国东北地区</td><td>196</td><td>15427</td><td>78.8</td></tr>
<tr><td rowspan="3">中国西部地区</td><td>西部地区合计</td><td>54</td><td>37340</td><td>690.1</td></tr>
<tr><td>内蒙古、青海、新疆、西藏 4 省区</td><td>35</td><td>16613</td><td>478.2</td></tr>
<tr><td>西部其他 8 省区市</td><td>98</td><td>20727</td><td>211.9</td></tr>
<tr><td colspan="2">美国</td><td>244</td><td>228500</td><td>936.3</td></tr>
<tr><td colspan="2">日本</td><td>731</td><td>27653</td><td>37.8</td></tr>
<tr><td colspan="2">德国</td><td>944</td><td>33701</td><td>35.7</td></tr>
<tr><td colspan="2">法国</td><td>608</td><td>33600</td><td>55.2</td></tr>
<tr><td colspan="2">韩国</td><td>354</td><td>3472</td><td>9.8</td></tr>
<tr><td colspan="2">加拿大</td><td>74</td><td>73497</td><td>998.5</td></tr>
<tr><td colspan="2">俄罗斯</td><td>51</td><td>87157</td><td>1699.6</td></tr>
</table>

2012 年全国铁路路网密度仅为 102 公里/万平方公里，其中东部地区最高，为 254 公里/万平方公里，与美国全国的铁路路网密度大体相当，远远低于德国、日本、法国等工业化国家的路网密度，其中德国铁路路网密度甚至接近 1000 公里/万平方公里，是中国东部地区的 3.7 倍。中国的东部地区经济发达、人口密度大，未来我国新建铁路将主要集中在东部地区，这些地区的铁路路网密度可参考工业化国家现有的铁路密度水平。设想到 2020 年我国东部地区铁路路网密度如果能达到接近法国的铁路路网密度水平，按 600 公里/万平方公里考虑，中部地区和东北地区稍低，分别达到 300 公里/万平方公里和 250 公里/万平方公里。西部地区分两部分考虑，即内蒙古、青海、新疆、西藏四省区地广人稀，路网密度按类似加拿大及俄罗斯的路网密度考虑，达到 40 公里/万平方公里考虑，西部地区其余 8 省区市路网密度按 150 公里/万平方公里考虑。据此，到 2020 年，中国铁路将达到 13.7 万公里，如表 5 所示，平均铁路路网密度将达到 142 公里/万平方公里。

表 5　2020 年我国铁路路网规模预测

<table>
<tr><th colspan="2">地　　区</th><th>国土面积
（万平方公里）</th><th>2020 年路网密度
（公里/万平方公里）</th><th>2020 年铁路里程
（公里）</th></tr>
<tr><td colspan="2">全国合计</td><td>960</td><td>142</td><td>136773</td></tr>
<tr><td colspan="2">东部地区</td><td>88.3</td><td>400</td><td>35320</td></tr>
<tr><td colspan="2">中部地区</td><td>102.8</td><td>300</td><td>30840</td></tr>
<tr><td colspan="2">东北地区</td><td>78.8</td><td>250</td><td>19700</td></tr>
<tr><td rowspan="3">西部地区</td><td>西部地区合计</td><td>690.1</td><td>67</td><td>46131</td></tr>
<tr><td>内蒙古、青海、新疆、西藏 4 省区</td><td>478.2</td><td>40</td><td>19128</td></tr>
<tr><td>西部其他 8 省区市</td><td>211.9</td><td>150</td><td>31785</td></tr>
</table>

根据上述不同路网预测分析方法，综合分析各预测方法及对影响铁路网规模因素的分析，未来铁路网 2020 年发展规模 13 万公里以上，2030 年规模 14 万公里以上较为适宜。

2. 公路网发展规模

按照我国经济社会发展产生的公路客货运输量以及国土开发、国防建设的需求，采用了多种方法预测分析公路网规模。

（1）连通度法。依据公路网的功能定位，全国公路网不仅要保证全国各大中城市、机场、港口、枢纽等重要节点的有效连接，同时还要保证路网中最小运输节点——自然村的最低连接需求，并且在有条件的情况下，尽量使其连接便利。在运用连通度对公路网规模进行测算时，需选择行政村及其以上行政单位为连接节点，节点个数统计后，依据各地区的不同特点，综合考虑全国及各省（自治区、直辖市）公路网发展的远期规划目标，通过定性分析，分别测算路网变形系数和设定节点连通度，对五类区域（见表 6）公路网规模进行测算，最后给出全国公路网的合理规模。测算的基本参数及结果见表 7。

表 6　五类区域分类

类别	人口密度范围（人/km^2）	省（市、区）名称
1 类	680 ~ 2200	上海、天津、北京、江苏
2 类	380 ~ 600	山东、河南、安徽、浙江、广东、重庆
3 类	170 ~ 360	河北、湖北、湖南、辽宁、福建、江西、海南、贵州、山西、广西、四川、陕西
4 类	60 ~ 150	吉林、云南、宁夏、黑龙江、甘肃
5 类	2 ~ 20	内蒙古、新疆、青海、西藏

表 7　连通度法测算全国公路路网规模基础数据

区　域	国土面积（万平方公里）	变形系数	连通度	路网密度（公里/百平方公里）
第一类	13. 76	1. 25 ~ 1. 50	2. 5	290
第二类	101. 25		2. 5	197
第三类	212. 73		2. 0	98
第四类	149. 18		1. 5	54
第五类	479. 30		1. 0	15
全　国	960. 00		—	62. 5

用连通度法测算的全国公路网规模应在 600 万公里左右，密度在 62. 5 公里/百平方公里。

（2）类比法。由发达国家公路网现代化建设的主要特点可知，我国 2030 年的公路网规模将基本达到稳定状态。类比将从两个方面展开：一方面将全国的整体情况与美国类比；另一方面依据区域划分的结果，将不同类别地区的情况分别与不同的国家进行类比，并最终得到我国公路网的适度规模。类比的基础数据如表 8 所示。

表 8　类比法测算全国公路网规模基础数据

国　家	人口密度（人/平方公里）	国土面积（万平方公里）	国土系数（%）	公路密度（公里/百平方公里）
美　国	24	936.6	45.6	70
英　国	231	24.4	72.3	172
法　国	98	55.2	55.0	172
德　国	248	35.7	52.4	180
意大利	187	30.1	56.0	99
日　本	309	37.8	13.7	320
加拿大	2.4	997.1	8.1	9.3
澳大利亚	1.9	768.2	61.6	10.6

——与美国类比。从美国公路网规模的发展历程轨迹看，美国目前的公路网规模已基本进入稳定期，1990 年为 622 万公里，2000 年为 633 万公里，2011 年为 656 万公里，21 年仅增长了 34 万公里。考虑到美国国土系数为 45.6%，我国为 42.6%。因此，我国公路网规模也应该在 600 万公里以上。

——分区类比。我国 1 类和 2 类地区的人口密度较高，高于主要发达国家的人口密度；5 类地区人口稀疏，与加拿大、澳大利亚的人口密度大体相当；3 类和 4 类地区的人口密度则居于两者之间。综合考虑各类地区的人口密度、土地资源、地形地质特征的实际情况，并通过专家咨询，认为未来我国 1 类地区的公路密度应达到 290 公里/百平方公里以上；2 类地区公路密度应达到 190 公里/百平方公里以上；5 类地区地广人稀，公路密度应在 15 公里/百平方公里左右；3 类和 4 类地区公路密度应介于 2 类和 5 类之间，在 50～100 公里/百平方公里之间。经过分区域测量，将各地区管理总里程累加，可得出我国公路网规模约为 600 万公里，密度为 62.5 公里/百平方公里左右。分区类比可以得出我国的公路网规模约为 600 万公里。

此外，依据 2020 年、2030 年我国经济社会发展面临的国内外环境，以及公路客货运量需求特征，特别是汽车保有量的日益扩大，通过类比相似国家的公路发展演变历程，组合测算 2020 年我国公路网规模 500 万公里左右，2030 年规模 600 万公里左右。

3. 港口发展规模

依据不同的港口泊位类型不同，对我国未来港口建设规模采用分类法预测，将泊位分为煤炭装卸泊位、矿石接卸泊位、原油接卸泊位、集装箱专用泊位分别进行计算，对于四大货种的专业性泊位按照泊位的设计能力进行预测，结果如表 9 所示。

表 9　我国港口主要货类新增能力测算

<table>
<tr><th rowspan="2">年份</th><th rowspan="2">项目</th><th colspan="4">货　类</th><th rowspan="2">合计</th></tr>
<tr><th>煤炭</th><th>矿石</th><th>原油</th><th>集装箱</th></tr>
<tr><td rowspan="2">2011—2020</td><td>新增能力
（亿吨）</td><td>0.3（装）
0.5（卸）</td><td>1.5</td><td>1.3</td><td>1 亿 TEU</td><td>13.8</td></tr>
<tr><td>新增泊位
（个）</td><td>3（装）
5（卸）</td><td>12</td><td>5</td><td>165</td><td></td></tr>
<tr><td rowspan="2">2021—2030</td><td>新增能力
（亿吨）</td><td>0.3（装）
0.7（卸）</td><td>−0.4</td><td>1.1</td><td>2.2 亿 TEU</td><td>23.7</td></tr>
<tr><td>新增泊位
（个）</td><td>3（装）
5（卸）</td><td></td><td>5</td><td>360</td><td></td></tr>
</table>

注：集装箱重量按每 TEU 10 吨计。

通过分类法预测 2020 年沿海港口总通过能力 100 亿吨，集装箱泊位能力 2.5 亿 TEU；2030 年沿海港口总通过能力 150 亿吨，集装箱泊位能力 4.5 亿 TEU。

4. 民航发展规模

2013 年我国民航完成运输总周转量 671.72 亿吨公里，旅客运输量 3.46 亿人次，货邮运输量 561 万吨，运输机场达到 193 个。航空运输供给能力主要取决于通航机场的数量及等级，对未来我国民航运输机场的数量及分布进行分析，2010—2020 年新增机场 70 个多个。2020 年全国 80% 的县级行政中心能够在地面交通 100 公里或 1.5 小时的车程内，可享受到机场的航空服务，航空运输服务总人口达到全国总人口的 80%。形成我国东部的首都、浦东、白云机场 3 个能够参与全球航空运输竞争，具有国际竞争力的大型复合枢纽机场，以及西部乌鲁木齐、成都、昆明机场 3 个对中亚、东南亚及南亚地区具有较强辐射功能的大型复合枢纽机场，东西呼应的战略格局。预计 2020 年、2030 年民航完成旅客运输量分别为 7.6 亿人次、17.1 亿人次，民航完成货邮运输量分别为 1000 万吨、2000 万吨，各地区新增机场数量如表 10 所示。

表 10　2020 年、2030 年我国民航运输机场数量增长分布

	2020 年	2030 年
北方机场群	54	70
华东机场群	49	67
中南机场群	53	73
西南机场群	52	70
西北机场群	50	70
全国合计	244	350

通过未来民航供给需求法，预测 2020 年全国民用机场将达到 250 个左右；2030 年全国民用机场将达到 350 个左右。

5. 管道发展规模

2013 年全国能源总消耗 37.5 亿吨标准煤，其中煤炭产量 37 亿吨（煤炭进口 3.27 亿吨），石油消费 4.9 亿吨，对外依存度 57%，与世界主要国家能源消费结构（见表 11 所示）相比，我国是一个“富煤、少油、缺气”的国家。目前我国天然气比重相对较低，全球探明剩余可采天然气资源为 185 万亿立方米，而我国天然气探明剩余可采储量只有 2.46 万亿立方米，仅占全球资源量的 1.3%。人均天然气资源量相当于世界平均水平的 1/7。我国非化石能源比重也仅为 8.3%。未来亟须调整能源结构，降低化石能源比例，提高水电、气、风能比例。到 2020 年非化石能源规模在 15% 左右，应达到 6.75 亿吨标准煤~7.95 亿吨标准煤（国际能源署）。

表 11　2013 年世界主要国家能源消费结构情况

单位:%

国　家	石油	天然气	煤炭	核电	水电
英国	34.9	32.9	18.3	8.0	0.5
美国	36.7	29.6	20.1	8.3	2.7
加拿大	31.1	28.0	6.1	6.9	26.6
日本	44.1	22.2	27.1	0.7	3.9
印度	29.5	7.8	54.5	1.3	5.0
中国	17.8	5.1	67.5	0.9	7.2

“十二五”期间，我国将加快西北、东北、西南和海上四大进口油气战略通道建设。重点建设项目包括中哈原油管道二期、中缅油气管道境内段、中亚天然气管道二期，以及西气东输三线、西气东输四线工程。2012 年我国原油消费量 4.8 亿吨，产量 2.04 亿吨，海关进口量 2.8 亿吨。随着经济的持续增长，预计 2020 年、2030 年我国原油消费量分别为 6.0 亿吨、7.0 亿吨，产量基本维持在 2 亿吨左右，原油海关进口量将分别为 4.0 亿吨、5.0 亿吨左右。

2013 年能源消费结构中天然气产量 1120 亿立方米，进口天然气量 515 亿立方米，对外依存度 30.5%。未来 2020 年天然气消费将达到 3000 亿立方米，2030 年天然气消费量将达到 4500 亿立方米，缺口 2700 亿立方米。

随着原油陆上进口量进一步增加，特别是中哈、中亚、中俄、中缅等国际陆上油气通道的建成，我国油气管道进入快速发展阶段。2012 年我国管道里程 9.01 万公里，其中原油管道 1.89 万公里，成品油管道 1.91 万公里，天然气管道干线及支线长度 5.5 万公里，油气管道基本形成骨干网络。“十二五”期间，全国将新建天然气管道 4.5 万公里、原油管道 0.9 万公里、成品油管道 2 万公里，到 2015 年我国油气管道总长度将达到 15 万公里左右。类比世界主要国家如美国、俄罗斯以及加拿大管道运输的不同发展阶段见图 1、图 2 所示。

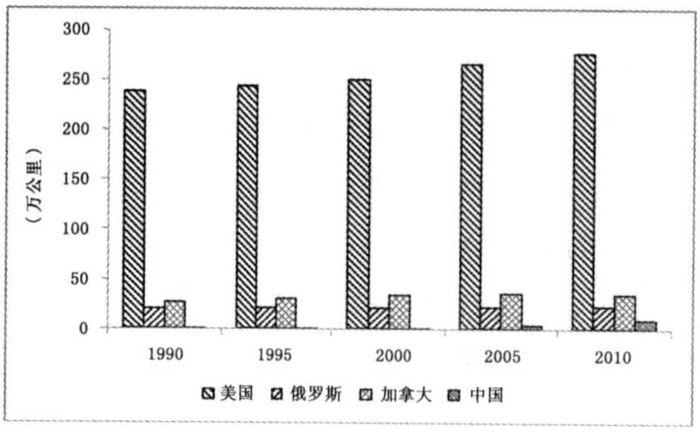

图 1　1990—2010 年世界主要国家输油气管道里程

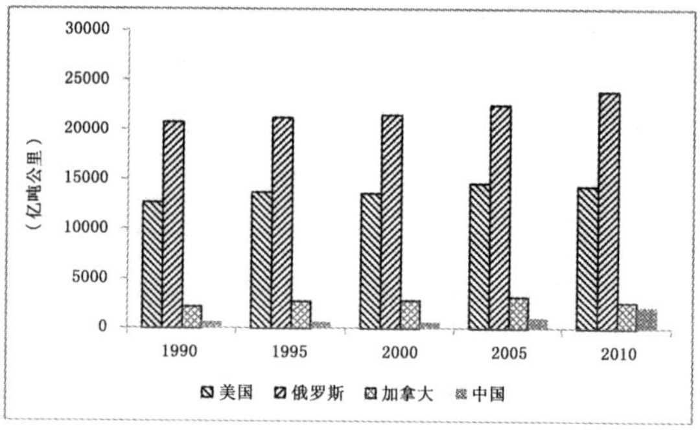

图 2　1990—2010 年世界主要国家管道运输货物周转量

预测我国到 2020 年管道运输需求将达到 20 亿吨，运输周转量达到 7000 亿吨公里，2030 年管道运输需求将达到 35 亿吨，运输周转量达到 15000 亿吨公里。通过消费平衡法和类比法，推算 2020 年管道规模为 20 万公里左右，2030 年管道规模为 35 万公里左右。

6. 城市轨道交通发展规模

2013 年我国的城镇人口约 7. 31 亿人，城镇化率达到 53. 7%。人口 100 万以上的城市 127 座，其中 400 万以上的城市 14 座。随着城镇化进程的不断推进，城市化水平的不断提升，城市人口比重将快速上升，城镇化进程还将向着国际化和现代化的方向发展。预计 2020 年我国 100 万人口以上的城市将有 184 座，2030 年我国 100 万人口以上的城市将有 239 座。在外需增长空间不大的情况下，我国经济增长发展动力转向内需，加之工业化、机动化的快速发展，城市轨道交通将快速发展。同时对比发达国家，我国城市轨道交通除北京、上海、广州外，其他大部分城市运营总长度、密度及负担客运比例均远低于平均水平（见图 3、4 所示）。

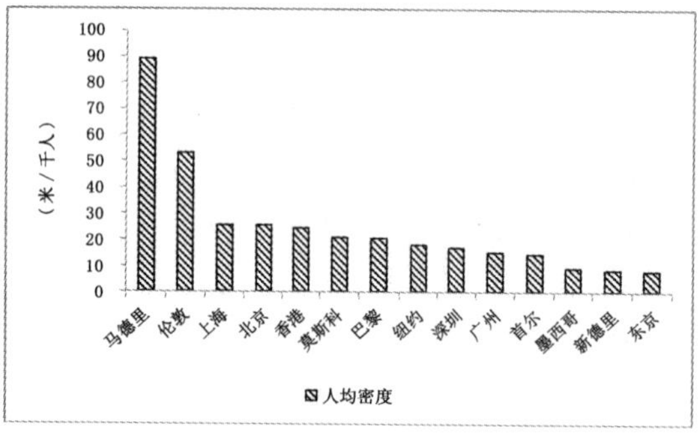

图 3　2013 年世界主要城市轨道交通人均密度

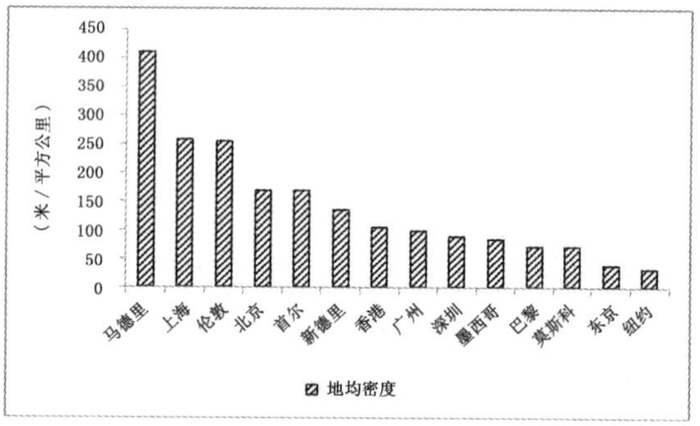

图 4　2013 年世界主要城市轨道交通地均密度

依据未来经济社会的不断发展，城镇化发展和人口分布的特征，通过需求法和类比其他国家的轨道交通发展，预计 2020 年我国城市轨道交通规模将达到 10000 公里，2030 年规模将达到 20000 公里左右。

2010—2020 年期间交通运输系统的总投资匡算大致为 28 万亿元，约占同期 GDP 比重超过4.2%。

2020—2030年期间交通运输系统的总投资匡算大致为50万亿元，约占同期GDP比重超过3.8%。

（二）战略目标的选择

交通运输战略目标的选择主要取决于投资规模、时间进程、技术装备及人才满足程度等多种因素。其中，战略目标选择的关键是在这一历史时期交通运输建设所投入的资金规模。从资金规模分析，2010—2020年期间，我国交通运输建设所需固定资产投资匡算为28万亿元左右，相当于这一时期GDP总量的4.2%。因此，经过未来7~8年的加快发展，到2020年我国未来交通运输发展战略目标是建成基本满足经济社会发展的交通运输体系。2020—2030年期间，设想我国交通运输仍有较快发展，匡算建设所需固定资产投资50万亿元左右，相当于这一时期GDP总量的3.8%，因此，2020年再经过10年的建设，未来交通运输发展战略目标是建成满足经济社会发展的交通运输体系。

根据国外以及我国的发展经验，只要政策实施得当，这一投资规模是可以实现的。从时间进程分析，只要采取措施适当，尽早规划、设计和施工，这一目标可以实现。从运输装备的设计制造和施工能力分析，我国已加大对技术装备制造业的扶持力度，施工能力能够完成已有任务，各层次人才也能满足我国交通运输发展的需要。

因此，未来2020年交通运输发展战略目标拟定为基本满足，2030年交通运输发展战略目标拟定为满足，具体分为“两步走”战略。

1. 2020年战略目标：建成基本满足经济社会发展的交通运输体系

根据全面建成小康社会目标的总体要求，紧紧围绕以科学发展为主题，以加快转变发展方式为主线，优化运输结构，充分发挥各运输方式的比较优势，继续完善运网，在推进公路建设的同时，加快铁路、水运、城市轨道交通建设，加快城市群交通建设，加快海上运输通道建设，盘活存量，用好增量，提高效率和效益，提升服务质量，加强各种运输方式衔接，促进低碳交通发展，保障国家安全，建立基本满足经济社会发展和基本具有全球经济竞争力的一体化的综合运输体系。

2. 2030年战略目标：建成满足经济社会发展的交通运输体系

根据全面实现现代化的总体要求，以科学发展为主题，推进各运输方式协调发展，使运输结构更加优化，以人为本，满足不同层次的运输服务需求，让旅客和货物能够安全、准时、快捷地抵达目的地，加强科技创新，推动交通运输更加富有效率、更加公平，满足国民经济持续快速发展和国家安全的要求，促进全社会就业和经济增长，减少交通能源依赖度，建成具有全球经济竞争力的、互联互通、服务满意、智慧高效、绿色发展的现代化的综合运输体系。

（1）互联互通：在国际上，与环周边国家陆上、海上、空中互联互通，与其他国家海上、空中互联互通；在国内，实现交通运输通达通畅，提高交通运输普遍性服务水平。

（2）服务满意：客运实现零距离换乘，货运实现无缝化衔接，提升客货运输服务能力和服务质量，最大化满足客货运输服务需求。

（3）智慧高效：通过物联网、大数据、云计算等高新技术和手段，实现安全、便捷、快速、高效运输服务。

（4）绿色发展：加强交通运输生态环境保护，强化交通运输业节能减排，实现交通运输可持续发展。

五、结论

交通运输发展战略目标的选择是一项富有挑战性的课题。未来 30 多年，我国处于经济社会转型的关键期和后小康社会的攻坚期。21 世纪中叶，也是我国实现现代化的关键时期，现代综合运输体系将基本构建，并不断满足国民经济社会的发展。按照战略目标的指导思想和基本原则，构建战略目标的指标体系，基于理论基础和方法，对战略目标的影响因素进行分析。最后，从既有利于交通运输发展，又有利于我国经济社会全面发展来看，选择 2020 年交通运输发展战略目标是达到基本满足经济社会发展的交通运输体系，选择 2030 年交通运输发展战略目标是达到满足经济社会发展的交通运输体系。

参考文献

［1］王德荣．中国运输结构的现状与发展［J］．世界轨道交通，2008，3：16–19.
［2］U. S. DOT. Transportation Vision for 2030［M］. 2008：1–29.
［3］王德荣．王德荣文集［M］．北京：人民交通出版社，2013.

我国交通运输中长期建设重点研究

王德荣　魏　众
（中国交通运输协会，北京中交协物流研究院，北京　100825）

【摘　要】交通运输是国民经济和社会发展的重要基础。进入21世纪以来，我国交通运输取得了快速发展。但与国民经济的发展速度相比，交通运输发展仍然稍显滞后。本文提出了未来我国交通运输建设的重点，主要包括交通运输网络建设、交通运输系统建设、交通运输装备建设、交通运输企业建设、大力发展绿色交通等方面。相关研究工作，为政府管理部门编制交通运输中长期发展战略和发展规划提供参考依据。

【关键词】重点　网络　系统　装备　企业　绿色交通

Research on the Mid-term and Long-term Construction Priority of China's Transportation

Wang Derong　Wei Zhong
(China Communications and Transportation Association,
Institute of Logistics and Transportation of Beijing, Beijing 100825)

Abstract: The transportation is the important foundation for the national economy and social development. Since the new century, the transportation industry in our country has developed fast. However, the development of transportation is slightly lagging behind the speed of the national economy development. This paper has presented the future priorities of China's transportation construction, including development of the transportation network, the transportation system, the transportation companies, green transport and others. The relevant research can provide the reference for the government to make the medium-term and long-term development strategy and planning.

Keywords: Priority　Network　System　Equipment　Company　Green Transport

交通运输业是国民经济的基础性、先导性产业。未来，我国国民经济将持续健康稳定发展，交通运输业要为之提供支撑和保障。为了满足日益增长的客货运输服务需求，今后相当一段时间，我国的交通运输还应继续发展和完善，建设重点主要包括交通运输网络建设、交通运输系统建设、交通运输装备建设、交通运输企业建设以及大力发展绿色交通等方面。

一、交通运输网络建设

加强交通运输网络建设，是实现2030年，我国交通运输发展战略目标的核心。到2030年，我国交通运输供给要达到满足运输需求的战略目标，就必须在运输线网规模和密度上有一个较大的提升，在网络布局上，既要建设国际的运输网络，又要建设国内的运输网络，国内运输网络还包括区际、城际、城市、城乡等各个层面。此外，还应加快优化路网结构，提升运输效率。

（一）交通运输线路建设

1. 建设国际运输通道

国际运输通道也称国际运输走廊，是指在国家之间或一定区域内，连接主要交通流起讫点，有相同的流向，可以有几种运输方式线路可供选择的宽阔的长条地带。一般地，国际运输通道主要包含陆路运输通道、海上运输通道和空中运输通道。陆路国际运输通道是指使用横贯大陆的铁路、公路、管道等运输线路作为中间桥梁；而海上国际运输通道是以远洋运输线路作为桥梁，把横跨海洋两端的大陆连接起来。同理，空中国际运输通道是以航空运输线路作为桥梁，把陆上两点或者横跨海洋两端的大陆连接起来。

未来几十年，我国融入经济全球化和区域经济一体化进程将逐渐加快，我国的双边、多边、区域次区域开放合作将更加紧密，交通运输应为之提供相应的服务。为我国与世界各国各地区之间的经贸合作往来，为加快促进我国生产制造企业以及商贸流通企业“走出去”的步伐，为我国与环周边国家和地区经济一体化发展（东盟10+3、东北亚自由贸易区、中亚经济合作区等），为我国进口煤、石油、天然气等能源，以及金属矿石等（资源）提供运输服务支撑。因此，我国应加快同周边国家和区域基础设施互联互通建设，增强与周边国家和地区之间的陆上连接（公路、铁路、管道等），加快推进陆上丝绸之路建设，以及海上和空中国际运输通道能力；增加与其他国家和地区之间的远洋航线、航班密度，加快推进海上丝绸之路建设。

（1）建设陆上国际运输通道。应加快我国同周边国家和区域基础设施互联互通建设，加快推进丝绸之路经济带建设。有效衔接我国与东北亚、北亚、中亚、南亚、东南亚等周边的国家和地区，保障延边重点口岸、边境城市联系更加畅通和紧密。加快推进陆上丝绸之路经济带建设，到2020年，建设中俄、中蒙俄、中哈俄国际运输通道；建设中巴国际运输通道；建设孟中印缅国际运输通道。到2030年，建设泛亚国际运输通道等（中国、哈萨克斯坦、乌兹别克斯坦、土库曼斯坦、伊朗、土耳其，到达欧洲）。包括：

——东北亚国际运输通道。推进中俄通道同江哈鱼岛段铁路、同江铁路特大桥建设，以南北沿海运输大通道、满洲里至港澳台运输大通道和西北北部运输通道为主轴，布局沈阳至丹东、哈尔滨至同江、哈尔滨至绥芬河、长春至珲春、集宁至二连浩特、额济纳旗至策克、临河至甘其毛道等国际支线。加快俄罗斯远东地区入境东北的中俄输油气管道建设。

——北亚国际运输通道。到2020年，加快推进中蒙铁路、中蒙公路建设。加强运输通道互联互通，提升边境口岸功能。

——中亚国际运输通道。到2020年，建设中吉乌铁路，建成喀什—土尔尕特段铁路，中哈、中吉乌、中塔等中亚公路建设，以西北北部出海运输通道、陆桥运输通道为主轴，布局乌鲁木齐至霍尔果斯国际支线。中吉乌国际铁路，起自中国新疆南疆铁路的终点喀什站，经中国与吉尔吉斯斯坦边境的伊尔克什坦叶尔尕特山口，再经吉尔吉斯斯坦的卡拉苏或贾拉尔拉巴德，至乌兹别克斯坦的安集延。加快哈萨克斯坦入境新疆的中哈输油气管道建设。

——南亚国际运输通道。加快推进中印孟缅经济走廊建设，加快建设中印铁路、中印公路，带动南亚、东南亚经济板块联合发展；加快推进中巴经济走廊建设，加强中巴之间交通、能源、海洋等领域的交流与合作，加强两国互联互通，促进两国共同发展。到2020年，加快建设中印缅孟铁路和中印缅孟公路，加快建设巴基斯坦瓜达尔港至我国新疆的中巴铁路、中巴公路、中巴输油气管道等。到2020年，建成拉萨经日喀则至尼泊尔的铁路、公路，形成南亚国际运输通道，以青岛至拉萨、沪瑞运输大通道为主轴，布局拉萨至亚东、拉萨至樟木和喀什至红其拉甫国际支线。

——东南亚国际运输通道。到2020年，以上海至瑞丽综合运输大通道、临河至防城港综合运输大通道为主轴，建成昆明经瑞丽（腾冲）至缅甸、昆明经河口至越南、南宁经友谊关至越南、百色经龙邦至越南、昆明经磨憨至老挝的铁路和公路。配套建设与国际通道相关的口岸基础设施，完善铁路与公路口岸的集疏运系统，为边境贸易提供便利的条件。到2020年，加快推进中缅输油气管道二期工程建设。

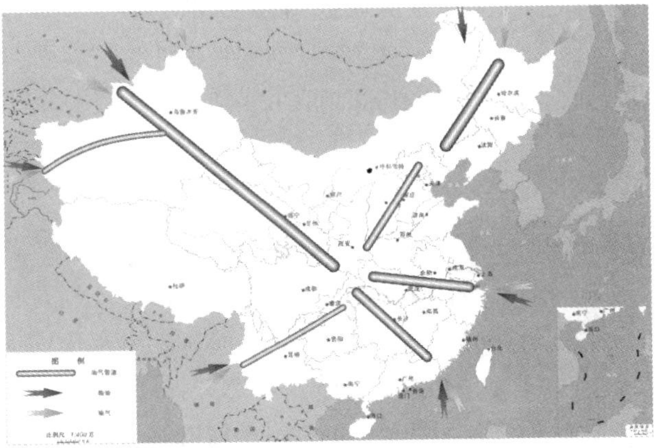

图1 输油气管道分布图

（2）建设海上国际运输通道。到2020年，增强我国海（水）上国际运输通道能力，增加我国与贸易伙伴各国和地区之间的远洋运输能力。加快推进海上丝绸之路建设，形成全方位开放新格局。适时推进黑龙江、澜沧江、额尔古纳河等界河航道和国际航道治理工程，改善澜沧江通航条件，提高通航能力。增强我国与发达经济体之间的海上国际运输通道能力，提高航线密度，增强运输能力。开通并增加我国与亚、非、拉等新兴经济体之间的远洋班轮航线，提高航线密度，增强运输能力，为我国与世界各国的经贸往来提供远洋运输服务。

（3）建设空中国际运输通道。加快完善国际航空运输网络，扩大航空网络辐射范围，强化国际枢纽（门户）机场功能。到2020年，增强我国空中国际运输通道能力，提高我国与发达经济体之间的航班航线密度，满足日益增长的客货运输需求。同时，特别是要尽快开通我国与亚、非、拉等新兴经济之间的国际航班航线，并根据需要适当增加航班密度。

2. 建设区际交通网络

未来一段时间，我国将继续实施区域协调发展总体战略和主体功能区战略。为加快推进西部大开发、大开放，振兴东北地区等老工业基地，促进中部地区崛起，鼓励东部地区率先发展，为我国优化国土开发、实施区域协调发展提供交通运输服务支撑。统筹协调各种运输方式，建设五纵五横综合运输大通道。建设黑河（绥芬河）至三亚、北京至台北、满洲里至台北、包头至广州（湛江）、临河至防城港等五条南北向综合运输大通道；建设天津（唐山）至土尔库特、青岛至拉萨、连云港至阿拉山口、上海（宁波）至瑞丽、上海至拉萨等五条东西向综合运输大通道，优化运输结构，提升运输能力，形成覆盖全国的区际运输网络。预计到2020年将建成五纵五横综合运输大通道的核心段，到2030年基本建成五纵五横综合运输大通道。

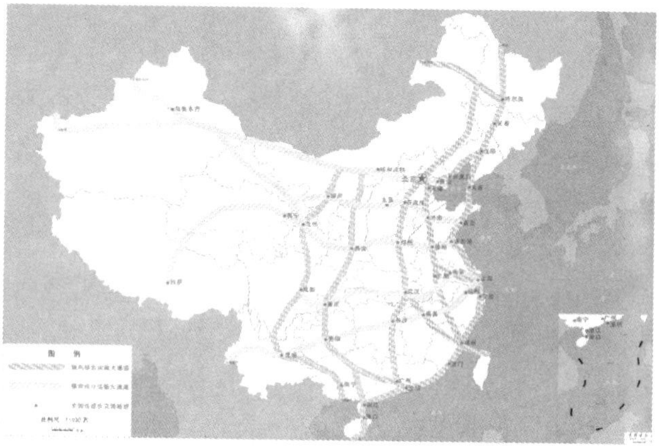

图2　五纵五横运输大通道示意图

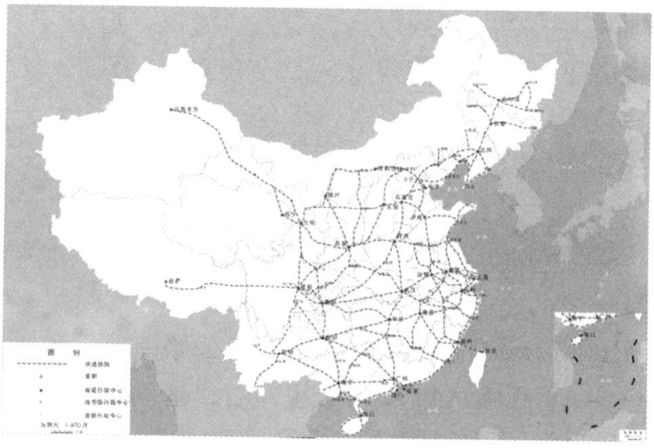

图3　国家快速铁路网示意图

建设国家快速铁路网。我国人口众多，疆域广阔，石油资源比较贫乏。为了满足我国国情的实际需要，未来将继续大力发展快速铁路，建成5.0万公里以上的国家快速铁路网，基本覆盖省会及50万人口以上城市。建成四纵四横客运专线。“四纵”客运专线：①北京—上海客运专线，包括蚌埠—合肥、南京—杭州客运专线，贯通京津至长江三角洲东部沿海经济发达地区；②北京—武汉—广州—深圳客运专线，连接华北和华南地区；③北京—沈阳—哈尔滨（大连）客运专线，包括锦州—营口客运专线，连接东北和关内地区；④上海—杭州—宁波—福州—深圳客运专线，连接长江、珠江三角洲和东南沿海地区。“四横”客运专线：①徐州—郑州—兰州客运专线，连接西北和华东地区；②杭州—南昌—长沙—贵阳—昆明客运专线，连接西南、华中和华东地区；③青岛—石家庄—太原客运专线，连接华北和华东地区；④南京—武汉—重庆—成都客运专线，连接西南和华东地区。同时，建成南昌—九江、柳州—南宁、绵阳—成都—乐山、哈尔滨—齐齐哈尔、哈尔滨—牡丹江、长春—吉林、沈阳—丹东等客运专线，扩大客运专线的覆盖面。预计到2020年，我国将基本建成国家快速铁路网，发展高速铁路，届时我国区际间时空距离将大幅缩短，旅客出行将更加便捷、安全、高效和舒适。继续加快大能力区际干线新线建设和既有线扩能改造，加快煤运通道、西部铁路等建设，强化重载货运网，大宗物资和跨区域铁路货运能力显著增强。

建设国家公路网。国家公路网主要由普通国道网和国家高速公路网组成，将达到布局合理、功能完善、覆盖面广、安全可靠，实现首都辐射省会、省际多路连通、地市高速通达、县县国道覆盖的国家干线公路网络。1000 公里以内的省会间可当日到达，东中部地区省会到地市可当日往返，西部地区省会到地市可当日到达；区域中心城市、重要经济区、城市群内外交通联系紧密，形成多中心放射的路网格局；有效连接国家陆路门户城市和重要边境口岸，是构成国际运输通道的重要组成部分。其中，普通国道网全面覆盖县级及以上行政区、交通枢纽、边境口岸和国防设施。国家高速公路网全面覆盖地级行政中心、城镇人口超过 20 万的中等及以上城市、重要交通枢纽和重要边境口岸。

普通国道网由 12 条首都放射线、47 条北南纵线、60 条东西横线和 81 条联络线组成，共计 26.5 万公里，其中利用原国道 10.4 万公里、原省道 12.4 万公里、原县乡道 2.9 万公里，合计占规划里程的 97%，其余 3% 约 0.8 万公里需要新建；目前达到二级及以上技术标准的普通国道路线约占 60%，按照未来基本达到二级及以上标准测算，共约 10 万公里需要升级改造。

国家高速公路网采用放射线与纵横网格相结合布局方案，由 7 条首都放射线、11 条北南纵线、18 条东西横线，以及地区环线、并行线、联络线等组成，共计 11.8 万公里，另规划远期展望线约 1.8 万公里。按照“实现有效连接、提升通道能力、强化区际联系、优化路网衔接”的思路，补充完善国家高速公路网：保持原国家高速公路网规划总体框架基本不变，补充连接新增 20 万以上城镇人口城市、地级行政中心、重要港口和重要国际运输通道；在运输繁忙的通道上布设平行路线；增设区际、省际通道和重要城际通道；适当增加有效提高路网运输效率的联络线。

预计到 2020 年，普通国道网将全线通车，其中二级及以上公路比重达到 80% 以上；国家高速公路网通车里程将达到 10 万公里以上。预计到 2030 年，普通国道网的二级及以上公路比重达到 95% 以上；国家高速公路网通车里程将达到 12 万公里左右，基本建成普通国道网和国家高速公路网。

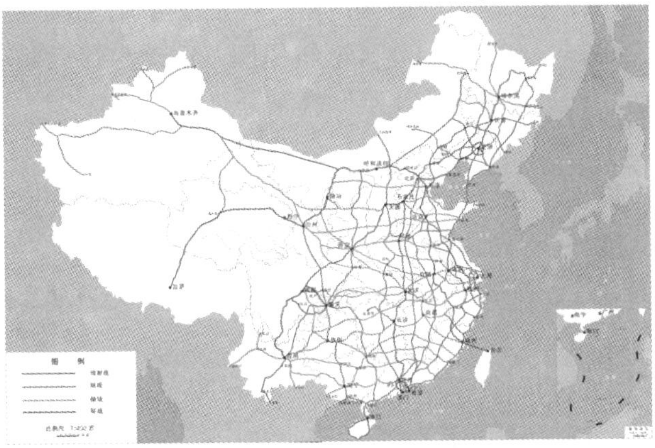

图 4　国家高速公路网示意图

水运方面，继续有序推进沿海港口基础设施建设，优化沿海港口结构与布局，着力拓展港口功能，提升港口的保障能力和服务水平，继续推进主要港口大型综合性港区建设，充分发挥主要港口在综合运输体系中的枢纽作用，提升对腹地经济社会发展的综合服务能力。特别是完善煤炭、外贸进口原油、外贸进口铁矿石和集装箱等主要货类运输系统港口布局，提升沿海地区港口群现代化水平。加强港口集疏运体系建设，大力发展多式联运，特别是铁水联运。充分发挥内河水运优势，发挥内河水运对沿江产业布局的引导作用。加快以长江、西江、京杭运河等高等级航道和主要港口为重点的内河水运基础设施建设，提高航道等级，推进内河船型标准化，大力提高运输服务水平，建设现代化的内河水运体系。积极推进多式联运，重点推进集装箱、大宗物资水铁联运、江海联运。

建设沿海港口群。建设环渤海地区港口群，长三角地区港口群，东南沿海地区港口群，珠三角地区港口群，西南沿海地区港口群。重点建设上海国际航运中心、天津北方国际航运中心、大连东北亚国际航运中心。建设北方港口煤炭装船，华东、华南地区煤炭接卸码头；建设沿海港口油气接卸码头和油气储备基地，配套建设输油气管道；建设沿海港口矿石接卸码头；建设干线港和支线港集装箱码头；建设沿海港口铁路集疏运系统。

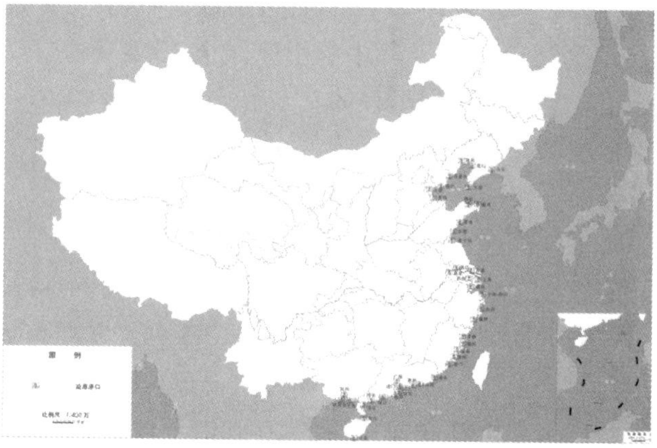

图5　沿海港口分布图

大力发展内河水运。推进长江、珠江、黑龙江等内河高等级航道建设，推动内河运输船舶标准化和港口规模化发展。建成畅通、高效、平安、绿色的现代化内河水运体系，具有比较完善的航道港口基础设施、较为完备的安全监管和救助体系。到2020年，我国将基本建成1.9万公里高等级航道，全国内河三级及以上航道里程达到1.4万公里；将建成一批规模化、专业化、现代化港区，形成比较完善的集疏运体系，内河港口功能进一步拓展、服务水平显著提升。到2030年，建成2.5万公里高等级航道，全国内河三级及以上航道里程达到1.8万公里；内河航道等级水平有较大提高，发挥内河港口枢纽作用，推动内河运输服务升级，进一步发挥内河水运比较优势，促进流域经济发展和转型升级。

加快民用航空建设。完善以国际枢纽机场和干线机场为骨干、支线机场为补充的航空网络。通过新增布点机场的分期建设和既有机场的改扩建，以及各区域内航空资源的有效整合，机场群整体功能实现枢纽、干线和支线有机衔接，客、货航空运输全面协调，大、中、小规模合理的发展格局，并与铁路、公路、水运以及相关城市交通相衔接，加强集疏运系统，共同构成现代综合交通运输体系。预计到2020年，建设民用机场250个以上；到2030年，建设民用机场300个左右。

加快通用航空发展，加快基础设施和机队建设。全面布局和建设通用航空机场、起降点，运输机场建设规划要兼顾通用航空服务需要。鼓励通用航空企业和社会力量参与通用航空机场以及运行保障设施建设。巩固工业、农林业、飞行培训等通用航空传统服务领域，拓展通勤飞行、公务飞行、航空游览和私人飞行等新兴业务范围，满足市场多样化需求。改善市场运营环境，支持和引导通用航空企业发展。形成以市场为主导、有利于通用航空企业发展的收费管理模式。进一步降低通用航空市场准入门槛，支持社会力量兴办通用航空企业，增加通用航空企业数量，扩大经营规模，重点培育骨干通用航空企业。加快完成内蒙古阿拉善盟通勤航空试点工作，选择条件适宜的地区扩大试点。健全通用航空规范标准。加快制定通勤及其他通用机场的建设标准，规范建设程序。做好低空空域管理改革配套工作。

加强输油气管道建设。全面统筹油气进口运输通道和国内储运系统建设，加快形成与周边国家和地区紧密相连、国内跨区域的油气运输通道。加快我国东北地区、西北地区、西南地区和沿海港口油气管道建设。完善各个方向向内陆地区和腹地的输油气管道，加快区域互联互通。

3. 建设城际快速网络

预计到2020年，我国城镇化率将达到61%以上；到2030年，我国城镇化率将达到70%左右。我国将出现一批城市群和城市化地带。为了适应城市群、城市化地带发展的需要，满足城市化地带、城市群之间、城市群内各城市之间的客货运输提供服务。

以轨道交通和高速公路为骨干，以国省干线公路、通勤航空为补充，加快推进城市群（圈、带）多层次城际快速交通网络建设，适应城市群发展需要。依据国家主体功能区规划，以陆桥通道、沿长江通道为两横，以沿海、京哈京广、包昆通道为三纵的城市化地区为主，到2020年，加快建成环渤海、长江三角洲、珠江三角洲、中原、中三角等地区的城际快速交通网络。到2030年，加快建成冀中南、哈长、北部湾等地区的城际快速交通网络。按照优化结构的要求，在城市群内部建设以轨道交通和高速公路为骨干，以普通公路为基础，有效衔接大中小城市和小城镇的多层次快速交通运输网络。提升东部地区城市群综合交通运输一体化水平，建成以城际铁路、高速公路为主体的快速客运和大能力货运网络。推进中西部地区城市群内主要城市之间的快速铁路、高速公路建设，逐步形成城市群内快速交通运输网络。

4. 优先发展城市公交

城市公共交通是满足城市居民基本出行的重要途径，是交通运输服务业的重要组成部分，与人民群众生产生活息息相关，与城市运行和经济发展紧密相连，是一项重大的民生工程。推进城市公共交通行业健康发展，保证城市公共交通平稳有序运行，对于促进经济社会可持续发展、改善城市人居环境、促进城市文明、保障广大人民群众基本出行权益至关重要。城市公共交通为改善人民群众基本出行、推进城市经济社会发展、缓解城市交通拥堵等发挥了重要的支撑作用。打造“公交都市”、“公交社区”，大力发展城市公共交通系统，提高公共交通出行分担比率。优先发展城市公共交通，特别是发挥城市轨道交通的公共交通中的骨干作用，提高城市公交线网密度和站点覆盖率，提高城市公共交通服务能力，同时提升城市公交服务质量和服务水平。

其中，市区人口超过500万以上的城市建设城市轨道交通网络化系统。以TOD模式为主，将城市开发与轨道交通建设相结合，提高城市的开发密度和效率。加大轨道交通的线网密度和站点覆盖率，提高轨道交通的公交出行分担率比重。市区人口300万以上城市，初步形成轨道交通网络主骨架，建成以地铁、轻轨、有轨电车和快速公交（BRT）为主的公交服务网络。市区人口100万人口以上城市，建设以轻轨、有轨电车和快速公交（BRT）等大容量公共交通为主体的城市公共交通服务网络。对经济条件较好、交通拥堵问题比较严重的城市，可以优先支持其城市轨道交通项目。中心城区人口超过50万的步行距离500米范围内公交服务全覆盖。加快城市公交发展，按照轻重缓急，科学发展城市轨道交通，提高城市公交分担率，提高城市公交服务能力和服务质量，缓解城市交通拥堵，降低尾气污染等。预计到2020年、2030年我国各类型城市公交分担率占比情况如表1所示：

表1　2020—2030年我国各类型城市公交分担率

单位:%

类　型	2020年	2030年
特大城市	≥55	≥70
大城市	≥50	≥60
中等城市	≥40	≥50
小城市	≥30	≥40

5. 建设城乡交通网络

满足城乡经济社会一体化发展，适应农业现代化、社会主义新农村建设的需要，满足日益增长的城乡间旅客运输及农副产品运输的需求，构建与东、中、西部地区经济社会发展相适应的城乡交通网络。逐步建成城乡全覆盖的现代化交通运输服务网络，为我国城乡一体化提供交通运输支撑体系。加快农村交通基础设施建设，提高农村公路的覆盖面和技术等级，实现建制村和东中部地区自然村通公路，有条件的地区加强自然村之间的公路建设，提高互通互达性。到2020年年末，通硬化路面的乡（镇）占全国乡（镇）总数的99%以上，通硬化路面的建制村占全国建制村总数的95%以上；到2030年年末，通硬化路面的自然村占全国自然村总数的90%以上。积极推进农村客运，加快完善农村客运站场布局。根据各地区农村生产、生活的客观条件和需求特点，建设标准适宜的乡镇客运站。在新建、改扩建农村公路项目时，将农村客运站（亭）纳入计划并与农村公路同步设计、同步建设、同步交付使用。完善农村客运服务网络。提高乡镇和建制村班车通达率，提供农村客运普遍服务，解决农村地区居民的基本出行问题。扩大农村客运的覆盖和服务范围，提高建制村通班车率。对实行公交化运行的农村客运线路，在保证基本服务质量的前提下，运输企业可以根据客流情况调整班次和运力。支持“镇到村”农村客运网络发展，鼓励有条件的地区结合本地实际，有重点、分阶段地在镇域内发展“镇村公交”。

（二）综合交通枢纽建设

加快全国性、区域性、地区性交通枢纽建设，建成立体化、便捷化、现代化的综合交通枢纽。综合交通网上的枢纽布局应综合考虑各条交通线路的顺畅连通，遵循客运“零距离换乘”和货物换装“无缝化衔接”的原则，统筹交通线路、交通场站、与交通信息传输的有效衔接，充分体现客货流汇集、换乘/换装和疏散的承载性、便利性和兼容性。将综合交通枢纽规划纳入到城市总体规划，与城市空间布局相协调，并与城市交通体系有机衔接。统筹协调好各种运输方式之间、城市内部交通与城市对外交通之间、既有客货场站与新建枢纽之间的关系。

综合客运枢纽。根据城市发展布局、居民生产生活、旅客出行的需求，合理布局不同层次、不同功能的综合客运枢纽。按照客运“零距离换乘”的要求，在客运枢纽节点，将干线铁路、城际铁路、干线公路、机场等与城市轨道交通、地面公共交通、市郊铁路、出租车、私人交通等各种交通方式合理接驳和换乘，使各种运输方式有机衔接，提高客运换乘的便捷性、安全性和舒适性，优化换乘流程，缩短换乘距离，降低换乘时间，充分满足不同群体的服务需求。

综合货运枢纽。根据城市工业园区、产业园区、物流园区以及城市居民生产生活的需求，合理布局不同层次、不同规模的综合货运枢纽。按照货运“无缝化换装”的要求，在货运枢纽节点，充分考虑枢纽的集疏运功能，在铁路货运枢纽节点应建设布局合理、能力匹配、衔接顺畅的公路集疏运及其他运输网络，并同站建设铁路与公路的换装设施；有条件的港口货运枢纽节点应加强干线铁路直达港口，支线铁路通达码头，重点建设铁路集疏运系统，油气接卸码头应加快建设管道集疏运系统，此外，港口货运枢纽还应建设干线公路集疏运系统；在民航货运枢纽节点，配套建设高速公路集疏运系统，提高高附加值航空货物的集疏运效率；大力发展内河集疏运体系。加快多式联运发展，减少货物换装和倒运环节，提高货物运输效率，降低物流成本。

加快推进建设全国性综合交通枢纽。全国性综合交通枢纽是综合运输大通道的重要节点，依托省、自治区、直辖市的中心城市和口岸城市，在跨区域人员和国家重要战略物资运输中发挥集散功能，有广大的吸引和辐射区域，对综合交通网的合理布局、顺畅衔接和高效运行具有十分重要的作用。加快建设北京、上海、广州、深圳等 42 个全国性综合交通枢纽。

加快推进建设区域性综合交通枢纽。区域性综合交通枢纽是综合运输网的次重要节点，依托省、自治区、直辖市的副中心城市，在跨区域人员和区域重要物资运输中发挥集散功能，有较大的吸引和辐射区域，对综合交通网的布局和运行具有重要作用。加快建设温州、沧州等区域性综合交通枢纽。

加快推进建设地区性综合交通枢纽。地区性综合交通枢纽是综合运输网的次一般节点，依托省、自治区、直辖市的地级市，在本地区人员和重要物资运输中发挥集散功能，有一定的吸引和辐射区域，对综合交通网的布局和运行具有一定的作用。加快建设廊坊、抚顺等地区性综合交通枢纽。

此外，还应加快推进口岸枢纽建设，提高口岸外贸货物吞吐能力。

二、交通运输系统建设

不同的旅客群体和不同的货类对运输服务有不同的需求，而满足这些服务需求，除了各种运输线路在能力、速度等方面满足总需求外，由于要求的服务功能和服务质量不同，又需要各具特征的客货运输设施、运输工具和运输组织才能为其提供各具特色、个性化的运输服务。因此，从运输链条的系统出发，运用系统工程的理论与方法，按照各个运输类别进行系统的建设与布局，是实现战略目标的又一关键环节。未来我国将加快全面深化改革，市场、资源、技术等要素将发生深刻变化，按运输系统进行布局与建设，是优化运输资源配置、完善运输结构、降低运输成本、提高运输效率和服务质量的重要途径，也是发展先进运输生产力、构建综合运输体系的客观要求。同时，搞好运输系统建设，才能保证各种运输方式、各个运输环节优化组合，协同发展，实现速度与质量、效益相统一。按照满足客货运输的需求分类，我国运输系统又分为旅客运输系统和货物运输系统，按其地域、旅客群体区别，旅客运输系统又包括国际客运系统、区际客运系统、城际客运系统、城市客运系统、城乡客运系统等。货物运输系统按照运输的货物种类来分类，又包括集装箱运输系统、石油天然气运输系统、煤炭运输系统、矿石运输系统、粮食运输系统、货邮快递运输系统和特种货物运输系统等。我国的运输系统结构如图7所示。未来长期一段时间，我国交通运输将以构建安全、便捷、高效的综合交通运输体系为主线，全面建设旅客运输系统和货物运输系统，提高客货运输服务能力与质量、组织效率、可靠性及可持续性，满足国民经济和社会发展对交通运输的需求。

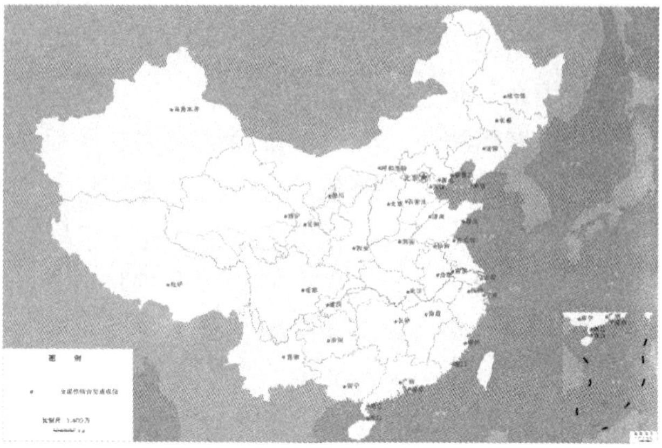

图6　全国性综合交通枢纽示意图

（一）客运系统建设

为满足国内外不同旅客群体的客运服务需求，构建安全、便捷、舒适、高效的客运系统，需要建设强大的客运服务设施，满足日益增长的客运服务需求。建设旅客乘降和不同运输方式间的换乘设施，以及发展高规格、高性能的运输工具，满足不同出行目的旅客要求；按照现代的经营管理理念，应用信息化技术，向旅客提供高质量的个性化运输服务。

1. 国际客运系统

随着我国与世界各国经贸往来的日趋频繁，与各国之间的人员往来也将不断增加，建设国际客运系统将提到重要议事日程。国际旅客运输系统由陆路（铁路与公路）、水路（内河与海运）及航空运输组成，航空运输在国际旅客运输系统中具有重要的地位，而铁

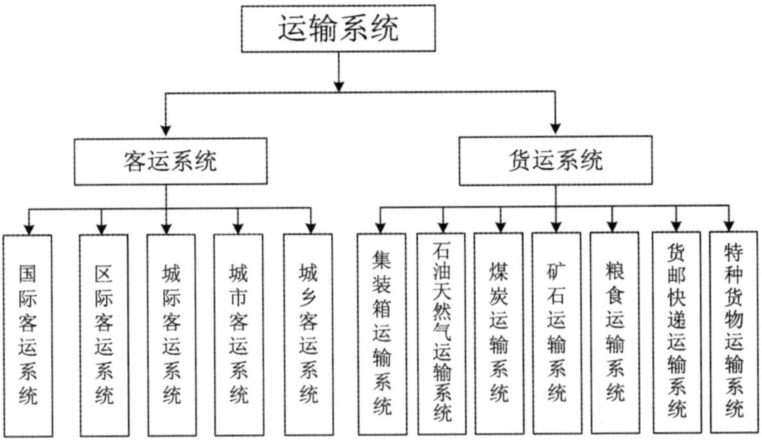

图 7　运输系统结构图

路和公路在边贸互市、区域间交流与合作具有十分重要的作用。

建成北京、上海、广州、乌鲁木齐等国际客运枢纽及省会城市与沿海开放城市的区域性客运枢纽，完善客运枢纽的集疏运功能；满足不同群体的国际旅客运输需求，合理布局国际客运网络，优化组织运输工具，高效运营客运枢纽，按不同服务需求构建合理的客运服务网络体系；提高国内旅客运输企业满足国际旅客运输的服务能力与服务质量，增强客运服务的安全性和经济性。

2. 区际客运系统

区际旅客运输系统即为国内各省、自治区、直辖市之间的人员交流提供旅客运输服务。区际旅客运输服务需求表现为流量大、运距长、时间和空间上较为集中等特征。重点提高区际旅客运输能力，提供安全、便捷和高效的运输服务。

建成以直辖市、省会城市以及各经济中心城市为主导的“四纵四横”客运专线以及“7、11、18”高速公路网系统，区际客运系统将实现旅客列车 500 公里左右“当日往返两趟”、1000 ~ 1500 公里“当日朝发夕归”、2000 ~ 3000 公里“当日朝发次日夕归”，高速公路运输将弥补 1000 公里以下铁路网络的不可达性及时效性运输服务，航空运输主要为 1000 公里以上的区际旅客运输提供服务。沿海、沿江等水域重点发展以旅游为重点的高速与快速旅客运输服务系统。各种运输方式增加高等级载运工具数量，加大相应服务设施的投入及改善服务条件，提高站内及在途旅客运输服务质量。

3. 城际客运系统

未来，我国将快速形成一批城市群和城市化地带，城市群和城市化地带将成为我国经济社会发展的重要聚集区。根据城市化地带旅客数量大、密集到发、日间波动性大、运距相对稳定等特征，加快建设城际旅客运输系统。建设以快速铁路为主体，以高速公路、航空等其他交通方式为辅的“一体化”城际客运系统。中心城市打造高铁“1 小时交通圈”、“2 小时交通圈”、“3 小时交通圈”、“10 小时交通圈”，即中心城市 1 小时通达周边城市，2 小时通达省辖市，3 小时通达周边省会城市，10 小时通达国内主要中心城市。

4. 城市客运系统

协调城市外部交通网与内部交通网的优化衔接与配置，提高轨道交通、公共交通的服务能力和服务水平；结合城市土地利用发展快速公交网络，加快建设特大、大型城市的轨道交通网络；特大、大城市交通干线实施“机非分离”，改善“慢行交通”出行条件；大力倡导旅客出行“交通文明”，减少交通摩擦，提高系统运行效率和安全。提高高效清洁的新能源汽车比例，提高公交分担率，为步行和自行车提供良好的出行条件。

5. 城乡客运系统

随着我国城镇化的不断加快，社会主义新农村建设快速推进，农业现代化将加快发展，乡镇产业快速发展，在城镇工作回农村居住，或者在农村工作回城镇居住，可能成为普遍现象，因此，城乡客流量将可能快速增长。城乡客运建设以县及其以上城市为中心，以乡镇、村为节点，形成连通乡镇、辐射农村的旅客运输体系。城乡交通以公路运输为主体，以班车服务为核心，提高班车的通乡（镇）率和通村（建制村、自然村）率，为城乡旅客出行提供经济、公交化的服务体系。到2020年实现东中部地区的县镇到建制村通班车率达到95%以上，到2030年实现西部地区的县镇到建制村通班车率达到95%以上。特别是要提高革命老区、边疆地区、贫困地区的班车通达率，提高交通运输普遍服务水平，满足不同地区、不同城乡旅客群体的交通出行服务需求。

（二）货运系统建设

建设集装箱、石油天然气、煤炭、矿石、粮食、货邮快递及特种货物等运输系统，充分发挥铁路、水运及铁水、江海等多种联合运输方式的作用，提高货物运输系统的经济性、安全性和专业化水平，提升货物运输服务的效率和质量。

1. 集装箱运输系统

重点加强集装箱港口建设，提高集装箱吞吐能力。随着经济全球化和地区经济一体化进程的不断加快，国际贸易将快速增长，适箱货物运量将不断增加，集装箱运量将快速增长。因此，要加强集装箱运输系统建设。主要包括集装箱码头泊位基础设施建设、集装箱联运系统建设以及集装箱集疏运系统建设。在加快沿海港口和内河港口集装箱系统建设的同时，应该加快铁路集装箱运输系统的建设。提高铁路运输在沿海港口和内河港口集装箱运输中的集疏运比例。

以大连东北亚国际航运中心为集装箱干线港，布局营口、锦州、丹东等支线和喂给港。以天津北方国际航运中心为集装箱干线港，布局秦皇岛、黄骅、京唐港等支线和喂给港。以青岛港为集装箱干线港，布局烟台、日照、威海等支线和喂给港。以上海、宁波、苏州港为干线港，包括南京、南通、镇江等长江中下游港口共同组成的上海国际航运中心集装箱运输系统，相应布局连云港、嘉兴、温州、台州等支线和喂给港。以厦门港为集装箱干线港，布局福州、泉州、莆田、漳州等支线港。以深圳、广州港为集装箱干线港，汕头、惠州、虎门、珠海、中山、阳江、茂名等为支线和喂给港。此外，加快18个铁路集装箱中心站建设，配套建设一大批铁路集装箱办理站。加强国内集装箱运输船队的建设，开辟国际集装箱班轮航线以及大陆桥集装箱联运系统的建设；加快内贸集装箱系统尤其是港口疏运系统的建设，发挥铁-水联运优势，积极推进铁路集装箱多式联运系统建设，加快水-水联运、公-水联运等服务系统建设；积极推进粮食、轻工产品、机电产品等适箱物流的发展。

2. 石油天然气运输系统

加强沿海港口原油接卸码头及原油输送管网建设，加快沿海天然气接收站及天然气输送管网建设，因地制宜配套建设原油储备基地、天然气储备基地及石化产业基地，加强东部沿海能源中转基地建设；发展陆路油气运输，推进与俄罗斯相连的东北输油气通道，俄罗斯东西伯利亚来气、萨哈林来气，加快中俄天然气管道、中俄原油管道建设，加快我国东北地区的北油南运、北气南输进程。推进西北战略通道，加强中亚、中俄西线天然气管道建设，中哈原油管道建设。推进中巴战略通道建设，原油管道、天然气管道建设。推进西南战略通道建设，中缅原油管道、中缅天然气管道建设。研究推进中巴输油管道建设。提高陆上来油气量，降低油气经马六甲海峡运输带来的安全隐患，加快沿海油气储备中转基地建设。

加快环渤海、长三角、珠三角、东南沿海、西南沿海港口原油天然气接卸码头建设，沿港口集疏运输油气管网建设；加大原油、LNG 等自有船队的发展，提高船队运输效率、效益以及环保、安全等技术水平；积极开拓国际油气资源市场，建立海外油气供应基地。

3. 煤炭运输系统

加强陆上煤炭运输系统建设。为了满足煤炭运输需求，特别是要加快“三西（山西、陕西、内蒙古西部）”、新疆、蒙东、贵州等地区的煤炭铁路运输通道建设，加快煤炭外运新线建设及既有线扩能改造工程，提高铁路煤炭外运通道能力。合理开发“三西”、新疆经宁西等铁路运往华东、中南地区的通道。加强我国煤炭水上运输包括海运和内河运输建设。通过铁路或公路等方式将煤炭从生产基地集结到沿海中转港口后，再由海路运到华东、华南等地区。此外，加强煤炭经长江和京杭运河运送到华东和沿江河用户，形成“北煤南运、西煤东运”的格局。继续加强秦皇岛、天津、黄骅、曹妃甸、锦州、青岛、日照、连云港等北方沿海港口煤炭装船码头建设，加强长江四港（南京、武汉、芜湖、枝江）、京杭运河的徐州港、珠江水系的贵港内河煤炭装船码头建设。配套建设长三角地区的上海港、宁波港，珠三角地区的广州港，东南沿海的温州港、宁德港，西南沿海的北海、湛江、钦州、防城港等，内河江阴、南通、镇江、杭州、马鞍山港等煤炭接卸码头及转运系统。加强煤炭“铁水联运”建设。提高沿海地区港口接卸国外进口煤炭的效率。加快建设国际煤炭运输系统建设，加强与蒙古国的陆路煤炭运输系统建设。

4. 矿石运输系统

环渤海地区以大连、营口、秦皇岛、天津、京唐、曹妃甸、青岛、日照、烟台等港口为主，其他港口为辅，布局矿石中转运输系统。长三角地区以宁波、舟山、连云港为主，布局进口矿石中转运输系统。珠三角地区以广州、珠海港为主，布局进口矿石中转运输系统。西南地区以湛江、防城港和八所等港口为主，布局进出口矿石中转运输系统。

加强沿海矿石码头泊位深水化、专业化建设。加强沿海大型港口的20万~30万吨级矿石码头泊位及航道的建设，提高水水联运及后方铁路运输能力；加强大型矿石船队建设，增加好望角型等经济船舶数量；充分利用国际资源，因地制宜配套建设矿石储备基地，加快与中亚、俄罗斯、蒙古国之间的陆路运输系统建设。

5. 粮食运输系统

根据我国粮食的流向和流量，加强流出地区散粮发运能力和流入地区散粮接卸能力建设，建成东北主产区玉米、大豆和稻谷流出通道，黄淮海主产区小麦流出通道，长江中下游稻谷流出和玉米流入通道，华东沿海主销区粮食流入通道，华南主销区粮食流入通道，以及京津主销区粮食流入通道。实现东北、黄淮海和长江中下游地区散粮流出通道与华东沿海和华南等地区散粮流入通道建设。在主要粮食集散地和交通枢纽，建成一批适应散装散卸的全国主要粮食物流节点，完善集疏运网络，实现铁路、水路和公路的有效衔接，以及跨省和省内长短途运输方式的合理转换，提高粮食快速中转能力。积极推动东北地区发展铁海联运，实现粮食运输的铁、水合理分流。逐步建立沿海与内河的散粮中转运输系统，鼓励长江、珠江中下游地区发展内河散粮船舶运输。着力建设北粮南运、西粮东运的铁路运输以及陆水联运系统；加强北部沿海港口粮食装载码头以及南部沿海港口卸载码头中转能力，形成专业化泊位与现代化接卸系统；推广粮食集装箱运输及粮食丰产区的散粮配送服务；着力打造进出口现代化粮食运输船队；以区域交通枢纽城市为依托，在粮食中转量200万吨以上交通枢纽建立粮食物流储运基地。

6. 货邮快递运输系统

重点加快国内货邮快递系统的建设，通过企业重组实现网络化运作，培育大型现代物流型货邮快递企业；鼓励企业重组以扩大企业规模和实力，提升企业在国内外市场的份额和竞争力，加快发展民营快递业，鼓励快递企业创新运行机制，推动企业功能整合和服务延伸，融入产业链、供应链和服务链，加快向综合型快递物流运营商转型。大力促进快递服务与电子商务协同发展，满足及时、准时的现代物流需求。加快国内货邮快递网络建设，配套发展物流园区，加快发展EDI等网络化、信息化管理，提升货邮快递运输系统服务质量，增强邮政普遍服务能力。在提高城市配送服务能力和服务水平的同时，进一步扩大货邮快递服务网络的广度和深度，逐步向乡镇和农村延伸，使乡村居民与城镇居民享受到便捷的快递服务。

7. 特种货物运输系统

重点是建设大件、危险品货物运输系统。近年来，我国的大件货物，以及易燃、易爆、有毒、腐蚀、放射性的危险品货物运输逐年增加。为了满足大件、危险品等标准化、专业化的运输服务需求，需要建设特种货物运输系统，提高特种货物运输的服务能力和服务水平。通过制定相关的技术标准，组建标准化、专业化的运输企业，加强对大件、危险品货物的运输能力，提升运输安全监督管理水平，提供安全、经济的大件、危险品货物运输服务，有效保障财产和人身安全。此外，还应加强应急救援体系建设。

三、交通运输装备建设

为了实现我国交通运输发展的战略目标，应加快交通运输装备建设。主要包括运输工具（大飞机、高铁动车组等大运力、高效运输工具）、交通运输工程项目施工机械及专业化维养装备、智能交通设施设备、安全防护与应急救助设备以及交通运输节能减排设施设备等。

1. 运输工具

加快建设交通运输机车车辆和载运工具，提高交通运输载运能力。增加铁路机车、客车、货车车辆的数量，继续发展高速化、重载化铁路机车车辆。全面掌握动车组及客运列车技术，提高客运轨道交通装备的可靠性、舒适性、可维护性，全面突破30吨及以上轴重重载机车和货车技术、时速160公里快捷货运机车和货车技术，开展全系列大功率交流传动机车、大轴重重载货车、快捷货运列车的配套研发，研发制造满足国际市场不同限界要求、不同供电制式的，覆盖全部货物运输需求的系列货运列车；适当增加私人小汽车数量，重点增加特大、大、中、小城市，以及城乡的公交车辆；进一步加强城轨车辆系统集成技术研发，完善城轨车辆产品技术平台，开发低噪、低振动、节能产品，加快城市轨道交通发展；增加运输船舶数量，特别是要重点增加大型油轮、集装箱、邮轮等专业化船舶建设，开发30万吨矿石和原油运输船、海上浮动生产储油轮（FPSO）、1.2万标准箱以上集装箱船、LNG运输船等大型高技术、高附加值船舶及大功率柴油机等配套装备；加快发展国产大飞机及发动机、机载设备，不断增加民航机队的规模，机型结构进一步改善。

2. 交通工程施工及维养装备

全面突破工程及养路机械装备关键技术，向性能优异化、效率高效化、品种多元化、产品系列化、工作智能化、作业环保化发展。长大桥、隧道、管道、大型工程路面等工程全面实现专业机械作业施工；扩大专业化、智能化、大型化工程维修与养护设备；逐步增加飞机、船舶、机车、汽车等载运工具的维修、养护装备。

3. 智能交通设施设备

（1）交通管理及信息采集设备。大城市及国家主要干线网络全面配置信息化、自动化、网络化管理和信息采集设备；3S（GIS、ITS和GPS）设备覆盖全部公共交通工具；主要港站及物流园区配备电子数据交换（EDI）系统和条码与射频扫描技术（RFID）设备；到2014年年底，北京、天津、河北、山西、辽宁、上海、江苏、浙江、安徽、江西、福建、山东、陕西、湖南等14个省份实现ETC（电子不停车收费）联网，到2015年年底，基本实现全国所有省份的ETC联网。

（2）交通运输物联网技术。加快推动物联网技术在交通管理和服务智能化领域应用。面向交通领域智能化管理和调度需求，选择典型的大、中城市和内河流域，实施城市智能交通和智能航运服务国家物联网应用示范工程，开展车辆识别、航运服务、交通管理应用示范，提升指挥调度、交通控制和信息服务能力，推动利用物联网技术进行交通统计信息的采集。推广客运交通物联网应用和智能公交系统建设，提升公共交通的协同运行效率和服务能力；开展具有自主知识产权的车联网新技术应用示范，包括导航定位、紧急救援、防碰撞、非法车辆查缉、打击涉车犯罪等，促进相关领域的技术创新和产业链发展，提升交通安全和社会服务水平；开展电动自行车智能管理物联网应用示范及推广。此外，加快交通运输行业科技创新，依靠新一代信息技术，加快交通运输管理和服务系统建设，提高交通运输服务能力和管理水平，提升交通运输服务质量和经济效益。

4. 安全防护与应急救援装备

近年来，我国交通事故逐年增多，因此交通安全防护和交通应急救援装备提上重要议事日程。实现大中城市配置交通安全预防（含主动与被动技术）、预警、诱导处理成套交通装备；县镇配备灾害抵御、应急反应和快速搜救基本技术装备（尤其是海上、山区等恶劣自然条件下的救援装备）；增加大型枢纽港口、机场及高速公路、国道干线、铁路、干线航道、油气管线的安全防护及应急救援设施设备。此外，还应加快建设交通运输节能减排设施设备等。

四、交通运输企业建设

我国交通运输界要转变观念，认清新形势、新问题、新要求，通过创新驱动，实施组织创新、管理创新、技术创新、产品创新、人才创新，把交通运输企业做强做大，推动我国经济社会持续健康发展。具体来说，在全国范围内建立起由各种所有制共存的、承担国内外服务的、规模结构合理的、专业匹配的、技术装备和管理手段先进的、服务能力和服务水平能基本满足运输需求的企业群体。首先，深化体制改革，实现“政企分开、政事分开”，增强企业自主发展能力；其次，提升质量服务理念，整合分散资源，构建“大、中、小”协调的现代运输市场体系，合理调配市场供给水平；再次，积极推进“交通强国”战略，加快推进交通运输企业“走出去”步伐，不断满足“走出去”的生产制造企业服务需求，培育大型公路运输企业及综合运输企业，发展具有国际综合竞争力的海运与航空企业，提高进出口物资的“国需自给”比重，降低国际贸易运输成本；最后，培育壮大城市、城乡及农村的公益性运输企业，改善居民出行条件和生活质量。依靠创新驱动，增强运输企业国际竞争力和可持续发展能力。构建新型现代运输企业，以企业为平台和纽带促进综合交通一体化发展。通过自建、共建、合作、改造等多种模式，在全国范围内形成一套开放的社会化仓储设施网络。同时利用先进的互联网技术，建立开放、透明、共享的数据应用平台，为电子商务企业、物流公司、仓储企业、第三方物流服务商、供应链服务供应商等各类企业提供优质服务，支持物流行业向高附加值领域发展和升级。最终促使建立社会化资源高效协同机制，提升全国社会化物流服务品质。到2020年，各行业培育一批具有国际影响力的标杆运输企业；到2030年，进一步提升各行业具有国际影响力运输企业的数量和质量。

五、大力发展绿色交通

未来几十年我国节能减排的任务日趋繁重。据统计，交通运输业耗油占60%以上，是二氧化碳排放的主要来源之一。因此，交通运输业作为节能减排的重要行业和重点领域，面临的形势十分严峻。在紧迫的现实面前，亟须降低交通运输业对石油等化石燃料的消耗量，提高交通运输业能源利用效率。今后我国交通运输发展必须走绿色发展的道路，大力推进交通领域节能减排工作。发展绿色交通是指以最小的资源消耗及最低的环境损害，满足经济社会发展对运输的需求；绿色发展的核心是节能减排，生态保护和监督管理。因此，坚持绿色发展就是要建设“资源节约型、环境友好型”交通运输系统，这也是交通运输可持续发展的根本举措。

1. 加快推进交通运输业节能减排

（1）优化运输结构，加快铁路和水运发展。通过综合比较各种运输方式运输费用、占地、能耗、二氧化碳排放，及其他污染物等指标因素，可以得出，铁路和水运两种运输方式在不同程度上均优于其他运输方式。因此，应充分发挥铁路和水运在综合交通运输体系中的比较优势和组合效应，提高能源、原材料等大宗货物和集装箱使用铁路和水路运输的比重。大力发展铁路和水运，不仅有利于降低能源、资源消耗，减少污染物排放，而且可以降低物流成本，符合建设资源节约型、环境友好型社会的总体要求，对于加快转变运输发展方式具有重要意义。

（2）依靠科技创新，降低交通运输污染排放。通过科技创新，应用先进的技术，大力发展绿色交通工具。在交通运输业发展中，大力推进运输装备节能减排技术，鼓励发展技术先进、经济安全、环保节能的运输装备，提高发动机的燃油性能、经济性能和动力性能，逐步提高机动车尾气排放控制标准，并强制淘汰部分污染严重的车辆，以减少碳排放。同时，力争减少使用化石能源交通运输工具，提高电能、太阳能、氢能等清洁能源运输工具的使用比重，大力发展以地铁、轻轨、有轨电车为代表的城市轨道交通，着力推进大运力快速公交发展。此外，改善慢行交通、自行车和步行的出行条件，提倡绿色出行，节能减排。

（3）加强交通运输管理，提高运输效益和效率。加强交通需求和运营组织管理，提高各种运输方式的资源利用效率。从货物运输来说，加强货运需求和供应资源管理，通过物流信息平台，加强货运组织和运力调配，降低车辆空驶率。大力发展集装箱运输、多式联运、甩挂运输等专业化运输方式，提高不同运输方式间货物换装效率，提高运输效率，促进货运节能减排。从旅客运输方面来说，通过客运系统结构的优化，在适度发展小型客运汽车、减少碳排放的同时，以具有竞争力的公共交通票价机制、优质的公交运营服务、快捷的公交路权，配合机动车停车场、使用等需求侧管理，引导交通出行方式向公共交通转移。同时，实行错时上下班和弹性工作制，以提高交通资源利用率。推广高速公路不停车收费系统（ETC），完善公众出行信息服务系统，实现信息共享，提高运输效率，降低能源消耗，实现节能减排。

2. 加强交通运输业生态和环境保护

加强交通运输工程项目生态保护工作，优化运输线路，合理规避生态敏感区、生态脆弱区。采用水土保持、动植物保护、湿地保护等有效措施，最大化降低交通建设过程中对生态环境破坏的影响。交通工程项目建成后，注重生态修复建设，加大沿线绿化，有效改善生态环境功能。

加强交通工程项目施工过程中的污染治理，通过净化处理，确保排放的废水、废气、废渣等污染物满足排放要求。采用喷水作业处理等方式，加大工程项目施工过程中的粉尘、扬尘防治；通过建设隔音墙等手段，降低对施工及运营过程中沿线居民的噪音污染。同时，加强运营过程中的环境保护和污染物治理，严格执行国家的排放标准，对固体、液体废弃物，做到统一回收，统一处理。对于气体，需要净化后满足要求后方可排放。

3. 强化交通运输节能减排监督管理

强化对交通运输工程项目规划、建设和运营的全过程节能减排监督管理，落实责任人，制定严格的监督与责任追究制度。严格执行交通建设项目节能评估、交通规划和建设项目环境影响评价、竣工环保验收等监管制度。建立交通运输行业和重点交通能耗企业的单位能耗核算制度，建立交通运输业节能统计标准和核查制度，做到可检测、可报告、可核查。交通运输行业实行污染损害赔偿制度，建立奖惩机制，对于严格满足排放标准的项目和企业应适当奖励，对于违规排放的项目和企业除经济赔偿外，还要依法追究责任人刑事责任。

参考文献

[1] 国家发展和改革委员会．综合交通网中长期发展规划．2007.

[2] 国家发展和改革委员会．“十二五”综合交通运输体系规划．2012.

[3] 铁道部．中长期铁路网规划．2004.

[4] 交通运输部．国家公路网规划（2013—2030年）．2013.

[5] 交通运输部．交通运输“十二五”发展规划．2011.

[6] 王德荣．王德荣文集：综合运输与现代物流［M］．北京：人民交通出版社，2013.

我国公路网顶层设计及国家公路网发展规划

信红喜　关昌余

（交通运输部规划研究院，北京　100028）

【摘　要】 本文在国家公路网历史演进分析、未来面临需求判断的基础上，对我国未来公路网的顶层设计、功能定位、合理规模，以及国家公路网的规划目标、布局方案、实施效果进行了研究，为国家公路网规划于2013年5月经国务院审批通过、并于“十二五”期间着手大力推进实施奠定了坚实的咨询基础。

【关键词】 国家公路网　顶层设计　规划目标　布局方案　实施效果

Top–Down Design of Highway Network and the National Highway Network Planning

Xin Hongxi　Guan Changyu

（Transport Planning and Research Institute Ministry of Transport，Beijing 100028）

Abstract：On basis of analysis of national highway network evolution and anticipation of future transport infrastructure need，this paper，after comprehensively research，discussed the national highway network planning in future，in term of top－down design，function orientation and reasonable scale，as well as planning objectives，layout scheme and implementation effects，which laid a solid foundation to the approval of national highway network planning in May，2013，by the Sate Council and the promotion of planning implementation during 12th Five –Year Plan.

Keywords：National highway network　Top－down design　Planning objectives　Layout scheme　Implementation effects

一、国家公路网的历史演进

根据《中华人民共和国公路法》，我国公路网分为国道、省道、县道、乡道，其中国道也就是我们现在所称的国家公路网，它产生于1981年划定的《国家干线公路网（试行方案）》，国家高速公路网概念出来以后，我们又把国道网叫作“普通国道”。国道网的出台，开创了我国公路网分层规划、建设与管理的局面。

1992年交通部又出台了《国道主干线系统规划》，拉开了高速公路大规模建设的序幕，使得国家公路网开始由“干线公路”单一层次向“主干线公路网＋一般干线公路网”两个层次的格局转变，有效拓展了国家公路网的功能。2001年，交通部又出台了西部八条省际公路通道规划以及国家重点公路建设规划，两个规划在更大范围内补充了主干线公路网络。

2004年，交通部又以国道主干线为框架，在吸收、整合西部八条省际公路通道以及国家重点公路的基础上，提出了国家高速公路网规划方案，并于当年12月17日由国务院审议通过。随着国家高速公路网建设的加快推进，目前国家公路网已经由最初的单一国道网发展成为由国家高速公路网与普通国道网共同组成、相互配合的“主干线公路网 + 一般干线公路网”的基本格局，也为未来我国形成以高速公路为主体的收费公路体系以及以普通公路为主体的不收费公路体系（简称“两个体系”）奠定了框架基础。

截至2011年年底，全国公路总里程达到410.6万公里，其中全国普通国道10.6万公里，国家高速公路6.4万公里。公路交通的快速发展，有效缓解了我国交通运输紧张状况，显著提升了国家的综合国力和竞争力。但随着经济社会的快速发展，现有的国家公路网规划与建设仍面临一些亟待解决的问题：一是覆盖范围不全面。全国还有900多个县没有国道连接，有18个新增的城镇人口在20万以上的城市和29个地级行政中心未实现与国家高速公路相连接。二是运输能力不足。部分国家高速公路通道运能紧张、拥堵严重，不能适应交通量快速增长的需要。三是网络效率不高。普通国道路线不连续、不完整，国家公路与其他运输方式之间、普通国道和国家高速公路之间的衔接协调不够，网络效益和效率难以发挥。

二、对未来需求的判断

未来我国经济社会和交通运输发展将呈现以下显著特点：

（1）区域协调发展战略向纵深推进。“十一五”以来，国家先后出台了近40项促进区域发展的规划及指导意见。各具特色的经济区不断涌现，区域互动、优势互补、紧密协作的区域发展格局正逐步形成，使得主要经济区间运输需求进一步向通道聚集，区域交通一体化要求日益强烈；资源富集区、革命老区、民族地区、边疆地区和贫困地区将得到重点支持，交通发展需求和运输总量明显增长。

（2）城镇化进程显著加快。珠三角、长三角等都市化区域一体化程度日益提升，山东半岛、辽中南、海峡西岸等新兴城市群加速崛起，中小城市和小城镇将快速发展。预计未来20年，我国将会再有3亿左右的人口由农村进入城市。据测算，我国城镇居民的平均出行次数是农村居民的8～9倍，所以未来我国客运需求将巨大。另外，大规模的城市建设以及城市人口的高消费也必将带动货运需求的迅猛增长，据测算，我国城镇居民的平均消费水平是农村居民的3.7倍。

（3）经济仍将保持持续较快增长的态势。以“住”、“行”为主导的消费结构升级和经济高增长阶段将再持续10～15年。持续增长的经济水平以及快速发展的汽车消费必将带动客货运输需求的超常规发展，尤其是在货运方面表现尤为突出。2002—2008年，全国公路货运量年均递增8.4%，货物周转量年均递增11.5%，都远高于原国家高速公路网规划中5%～6%的增长率预测水平。快速增长的趋势仍将持续，预计到2030年，全社会公路客运量、旅客周转量、货运量和货物周转量将分别是当前的2.7倍、3.2倍、2.2倍和2.4倍，主要公路通道平均交通量将超过10万辆/日，达到目前的4倍以上，京沪、京港澳等繁忙通道交通量将达到20万辆/日以上。

（4）国家重大战略将深入调整。加快发展方式转变、提高应急保障能力、保障和改善民生、促进文明和谐，加强国防、保障国家稳定与安全，进一步扩大开放、创造良好的国际环境、加快构建综合运输体系等都将成为今后进一步发展的重大特征，迫切需要加快推进公路网络的战略布局，进一步增强公路网的可靠性、安全性，要求政府履行公共服务职能，提供更公平、更普遍的公共交通服务。

（5）由于人口和产业结构等因素，与发达国家相比，我国公路交通的压力将更大，挑战形势将更加严峻。目前，我国主要产品产量相对美国的倍数是：粗钢产量6倍、水泥16倍、蔬菜12倍、水果6倍、肉类3倍、水产类12倍；我国公路完成的年货物周转量已经是美国的1.6倍、日本的3.2倍；我国单位GDP完成的公路货运强度已经远大于主要发达国家，分别是美国的7倍、欧盟的6倍、日本的5倍。即使是将来，随着产业结构的不断调整，单位GDP运输强度有可能趋高而降，但是对于拥有超过14亿人口的大国而言，运输强度将是任何发达国家所不能比拟的。

（6）我国综合运输体系发生了新变化，尤其是加快构建现代综合运输体系的新形势，给公路网发展提出了协调各运输方式、提供基础连接与服务的新要求。2004年《国家高速公路网规划》批复后，国家又先后出台了全国沿海港口、内河航运和民航的长远规划，2002年批复的铁路网中长期规划又在2008年做了较大的调整。这些发展变化是规划之初难以预计的，要求我们及时审视公路网的网络功能、布局，并做出相应调整，以更好发挥各种运输方式的比较优势与组合效率，促进综合运输的协调发展。

三、全国公路网的顶层设计

通过路网功能分析，我们认为可以把全国公路网归纳为国家公路、省级公路、乡村公路3个层次进行规划、建设和管理。在这个体系框架下，国家公路主要发挥干线功能，省级公路主要发挥干线及集散功能，乡村公路主要发挥连接、出入功能。其中，国家公路对应法律意义上的“国道”，包括国家高速公路和普通国道两个层次。普通国道主要发挥干线功能，连接县市，并在重要的国高通道内，提供分流、可选择、应急替代等服务，侧重体现服务的普遍性。国家高速公路发挥主干线功能，连接大中城市和地级行政中心等节点，承担通道快速运输任务，侧重体现服务的高效性。

省级公路对应法律意义上的“省道”，我们设想未来省级公路中，按照完善区域性高速公路网、满足交通需求的原则，仍将会有部分地方高速公路；乡村公路对应法律意义上的“县道”和“乡道”，对于目前已纳入统计但没有明确法律地位的“村道”，将其归属为乡道。同时，我们设想未来县道和乡道将作为一个层次来规划、建设与管理，统一由县级主管交通部门来实施。

通过定量分析测算、国际比较以及实际布局研究等多个角度、多种方法对各层次路网的合理规模进行了分析测算。根据测算结果，我国趋于稳定的公路网规模将达到580万公里左右，其中国家公路40万公里左右，占6%～7%，包括普通国道23万～27万公里，国家高速公路12万～15万公里；省级公路45万～60万公里，占8%～10%；剩余480万～500万公里为乡村公路，占85%左右。

四、国家公路网规划

1. 规划目标

形成布局合理、功能完善、覆盖广泛、安全可靠的国家干线公路网络，实现首都辐射省会、省际多路连通，地市高速通达、县县国道覆盖。1000公里以内的省会间可当日到达，东中部地区省会到地市可当日往返、西部地区省会到地市可当日到达；区域中心城市、重要经济区、城市群内外交通联系紧密，形成多中心放射的路网格局；沿边沿海公路连续贯通，国防边防建设能力显著增强；有效连接国家陆路门户城市和重要边境口岸，形成重要国际运输通道，与东北亚、中亚、南亚、东南亚的联系更加便捷。其中：

（1）普通国道全面连接县级及以上行政区、交通枢纽、边境口岸和国防设施。

（2）国家高速公路全面连接地级行政中心，城镇人口超过20万的中等及以上城市，重要交通枢纽和重要边境口岸。

2. 规划方案

国家公路网规划总规模40.1万公里，由普通国道和国家高速公路两个路网层次构成。

（1）普通国道网。由12条首都放射线、47条北南纵线、60条东西横线和81条联络线组成，总规模约26.5万公里。按照“主体保留、局部优化，扩大覆盖、完善网络”的思路，调整拓展普通国道网：保留原国道网的主体，优化路线走向，恢复被高速公路占用的普通国道路段；补充连接地级行政中心和县级节点、重要的交通枢纽、物流节点城市和边境口岸；增加可有效提高路网运行效率和应急保障能力的部分路线；增设沿边沿海路线，维持普通国道网相对独立。

（2）国家高速公路网。由7条首都放射线、11条北南纵线、18条东西横线，以及地区环线、并行线、联络线等组成，约11.8万公里，另规划远期展望线约1.8万公里。按照“实现有效连接、提升通道能力、强化区际联系、优化路网衔接”的思路，补充完善国家高速公路网：保持原国家高速公路网规划总体框架基本不变，补充连接新增20万以上城镇人口城市、地级行政中心、重要港口和重要国际运输通道；在运输繁忙的通道上布设平行路线；增设区际、省际通道和重要城际通道；适当增加有效提高路网运输效率的联络线。

3. 实施效果

（1）扩大基本公共服务。普通国道规模由10.6万公里调增至26.5万公里，新增连接县（市）900多个，实现全国所有县级及以上行政区都有普通国道连接，提升公路交通基本公共服务能力，改善人民群众出行条件。

（2）有效促进城镇化发展。强化城市群内外交通联系，提升路网对中小城镇的覆盖水平，形成多中心放射的路网格局，为城镇化发展提供有效支撑。

（3）兼顾公平与效率。实现普通国道和高速公路的协调发展，明确普通国道侧重体现基本公共服务、高速公路侧重体现高效服务，加强两个网络在功能和布局上的衔接协调。

（4）有力支撑国防和边防建设。形成环绕我国大陆的沿边、沿海普通国道路线，增设部分战略性运输通道，有效提升军事交通机动性和快速投送能力。

（5）实现资源环境协调发展。新增普通国道建设以既有公路升级改造为主，高速公路合理把握建设规模和节奏，有效降低土地占用和环境影响，促进公路建设与资源环境和谐发展。

（6）完善综合交通运输体系。加强与其他运输方式的协调衔接，统筹主要通道运输能力配置，促进综合交通运输体系构建和现代物流业发展。

推进新疆丝绸之路经济带交通枢纽中心建设的实践与思考

王新华

（新疆交通运输厅，交通运输协会，乌鲁木齐 830000）

【摘　要】 立足于习近平“丝绸之路经济带建设”重大战略构想和自治区党委建设“丝绸之路经济带交通枢纽中心”的工作目标，围绕新疆社会稳定与长治久安目标，结合新疆综合交通运输发展现状，侧重于综合交通运输体系建设，从新疆建设丝绸之路经济带交通枢纽中心的战略意义、具备条件、存在的困难、对策建议等方面进行研究，对丝绸之路经济带交通枢纽中心建设提出意见和观点。

【关键词】 交通　枢纽　中心　丝绸之路经济带

Practice and Thought of Promoting the Construction of the Transportation Hub Center on Xinjiang Silk Road Economic Belt

Wang Xinhua

(Xinjiang Transport Department, Communications and Transportation Association, Wulumuqi 830000)

Abstract: In the light of the major strategic concept of “Construction of Silk Road Economic Belt” proposed by Xi Jinping, and the work objective to construct “Transportation Hub Center on Xinjiang Silk Road Economic Belt” of Autonomous Region Party Committee, focusing on the objective of social and political stability, based on the current development condition with a focus on the construction of an integrated transportation system, the paper made a study on the strategic significance, qualifications, existing difficulties and countermeasures and suggestions and etc. in Xinjiang constructing the transportation hub center on Silk Road economic belt, and put forward suggestions and opinions on the construction of transportation hub center on Silk Road Economic Belt.

Keywords: Transportation　Hub　Center　Silk Road Economic Belt

2013 年 9 月，习近平在出访中亚四国时提出了共建“丝绸之路经济带”的重大战略构想，为中国与周边国家共同发展、共同繁荣提供了新路径、新思路。新疆自古以来就是丝绸之路上的重要区域，和丝绸之路的兴衰密不可分，在丝绸之路建设中发挥着不可替代的作用。2013 年 11 月 16 日，新疆维吾尔自治区党委八届六次全委（扩大）会议上，中共中央政治局委员、自治区党委书记张春贤指出：新疆要抓住机遇，加大全方位开放力度，努力将新疆建设成丝绸之路经济带上重要的交通枢纽中心、商贸物流中心、金融中心、文化科技中心、医疗服务中心，建设成国家大型油气加工和储备基地、大型煤炭煤电煤化工基地、大型风电基地和国家能源资源陆上大通道，建设成丝绸之路经济带上的核心区，切实当好建设丝绸之路经济带的主力军和排头兵。中央第二次新疆工作座谈会提出，要将新疆建设成为丝绸之路经济带核心区。丝绸之路经济带交通枢纽中心作为五大中心之首，是建设丝绸之路经济带核心区的基础和支撑，必须在建设丝绸之路经济带中全面发挥好交通运输基础性、先导性、服务性作用。

一、新疆建设丝绸之路经济带交通枢纽中心建设的重大战略意义

丝绸之路经济带是典型的交通运输经济带。即以综合交通运输通道作为发展主轴（轴），以轴上或其吸引范围内的大中城市为依托节点，以主导和优势产业特别是第二、三产业为主体的带状经济区域和点轴经济系统，也就是“交通经济带 = 交通 + 城市 + 产业”。可以说，“丝绸之路经济带”就是以古丝绸之路沿线已经形成或即将形成的综合交通运输通道为发展轴线，形成的带状经济区域和点轴经济系统。建设“丝绸之路经济带”核心区交通枢纽中心，对促进新疆经济发展，拓展发展空间，加快经济转型升级和产业结构调整，维护国防安全和社会稳定都有重大意义。

（一）把新疆建设成为丝绸之路经济带交通枢纽中心对于整个丝绸之路经济带建设具有特殊重要意义

新疆位于亚欧大陆中部，地处我国西北边陲，总面积 166 万平方公里，东面、南面与我国甘肃省、青海省、西藏自治区相邻，周边与蒙古、俄罗斯、哈萨克斯坦、吉尔吉斯斯坦、塔吉克斯坦、阿富汗、巴基斯坦、印度等 8 个国家接壤；陆地边境线长 5600 多公里，占全国陆地边境线的四分之一，是中国面积最大、陆地边境线最长、毗邻国家最多的省区，拥有 29 个边境口岸，在 7000 多公里的丝绸之路中，新疆段长达 2600 多公里。历史上，丝绸之路东起西安，经河西走廊进入新疆，分北、中、南三道和中亚、西亚、南亚以及欧洲和非洲连接起来，无论从北、中、南三道中的哪一条，都必经新疆，新疆不仅是丝绸之路的重要通道，其丰富的资源、多样的文化，也使新疆成为丝绸之路上的重要经济区、文化区。因此，把新疆建成丝绸之路经济带核心区，并在核心区的范畴下积极推进交通枢纽中心建设，有利于充分发挥新疆经济、文化、地理、宗教、民族等各方面的优势，加快推动区域经济一体化进程，为整个丝绸之路经济带的“政策沟通、道路连通、贸易畅通、货币流通、民心相通”创造良好的基础和环境。

（二）把新疆建设成为丝绸之路经济带交通枢纽中心对于新疆社会稳定和长治久安具有特殊重要意义

自古以来，新疆的稳定、发展与丝绸之路的兴衰紧密相连。凡得新疆，丝绸之路畅通，人民安居乐业；凡失新疆，丝绸之路断绝，人民苦不堪言。两次中央新疆工作座谈会，都对新疆

的战略地位做了重要定位。从国家层面把新疆作为丝绸之路经济带交通枢纽中心来建设，有利于新疆发挥区位优势，实施更加优惠的对外开放政策；有利于新疆发挥资源优势，推进能源资源开发；有利于新疆发挥文化优势，促进多种文化的沟通融合；有利于发挥新疆现有交通基础的优势，努力发展以大交通、大物流为特征的现代化交通运输产业。最终以交通运输的快速发展，为经济发展、文化融合、社会稳定奠定坚实基础。

二、丝绸之路经济带交通枢纽中心建设的重点领域和重点环节

（一）明确丝绸之路经济带的空间布局，找准新疆在其中的应有定位

“丝绸之路经济带”是在古丝绸之路概念上提出的新的发展区域，通过现代化的综合交通通道和信息网络将丝绸之路沿线的国家紧密联系起来，是横跨亚欧大陆的世界最长、最具发展潜力的经济大走廊和战略性经济带。根据对丝绸之路沿线各国交通、城市、产业发展现状、地缘政治状况及未来发展趋势的综合审视，丝绸之路经济带空间布局应包括北、中、南三条既相互区分又紧密联系的经济带。具体走向如下：①北通道：起于“环渤海经济圈”，连接京津唐地区（环渤海经济圈）—呼和浩特—额济纳旗—伊吾—将军庙—富蕴—吉木乃—哈萨克斯坦北部主要城市—俄罗斯波罗的海沿岸主要城市。②中通道：起于“长三角经济圈”，连接上海—徐州—兰州—哈密—乌鲁木齐—精河—霍尔果斯—哈萨克斯坦南部主要城市—伊朗北部主要城市（支线通波斯湾沿岸主要城市）—土耳其中部主要城市—德国中南部主要城市—法国大西洋沿岸主要城市。③南通道：起于“珠三角经济圈”，连接广州—长沙—怀化—重庆—成都—阿坝—格尔木—若羌—和田—喀什—巴基斯坦印度洋沿岸主要城市，是一条极具战略意义的新通道。“丝绸之路经济带”北带、中带、南带是以上述交通主通道（轴）为轴线，以上述主要节点城市为依托，以相关主导产业为基础，向两侧延伸各约50公里而形成的点、轴、面相结合的带状经济区域和点轴经济系统。无论从北、中、南三道的哪一道，都必经新疆。因此，新疆在丝绸之路中的重要地位是不可替代的。新疆建设丝绸之路经济带核心区和交通枢纽中心，都应围绕这个定位去规划布局、有序推进。

（二）重点推进大通道建设，构建丝绸之路经济带交通主通道和交通主骨架

改革开放以来，特别是中央新疆工作座谈会以来，新疆交通运输发展迅速，基础设施加快完善，已经初步形成相对完善的铁路、公路、水路、航空、邮政、管道运输六位一体的综合立体交通网络，东联内地，西通欧亚，亚欧大陆腹地最重要交通枢纽中心雏形已经显现。但是同时也必须清醒地认识到，新疆地域面积大，交通运输发展基础薄弱，基础建设任重道远。加大投资、完善基础仍然是当前和今后相当长一段时期的主题。新疆要建设丝绸之路经济带交通枢纽中心，必须着眼于方便国际交流和合作的大局，把推进大通道建设作为重点，协调推进双边公路、铁路建设，搭建好交通枢纽的骨架。要加快“57712”工程步伐，构筑五横七纵高速、高等级公路网，建设七大国家级交通枢纽，建成12条东联内地、西出国际的大通道。要加强口岸道路建设。争取支持开工建设中巴铁路，尽快打通我国直抵印度洋的铁路通道，畅通中巴经济走廊，积极推动中吉乌铁路项目建设。规划国外到疆内的油气管道建设。通过交通大通道和枢纽项目建设，构建联

通整个“丝绸之路经济带”的铁、公、机综合交通运输体系，为新疆丝绸之路经济带核心区建设奠定良好基础。

（三）大力推进新疆农村公路建设，完善丝绸之路经济带区域交通网络

对新疆而言，农村公路是支撑农业和农村经济社会发展的基础设施，是农村地区特别是欠发达、欠开发地区唯一的交通运输通道。加快农村公路的建设，是改善农村生产、生活条件，发展农村经济，解决“三农”问题的基础和前提。农村公路的建设，对于新疆社会稳定和长治久安具有极其重要的现实意义和深远的历史意义，也是新疆丝绸之路经济带建设中必不可少的部分。要围绕“十二五”交通运输规划中，实现网络化、黑色化为主的农村公路网目标，加快推进农村公路项目库内的通乡油路、通村硬化路项目建设。要全面布局，抓住重点，整体推进，加快推进农村公路建设，加快实施集中连片特困地区农村公路改造工程，着力提高农村公路管理养护水平，大力发展农村客运，切实保障农村公路运输安全。要落实各项保障措施，确保资金投入，确保建设质量，确保责任落实。

（四）加快推进互联互通和“走出去”战略，推动交通运输开放发展

按照国家和自治区向西开放的重大战略部署，围绕建设“丝绸之路经济带核心区”的现实需要，进一步推动交通运输对内对外开放相互促进，积极推进与周边国家双边和多边运输协定落实，加强与有关国家交通运输合作。要积极推动国际道路运输便利化，与周边国家深入磋商，签署相关协议，简化国际运输手续，提高办事效率，切实提升国际道路运输便利化水平。不断完善国际道路基础设施，努力形成以乌鲁木齐为中心，以沿边地区为节点，以边境口岸为前沿，向周边国家辐射的多层次、全方位的国际道路运输网络。进一步推进交通运输行业利用外资工作，积极借鉴发达国家在交通运输技术管理方面的经验和优势。加大国际事务参与力度，完善多双边和国际组织合作机制，提高交通运输领域的国际话语权。

三、加快推进丝绸之路经济带交通枢纽中心建设的几点措施和建议

（一）发挥政策优势

新疆作为西部大开发的重点，特别是中央第一次新疆工作座谈会以来，中央给予了一系列特殊性政策。新一轮对口支援，拥有财税、金融、土地、产业等诸多的优惠政策。新形势下，自治区党委对新疆面临的新的三大机遇给出了科学判断。第一大机遇是2013年12月19日中央政治局常委会对新疆工作做出新的全面部署。第二大机遇是中央做出建设丝绸之路经济带的战略决策。第三大机遇是中央做出全面深化改革的历史性决定。针对丝绸之路经济带建设，张春贤书记要求新疆改革发展稳定的各项工作都要从这个新的背景去考量，都要从这个新的平台去推动，努力当好共建丝绸之路经济带“五中心三基地一通道一核心区”的桥头堡、主力军和排头兵。特别是第二次中央新疆工作座谈会，中央把新疆工作放在更加重要的位置，提出依法治疆团结稳疆长期建疆，对新疆发展稳定和建设丝绸之路经济带核心区做出了新的重大战略部署。这些都为建设丝绸之路经济带交通枢纽中心提供了良好的政策支持，是其他省区都无法比拟的。要建设丝绸之路经济带核心区和交通枢纽中心，必须用足用好这些政策优势，将之真正转化为发展的动力。

（二）坚持规划引领

把丝绸之路从线形的“贸易路”，变成产业集聚的“经济带”，首先就要有交通运输发展作为基础保障。要共建丝绸之路经济带核心区和交通枢纽中心，切实畅通与周边国家的联络，必须发挥公路、水路、铁路、民航、邮政、管道运输各种运输方式的综合效益。因此，交通运输行业各部门要围绕建设丝绸之路经济带交通枢纽中心目标，把规划放在重要位置，认真组织编制交通枢纽中心建设规划，合力做好通道的布局研究。在编制规划过程中，要注重行业各部门之间的规划协调，行业规划与地方规划的协调，行业内部建、管、养、运的协调，认真制定符合发展需要和实际的规划，推进交通运输合理布局、统筹发展，为交通运输行业科学有序发展提供坚强保证。

（三）发展综合交通

加快发展综合交通，是适应丝绸之路经济带建设的必然要求，是推进交通运输可持续发展的必由之路。要结合国务院启动交通运输部大部门制改革和丝绸之路经济带建设的契机，围绕建设丝绸之路经济带交通枢纽中心，努力推进公路、水路、铁路、民航、邮政、管道多种运输方式科学融合发展，提升综合交通运输服务水平。要努力与交通枢纽中心建设相适应，合理布局不同区域、不同层次、不同方式的运输网络，合理配置和优化整合交通运输资源，发挥各种运输方式技术经济优势和交通网络整体效能。通过综合交通战略规划、政策法规、标准规范促进各种运输方式深度融合，优化交通运输主通道和主要枢纽节点布局，统筹各种运输方式在区域间、城市间、城乡间、城市内的协调发展，发挥组合效率和整体优势，实现各种运输方式从分散、独立发展转向一体化、集约化发展，加快构建网络设施配套衔接、技术装备先进适用、运输服务安全高效的综合交通系统。当前，要积极推进乌昌、阿克苏、喀什等七大国家级综合运输枢纽规划建设工作，加快建设昌吉州、克拉玛依市、和田地区等综合交通运输融合发展示范区，发挥枢纽引导示范作用。

（四）提升服务水平

围绕为丝绸之路经济带交通枢纽中心提供高效、便捷的服务，下大力气改进和提升交通运输服务。要服务新疆经济发展，围绕优势产业，加强对煤、矿、油、气、粮、绵等重点物资的运输保障。按照国务院《物流业发展中长期规划》要求，加快物流管理体制改革，推动物流企业规模化，改善物流基础设施，完善交通运输网络，提升物流体系综合能力，大力加强具有公共服务功能的货运枢纽建设，积极推进现代物流业发展。提升重大节假日、亚欧博览会等特殊时段的运输保障水平。严格执行重大节假日车辆免费通行、鲜活农产品“绿色通道”等政策，多做惠民利民的实事。以乌鲁木齐公交都市创建为契机，坚持优先发展公交，提高公交发展水平。积极推进城乡客运一体化发展，探索城市公交线网络延伸服务、农村客运班线公交化改造、城乡客运线网一体化等相关政策措施和配套制度。加快不停车电子收费系统（ETC）推广。加强路网监测、出行服务等工作，提高公路交通出行信息服务水平。

（注：作者系新疆维吾尔自治区交通运输厅党委书记、高级工程师，新疆交通运输协会会长）

“十三五”铁路重点货源变化趋势分析[1]

翁振松　梁　婧　李　华　刘小红　姜松英　朱子虎
（铁道部经济规划研究院，北京　100038）

【摘　要】“十三五”是铁路发展的关键时期，铁路内外部发展环境的新变化，都将对铁路货运量增长趋势、运量结构变化产生较大影响。本文从国内外宏观经济形势以及铁路内部环境变化出发，深入分析了未来影响铁路货源变化的重要因素，对煤炭、冶炼物资、集装箱等重点品类货源变化趋势进行了系统分析和预测，并对今后铁路货运工作重点提出了若干建议。

【关键词】“十三五”　铁路货源　变化趋势

“The 13th Five Year” Railway Supply Trend Analysis

Weng Zhensong　Liang Jing　Li Hua　Liu Xiaohong　Jiang Songying　Zhu Zihu
(Economic and Planning Research Institute the Ministry of Railways, Beijing 100038)

Abstract: “The 13th Five Year” is a critical period of railway development. During the year, the railway, the development of the new changes in the external environment, both will be in the future growth trends in rail freight, volume changes in the structure have a greater impact. From the domestic macro-economic situation and the railway internal environmental changes starting depth analysis of the important factors affecting the future changes in the railway supply of coal, metallurgical materials, containers, and other key sources categories were systematically analyzed trends and forecasts, and future railway freight MLA made several recommendations.

Keywords: The 13th Five Year　Railway sources　Trends

一、未来铁路发展面临的内外部环境

（一）国际环境

国际金融危机的深层次影响仍在持续，世界经济处于深度调整期，经济形势依然错

[1] 中国铁路总公司科技研究开发计划（合同编号 J2013018），项目名称“铁路货源变化趋势及相关对策研究”。

综复杂多变，不稳定不确定因素仍然较多；发达经济体复苏基础并不牢固，新兴经济体和发展中国家普遍面临经济增长趋缓、通胀压力上升等问题。受国际金融危机的影响，世界经济由危机前的快速增长发展进入到深度转型调整期，目前处于恢复性低速增长期。

从国际环境看，我国发展仍处于重要战略机遇期，但在国际环境方面的内涵和条件已发生很大变化。我们面临的机遇，不再是简单纳入全球分工体系、扩大出口、加快投资的传统机遇，而是扩大内需、提高创新能力、深化改革、加大结构调整力度、促进经济发展方式转变的新机遇。

同时，我国也面临着国际地缘政治形势的严峻挑战。随着我国综合国力的不断增强，以美国为主的西方国家一直有“中国威胁”的怪论，如美国，在亚太区域制定了很多针对我国的地缘政治策略，东海、南海以及周边国家错综复杂的地缘政治形势，特别是中国和美国之间世界上最大的两个经济实体的博弈与纷争，为我国期盼的国际经济平稳发展增加了更多的复杂性。

（二）国内环境

随着工业化、信息化、城镇化和农业现代化的深入推进，国内需求将逐步释放，发展空间将进一步拓展。党的十八届三中全会全面深化改革将更加充分发挥市场在资源配置中的决定性作用，政府职能加快转变、民营经济的发展环境持续优化，将进一步激发发展活力。我国经济发展长期向好的基本面没有改变，但我国经济增长过度依赖投资、大量消耗能源的粗放式发展模式将逐步进行转变，经济结构的变化将使经济增长面临一定下行压力。

从国内经济环境来分析，党的十八大确立了我国经济、政治、文化、社会、生态文明建设五位一体的发展战略，提出了“到2020年实现国内生产总值和城乡居民人均收入比2010年翻一番，全面建成小康社会”的发展目标，要坚持走中国特色新型工业化、信息化、城镇化、农业现代化道路。十八大提出的目标和任务，必将深刻影响和强烈推动我国工业经济的发展，我国GDP已从原来超过10%的高速增长期转入到6%～8%的中低速增长期，同时我国已从投资、出口型经济逐步转向消费为主的经济发展模式上来。

（三）铁路内部环境

铁路建设重点将从跨区际客运专线为主向城际铁路、城市圈轨道交通为主转变，从东中部为主向西部为主转变，从客运为主向客货兼顾转变，从路网建设为主向枢纽配套能力完善为主转变；铁路总体发展重点也将从建设为主向经营为主转变。未来年度，将加快推进货运发展方式的转变，构建货运安全风险控制体系，推动传统货运向现代物流转型，提高货运服务质量，推进多元化经营。铁路货运供给能力的大幅提高，将大大提高铁路在集装箱等快捷货物的市场竞争能力，加快铁路货运品类结构的调整。

未来年度，铁路建设将继续稳步推进，年均投资额将保持在7000亿～8000亿元。

二、未来影响铁路货源变化的重要因素

（一）节能减排政策

我国是世界上能源资源严重短缺的国家，石油、天然气人均可采储量只有世界平均

水平的7.7%和7.1%，资源相对丰富的煤炭也只有世界平均水平的58%。节能减排政策将是我国当前和未来的重要国策，也是全球化大趋势。

2013年，我国单位国内生产总值能耗下降3.7%，实现年度目标；化学需氧量、二氧化硫、氨氮、氮氧化物完成年度目标；但我国单位国内生产总值能耗、单位GDP二氧化碳排放、氮氧化物排放总量减少指标完成情况滞后，节能减排形势严峻，任务艰巨。今后将要突出抓好重点领域，全面推进节能减排。制订控制能源消费总量工作方案，深入推进万家企业节能低碳行动，积极推进重点用能单位能耗在线监测系统试点建设工作。

节能减排政策的实施与落实，对改善与转变我国能源结构、加快产业结构调整，控制并降低高耗能产业具有重要作用，但对铁路的煤炭、冶炼物资等货源将产生不利影响。

（二）页岩气开发进程

美国和加拿大页岩气、煤层气、页岩油等非常规资源开发取得重大技术突破，世界能源生产供应及利益格局正在发生深刻的调整变化。但在我国目前尚处于勘探研发阶段，根据《能源发展“十二五”规划》，我国将重点加大煤层气和页岩气勘探开发力度，建设沁水盆地和鄂尔多斯盆地东缘煤层气产业基地，推进河北、安徽、山东、河南、陕西、甘肃、宁夏等省（自治区）煤层气勘探开发试验，加快开展新疆低阶煤盆地、中部地区低渗透性煤层和西南高应力区煤层气勘查与开发评价。突破勘探开发关键技术，重点加快四川、重庆、云南、贵州、湖北、陕西、山西等省（直辖市）页岩气勘探开发，建设长宁、威远、昭通、富顺—永川、鄂西渝东、川西—阆中、川东北、延安等页岩气勘探开发区，初步实现规模化商业生产，为页岩气快速发展奠定坚实基础。

近期中石化在重庆涪陵地区页岩气开发得到重大突破，实现稳定量产商用，这对未来页岩气大规模开发或突破性发展具有重要的引导意义。预计到2020年，煤层气、页岩气等非常规天然气将快速增长，成为天然气供应的重要增长极，也将对我国能源结构产生重要影响。

（三）特高压技术

近年来，我国东中部地区作为能源和电力消费的集中区域，因大气污染问题，已被要求严格控制除热电联产外的煤电项目。另外，国家能源局则要求稳步推进大型煤电基地建设，在中西部煤炭资源富集地区，鼓励煤电一体化开发，建设若干大型坑口电站。意味着东中部未来的电力需求将通过西部大能源基地满足。

根据规划，晋陕蒙宁新煤电基地，发电装机量将由2010年的21.0%提高到2020年的37.4%，新增装机量将占全国总装机量的59%。而到2020年，东中部12省份受入电力3.5亿千瓦，2011—2020年新增电力流2.88亿千瓦。

在近期国家能源局规划建设的12条跨区送电通道中，包括国家电网公司4条特高压交流线路和4条特高压直流线路，分别是锡盟—山东、榆横—山东、淮南—南京—上海、蒙西—天津4条1000千伏交流特高压线路，以及内蒙古上海庙—山东、锡盟—江苏、宁东—浙江、山西—江苏4条±800千伏特高压直流线路，未来对能源资源优化配置、治理雾霾都将发挥重要作用。

我国经过十几年的努力，已经全面掌握了特高压核心技术，在国际市场打破了跨国公司的长期垄断，目前交直流设备国产化率均超过90%。根据特高压发展规划，未来年度将规划建设“五纵五横”27条特高压线路，以实现从西部、北部向东中部地区大规模送电任务。

特高压输电线路的规划建设，对铁路煤炭运输影响很大，很多特高压线路与铁路煤运通道基本平行，煤电特高压线路的规划建设本质上就是输电和运煤的替代问题。

（四）丝绸之路经济带战略

2013年9、10月间，习近平在访问哈萨克斯坦、印度尼西亚期间，提出了构建丝绸之路经济带和海上丝绸之路的战略构想，受到国内外高度关注。这一战略构想，对于深化我国与中亚、西亚、南亚、欧洲等地区国家的交流合作，进一步扩大对外开放，巩固我国战略安全与经济安全，拓展西部大开发战略空间，推动我国经济持续健康发展具有重大意义。

丝绸之路经济带的基本走向：一是从我国西北、东北经中亚、俄罗斯至欧洲（波罗的海）；二是从我国西北经中亚、西亚至波斯湾、地中海；三是分别从我国西南经东南亚和从我国西北经南亚至印度洋。该战略走向以中亚五国、南亚部分国家和俄罗斯为重点，通达西亚、中东和中东欧各国。

丝绸之路经济带战略是我国当前乃至未来的重要国策，特别是由于新疆反恐形势日益严峻，丝绸之路经济带战略有望提速推进。

丝绸之路经济带的建设将带动亚欧大陆30亿人口的巨大市场，将在太平洋至波罗的海之间，形成世界上最长、最具有发展潜力的经济带。特别是中国与中亚、欧洲国家间在能源、交通、农业、化工、纺织等领域存在着地域、资源和经济结构上的互补性。强劲的经济发展需求预示着经济带内的货运需求增长空间巨大。特别是经济带快速交通走廊形成后，将吸引更多的中欧间海运货物转移到铁路陆运，为铁路运输拓展了新的市场增长点，也将带来可观的企业效益。

目前铁路运输煤炭和冶炼物资占80%以上，高附加值货物运输比重偏低。随着丝绸之路经济带战略的推动，铁路国际联运业务将大幅度增长，以集装箱运输为代表的高附加值货物运输将在其中占据大部分份额，从而有利于在铁路运输结构中形成煤炭、冶炼物资、集装箱三分天下的局面，并促进铁路现代物流业的发展，加速铁路运输结构的调整与优化。

三、铁路重点货源发展趋势分析

（一）铁路煤炭运输需求发展趋势分析

我国煤炭资源总格局是西多东少、北富南贫，而且主要集中于经济还不发达的内蒙古、新疆、陕西和中部的山西，且煤类齐全，煤质普遍较好。

煤炭是我国铁路的重要货源，2013年全国铁路煤炭运量为23.2亿吨，占铁路总货运量的58.5%，比重逐年提高。煤炭产运系数为0.627。由于节能减排、页岩气开发、特高压规划等政策，均对铁路煤炭运量产生不利影响，未来铁路煤炭运输发展趋势如下：

（1）铁路煤炭运量增幅显著减缓。随着全国煤炭产销量增速大幅下降，以及煤炭进口量的快速增长，铁路煤炭运量增量将逐步稳定。

（2）“西煤东运”趋于平稳，“北煤南下”实现稳定增长。随着东部地区环保治理力度的加大，以及西部煤炭主产区的煤炭向电力、煤化工转化进程加快，输电比重增加，从而影响到“西煤东运”及铁水联运的传统格局。2013 年 11 月，国务院办公厅发布《关于促进煤炭行业平稳运行的意见》（国发〔2013〕104 号），明确将逐步淘汰年产 9 万吨及以下的小煤矿，将使“两湖一江”和川渝地区的产能大幅度下降，从而加大从“三西”及陇东、新疆等地区的调入量。

（3）铁路煤炭运量的增长点在于吸引公路运输的转移运量。目前，全国公路煤炭运输量为 3 亿~4 亿吨，随着“十二五”后期一大批新建和改扩建煤运通道陆续运营，铁路煤运能力迅速增强。以运价为杠杆，运用灵活的营销手段，尽可能吸引该部分公路运输量，可成为今后铁路煤炭运输可靠的增长点。

（4）继续提高铁路煤炭综合运输能力。除继续加强铁路煤炭通道建设外，更要加快对各主要煤炭集疏运系统的配套建设，这也是确保铁路煤炭运输增长的关键步骤。

综合上述煤炭发展趋势，预测 2020 年全国铁路煤炭运量将达到 26 亿吨左右。

表 1　铁路煤炭运量发展趋势

年度	总货运量（万吨）	煤炭运量（万吨）	煤炭运量比重（%）	货运量年均增速（%）	煤炭年均增速（%）
2000	178023	73158	41.09		
2001	192580	81928	42.54	8.18	11.99
2002	204246	89615	43.88	6.06	9.38
2003	223480	101028	45.21	9.42	12.74
2004	248130	116784	47.07	11.03	15.60
2005	268349	129038	48.09	8.15	10.49
2006	287095	137864	48.02	6.99	6.84
2007	313018	154374	49.32	9.03	11.98
2008	329035	169146	51.41	5.12	9.57
2009	332041	175071	52.73	0.91	3.50
2010	362929	200043	55.12	9.30	14.26
2011	391852	227026	57.94	7.97	13.49
2012	389215	226175	58.11	-0.67	-0.37
2013	396500	232000	58.51	1.02	2.58
2020	450000	260000	57.78		2.58

（二）铁路冶炼物资运输发展趋势分析

2013 年全路冶炼物资发送量为 85137 万吨，比 2012 年减少了 679 万吨，占全路货物发送量的21.47%，比重有所下降。未来我国钢铁工业将进入到一个平稳增长的发展期，我国钢产量的增长会保持一个低速增长的态势。我国已从投资、出口型经济逐步转向消费为主的经济发展模式上来，国民经济发展对钢材需求强度在降低。今后，我国钢材市场不可能再出现像过去那样保持10%以上的增长速度，不可能再有数量上的大幅度增长，钢材市场将出现理性回归，钢铁行业将较长时期处于“高产能、高成本、低价格”的状态。

当前，我国钢铁过剩产能的绝对数大，超过其他任何经济体，且在建产能仍然过于庞大，在建、设计和规划的钢铁项目约有炼铁产能9700万吨、炼钢产能6700万吨。如果这些产能全部建成且现有产能基本不变，我国将拥有炼铁产能10亿吨、炼钢产能10.4亿吨。

化解钢铁行业产能过剩矛盾有利于钢铁行业顺应国内外经济发展新变化，满足下游行业结构调整、转型升级的新要求；有利于行业提高发展质量和经济效益，不断增强企业核心竞争力；有利于行业推动产业重组、优化产业布局，提升区域市场的控制力和资源配置效率；有利于行业加大节能减排工作力度，实现钢铁强国梦。今后，将重点推动山东、河北、辽宁、江苏、山西、江西等地区钢铁产业结构调整，充分发挥地方政府的积极性，整合分散钢铁产能，推动城市钢厂搬迁，优化产业布局，压缩钢铁产能总量8000万吨以上，其中河北6000万吨、山东2000万吨。

考虑到国家节能减排政策对钢铁产业的不利影响，铁路冶炼物资运输需求增幅不大，预计2020年铁路运量将不足9亿吨。

表2　铁路冶炼物资运量发展趋势

年度	总货运量（万吨）	冶炼物资运量（万吨）	冶炼物资运量比重（%）	货运量年均增速（%）	冶炼物资年均增速（%）
2000	178023	38944	21.88		
2001	192580	42947	22.30	8.18	10.28
2002	204246	46316	22.68	6.06	7.84
2003	223480	50538	22.61	9.42	9.12
2004	248130	53138	21.42	11.03	5.14
2005	268349	58800	21.91	8.15	10.66
2006	287095	66487	23.16	6.99	13.07
2007	313018	71549	22.86	9.03	7.61
2008	329035	71571	21.75	5.12	0.03
2009	332041	77682	23.40	0.91	8.54
2010	362929	85500	23.56	9.30	10.06
2011	391852	87022	22.21	7.97	1.78
2012	389215	85816	22.05	-0.67	-1.39
2013	396500	85137	21.47		
2020	450000	90000	20.00		

（三）铁路集装箱发展趋势分析

随着我国产业布局的调整，中西部大开发、丝绸之路经济带战略、长江经济带战略以及其他区域经济发展战略的实施，产业发展重点将由东部沿海发达地区向内陆纵深地区转移。港口是集装箱运输的重要节点，港口腹地向纵深内陆扩展，货源地日益远离港口，货运平均距离将延长，公路运输成本与效率的优势将逐步丧失，而铁路在中长途运输的吸引力将进一步增加，铁路集装箱运输有巨大的发展空间和潜力。

随着大规模铁路建设的展开，路网规模和运输能力的大幅提升，重要运输通道实现客货分线，为铁路集装箱运输快速发展提供强有力的外部环境及条件，使开行各种档次的集装箱班列、增加集装箱班列密度、实施集装箱网络化运营成为可能。特别是丝绸之路经济带战略的稳步推进，为铁路集装箱快速发展提供了一个新的增长点，预计2020年铁路集装箱运量将接近2亿吨。

煤炭、冶炼物资、集装箱三大类占铁路货运量的80%以上，预计2020年铁路货运量将达到45亿吨左右。

（四）铁路重点物资发展趋势拐点分析

根据铁路十年来重点物资比重变化趋势，可以很清楚地看出铁路煤炭、冶炼物资以及集装箱的变化趋势及其拐点。详见表3和图1。

表3　铁路重点物资运量比重变化趋势表

年度	煤炭运量比重（%）	冶炼物资运量比重（%）	集装箱运量比重（%）
2000	41.09	21.88	2.16
2001	42.54	22.30	2.33
2002	43.88	22.68	2.33
2003	45.21	22.61	2.64
2004	47.07	21.42	2.40
2005	48.09	21.91	2.07
2006	48.02	23.16	2.25
2007	49.32	22.86	2.27
2008	51.41	21.75	2.03
2009	52.73	23.40	2.09
2010	55.12	23.56	2.27
2011	57.94	22.21	2.34
2012	58.11	22.05	2.38
2013	58.51	21.47	2.23
2020	57.78	20.00	4.44

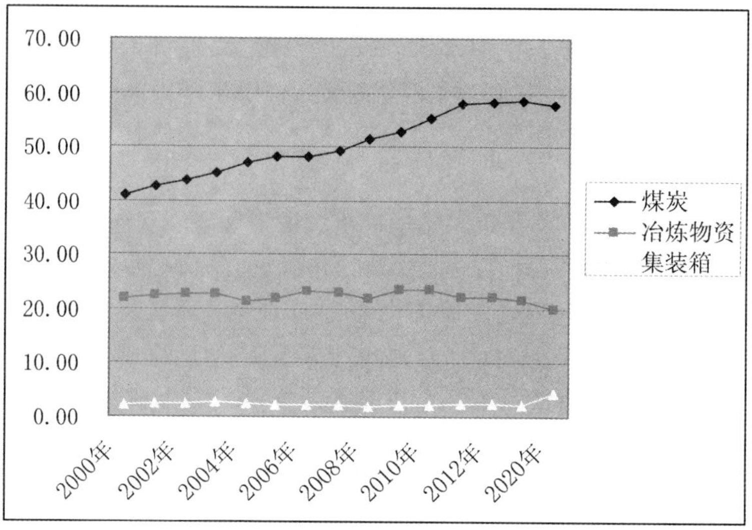

图1 铁路重点物资运量比重变化趋势图

从表3和图1中可以看出，铁路煤炭运量十年来比重在逐年上升，但到了2011年以后开始出现拐点，比重稳定在58%左右；冶炼物资运量比重近十年基本稳定在22%左右，但从2010年开始出现下降拐点，预计到2020年比重将下降至20%以下；集装箱运量比重一直稳定在2%左右，但今后随着市场竞争力的提高，将在“十三五”期间出现上升拐点，预计到2020年，铁路集装箱运量比重将达到4.44%。

四、结束语

“十三五”将是铁路货源急剧变化期，煤炭、冶炼物资等铁路传统优势大宗货源，面临需求乏力、有效货源不足的困境。而以集装箱为主的快捷货物运输需求旺盛，但运输要求高、时效性强，将对铁路的传统承运模式提出新的挑战，需要铁路今后工作重点要尽快融入现代物流模式，大力改善运输组织方式，创新改革并完善“实货制”；在加强货源承揽工作的同时，更要重点落实运力调配，加强局部配套改造工程；并采取“以客补货”、“以白补黑”的发展战略。

参考文献

[1] 丛威，周凤起，康磊．我国能源发展现状及对“十二五”能源发展的思考[J]．应用能源技术，2010，9.

[2] 国家发展改革委．能源发展“十二五”规划[J]．综合运输，2013，2.

[3] 高善文．经济运行逻辑[M]．北京：中国人民大学出版社．2013.

综合交通运输体系的顶层设计与推进策略

罗本成
（交通运输部水运科学研究院，北京　100088）

【摘　要】推进综合交通运输体系建设是一项长期、系统的工程。未来一段时期，仍是交通运输业大建设、大发展的关键时期，迫切需要从国家战略和“大交通”格局视角加强顶层设计，以增强交通运输发展的系统性、整体性和协同性。文中论述了综合交通运输体系顶层设计的基本思路、核心内容、设计构思，并提出相应的措施与建议。

【关键词】综合交通运输体系　顶层设计　“大交通”格局　技术路线图

Top Strategy Design of Integrated Transportation System

Luo Bencheng
(Waterborne Transportation Institute, Beijing 100088)

Abstract: In near future, Chinese integrated transportation system will see a strategic opportunity period, but also many serious challenges, which needs a strategy's top-level design guideline. According to the comprehensive transportation framework, top strategy design model, principles, tasks and ideas was put forwarded in the paper.

Keywords: Integrated transportation system　Top strategy design　Comprehensive transportation framework　Technology roadmap

一、引言

综合交通运输体系是各种运输方式在开放的运输范围内和统一的运输过程中，按其技术经济特点，在时间和空间上分工协作、优势互补、贯通连接、合理布局的有机整体，不是各种运输方式的简单叠加。改革开放30多年以来，我国综合交通运输体系建设取得了举世瞩目的成就，各种运输方式的网络框架基本形成，交通运输服务与保障能力大幅提升。随着各项工作的深入推进，我国交通运输进入了全方位、体系化、多层次发展的“大交通”格局新阶段。然而，一些体制机制、发展模式、结构失衡、资源环境制约、综合管理等深层次问题日益凸显，推进改革、加快发展、实现转型还面临许多问题和挑战。

中国经济发展所处的阶段，要求交通运输业未来几年仍处于大建设大发展时期。目前，我国综合交通运输体系建设的常规路径是先内部后系统再服务、先分散后整合再协同的方式，缺乏国家层面统一架构的顶层设计。如何实现各种交通运输方式统一规划、合理布局、协调发展和无缝连接，形成真正意义上的“大交通”格局，需要从操作层面搞好顶层设计。为破解行业发展难题、适应发展的新形势，从国家战略层面，基于“大交通”格局视角顶端设计国家层面的统一架构，勾勒发展技术路线图、理清推进思路，以增强交通运输发展的系统性、整体性和协同性，成为当务之急。

二、顶层设计的内涵与原则

“顶层设计”并非一般意义的“设计”，是基于行业战略全局的综合性设计，其核心是用什么样的指导思想和思维去开展设计。综合交通运输体系顶层设计，就是基于系统论思想，站在国家发展战略和行业发展全局视角高度，对制约综合交通运输体系发展的全局性、关键性问题进行顶层判断，“自上而下”顶端设计国家层面的统一架构，勾勒发展技术路线图、理清推进思路，全面系统地指导未来一段时期的综合交通运输体系建设与发展，以更好地促进战略目标和总体思路“落地”。

可见，顶层设计实质就是对行业战略目标的延续与细化，涉及战略规划、体制机制、政策法规、科技支撑、服务保障、实施运作及配套保障体系等互为依托、相互补充、共成体系的多个层面，如图 1 所示。

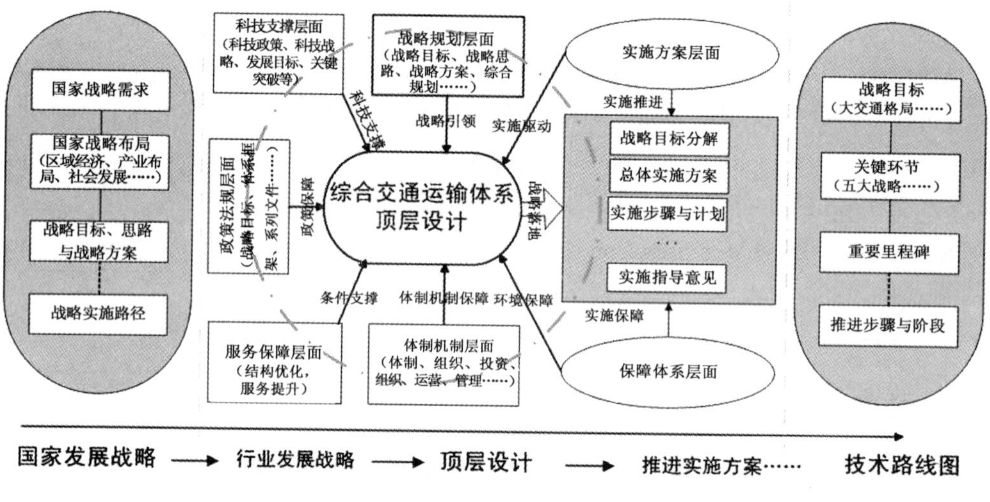

图 1 综合交通运输体系顶层设计的核心内容

具体设计中要遵循几项基本原则：

（1）全局谋划、顶端设计。符合国情实际，综合考虑各种运输方式的发展特点与需求，强调由局部上升为整体，突出“大交通”格局，统一规划、顶端设计，提出整体的解决思路和框架方案，而非某单一领域的顶层设计。

（2）突出重点、面向实际。紧紧围绕国家战略与行业核心目标，突出设计的针对性与实用性，建立包括发展方向、发展目标、发展模式、实施途径等在内的统一架构。

（3）协调发展、精细设计。按照体系化、格局化、协同化要求，充分发挥各种运输方式的比较优势，由“浅”入“深”地整体精细化设计，绘制一张明晰、科学、操作性强的技术路线图，以促进和谐统一、协调发展。

（4）创新驱动、开放兼容。以创新理念和思路，增强综合交通运输体系的内生动力与活力，保障体系的开放性和系统性，适度超前，以达到整体最优的目标。

三、“大交通”格局下的顶层设计构想

综合交通运输体系建设是一个复杂的系统工程，只能基于“大交通”格局视角，采用系统工程的理念来做好顶层设计。

（一）战略规划层面：立足“大交通”格局，科学分析与预判宏观战略环境，全局谋划、顶端设计

改变传统基于单一领域的规划思想，树立基于战略全局的顶层设计思想。站在国家发展战略高度，统筹考虑综合运输体系发展的大环境与总体需求，以推进一体化“大交通”格局为目标，全面分析综合交通运输发展现状、发展“瓶颈”、阶段特征、内外部环境、机遇挑战、发展理念与发展思路，制定相应的战略战术。确定一定时间内相对稳定的引导性发展战略及蓝图，明确战略目标、发展思路、重点任务、战略规划体系及实施方略等，并明晰顶层架构体系组成、依存关系和建设部署策略，为综合交通运输体系建设和部署指明方向。

近期，着重分析交通运输与国家战略发展的关系，科学分析与预判宏观战略环境，从体制、机制、发展、结构、保障与实施等方面制定战略措施，做好发展规划和各项专项规划。以“十三五”规划编制为重要契机，统筹考虑体制、机制、环境、条件，制定多层次规划与实施方案。尽快研究制定“大交通”格局下全国统一的综合运输网络发展布局规划。

（二）体制机制层面：借鉴国外“大交通”管理模式，强化创新、深化改革，稳步推进综合交通运输的集约化管理

目前，我国公路、水路、民航、铁路等行业都在不同程度上进行了多轮管理体制的改革，但距离实现新型交通运输管理体制尚有一定的差距，需要强化体制机制创新，进一步深化改革。按照中央的统一部署和总体要求，基于“精简、统一、效能”的原则，从操作层面搞好顶层设计和总体规划，构建和创新适应新形势要求、符合交通运输发展规律的体制机制。借鉴学习国外“大交通”管理模式，按照综合协调、专业管理和行政监管等类别，合理界定和调整职能，进一步理顺全国交通运输行政管理体制，实现中央与地方的合理分权、集中统一管理与专业领域管理的有效结合。逐步实行综合交通运输的集约化管理，以更好地从宏观上统筹和协调好各种运输方式的发展。

（三）政策法规层面：以与国际惯例相衔接为借鉴，统一规划、体系设计，为“大交通”发展营造良好的政策环境

目前，我国尚未建立起完整的综合运输法规政策体系，现有的交通运输法律法规体

系，尤其是综合的运输法，还不能适应交通运输改革与发展的需要。国家对交通运输业的竞争还没有一套明确的衡量标准，缺乏对运输方式之间及同一运输方式内部合理竞争的政策引导。

在对现行各种运输方式相关政策法规系统梳理、分析与评估的基础上，结合我国综合交通运输体系发展新形势与新需求，以与国际惯例相衔接为借鉴，统一规划制定综合交通运输政策法规体系框架，突出强调政策法规的计划性、科学性和系统性，为理顺与相关部门的关系、建立系统化的综合管理体制提供政策法规保障与依据。为适应转变政府管理方式的要求，研究出台一系列促进综合交通运输体系发展的相关政策法规，包括法律法规、运输政策、管理规范、技术标准、指导意见等，鼓励发展“大交通”，扶持多式联运、城市综合运输枢纽建设，使综合交通运输体系建设管理进一步走上法制化、规范化、现代化道路。

（四）科技支撑层面：跟踪世界发达国家的科技创新，实现创新驱动、深度融合

围绕有效支撑综合交通运输体系的建设与发展，从“大交通”格局体系所涉及的建设、管理、运营、服务等方面，全面分析综合交通运输科技发展现状、发展需求、技术“瓶颈”与发展重点，系统分析评估科技发展需求现状与不足。以促进科技创新与行业发展紧密结合为目标，统筹推进创新能力建设，提出科技发展的战略目标、发展思路、重大科技研发与发展途径。跟踪世界发达国家的科技创新，加强基础研究、科技研发、成果推广和企业创新。加强各种运输方式合理配置、综合运输通道空间布局理论研究。立足“大交通”格局和大战略需求，出台科技政策与专项规划。充分利用高新技术加快综合交通运输体系网络技术结构的调整和升级。推进先进科学技术和新工艺、新材料的应用。以信息化、智能化为引擎，推广应用智能感知、云计算、物联网、大数据等新一代信息技术，进一步提升综合枢纽建设与运营、交通动态监测与预警、交通运输经济动态监测的科技水平。

（五）服务保障层面：统筹规划与布局，优化结构、适度超前，全面提升交通运输基本公共服务水平与质量

从国家和社会的最高利益和根本利益为需求的出发点，最大化实现“人便于行、货畅其流”目标，综合分析现有交通运输基础设施条件。统筹考虑各种运输方式的特点与比较优势，综合分析现有的服务能力与水平，找出差距和不足。根据发展战略目标，结合区域经济社会发展情况，从“大交通”格局顶层优化交通基础设施结构、适度超前，促进规模、结构、质量、效益的统一。同时，以提升交通运输基本公共服务水平与质量为目标，以解决关系民生的突出问题为主攻方向，针对性地提出不同运输方式和地区的战略实施途径。结合我国交通运输发展大环境，加快建设国家交通运输大通道和综合性交通运输枢纽，进一步推进多式联运的发展。根据多种交通方式有效协作和无缝衔接的要求，提速推进综合交通运输服务信息平台的建设。

（六）实施运作层面：做到统一、精细设计，重点突破、指标明确，勾勒明晰、科学的技术路线图

在战略规划层面的引导下，从系统性、全局性及可操作性层面，对战略目标进行任务分解与细化，勾勒明晰、科学的技术路线图，逐步推进发展战略“落地”实施。统筹考虑现有体制、机制、政策、管理、投资等环境条件，统一、精细设计近期实施方案，找准关键环节和重要突破口。结合国家战略导向与布局，设定可量化、可度量、有约束力的目标与指标体系，优化交通运输结构，合理配置交通资源，提出具有引导发展方向的关键性指标，指明未来一段时期的重点建设目标、任务、里程碑及相应的工作机制。

（七）保障体系层面：做好全局谋划与设计，创新务实、强化监督，增强内生活力

从人才、组织、资金、体制、文化等方面分析差距与不足，从保障顶层设计有效“落地”的角度，加强配套保障体系全局谋划与设计，包括组织机构、人员保障、协调机制、推进机制、规章制度、资金渠道、评估考核、文化宣传等内容，尤其是在推进模式与运作机制方面要创新突破。建立与市场经济相适应的交通基础设施投融资机制。加强风险防范，强化运作管理和监督考核。加强“大交通”战略目标体系、建设理论、运作机制、转变职能后的管理模式和服务方式等方面基础性研究，强化交通运输发展战略规划、行业政策储备和创新，以增强综合交通运输体系的内生动力和活力。

四、顶层设计的实施路径与推进策略

（一）加强组织领导、统一部署，建立有效的协调推进机制

建议成立由高层领导和行业专家参与的顶层设计领导小组，加强对顶层设计的统一指导、管理，并在小组之下再成立铁路、公路、水路、民航等相应的专门研究小组，加大各项工作的协调力度，明确责任与分工，保障设计工作有序、务实地开展；同时，组建顶层设计专门工作组，聘请理论与实践经验丰富的顾问专家做指导，成立集行政管理与技术指导于一体的总体设计部，具体负责设计组织、调研分析、技术论证、标杆分析及方案设计等工作，搞好总体设计，形成分工合理、权责明确的协调推进机制。

（二）基于“大交通”格局理念，创新务实地进行顶层设计

综合交通运输体系建设是今后我国交通运输发展的必然，顶层设计应打破“先分散—后整合—再调整”的常规模式。以“大交通”格局理念为先，紧密结合行业发展战略和行业特点，突破行业、部门、体制框架，注重内外关联、点面结合、统筹设计，强调可操作性为第一要义。借鉴学习国外“大交通”管理模式，突出我国国情特征，从发展战略和全局高度，自上而下、创新务实地设计综合交通运输体系的顶层架构，结合我国地区经济和各种运输方式发展的不平衡性分析，设定科学的目标与指标体系，提出包括发展目标、技术进步、体制优化、政策环境、经济效益、服务水平、运行联动等关键性指标。

（三）勾勒明晰、科学、操作性强的技术路线图，强调设计“落地”

围绕综合交通运输体系发展战略，结合行业现状与需求，以“远近结合、适度超前、突出重点”为要点，勾勒综合交通运输体系建设推进的技术路线图，从总体布局、专项规划、推进实施等不同层面，明确各阶段目标与任务、重要里程碑、关键环节等，突破各种运输方式单独发展的传统模式。结合对“十二五”发展现状与需求的评估，明确提出近期的实施方案和指导意见，提出统一的标准规范要求，制订具体的行动计划，以促进顶层设计的目标任务“落地”。

（四）力求统筹兼顾、注重创新驱动，找准突破口稳步推进

根据综合交通运输体系发展的总体要求与部署，进一步理清发展的思路，将各项目标任务细化与分解，统筹兼顾，明确工作重点和关键环节，全程跟踪、稳步推进。以加快规划制定、加强枢纽建设、促进现代物流、发展公共交通、推进多式联运、建立综合运行调度机制等为突破口，推进综合交通运输体系建设，强化各种运输方式在发展战略、发展规划、产业政策、投融资机制等方面的协调统一。同时，做好对工作落实情况的督促检查，强化科技创新驱动，特别是现代科技、新材料、新工艺的深度应用，确保各项措施落实到位。

（五）以破解行业发展难题与“瓶颈”问题为抓手

当前，缺乏国家层面的统一架构设计，是综合交通运输体系发展最大的障碍。要以顶层设计作为新阶段综合交通运输体系战略实施的切入点，广泛、深入地开展现状调研，分析把握新形势与新要求，着力解决制约综合交通运输体系发展的“瓶颈”问题和突出矛盾，以点带面，逐步推动。建议近期以完善、评估、调整综合交通运输规划和筹划“十三五”规划为契机，研究推出国家“大交通”格局总体规划，研究出台一系列促进综合交通运输体系发展的相关政策法规。

（六）强化舆论宣传，完善保障体系

采取多种方式和形式宣传“大交通”格局理念与顶层设计内涵，广泛争取社会各方面的理解与支持。在推进综合交通运输体系顶层设计的紧迫性和重要性上，统一思想、达成共识，进一步增强责任感、使命感和凝聚力。同时，组织研究相应的战略目标体系、“大交通”建设理论与运作机制，强化行业政策储备和创新，注重配套的保障体系建设。

参考文献

［1］杨传堂．全面深入贯彻落实党的十八大精神　为全面建成小康社会做好服务保障．2013 年全国交通运输工作会议上的讲话．2012-12-29.

［2］国家发展改革委．“十二五”综合交通运输体系规划，2010.

［3］交通运输部．公路水路交通运输“十二五”发展规划．2011.

［4］张宝晨．以多式联运为切入点推进综合交通运输体系建设［J］．水运科技，2013，6.

［5］罗本成，等．通过顶层设计破解水运信息化发展难题［J］．水运科技，2013，7.

［6］叶红玲．转变发展方式 推进一体化交通大格局［J］．中国水运杂志，2013，8.

浅析综合客运枢纽的概念内涵与分类分级

李鹏林

（交通运输部规划研究院，北京　100028）

【摘　要】 综合客运枢纽的概念内涵与分类分级是科学制定综合客运枢纽发展政策，指导综合客运枢纽规划建设，加强综合客运枢纽运营监管的重要基础。本文在总结国际发展经验和国内建设实践基础上，探讨了综合客运枢纽的概念内涵与分类分级标准，提出了基于不同主导方类型的综合客运枢纽应关注的政策重点。

【关键词】 综合客运枢纽　概念　内涵　类型　级别

Research on the Definition and Categorization of Multi-modal Passenger Hubs

Li Penglin

(Transport Planning and Research Institute, Ministry of Transport of China, Beijing 100028)

Abstract: The definition and categorization of multi-modal passenger hubs is an important basis, on which to scientifically make development policies, guide the planning and construction, and enhance the supervision of operation process for the hubs. This article, on top of drawing experiences of international development and domestic practices, discusses the standards to define and categorize multi-modal passenger hubs, and points out what to focus for different types of hubs.

Keywords: Multi-modal passenger hubs　Definition　Connotation　Categorization　Level

一、综合客运枢纽的概念特征

“枢纽”在《辞海》中的解释为“比喻冲要的地点，事物的关键之处”。交通运输领域中的“枢纽”就是多种运输方式的交叉与衔接之处，办理客货中转、发送、到达所需的各种运输设施的综合体。综合客运枢纽概念的提出源于社会经济发展与进步、城市化快速推进和机动化的迅猛发展，随着城市规模的不断扩张、各运输方式线网的完善以及旅客对出行的连续性需求的增长，迫切要求在同一区域或空间内实现多种运输方式在基础设施、信息系统以及组织管理上的一体化。

目前，行业内有关综合客运枢纽概念的说法尚不统一，国内外研究机构和专家学者从不同的视角定义综合客运枢纽的概念与属性。尽管业内学者对综合客运枢纽的概念定义角度有所不同，但对综合客运枢纽的基本认识、条件特征等存在基本共识：①综合客运枢纽位于不同运输方式或者同种运输方式两条以上线路交汇处，具有优越的交通区位优势。②综合客运枢纽拥有办理旅客运输作业、中转换乘等各种技术作业设备。③综合客运枢纽具有运输组织与管理、信息流通和辅助服务等功能。④综合客运枢纽实体表现形式为多个站场的综合体或者综合性站场。

我国交通运输主管部门从明确投资政策支持对象的视角出发，曾对综合客运枢纽的概念做出如下界定，即综合客运枢纽是指在综合运输网络的特定节点上，将两种及以上对外运输方式与城市交通的客流转换场所在同一空间（或区域）内集中布设，综合运用自动化、信息化等现代先进技术手段，使各种运输方式的基础设施、技术装备、运输组织等实现有机衔接而形成的具有一定规模的一体化客运服务系统。

总结国内外客运枢纽建设发展实践，现代化的综合客运枢纽集中体现的是技术设施和土地空间利用的高度集约化、运输组织的现代化、换乘的便捷高效化、环境的舒适人文化和功能的多元化，但从综合客运枢纽的发展历程看，综合客运枢纽的发展并非一蹴而就，而是随着经济交通发展阶段的不同呈现出从简单到复杂、低级到高级的演变过程。社会对综合客运枢纽概念的认识也是随着枢纽功能的逐步完善而递进演化的，综合客运枢纽的发展大都起步于单一对外运输方式站场的建设，逐步发展为多种对外运输方式相衔接的联合车站，进而综合考虑交通引导开发（TOD）功能，形成了集合多项城市功能和交通功能的城市综合体（当前阶段发达国家综合客运枢纽的普遍表现形态），到高级阶段时将会通过发达的轨道网络或专用捷运系统衔接各类枢纽节点便捷连通，实现在一个区域或一个城市甚至整个城市群范围内的一体化衔接，演变为网络化的综合枢纽城市，成为整个区域公共交通换乘系统的骨架。

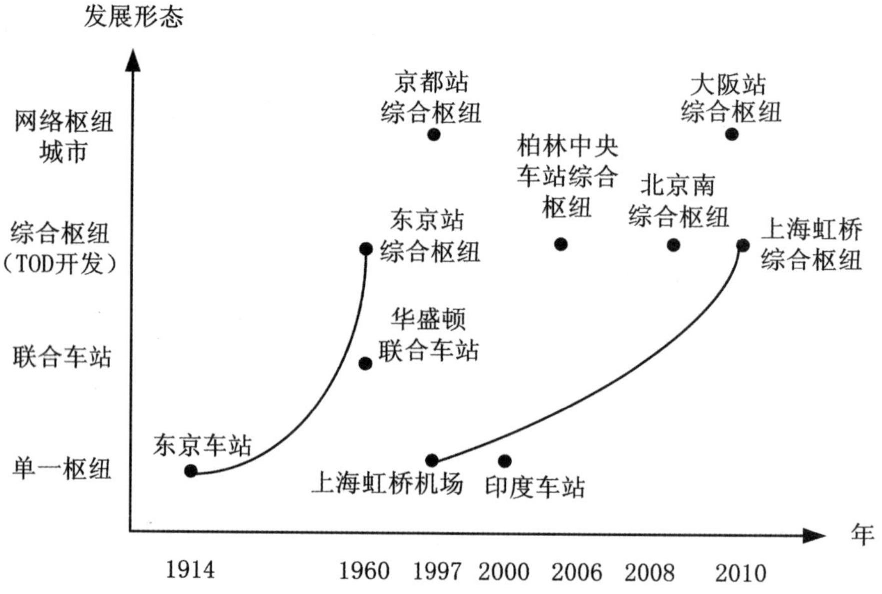

图1　综合客运枢纽发展形态演变示意图

本文认为，当前阶段我国从构建综合运输体系视角推进建设的综合客运枢纽，在概念内涵上应突出强调以下四点：①综合客运枢纽的本质是各种运输方式的功能融合而非交通线路的交汇；②综合客运枢纽的灵魂是实现城市对外交通与城市交通的无缝衔接，而非单纯的城市交通方式间的换乘；③综合客运枢纽功能表征的核心体现在枢纽中各种交通方式软、硬件设施设备的一体化；④综合客运枢纽功能建设的关键要通过现代化、一体化的运输组织管理实现。

二、综合客运枢纽的类型划分

科学划分综合客运枢纽的类型级别，有利于实现枢纽的分类指导和管理。

（一）现状类型划分总结

总结我国各省市综合客运枢纽规划建设实践，各地对综合客运枢纽类型划分的要素集中体现在枢纽规模流量、衔接方式、服务辐射范围等几个方面。

1. 规模流量

规模流量一般表现为综合客运枢纽的总换乘量或各方式的对外旅客发送量，是体现综合客运枢纽服务能力的核心指标。无论是单方式场站还是综合客运枢纽，依据枢纽的规模流量进行分类是枢纽类型划分的主线，尤其体现在指导确定枢纽建设规模的具体指标上。因此，在多数客运枢纽的分类中均考虑了本项因素。

2. 衔接运输方式类型

依据现实中综合客运枢纽衔接的运输方式类型，大致可划分为公铁衔接型、公铁航衔接型、公航衔接型、公水衔接型等几种典型的综合客运枢纽，交通运输部在《“十二五”综合客运枢纽建设规划》中即采取了该种划分方式。此分类方法清晰简明，分类结果也便于主管部门因类施策，明确投资政策，进行行业管理等。

3. 服务或辐射范围

按照枢纽的服务或辐射范围划分类型，是较为多见的分类方法，但在表述形式上多种多样，如江苏省以国际、国内、城际中短途三类划分，大连市、广州市等以全国型、区域型、城际型、辅助型四类划分。

表1　我国现有综合客运枢纽规划中的类型划分

规划范围	类型划分	考虑要素
江苏省	国际客运枢纽、国内中长途客运枢纽和城际中短途客运枢纽三类	服务范围、规模流量和主导方式
河南省	门户枢纽、重要枢纽、一般枢纽三类	服务范围和辐射范围
上海市	A、B、C、D 四类	交通方式和规模流量
重庆市	区域性、地区性、城市型三类	服务范围和规模流量
大连市	全国型、区域型、城际型、辅助型四类	辐射范围和规模流量
广州市	全国型、区域型、城际型、城市型四类	辐射范围和规模流量

（二）基于主导方的综合客运枢纽类型划分方式

为强化综合客运枢纽的分类政策指引、有效促进规划落地和合理确定建设标准，本文基于各对外运输方式在综合客运枢纽组成结构中及发挥主导作用的不同，将综合客运枢纽划分为四种类型：航空主导型综合客运枢纽、水运主导型综合客运枢纽、铁路主导型综合客运枢纽、公路主导型综合客运枢纽。

文章将在综合客运枢纽形成过程中起到关键作用的运输方式认定为主导方，围绕主导方形成的综合客运枢纽即为主导型综合客运枢纽，也就是在构建综合客运枢纽的过程中，其他交通方式一般需要重点围绕主导方展开衔接设计研究，主导方站场的规划建设条件对其他交通方式站场建设具有较大的约束性。需要说明的是，主导方未必是综合客运枢纽中承运客流量最大的运输方式，识别和界定主导方的关键可以理解为：在构建综合客运枢纽过程中，由于一些特定条件的制约，需要优先考虑衔接配套的运输方式，即为主导方运输方式。例如，在城市繁华地区需要通过对既有站场设施的改造来构建综合客运枢纽，被改造的主体可以认定为主导方（如位于中心城区就地改造的普速铁路客站或公路运输枢纽站场）；某种运输方式的站场受天然地理条件约束，优先存在于某个位置（如沿海、内河等港口码头），或者站场选址的客观约束条件和控制性因素相对较多，需要其他运输方式配套对接方能形成综合客运枢纽（如航空对空域、净空等要求），或者是某种方式的集中发送、到达量较大，需要借助于其他运输方式的集疏配套（如干线铁路、城际铁路），方能形成综合客运枢纽，以上运输方式均可认定为主导方。

三、主导型综合客运枢纽的表现形态与主要特征

（一）航空主导型综合客运枢纽

航空主导型综合客运枢纽一般依托枢纽机场和干线机场的航站楼进行建设，并多与航站楼融为一体。在我国，通常情况下航空主导型综合客运枢纽的构建是出现在机场吞吐量达到一定规模时，需要规划建设第二、三航站楼或者第二、三跑道时，借助机场改扩建规划契机，引进多种集疏运方式，尤其是引入轨道交通（包括轻轨、地铁等；对于门户型枢纽机场，还可以根据其服务范围，引入高铁、城际铁路等），共同构建航空主导型的综合客运枢纽。国内典型的航空主导型综合客运枢纽有西安咸阳国际机场综合客运枢纽、武汉天河机场综合客运枢纽等；国外如法国巴黎戴高乐机场综合枢纽、德国法兰克福机场综合枢纽等。

航空主导型综合客运枢纽的主要特点：①受机场选址条件约束，离所在城市中心较远；②旅客对多向性、多方式选择的需求较高，集疏运交通方式较多，快速集疏运特征明显，枢纽更多关注周围集疏运系统与主导型运输方式的便利衔接问题；③目标旅客出行目的明确，服务需求层次较高，对枢纽服务水平和品质的要求相对较高；④航站楼陆侧空间有限，换乘区域集中，交通流线复杂；⑤枢纽空间上大多采用多层立体设计，平面与垂直换乘相结合的方式；⑥在突出交通主体功能前提下，兼顾考虑枢纽内部的商业开发问题。

（二）水运主导型综合客运枢纽

水运主导型综合客运枢纽主要存在于沿海、沿江的大城市内或者旅游城市，表现为城市对外客运码头或者大型游轮母港，连同与之配套建设的其他对外运输方式场站（含旅游车场等）和城市公共交通站场等一起构建为综合客运枢纽。我国现有的案例如珠海九洲港综合客运枢纽、深圳蛇口邮轮母港综合客运枢纽、大连皮口陆港客运中心、宜昌水陆联运中心等；国外典型案例有英国南安普顿五月花码头综合枢纽、日本横滨港综合枢纽等。相对于其他运输方式而言，由于水路运行速度较慢、航线受限等特点，当前我国该类综合客运枢纽的数量不多，但随着我国经济的发展和国际影响力的提升，特别是我国正逐步成为国际主要旅游目的国，加之国内以休闲、度假为主的水上旅游交通快速发展，使得以旅游、口岸等服务功能为主、为旅客提供多元化交通出行服务的该类型综合客运枢纽的建设日益受到关注。

水运主导型综合客运枢纽的主要特点：①受选址条件制约，均位于大江大河或主要沿海港口客运码头后方或重要的水上旅游风光带沿岸，与客运码头一体化建设；②多见于口岸城市或旅游城市，位于主城区之内，与多种城市交通方式对接；③受水上运行速度和航线影响，辐射范围有限，旅客流量一般不会太大，但在旅游旺季或闲暇假日中会出现小高峰的客流，枢纽整体规模体量不大，受班线影响上下船瞬间客流人员较多，应急交通组织是该类枢纽需要重点考虑的因素之一；④多与口岸通关、旅游专线或者城市候机楼等功能设施综合设置，对水陆无缝接驳、区域快速中转等综合客运服务要求较高。

（三）铁路主导型综合客运枢纽

铁路主导型综合客运枢纽一般以完成国家干线铁路（包括高速铁路、普速铁路、城际铁路）枢纽站场的客流集散和中转为基本需求，集公路客运、轨道交通、普通公交以及出租、社会车辆等各类交通方式于一体，实现不同方式间的衔接和联运、转换的综合型客运枢纽。铁路主导型综合客运枢纽是我国当前综合客运枢纽建设的主体类型，国内案例如成都沙河堡综合客运枢纽、深圳北站综合客运枢纽、南京南站综合客运枢纽等；国外的案例如德国柏林中央火车站综合枢纽、日本东京站综合枢纽等。

铁路主导型综合客运枢纽的主要特点：①布局形态多样，是目前综合客运枢纽类型中分布最为广泛的主体类型，其大部分处于城市中心区或城市新城区内，由于功能特征的不同以及配套运输方式的不同，存在多种布局形态；②功能流线多样，普通铁路“等候式”和高速铁路“通过式”的性能特征对总体布局和功能流线的需求有着较大差别；③衔接方式多样，可与各类型轨道交通、公路乃至民航机场及城市交通相结合，是构建综合运输体系的重要节点；④开发功能多样，新建的铁路主导型综合客运枢纽，尤其是高铁主导型枢纽大多位于城市的新城区，在承担交通功能的同时往往被赋予以交通带动城市拓展开发及区域内商业开发等多种功能，规划建设中需密切关注以上附带功能对枢纽设施的需求。

（四）公路主导型综合客运枢纽

公路主导型综合客运枢纽主要是指依托公路运输枢纽站场，多通过与城际轨道、城市公共交通等共同规划建设的综合客运枢纽。公路运输枢纽站场与城际轨道交通的结合，扩大了枢纽的辐射范围，对外运输方向更加深广，为旅客提供了多元化选择方式，是城市对外交通与城市内部交通转换的重要场所。国内案例如重庆两路综合客运枢纽、惠州新汽车南站综合客运枢纽、长沙汽车南站综合客运枢纽等；国外案例如纽约港务局综合枢纽等。

公路主导型综合客运枢纽的主要特点：①客流到发密集、长短班线班次不均衡分布，高峰小时周期相对较长；②各种交通方式（出租、公交、社会）车流混杂、周边道路交通组织条件复杂，易形成对城市交通的压力，对与城市道路网直接衔接的道路条件要求较高；③在黄金周、小长假、旅游旺季以及春运等时段，该类型枢纽往往是我国老百姓优先选择的重要交通出行方式之一，对枢纽场站交通应急组织能力要求较高；④选择此类枢纽出行的群体大多为普通百姓，枢纽内服务设施、交通标识等设置要求较高，人文关怀的建设内容更具有针对性，也直接影响枢纽换乘效率；⑤此类枢纽一般均与城市轨道交通衔接，往往承担着重要的城市内部交通换乘功能。

需要说明的是：第一，以上类型划分重点针对综合客运枢纽建设指导而言，在枢纽布局规划或项目设计阶段，根据关注视角的不同，类型划分应有所侧重，需在此基础上强化功能与规模因素。第二，对于同一运输方式，其技术特性也存在较大差异。例如机场可进一步划分为枢纽机场、干线机场、支线机场；铁路可进一步划分为普通铁路、高速铁路、城际铁路等；水运码头也可划分为沿海港口码头、内河港码头等。以上特征对枢纽功能定位、换乘客流预测及交通组织等要求也有所不同，因此在综合客运枢纽规划建设中，需结合项目实际，关注不同主导型综合客运枢纽的基本特征与影响因素。

四、综合客运枢纽的级别划分

综合客运枢纽级别划分的现实意义是便于分级指导，对不同级别的综合客运枢纽内的站场衔接标准、集疏运衔接方式、设施建设规模、运营管理机制等提出具体建设要求、制定不同的管理政策。

客流规模尤其是综合客运枢纽内各交通方式间的换乘量是综合客运枢纽级别划分的重要参数。客流规模主要涉及两个参数：枢纽对外客运发送总量、枢纽总换乘量。综合客运枢纽对外客运发送总量主要指枢纽中承担城市对外交通的各运输方式站场（机场、铁路、城际轨道、港口客运码头、公路客运站等）旅客发送量之和，一般以日均发送量为衡量单位。综合客运枢纽总换乘量是指利用枢纽进行出行、换乘的客流总量，是衡量枢纽总体换乘需求以及作业能力的关键指标，根据需要可分为年均、日均及高峰小时换乘量。

枢纽总换乘量=枢纽对外客运发送总量+枢纽城市交通总发送量=枢纽对外客运到达总量+枢纽城市交通总到达量

综合客运枢纽中各客运方式发送量及换乘量规模大小不同，对客运枢纽建筑设计和交通组织影响敏感度也不同，参照我国当前各客运方式站场分级标准以及国内外综合枢纽建设实践，本文将综合客运枢纽划分为特大型、大型、中型和小型四级，供规划设计人员参考。特别指出的是，以上枢纽级别划分的应用重点是政策制定、布局规划和总体规模的确定，在进行枢纽具体设施规模测算过程中，应重点关注高峰日、高峰小时的枢纽换乘量和发送量等参数。

表 2　综合客运枢纽级别划分

单位：万人次/日

指标	超大型	特大型	大型	中型	小型
枢纽对外客运方式旅客发送总量	≥20	(20，10]	(10，5]	(5，2]	<2
枢纽总换乘量	≥50	(50，20]	(20，10]	(10，5]	<5

注：

1. 级别确定时需综合考虑发送量和换乘量两项指标，取二者中更严格的条件作为确定依据。

2. 根据实践总结的一般规律，航空客运方式的旅客发送量可考虑折减一定接送旅客比例，按照公式（1–10%）· 机场吞吐量/2 进行换算。

参考文献

[1] 交通运输部．综合客运枢纽项目计划管理暂行规定 . 2011.

[2] 交通运输部．“十二五”综合客运枢纽建设规划 . 2011.

[3] 交通运输部规划研究院．综合客运枢纽布局规划研究［R］．北京：交通运输部规划研究院 . 2011.

[4] 交通运输部规划研究院．综合客运枢纽工可编制指南研究［R］．北京：交通运输部规划研究院 . 2012.

[5] 江苏省交通科学研究院．江苏省综合客运枢纽布局规划研究［R］．南京：江苏省交通科学研究院 . 2012.

[6] 上海市人民政府．上海市综合客运交通枢纽布局规划［R］．上海：上海市人民政府 . 2009.

[7] 国家发展改革委综合运输研究所，交通运输部规划研究院，大连理工大学．大连市综合交通枢纽布局规划研究［R］. 2014.

我国铁路发展方式转变的战略路径研究

李明慧
（中国铁道科学研究院运输及经济研究所，北京　100081）

【摘　要】论文首先阐明铁路发展方式转变的必要性和紧迫性，以铁路发展方式转变分析模型为基础，在归纳世界主要国家铁路发展方式转变的成功经验、分析我国铁路发展方式存在主要问题的基础上，提出铁路发展方式转变的六大战略路径。

【关键词】铁路　发展方式　转变路径

A Study on the Strategic Path of the Transformation of China's Railway Development Mode

Li Minghui
(Institute of Transportation and Economics, China Academy of Railway Science, Beijing 100081)

Abstract: The Paper firstly states the necessity and urgency of the transformation of developing mode of China's railway. Secondly, We construct the analysis model of the transferring of developing mode of Chinese railway. Thirdly, we induce the successful experience of the transformation of railway development mode in main countries and analyze the major problem of the developing mode of China's railway. Finally, this paper puts forward six Strategic Roads of the transformation of China's railway developing mode.

Keywords: Railway　Developing mode　Strategic path

一、我国铁路加快转变发展方式的必要性和紧迫性

综合考虑我国基本国情、发展阶段特征以及铁路市场竞争环境、运力资源的阶段性特征及未来发展需求，加快转变铁路发展方式，不仅是增强铁路建设和发展方式可持续性的根本要求、适应日趋激烈市场竞争环境的必然选择、遵循铁路自身发展规律的内在要求、持续提高铁路经济效益和职工收入的必要保证，而且是贯彻落实新时期发展主题主线的重要举措、增强新时期铁路对经济社会发展保障能力的迫切需要、加快形成资源节约型和环境优好型综合运输体系的客观要求。概而言之，加快转变铁路发展方式，是推动铁路科学发展的必由之路，是综合性、系统性、战略性的转变，是中国铁路领域的一场深刻变革，不仅非转不可而且刻不容缓，是摆在我国铁路面前的一项重要而紧迫的任务。

二、铁路发展方式转变的理论分析框架

目前，对于我国经济增长方式或者经济发展方式转变的研究成果已经非常丰富。汇总、分析、综合关于转变经济发展方式影响因素的不同理论观点，归纳提出了由发展观念、制度条件、能力基础、产业结构、要素条件、政府职能等六要素构成的转变经济发展方式理论分析框架（如图 1 所示），作为本文研究分析我国铁路发展方式转变问题的基本理论遵循。

图 1　经济发展方式转变的基本分析框架

（1）不科学的发展观念或指导思想是粗放型经济发展方式长期存在的重要原因之一。金碚（2006）认为，尽管粗放型经济增长方式是不可持续的，但粗放型经济增长表现出很大的惯性和顽固性。观念的改变是决定性的，而观念如何落实为行动也是决定性的。仅仅依靠一般的市场参数调节和技术标准调整是不够的，依靠政府调控管制内容也是不够的，必须进行发展观念上的深刻反思。

（2）制度条件在经济发展方式形成和转变过程中具有不可替代的基础性作用。经济发展方式转变不仅是技术问题，更是制度问题，缺乏有效的制度支撑体系是我国粗放型经济发展方式长期延续的根本原因。具体而言，如果现实经济系统中存在某种扭曲的制度，使得市场主体采取粗放型生产经营方式获得的收益不低于采取集约型生产经营方式获得的收益，或者说，粗放型生产经营方式具有很好的生存条件和盈利空间，那么市场主体就没有转变生产经营方式的动力，也会有越来越多的市场主体投入到粗放型生产经营行列之中，从而导致粗放型经济增长方式的长期延续。

（3）企业能力构建以及技术进步不仅是现代经济增长的重要推动力，而且是推动经

济增长方式转变的核心力量，技术进步或者能力构建是经济发展方式转变的前提。卫兴华和孙咏梅（2007）认为，转变经济发展方式必须正确处理好生产与消费、储蓄与投资、“人力资本”和物质资本、短期投资与长期投资的关系，强化技术进步在经济增长中的作用。王玉刚和陈强（2007）认为，加强企业自主创新是推进经济增长方式转变的有效途径，要以培育企业技术中心和技术成果转化为重点，推进技术创新能力建设，从微观生产方式层面解决经济发展方式转变问题。匡国珍（2006）认为，制约经济增长方式转变并构成经济发展方式物质基础的是技术进步。

（4）产业结构的优化升级是提高国民经济整体素质的重要组成部分，同时也是转变经济增长方式、提高经济发展质量和效益的重要途径。不转变经济增长方式，产业结构升级就很困难；不升级产业结构，也不可能实现经济增长方式的集约化转变。如果一个国家经济增长仅仅是单纯的总量增长过程，没有伴随产业结构的优化升级，经济增长就更容易延续粗放型增长方式。因此，实现经济增长方式转变，不仅要重视要素投入和技术选择，更要遵循产业发展的顺序规律，不失时机地推动产业结构的优化和升级。刘国光（2001）认为，产业结构的变化有助于经济从粗放型向集约型转变。高新才（2005）将经济增长方式转变的本质定义为工业化道路的选择问题，认为产业结构优化是转变经济增长方式的内在要求。吴敬琏（2006）从产业升级的角度出发，认为发展服务业是转变经济增长方式的源泉。常修泽（2006）认为，产业结构调整是转变经济增长方式的产业依托。

（5）生产要素的供给条件也是经济增长方式转变的重要影响因素之一。粗放型经济增长方式要以充足的初级生产要素供给为前提，而集约型经济增长方式要以先进的科技要素供给为基础。林毅夫和苏剑（2007）研究指出，一个经济的最优经济增长方式或目标增长方式，是使该经济生产成本最小化的增长方式，而要实现生产成本的最小化，就得根据该经济的要素禀赋的特征。也就是说，一个经济的最优经济增长方式或目标增长方式是由该经济的要素禀赋的特征决定的。

（6）大量研究表明，经济发展方式的成功转型需要建立在体制机制变革的基础之上。只有相关制度体制有效，粗放型经济增长方式才能根本转变。吴敬琏（2005）认为，经济增长方式的成功转型关键在改革，关键是政府职能的转变。姚先国（2005）、黄晓鹏（2006）等研究认为，粗放型经济增长方式是政府制度安排造成的，根子在政府，是政府这只“看得见的手”摁住了“看不见的手”，是政府行为扭曲了市场机制，妨碍了经济资源的有效配置，因此转变经济增长方式必须纠正政府的行为。在吴敬琏（2005）看来，传统的经济增长方式的根源在政府，因此他主张进行政府自身改革，转换政府职能，从而限制政府权力，建设有限政府，提高经济效益。

三、世界铁路发展方式转变的基本经验研究

20 世纪 80 年代以来，欧美等发达国家铁路调整实施了新的铁路发展战略，不断进行路网结构、技术创新、管理创新和体制创新，逐步摆脱了经营困境，步入良性循环的发

展轨道，在管制、投融资、运营管理等方面呈现出许多新的发展趋势。研究、归纳、提炼世界主要国家铁路发展方式转变的成功经验，以及世界铁路在路网建设和客货运输方面的新趋势，可以为我国铁路转变发展方式提供有益的借鉴和启示。

通过对欧美等发达国家铁路投融资、运营管理、体制创新和发展模式创新等新技术、新趋势的研究、归纳、提炼，可以将世界先进铁路公司转变发展方式的共性思路和基本趋势简要概括为七个主要方面。第一，放松运营管制是转变铁路发展方式的基础性条件；第二，产品结构升级是转变铁路发展方式的重要途径；第三，适度引入竞争是转变铁路发展方式的重要推动力；第四，核心能力建设是转变铁路发展方式的关键环节；第五，构建要素市场对于转变铁路发展方式具有重要作用；第六，系统制度安排是转变铁路投融资模式的重要基础；第七，以运输产品完整化、增值渠道多样化为总体特征的多元业务发展模式，具体如图 2 所示。

四、我国铁路发展方式存在的主要问题分析

当前，我国铁路发展方式主要存在以下五个方面的问题：

1. 铁路投融资模式不合理，权益性融资与债务性融资结构失衡

“十二五”时期以来，我国铁路建设规模持续扩大所积累的资金供需矛盾日益突出。一方面，随着既有融资模式的整体效力日趋接近极限，其有效满足铁路建设需要的能力正在不断削弱。另一方面，随着权益性资金和债务性资金比例结构的日趋失衡，加上债务性融资日益逼近饱和性临界点，既有投融资模式的可持续性也在不断削弱。在此背景下，一段时间以来，铁路债券融资普遍出现了票面利率上升、有效认购倍数下降的问题，银行贷款也取消下浮 10% 利率优惠待遇，甚至出现原铁道部短期融资券流标的罕见现象。我国铁路建设资金筹集所面临的一系列困境和冲击，直接反映了我国铁路投融资体制、方式、渠道依然存在不可回避的问题。特别是，以少量政府资金撬动大量债务性融资的铁路建设投融资模式越来越不可持续，现有铁路建设和融资模式正在逐步脱离我国铁路的现实融资条件，越来越难以适应铁路大规模建设的融资需要，日益成为制约我国铁路建设科学发展的巨大障碍。

2. 货运产品结构低端化，严重制约铁路市场份额扩大

货运产品是铁路货物运输的基本载体，货运产品开发是铁路运输市场营销和拓展市场份额的关键一环。长期以来，我国铁路主要干线通过能力严重不足，加之采用客货混跑的组织模式，使得货运产品的形式较单一。目前，我国铁路占据主导地位的货运产品形式主要有技术直达列车、直通货物列车、区段货物列车、摘挂列车、小运转列车。在传统货运产品体系中，行邮特快列车、行包快运列车、五定班列、快运货物列车、煤炭或石油直达列车、始发直达列车、空车直达列车、超限货物列车、重载货物列车、保温列车、自备车列车等货运产品，受到货运需求的周期性、线路通过能力、线路条件等因素的限制，在全部货运产品构成中只占据较低的比例。

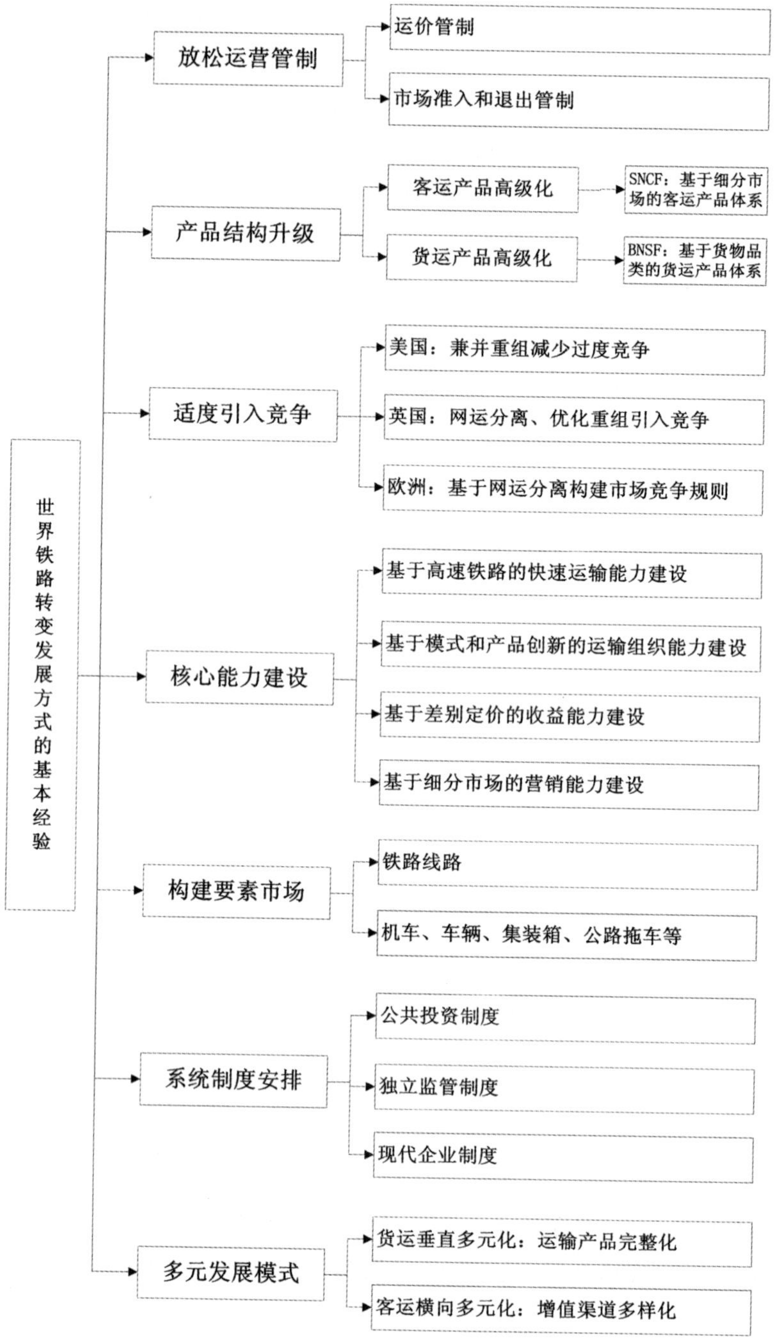

图 2　世界铁路转变发展方式的基本经验

3. 要素投入结构不合理，劳动要素和资金要素投入过高

2012 年我国铁路有 214.5 万名职工，平均每公里营业线路职工人数约 22 人。与之形成对比的是，2011 年美国铁路平均每公里营业线路职工人数不足 1 人，德国铁路（DB）平均每公里营业线路职工人数为 4.5 人，法国国有铁路平均每公里营业线路职工人数为

8.1 人。不仅无法与发达国家每公里营业线路 1 人的水平相比，也远远高于印度每公里营业线路 6.2 人的水平。因此，不可能也不应该再通过扩大劳动者人数的方式促进铁路发展。同时，随着铁路基本建设投资规模的快速扩大，铁路投资的边际收益有下降的趋势。最为突出的是，“十一五”期间，在大量新线和新装备投入使用的情况下，铁路运输能力的增加与运量、收入的增长不匹配，新增运输生产力的效能没有充分发挥出来。

4. 市场份额不断下降，综合经济效益不高

以货运为例，我国铁路面临其他运输方式的激烈竞争，市场份额持续下降。一段时间以来，铁路货运在全社会货运市场份额中的下降趋势日趋明显，在国内货运市场的份额（不含远洋）由 2005 年的 49.7% 下降到 2012 年的 24.3%，年均下降 3.6 个百分点。从铁路自身货源结构看，2012 年大宗货源（产成品）占比比 2005 年上升（下降）了 1.9 个百分点，这与现阶段全社会货源结构演变趋势是相反的，突显了铁路在产成品和高附加值货物运输市场上的竞争力不足。

5. 经营领域有限，运输业与非运输业发展还不协调

长期以来，铁路存在“重运输生产、轻经营开发”，“重运输核心业务、轻非运输业务”，甚至把运输业务和非运输业务割裂开来、对立起来的思想观念和经营方式。铁路得天独厚的网络资源优势没有释放出来，运输增值服务的深度和广度都不够，铁路没有发挥出多元化经营的优势，大量资源没有得到有效利用，铁路企业综合经济效益不高。

五、加快转变铁路发展方式的战略途径分析

基于本文提出的铁路发展方式转变理论分析模型，结合前述对铁路发展方式存在问题的分析，本文研究提出以下铁路加快转变发展方式的六大战略途径及相关措施建议：

1. 以科学发展观为核心，构建新时期中国铁路发展范式

转变发展观念，既是我国经济发展方式转变的重要举措，更是铁路转变发展方式的首要环节。深刻分析我国铁路的发展环境、运力资源的阶段性特征及未来发展需求，全面把握世界铁路建设和运营管理模式转变的新经验和新趋势，深刻体察中国铁路长期积累的一系列深层次矛盾，尊重规律、认识规律、把握规律、运用规律，科学制定新时期我国铁路的发展目标、发展阶段、发展战略、发展指标。

2. 深化体制机制创新，营造有利于发展方式转变的体制环境

培育微观主体和完善市场载体并举，营造有利于发展方式转变的体制环境。当前，我国铁路刚刚实现政企分开，市场机制不健全，供求机制、价格机制、竞争机制尚不能充分发挥作用，使得铁路发展方式转变的动力受到抑制。一是推进现代企业制度建设，培育加快铁路发展方式转变的微观主体。二是建立反映资源稀缺程度和市场供求关系的价格机制并强化市场竞争机制，完善加快铁路发展方式转变的市场载体。

3. 以市场需求为导向，着力培育和提高市场经营能力

一要建立常态化的市场调查机制、市场监测体系等市场化运作体系，持续提高客货营销水平。二要建立与市场接轨的竞争性客货运价体系，推动铁路客货运输价格由集中

统一管理的运价管理体制向竞争性定价体系转变，运价制定要反映运输经营成本和市场经营关系，按照不同运输条件和运输线路实行差别运价、优质优价，竞争激烈领域实行市场调节价。三要有计划地逐步由组织型（生产型）运输组织模式向规划型（营销型）运输组织模式转变。四要将多元化经营作为全面提升铁路综合经济效益的战略性和长期性解决方案，变革铁路既有价值创造方式和实现方式，突破传统发展模式下铁路成长“天花板”。

4. 依托高铁成网释放的运输能力，推动货运产品结构高级化

随着高速铁路快速发展，货运能力逐步释放，应用现代物流、市场营销先进理念和现代化技术手段，积极创新货运组织，丰富完善货运产品，提高货运服务质量，打造铁路物流平台，综合提升铁路货运服务能力，研究探索适应中国铁路实际和发展需求的货运组织模式，走出了一条独具特色的中国铁路货运发展道路。以促进运输生产与市场需求顺畅衔接为突破口，对铁路发展环境、要素资源和经营活动进行整体谋划和动态适配。

5. 推进总公司职能转变，完善国家铁路运行管理体系

一是通过放开市场准入、以特许经营权公开竞标、开展平行线竞争等方式，积极引入内部竞争。二是科学界定总公司与铁路局的职责分工和权责关系，着力解决总公司和铁路局职责分工不科学、企业市场主体地位不落实、市场经营机制不适应的体制机制弊端。

6. 以投融资为突破口，优化铁路建设运营的要素投入结构

可以从以下4个方面入手，构建分类投资的多元化投资建路新机制。一是对于本线运量相对不足的线路，科学设计能够保障外部投资者合理协同价值索取权的合作剩余分配机制；二是对于本线运量较为充分的线路，国家铁路保持相对控股甚至由地方政府等路外资本主导投资建设；三是对于公益性和跨区域路网干线，中国铁路总公司负责筹融资和组织建设，积极争取国家财政支持并吸引社会战略投资者；四是对于机车车辆等移动设备，积极鼓励和引导以融资租赁模式解决铁路资金缺口。

参考文献

［1］盛光祖．努力开创铁路科学发展新局面［N］．人民日报，2012-10-09.

［2］金碚．科学发展观与经济增长方式转变［J］，中国工业经济，2006，5：5-14.

［3］卫兴华，孙咏梅．关于中国经济增长方式转变的几个问题［C］//王振中．政治经济学研究报告——转变经济增长方式．北京：社会科学文献出版社，2007：36-71.

［4］王玉刚，陈强．大力增强自主创新能力，以科技进步推动增长方式转变［J］．科学与管理，2007，2：9-12.

［5］匡国珍．经济增长方式转变重在创新［J］．社会主义研究，2006，2：18-21.

［6］刘国光．研究所有制结构演变的基本理论［N］．光明日报，2001-05-10.

［7］高新才．全面准确理解经济增长方式的转变［J］．甘肃社会科学，2005，6：16-19.

［8］吴敬琏．中国增长方式抉择［M］．上海：上海远东出版社，2006.

[9] 常修泽．中国新发展模式下的经济增长方式转变 [J]．理论参考，2006，4：13–16.

[10] 吴敬琏．中国增长方式抉择 [M]．上海：上海远东出版社，2005.

[11] 姚先国．经济增长方式转换的制度条件 [J]．浙江社会科学，2005，4：3–7.

[12] 黄晓鹏．加快经济增长方式转变关键在政府推动制度变迁 [J]．中国社会科学院研究生院学报，2006，7：101–105.

[13] 李明慧，赵坚．协同价值：中国铁路投融资困境的症结 [J]．综合运输，2008，5：9–14.

[14] 李明慧．铁路扩大外部权益性资金规模的经济学思考 [J]．铁道运输与经济，2012，2：1–5.

[15] Association of American Railroad. Class I Railroad Statistics. 2012.

中国城市交通政策演变与发展模式转型

张　帆　田　凯
（中国城市规划设计研究院，北京　100037）

【摘　要】 我国城市交通政策的演变与国内机动化和城镇化的发展紧密相关。由于我国城镇化对机动化的促进，机动化的发展变化催生了不同时期国家层面相关政策和规定的出台；反过来，这些政策和规定又对我国的机动化发展产生重要影响。从这些政策和规定中，可以看到我国机动化理念的不断完善和提升。

【关键词】 城市交通　发展模式　交通政策　公交优先

The Evolution of Urban Transport Policy in China and Development Model Transformation

Zhang Fan　Tian Kai
(China Academy of Urban Planning and Design, Beijing 100037)

Abstract: The evolution of the urban transport policy is closely related with the development of domestic motorization and urbanization. Because the development of urbanization and motorization in China is in the same step, motorization leads to the development of transportation policies and rules in different period. In turn, these policies and regulations have important influence to motorization development. From these policies and regulations, we also can find that our understanding of motorization is a process of continuous development and promotion.

Keywords: Urban transpotation　Development models　Transportation policy　Public transportation priority

一、国内机动车总体发展及未来趋势判断

1991—2012 年中国民用汽车（包括载客汽车与载货汽车，不包括三轮机动车、摩托车以及低速货车）的增长变化如图 1 所示。近 20 年，尤其是近 10 年来，中国民用汽车及载客汽车的保有量迅猛增长，年均增长率超过 15%。如 2012 年年末，中国民用汽车保有量 10933 万辆，比 2011 年增长 16.8%；私人汽车保有量 8839 万辆，较 2011 年年末增长 20.6%。其中，私人小客车是增长率最高的机动车类型，从 2006 年的 1756 万辆陡增至

2012 年的 7574 万辆，年均增长率达到 27.6%。

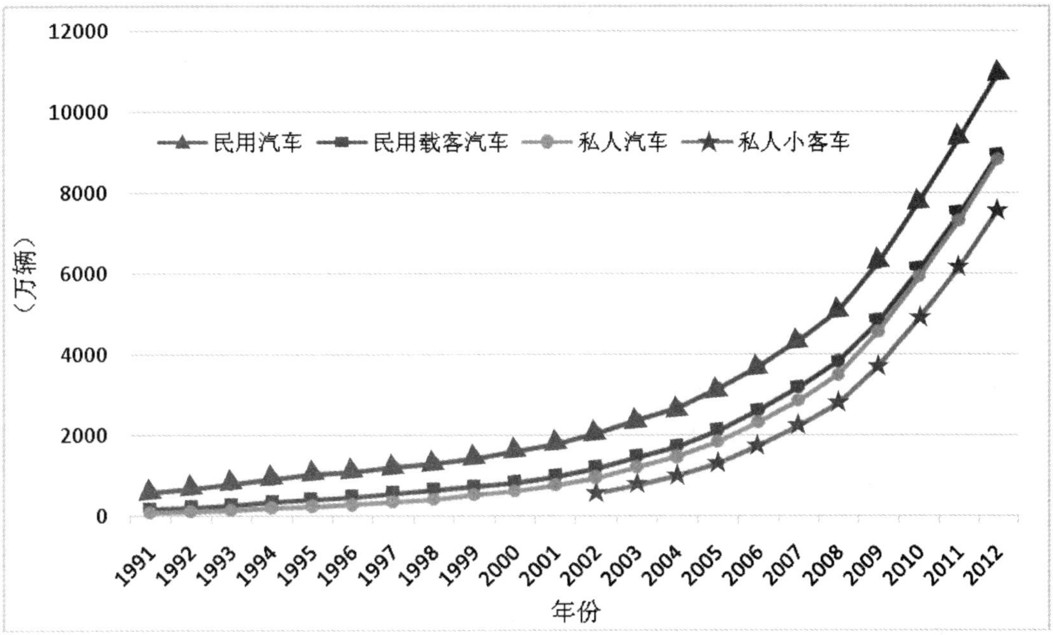

图 1　1991—2012 年国内机动车发展演变

在此期间，特别是 2000—2010 年，国内城市道路交通的压力不断增大，从局部高峰时段拥堵演变为不分时段的全局拥堵，从一线城市拥堵演变为二、三线城市，甚至县城都拥堵。这主要归因于私人小客车以超过平均增长率的速度快速增长。如北京市 1998—2002 年机动车年均增长 9.7%，私人机动车年均增长 14.4%；而 2003—2007 年机动车年均增长 11.0%，私人机动车年均增长 14.6%，私人小客车年均增长 23.1%，增长势头明显加速。至限购开始的 2010 年年末，北京市机动车保有量 480.9 万辆，相比 2009 年净增 79 万辆，增幅为 19.7%。全年平均月净增 6.6 万辆，其中，下半年月净增 7.4 万辆，机动车保有量增幅和增速均创历史新高，见图 2。

图 1 曲线表明，我国从 2000 开始进入机动化快速增长期，此前可称为机动化起步期。尽管北京市由于人口、资源和环境的约束，于 2010 年 12 月末使用强力手段进行了干预，出现了增长的拐点，进入了缓慢增长期，但从全国整体看，快速发展阶段并没有迈过。也就是在 2003 年 8 月，北京市机动车保有量突破 200 万辆，市区路网负荷整体接近饱和，城市交通开始拥堵。经过十余年的发展，至 2012 年，全国各类城市均出现了不同程度的拥堵，而北京则平峰时段也出现拥堵。

二、城市交通政策演变——不同时期交通政策与机动化发展的关系

（一）起步期

这一时期国家层面没有出台有关城市交通的政策和规定，讨论的范围局限于国家相

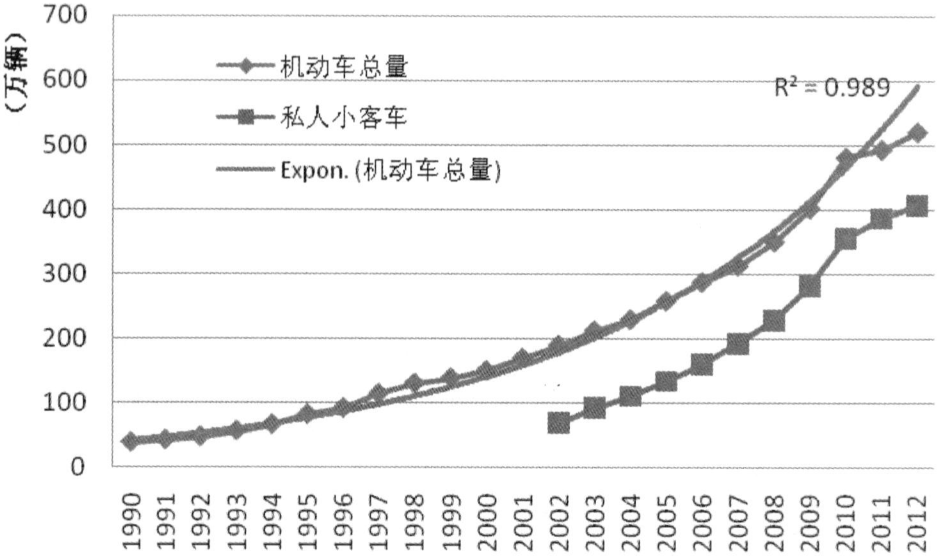

图 2　1990—2012 年北京市机动车和私人小客车发展变化

关部门和学术机构。大致可划分为两个阶段。

1. 机动化准备期

改革开放初期，我国的机动化水平极低，1982 年中国城市机动车保有量不超过 200 万辆，同期城市自行车保有量约 3500 万辆，城市公共交通落后，交通基础设施严重匮乏，1985 年年底万人公交车辆拥有率在全国 21 个特大城市仅为 5.69 标台。此时，对机动化和城市交通的研究主要是前瞻性和战略性的。1985 年国家科委发布的蓝皮书第 6 号关于城乡建设的技术政策明确指出：交通发展的战略方向是大城市以公共交通为主，各种交通工具协调发展，科学确定交通结构。同时，对各类交通方式的发展也提出要求，即大城市适当控制自行车的发展，控制高能耗高污染的摩托车发展，限制社会团体车和公务车的发展，积极发展出租车，有条件的大城市逐步建设快速轨道交通等。

2. 机动化起步期

1992 年后，特别是 1994 年《汽车工业产业政策》的颁布，我国经济发展进入了快车道。由于收入的增长，国家对小汽车进入家庭的政策鼓励，我国机动化发展快速启动。

在此背景下，小汽车快速发展带来的城市交通需求总量激增与交通设施供给短缺之间的矛盾异常突出，学术界和相关主管部门对机动化的走向进行了深入研究，提出了未来城市交通发展应把握的战略方向。1995 年的《北京宣言：中国城市交通发展战略》是这一时期的代表性成果。宣言中有关城市交通发展的五项原则、四项标准和八项行动，对以后中国城市交通的发展方向产生了深远影响。

总体来看，这一时期城市交通政策的战略重心开始关注城市综合交通体系的建设——合理引导小汽车发展、加快公共交通发展、加强交通需求管理，以及交通与土地利用的协调等。如 1994 年上海市开始对新增的客车额度实行拍卖，以实现机动车有管理的增长。

应该说，机动化起步期的城市交通发展政策主要是通过学术层面的研究，并借鉴国外发展的经验和教训，从国家相关部门的角度提出预见性的政策和建议。由于机动化发展带来的问题还没有显现，政策的针对性不强。也由于汽车产业政策的推动，政府对机动化的发展乐见其成。

（二）快速增长期

进入2000年，中国城市交通面临的形势发生了显著变化，小汽车进入家庭的步伐明显加快，年均增长率15%以上，小汽车交通进入快速增长期。与此同时，城市规模急剧扩张，居民出行距离逐渐加大，交通需求总规模大幅增长。

面对日益困难的出行，首先是城市政府大大增加了城市交通设施的投资。2001—2006年，中国各城市重点关注拓宽道路、修建快速路和高架道路，而城市公共交通的投资比例仅为14.7%，虽然人均城市交通投资年均增长21%，投资额占全国的比例由1.92%提高至2.4%，但仍然无法缓解城市交通拥堵的蔓延趋势。

为应对急剧增长的交通需求和缓解交通拥堵，中央相关部门也在各自权责范围内提出了应对措施和办法，主要有国家发展改革委、国家城建主管部门和路面交通管理部门。这一时期有关城市交通发展的政策日益增多，一个显著的特点就是先由相关部门发布指导意见，后由国务院办公厅确认，最后上升为国家决策。

2000年《关于实施全国城市道路交通管理“畅通工程”的意见》由公安部联合建设部通过国办发〔2000〕18号文的形式发布，目的是以提高城市道路交通管理水平为中心，集中力量解决影响城市道路交通畅通的突出问题。因为以机动车的管理和畅通为主，在各地对意见的执行中，逐步演变为以车为中心，忽视行人和自行车的安全，机动车逐步挤占非机动化出行空间，行人和非机动车出行条件日益恶化。

2003年《国务院办公厅关于加强城市快速轨道交通建设管理的通知》（国办发〔2003〕81号）发布，这是国家发展改革委从投资角度对各地城市轨道交通建设做出的管理规定。规定的精神是量力而行、有序发展，确保轨道交通建设与城市经济发展水平相适应，避免债务负担和投资浪费。

城市公共交通发展政策的出台则经历了几个台阶。随着机动化产生的土地、能源和环境等问题日益严重，公共交通优先发展政策发布的层次逐步提升，最终上升为国家战略。在机动化发展一路高歌猛进时，2004年《建设部关于优先发展城市公共交通的意见》（建城〔2004〕38号）出台，成效不彰；2005年通过《国务院办公厅转发建设部等部门关于优先发展城市公共交通意见的通知》（国办发〔2005〕46号）的形式进一步强化；2006年建设部联合国家发展改革委、财政部与劳动社会保障部发布了《关于优先发展城市公共交通若干经济政策的意见》（建城〔2006〕288号），作为对上述意见的补充，进一步增强了意见的可操作性和地方政府执行的积极性；十余年的实践表明，中国未来将难以承受不受约束的机动化之重，2012年《国务院关于优先发展公共交通的指导意见》（国发〔2012〕64号）的出台终于使优先发展城市公共交通的政策修成正果，成为国家指导城市交通发展的核心政策。

2012 年《关于加强城市步行和自行车交通系统建设的指导意见》（建城〔2012〕133 号）由住房城乡建设部联合国家发展改革委、财政部出台。指导意见针对当前城市步行和自行车交通环境日益恶化、出行比例持续下降的实际情况，就加强城市步行和自行车交通系统的建设提出指导意见，其目的是促进城市交通领域节能减排，加快城市交通发展模式转变，预防和缓解城市交通拥堵，促进城市交通资源合理配置，倡导绿色出行。

至此，从 2000 年至 2012 年的一个轮回，国家层面关于城市交通系统各种交通方式的政策已相对完备。

三、汽车产业政策的影响

城市交通发展政策的重要影响因素是国家汽车产业政策。1994 年《汽车工业产业政策》（国发〔1994〕17 号）颁布实施，明确提出到 2010 年把汽车工业建设成国民经济的支柱产业，汽车总产量要满足国内市场 90% 以上的需要，轿车产量要达到总产量一半以上，并基本满足进入家庭的需要。在国家政策的鼓励下，汽车特别是小汽车产量逐年攀升，小汽车进入家庭步伐明显加快。1994 年北京市机动车 66. 9 万辆，从 100 万辆（1997 年 2 月）升至 200 万辆（2003 年 8 月）用了 6 年时间，从 300 万辆（2007 年 5 月）到 400 万辆（2009 年 12 月）用了两年 7 个月，从 400 万辆到 500 万辆（2012 年 2 月）仅用了两年 2 个月时间，而且最后一个 100 万辆，是在实施购车摇号限购政策（2010 年 12 月实施）后迅速突破的。机动化的快速增长反映在交通流量的变化上，从 1990 年到 2001 年的 10 年间，北京市市区交通流量以年均超过 15% 的速度递增；与此同时，道路设施的修建明显加快，1994 年三环路全线通车，1999 年平安大道通车，2000 年四环路全线通车，2003 年五环路全线通车。

2004 年国家汽车产业政策修订，后以《汽车产业发展政策》（发改〔2004〕8 号）发布。政策提出：在 2010 年前，我国成为世界主要汽车制造国，汽车产业成为国民经济的支柱产业，满足消费者对汽车产品日益增长的需求。为适应形势发展需要，政策于 2009 年再次进行修订，停止执行部分条文。在此鼓励背景下，国内汽车产销量快速增加，分别从 2001 年的 233. 4 万辆和 236. 4 万辆增长到 2012 年的 1927. 2 万辆和 1930. 6 万辆。至 2011 年中国小汽车产销量已位居世界第一。

在汽车产业政策的鼓励下，伴随居民购买力的提升，中国正处于全球最大规模的汽车进入家庭时期，多数城市进入小汽车快速增长阶段，部分特大城市迈入小汽车普及阶段。2012 年，国内有 23 个城市的机动车保有量超过 100 万辆，北京机动车保有量则突破 500 万辆，千人机动车保有量达到 250 辆以上。

四、城市交通发展理念的提升与模式转型

（一）发展理念的提升

从我国城市交通政策出台的轨迹看，政策针对的对象从小汽车开始，经历轨道交通

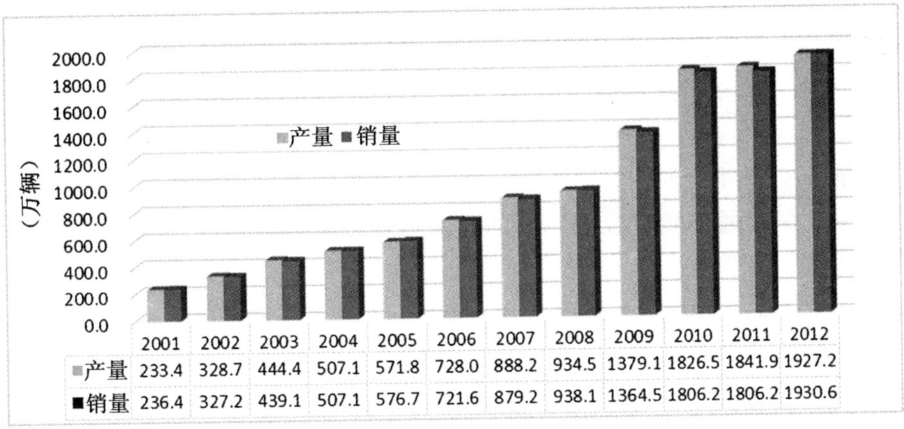

图 3　2001—2012 年国内汽车产销量变化

（大运量公交）、公共交通，到步行和自行车，政策的重心发生了明显的偏移，从关注车转变到关注人，从关注机动化转变到关注绿色交通，从关注单一交通方式转变到关注综合交通系统，政策的理念有着明显的变化和提升。

1. 小汽车

小汽车发展一直是政策关注的重点。在国家把汽车工业确定为支柱产业之初，所有有关城市交通发展的政策都是围绕小汽车这一核心的。2000 年前后，大城市出现交通拥堵时，采取的策略是直接为小汽车寻找出路——“畅通工程”，步行和自行车等其他交通方式的出行空间被大大压缩，公共交通发展日益边缘化。

2. 轨道交通

从轨道交通自身发展历程看，我国轨道交通经历了起步、扩散和全面提速三个阶段。以 1999 年为界，之前，我国轨道交通建设处于起步阶段，地铁仅局限于北京、天津和上海三个直辖市。之后，我国轨道交通建设开始扩散，南京、武汉、深圳也加入这一行列，同时杭州、沈阳和成都等也纷纷提出建设规划。2003 年，在此背景下出台的国办发〔2003〕81 号对规范城市轨道交通建设、规避投资风险起到了积极作用。

但是，在机动化发展的全局背景下，加强城市快速轨道交通的建设管理客观上对促进小汽车发展有积极作用，同时延缓了公共交通的发展。2003 年是国内小汽车进入家庭、城市交通出现拥堵的初期，加强交通需求的引导异常关键，从国外发展看，在有条件的城市建设轨道交通是必要的。由于轨道交通建设的周期长，而机动化发展异常迅猛，当轨道交通建设受阻时，交通需求的一部分转而依靠小汽车交通，促进了小汽车的增长。而当城市交通需求总量过大，最后仍不得不依赖轨道交通支撑时，城市轨道交通的建设规划却仍在审批中。

3. 公共交通

公共交通以多数人的出行为主要目标，但长期以来，公共交通在小汽车发展的夹缝中求生存。2004 年、2005 年和 2006 年相继出台的优先发展公共交通的政策，是在城市交通日益恶化、拥堵严重的情况下出台的，是交通发展理念的一次大提升，从过去重点关注车转变为关注人。但在小汽车既有发展惯性裹挟的强大势头下，地方具体执行时仍不断偏移优先目标，优先发展公共交通一度沦为口号，城市公共交通出行分担率普遍在20%以下。

2010年前后，城市交通拥堵由特大城市、大城市向中小城市蔓延，虽然大量建设道路交通等设施，但交通拥堵状况仍不断恶化，拥堵成常态。实践一再表明，任何期望通过单纯的工程和管理措施改变城市交通拥堵的做法已不现实。国发〔2012〕64号使优先发展公共交通成为政策的核心，从实践看，其内涵和相关配套政策还有待进一步深化。

值得反思的是，国家相关部门出台的公交改革指导意见并没有带来城市公共交通的大发展，反而使诸多尝试的城市其公交发展陷入无休止的利益纷争中，未来发展步履维艰。

4. 步行和自行车

绿色交通理念的出现，使长期受挤压的步行和自行车出行方式重获新生的希望。建城〔2012〕133号是国家层面发出的重要信号，步行和自行车将回归其应有的功能和地位，发挥节能减排、缓解拥堵、促进交通模式转型的重要作用。

（二）发展模式转型

在城市交通政策演变及其理念的转换过程中，城市交通发展模式转型的目标已呼之欲出，就是在人口、土地、能源和环境等外部条件的硬性约束下，城市交通的发展模式应从起初的以小汽车为主，转变为以人为本、绿色、节能和低碳方向。未来城市交通发展模式将以公交优先为主线，促进城市交通结构优化，构建城市综合交通系统，并提高城市交通服务效率和水平。

优先发展公共交通是优化城市交通结构的重要手段。特大城市积极推进城市轨道交通建设，优化公交网络；大城市应将公共交通作为城市开发建设的关键引导因素，加强交通走廊的公交干线建设，促进TOD（以公共交通为导向）开发，以及重点地区的公交网络发展；加强需求管理，为步行、自行车和公交等绿色交通方式的发展提供保障，加快城市交通结构向节能、绿色、低碳的方向转化。

构建以公共交通为主要内容的城市综合交通系统。特大城市积极推进大运量公交系统建设，大城市加快完善公交服务体系。严格控制出租车规模，使其回归特殊需求和高端服务的功能。加快建设与环境和谐共存的步行和自行车系统。以差别化策略为指导，谨慎应对小汽车发展，在时间和空间不同层面引导和调控小汽车的发展。努力打造以绿色交通为主体、多种交通方式相互补充的城市综合交通系统。

同时，以公共交通为主要对象，普及公交车辆优先通行系统、公共交通智能调度系统和电子票务系统，实现公共交通服务效率和水平的提升。

五、结语

21世纪的最初十余年是我国机动化飞速发展的时期，也是我国城市交通政策密集推出的时期，政策的背后集中体现了我国人口、土地、资源和环境对机动化发展越来越严厉的硬性约束。

当前，公共交通发展缓慢，大城市轨道交通建设滞后，公共交通总体容量不足，服务能力和服务水平与交通需求不相适应。应改变机动车保有量、使用频率爆炸式增长，小汽车出行比例逐年增大，城市交通结构持续向小汽车为主的模式转化的局面，同时强化对小汽车交通需求的有序引导和控制，鼓励和支持与高密度紧凑城市发展相匹配的公共性、集约化交通方式的发展。

参考文献

[1] 建设部城市交通工程技术中心．中国城市交通发展战略［M］．北京：中国建筑工业出版社，1997.

[2] 李晓江．当前城市交通政策若干思考［J］．城市交通，2011，9（1）：7-11.

[3] 周干峙，等．发展我国大城市交通的研究［M］．北京：中国建筑工业出版社，1997.

[4] 中华人民共和国国务院办公厅．关于实施全国城市道路交通管理“畅通工程”的意见（国办发〔2000〕18 号）［EB/OL］．2000［2013-10-18］．http://china. findlaw. cn/fagui/jj/26/121920. html.

[5] 中华人民共和国国务院办公厅．国务院办公厅关于加强城市快速轨道交通建设管理的通知（国办发〔2003〕81 号）［EB/OL］．2003［2013-10-18］．http://www. gov. cn/gongbao/content/2003/content_ 62476. htm.

[6] 中华人民共和国建设部．建设部关于优先发展城市公共交通的意见（建城〔2004〕38 号）［EB/OL］．2004［2013-10-18］．http://www. hunanjs. gov. cn/news/2006-1-14/151401. html.

[7] 中华人民共和国国务院办公厅．国务院办公厅转发建设部等部门关于优先发展城市公共交通意见的通知（国办发〔2005〕46 号）．2005［2013-10-18］．http://www. gov. cn/zwgk/2005-10/19/content_ 79810. htm.

[8] 中华人民共和国建设部，中华人民共和国国家发展和改革委员会，中华人民共和国财政部，中华人民共和国劳动和社会保障部．关于优先发展城市公共交通若干经济政策的意见（建城〔2006〕288 号）［EB/OL］．2006［2013-10-18］．http://www. gov. cn/zwgk/2006-12/04/content_ 461023. htm.

[9] 中华人民共和国国务院．国务院关于城市优先发展公共交通的指导意见（国发〔2012〕64 号）［EB/OL］．2012［2013-10-18］．http://www. gov. cn/zwgk/2013-01/05/content_ 2304962. htm.

[10] 中华人民共和国国务院．汽车工业产业政策（国发〔1994〕17 号）［EB/OL］. 1994［2013-10-18］．http://www. china. com. cn/chinese/zhuanti/fbss/583597. htm.

[11] 中华人民共和国国家发展和改革委员会．汽车产业发展政策（发改〔2004〕8

号）[EB/OL]. 2004 [2013-10-18] . http：//www. china. com. cn/policy/txt/2009-08/31/content_ 18430768_ 7. htm.

[12] 中华人民共和国工业和信息化部，中华人民共和国国家发展和改革委员会. 汽车产业发展政策（2009 年修订）（工信部，发改委〔2009〕10 号）[EB/OL] . 2009 [2013-10-18]. http：//www. china. com. cn/policy/txt/2009-08/31/content_ 8430768. htm.

[13] 中华人民共和国住房和城乡建设部，中华人民共和国国家发展和改革委员会，中华人民共和国财政部．关于加强城市步行和自行车交通系统建设的指导意见（建城〔2012〕133 号）[EB/OL] . 2012 [2013-10-18] . http：//www. gov. cn/gzdt/2012-09/18/content_ 2226905. htm.

积极助推通用航空发展 加快完善综合运输体系

唐热情[1]　林奇东[2]

（1. 重庆市综合交通运输研究所，重庆　401121；

2. 重庆市交通委员会，重庆　401147）

【摘　要】本文以国际经验和国内现状为基础，分析了我国通用航空面临的发展形势，及“大交通”体制下加快通用航空发展的行业责任和重大意义，指出了当前交通行业助推通用航空事业发展亟须开展的重点工作。

【关键词】通用航空　综合运输　交通政策

Developing General Aviation to Improve Compressive Transportation System

Tang Reqing[1]　Lin Qidong[2]

（1. Chongqing Institute of Comprehensive Transportation, Chongqing 401121;

2. Chongqing Transportation Commission, Chongqing 401147）

Abstract: Based on the review of international experience and domestic situation, this paper analyzed the prospects of China's general aviation, and the industry responsibilities and significance of accelerating the development of general aviation under great transportation institutional system. In addition, it proposed the crucial tasks transportation industry need to carry out to boost the development of general aviation.

Keywords: General aviation　Comprehensive transportation　Transportation policy

由于受经济发展水平及空域管理体制的限制，我国通用航空长期处于缓慢发展阶段。2010 年 11 月，国务院、中央军委发布《关于深化我国低空空域管理改革的意见》，拉开了我国加快通用航空事业发展的序幕。交通行业着眼全局，积极助推通用航空事业发展，对于加快完善综合交通运输体系、更好地服务经济社会发展具有重要的战略意义。

一、我国通用航空发展面临的形势分析

通用航空的服务对象横跨农业、工业和服务业三大产业，其产业链包括航空器材研发制造、通用机场及飞机营运、飞行培训、油料供应、机务维修、金融与保险支持等，

投入产出比达1∶10、就业带动比达1∶12，极具关联带动效应。通用航空在医疗救护、城市消防、空中巡查、农林气象、环境监测、科学实验、航空摄影、表演飞行、旅游观光、教学训练、公务或私人飞行等领域，具有广阔的市场前景。

（一）对比发达国家，我国通用航空发展差距巨大

美国是全球通用航空最发达的国家，拥有通用飞机约22.3万架（与运输飞机的比值为30∶1），占全美民用注册航空器的96%，其中67%为私人飞机，拥有通用机场1.9万余个（运输机场378个），通用航空已经成为全美广泛服务于公务出行、商业飞行、旅游休闲及应急救援等领域的重要交通工具。其他发达国家如加拿大有通用飞机3.6万架、法国有3.2万架、德国有2.1万架，发展中国家如巴西有2万架、南非有1.2万架。目前我国仅有通用飞机1600余架（与运输飞机的比值为0.7∶1），通用机场70个（运输机场175个）。尽管近年来我国通用航空飞行总量年均增长达10%以上，但由于飞行器基数小、保障条件严重滞后，通用航空的发展仍处于起步阶段，大致相当于发达国家20世纪40—50年代的发展水平。

（二）从社会消费能力看，我国已具备加快推进通用航空发展的经济基础

通用航空不仅广泛应用于特定生产作业，也孕育着巨大的消费类飞行市场。根据国际经验，当人均GDP超过4000美元后，通用航空产业将进入快速发展的黄金期。我国人均GDP在2010年突破4000美元，2011年突破5000美元，2012年突破6000美元，全国2/3省份人均GDP已超5000美元。随着经济实力和生活水平的提高，社会对高效率公共服务和高品质生活方式的需求日益旺盛。近年来诸多报道称中国已成为全球最大的奢侈品消费国，中国富裕阶层随处可见的豪车和巨额海外奢侈消费，足以证明社会并不缺少通用航空的消费需求和购买能力，而是缺少相应的产品和制度供给。

（三）从市场发展环境看，制约通用航空发展的制度坚冰正在逐步消融

近年来，国家高度重视通用航空发展，优化制度环境的改革举措不断出台。国家明确将通用航空作为七大战略性新兴产业重点支持内容之一，在《“十二五”规划纲要》中提出要“重点发展以干支线飞机和通用飞机为主的航空装备……积极推动通用航空发展”。2010年以来陆续推出《关于加快通用航空发展的措施》、《关于印发通用航空民用机场收费标准的通知》、《通用机场建设规范》、《通用航空发展专项资金管理暂行办法》、《通用航空飞行任务审批与管理规定》等一系列措施，2014年2月国务院又取消和下放了7项通用航空行政审批事项，国家层面的积极行动表明，制约通用航空市场发展的制度性障碍正在逐步消除。

（四）从配套服务体系看，已具备通用航空产业链落地生根的成长条件

经过改革开放三十多年的快速发展，我国装备制造业和交通运输业已形成较好的产业基础和配套能力。中国航空工业集团公司具备通用飞机研发和制造能力，地方通过收购重组、中外合资、“技术换市场”等模式运作也能迅速形成生产能力。如重庆通用航空产业集团公司以重庆直投、两江航投为产业平台，通过全资收购美国恩斯特龙直升机公司切入通用航空制造领域，随后吸引瑞士皮拉图斯落户两江新区航空产业园，并相继与美国霍尼韦尔、贝尔等直升机公司签订合作协议，已初步形成产业化能力。近年来民间资本进军通用航空营运市场的热情也十分高涨，目前国内注册通用航空企业已从2010年的111家增加到2013年的186家，2013年通航飞机数量达到2010年的2.7倍，增长势头可谓迅猛。从交通方面来看，我国高速公路和高速铁路里程稳居世界第一位，发达的高速公路网络和遍布城乡的普通公路网络已经形成，通达通畅的基本问题已经解决，为通用航空的网络连接及服务需求创造了条件。

二、交通运输部门推进通用航空发展意义重大

通用航空事业处于蓬勃发展的起步阶段，也正是需要导航定向、统筹规划和政策支撑的重要时期。交通行业积极作为推进通用航空事业大发展，对于促进行业转型升级、进一步完善立体综合交通运输体系具有重要的战略意义。

（一）从行业管理体制的演变趋势看，交通部门积极助推通用航空发展顺理成章

近年来国家推进“大部制”改革，已将民航、邮政、铁路划归交通运输部管理，明确赋予交通运输部负责组织编制综合交通运输体系规划和统筹衔接平衡铁路、公路、水路、民航规划方面的职能，各省市也在逐步按照上下对口方式将民航纳入“大交通”管理体制。交通部门在通用航空发展上积极作为，既是负责任行业的一种体现，也是前瞻性加强综合运输体系建设的必然要求。我国交通基础设施已经跨过极度短缺时代，运行效率和服务水平的提升必须从综合交通运输体系上下功夫。通用航空具有机动灵活、快速高效等特点，属于高端、个性定制化的交通运输方式，对综合性政策和制度设计的依赖性比传统交通方式会更多，需要行业管理部门在科学统筹和系统优化上积极发挥作用。

（二）从交通基础设施的先导性和衔接性特征要求看，交通部门积极助推通用航空发展责无旁贷

交通设施是运输发展的基础，也是经济繁荣的先导性支撑。通用航空的制约因素除空域管制政策外，首当其冲就是机场。通用机场建设受土地审批及导航通信、公路连接线等配套因素制约，没有国家政策支持很难形成规模化、网络化发展态势。近年来我国通用航空飞机数量增长很快，但飞行业务量增长并不明显，其中通用航空机场不足及开放共享机制没有形成是重要原因。前瞻性研究通用机场的建设规律及接驳促进机制，实现通用机场的区域覆盖以及与公路的顺畅衔接，是交通部门有能力、有责任推动的一项重要工作。美国自1946年出台《联邦机场法案》提供资金补助，目前已覆盖到全美3330个机场，其中通用机场2952个，补助范围包括通用机场的规划研究、勘察设计、土地征用、基建/维修、安全设施设备以及连接道路等，2013—2017年AIP（美国工业合伙人基金会）预计拨款425亿美元，其中通用机场补助额占拨款总额的32%，单个项目补助额达到规定内容合格费用的90%～95%，以保持必要的公共服务水平。

（三）从“军民融合、平灾结合”的应急救援体系建设目标看，交通部门积极助推通用航空发展利国利民

我国幅员面积辽阔，地理条件复杂，人口数量众多，又是自然灾害多发国家，几乎

每年都要发生洪涝、地震、森林大火等区域性、大范围的自然灾害，灾难发生时，交通、电力、通讯中断，愈加凸显出通用航空在灾情侦查和灾后救援的极端重要性。世界各国都非常重视重大突发危机和自然灾害的应对能力建设，强大的空中应急救援力量就是其重要组成部分。以商业化手段调动民间力量，将民间通用航空作为国家航空救援力量的重要补充，是国家航空救援体系建设的必由之路，也是发达国家普遍的做法。我国目前通用航空力量弱小，平时应用已捉襟见肘，加之灾难来临时缺乏有效的组织征用体系，根本无法满足救援需求。大力发展民间通用航空，除了服务经济建设外，不仅能为运输航空、军用航空提供大量技术人才，更能形成广泛的社会救援力量，构成军队、政府和民间三位一体的航空救援体系。

（四）从交通行业的转型升级发展要求看，交通部门积极助推通用航空发展很有必要

汽车的个性化消费是交通运输产业化发展的一次重要提升，通用航空的个性化消费将是新时期交通运输更高层次的一次革命性突破。由于通用航空处于技术密集型产业链高端，作为战略新兴产业培育发展必将在推动传统产业转型升级方面发挥重要引领作用。通用机场的规划建设、营运管理，通用飞机的研发制造、维修保养，通航飞行员的人才培训等，都将形成巨大市场。对于公路水路交通建设高峰期过后的传统交通企业而言，也是实施业务多元化拓展和转型升级的一次良好机遇。美国自20世纪40年代起大力支持发展通用航空，70年代进一步开放低空管制，90年代预见到未来高速公路和枢纽轮辐式航空运输网的严重堵塞，提出建立“小飞机运输系统”，把通用航空运输作为民航新的运输发展战略，并作为高速交通的第四次革命来发展，前瞻性的政府推动为美国赢得了全球航空业的领先地位。

三、交通运输部门推进航空发展亟须开展的重点工作

自2010年国家出台低空空域管理改革的意见以来，民间投资通用航空的热情高涨，全国各地通用航空产业园区规划建设也如火如荼，市场需求的快速发展已形成管理改革的倒逼机制，迫切需要国家落实行动，让通用航空从舆论热议和股市爆炒跨入快速发展的良性轨道。

（一）要成为更加有力的发展环境建设推动者，加快通用航空制度体系的构建

大部门体制建立后，交通运输部门应及时扭转交通基础设施短缺时代直接管项目、管企业的习惯思路，要在既有民航管理体系基础上向更高的改革目标挺进，成为优化行业政策和制度环境、促进技术革新和标准化管理应用的主导推动力量。通用航空是政策依赖性、产业链依赖性极强的行业，正如台湾宏碁集团创办人施振荣先生提出的“微笑曲线”所揭示的道理一样，越是高技术产业或产业链的高端，对制度环境的依赖性就越强。政府要达到繁荣市场的目的，关键是要按照市场发展的需要去完善规则和制度，最大限度激发市场活力。1994年美国政府发布《通用航空振兴法案》成功挽救了20世纪80年代因产品终身责任而导致的行业萧条，2013年为恢复金融危机以来出现的行业衰退又通过了《小型飞机复兴法案》，适应市场需要的法规制度是美国通用航空产业健康发展

至关重要的保障。目前我国在空域管制程序、安全监视技术以及通用机场建设、飞行员培训等诸多方面存在制度欠缺或不适应，通用机场建设不仅审批程序标准高、手续复杂、周期长、涉及部门多，而且国家支持政策不明，迫切需要交通运输部门通过加强行业调研、政策游说和跨部门合作，尽快在航空法制、管理程序、规范标准及国家补助政策上取得系统性进展。制度体系建设是政府服务发展的首要责任，只有发展环境健全了，市场需求才会充分释放，社会投资才会有效激活，行业才能走入可持续的发展轨道。

（二）充分利用土地和资金政策，积极推动通用机场有序发展

目前我国通用航空机场仅有 70 个（不含临时起降点），机场的极度匮乏将成为低空领域开放后的最大制约。加快通用航空机场的规划建设，是当前通用航空事业发展的紧迫任务。在通用航空市场培育之初，由于土地和投资等因素制约，完全依靠市场力量很难形成网络化、系统化的通用机场体系，这一特性决定了国家对通用机场网络建设给予支持的必要性。交通是用地大户，交通发展与科学的用地政策密不可分。为什么香港轨道交通的综合开发政策、日本市郊铁路的综合开发政策多年来在国内不能实行？理念认识不足是一方面，更关键的是缺乏综合性产业政策的推进体制和动力机制。2012 年年底国家出台的《通用航空发展专项资金管理暂行办法》，看是政策利好但“好钢没有用在刀刃上”。对通用航空作业甚至对通用航空企业的设备购置更新改造进行补贴是非常不合理的，这里面有一个理顺财权事权核算体系和市场优先原则的问题，属于地方政府或相关直属单位购买服务范围的，应纳入地方财政或事业单位经费预算管理，通用航空企业的设备购置更新改造应属于企业投资决策的范畴，行业部门的补助资金应优先用于市场不能充分发挥作用而且属于长期性投资的公共性领域。

我国人多地少，通用机场的建设发展不可能走美国民间遍地开花的发展模式。区域性或基地型通用机场的规划布局由政府统一管理，并给予资金补助，以保持必要的公共服务水平，这是世界发达国家的普遍经验。大部制下的交通运输部门，应积极争取通用机场划拨用地及综合开发政策，按分类对符合要求的通用机场给予规划与建设资金援助。应优先规划建设区域性或基地型通用机场，并把定期航班任务量普遍较少的支线机场作为区域性通用机场体系的组成部分，尽快形成基本覆盖的通用机场骨架网络，在此基础上培育通用航空市场，再由市场去补充建设其他需要的通用机场。区域性通用机场的建设应坚持“企业主导→公私合作→政府主导”的优先次序原则，以识别项目的合理建设时机与建设规模，避免地方政府贪大求全、盲目冒进带来的投资和营运风险。其他商用或自建自用类通用机场主要依靠企业自主投资、自负盈亏，政府重在优化制度环境、提高审批效率，充分调动通用航空发展的市场化力量，并促进社会共享服务网络的形成。同时，对于开放服务的通用机场，应引导鼓励委托专业机构组织营运（如发达国家的 FBO、MRO 模式），以提高通用机场的专业管理和商业运作能力，发挥更好的社会服务和经济服务价值。

（三）大力支持通航飞行培训学校或基地建设，为通用航空发展储备飞行和维修技术人员

目前我国通用飞机1600余架，通用航空飞行员4500余人（其中3500多人在航校），真正投入通用航空作业的飞行员不足1000人。对比美国约22.3万架通用飞机、45万名通航飞行员，在反映差距巨大的同时，也说明我国未来巨大的市场空间。根据有关专家预测，未来十年我国通用飞机保有量可望超过10000架，通用飞行员需求达20000余人，年均培养需求达1500~2000人。而受限于培训资源、培训条件的严重不足以及通用航空飞行员培养渠道的不畅，目前我国每年的培养能力估计不超过200人，远远不能满足通用航空的发展需要。飞行员培养是航空业中高附加值、高投入的业务领域，虽然属于市场化行为，但在产业成长初期，市场化制度环境严重滞后，政府给予适当发展扶持是非常必要的。然而考虑到政策的针对性、有效性和可持续性，扶持的出发点应该是基于产业的薄弱环节而不是提高市场的积极性，扶持的方向应该是培训学校或基地的能力建设（包括空域、教官、设备、成本、管理等），通航企业送陪的积极性或学员参培的积极性更应该通过制度性改革来激活，而不是用大量财政来养活。目前我国认证的飞机驾驶员执照培训机构共13家，由于培训成本高、教员匮乏、缺乏经验等原因，各培训机构举步维艰，需要国家从长远发展着眼给予多方面政策支持并完善培训能力的区域布局，逐步形成与通用航空产业发展相匹配的职业培训体系。

参考文献

［1］詹培文，王若愚．通用航空发展现状及前景分析［C］//中国航空学会．中国通用航空发展论坛论文集．成都：电子科技大学出版社，2013.

［2］FAA. General Aviation and Part 135 Activity Surveys – CY 2012［EB/OL］. http：//www. faa. gov/data_ research/aviation_ data_ statistics/general_ aviation/CY2012/.

［3］FAA. General Aviation Airports：A National Asset［EB/OL］. http：//www. faa. gov/airports/planning_ capacity/ga_ study/. 2014-3.

［4］General Aviation Manufacturers Association. 2013 General Aviation Statistical Databook & 2014 Industry Outlook［R］. General Aviation Manufacturers Association，2014.

［5］FAA. National Plan of Integrated Airport Systems（NPIAS）2013—2017［EB/OL］. http：//www. faa. gov/airports/planning_ capacity/npias/reports. 2012-9-27.

［6］FAA. Overview：What is AIP? Airports［EB/OL］. http：//www. faa. gov/airports/aip/overview/.

［7］高远洋．民间通用航空是国家航空救援力量的重要补充［N］．中国民航报，2012-10-12（4）.

［8］唐继龙．灾难将改变我国通用航空的命运——对汶川地震民航直升机空中救援的冷思考［J］．中国民用航空，2008，6：27-29.

［9］杨颖．美国通用航空产业发展概况及启示［C］//中国科学技术协会，天津市

人民政府．第十三届中国科协年会第二十二分会场——中国通用航空发展研讨会论文集，2011.

［10］FAA. US Civil Airmen Statistics［EB/OL］. http：//www. faa. gov/data_research/aviation_ data_ statistics/civil_ airmen_ statistics/2013/.

［11］高远洋．我国通用航空飞行员培养之道［J］．中国民用航空，2014，4：18–19.

［12］高启明．以高等职业教育构建我国通用航空飞行员培养主流模式［J］．成都航空职业技术学院学报，2013，12（4）.

支撑建设现代宜居小城镇的交通发展模式探讨

叶　亮

（交通运输部规划研究院，北京　100028）

【摘　要】本文在研究国外现代宜居小城镇交通系统发展经验的基础之上，分析了我国小城镇交通发展现状及存在的问题，通过借鉴国外发展经验，总结了支撑现代宜居小城镇的交通规划、建设、管理模式，提出我国在小城镇交通发展中应在交通规划定位、交通发展重点、交通服务对象、交通设施设计、交通组织管理等方面实现的理念和方法转变，最后提出了保障我国小城镇交通系统发展的政策建议。

【关键词】现代宜居小城镇　交通发展模式　交通理念与方法

Transportation Development Model to Support Modern and Livable Town Construction

Ye Liang

(Transport Planning and Research Institute, Ministry of Transport, Beijing 100028)

Abstract: The paper studied transportation development experiences of modern and livable town in some developed countries, described transportation system development in Chinese towns. Based on these experiences, transportation planning, construction and management pattern of modern and livable town was summarized. In China, we should transform our develop ideas and methods in the aspects of transportation planning position, key points of transportation developing, focus of transportation service, transportation infrastructures design, and transportation organization and management. Finally, some suggestions were provided to ensure transportation development in modern and livable town in China.

Keywords: Modern and livable town　Transportation development model　Transportation develop ideas and methods

一、引言

我们心中理想的城市是什么样子？在某杂志举办的“我心中的理想城市”征文比赛中，关于理想城市的描述，大抵可以概括为：适宜的空间尺度、合理的功能布局、便捷的交通系统、完善的公共服务、安逸的居民生活、历史与现代的和谐交融。2014 年，美国咨询及投资服务公司美世（Mercer）发布全面城市生活质量排名，维也纳连续 6 年高居榜首，苏黎世和奥克兰分别列第二和第三位，纽约等特大城市无缘前十，我国城市更是排在百名开外。事实上，那些现代宜居又蕴含传统历史文化的欧洲小城已日益成为人们向往的居住和工作的地方。据统计，德国城镇化率高达 96%，但只有约 30% 的人生活在 10 万人口以上的城市，大部分居民理想的居住地是大城市旁的小城镇，可兼得大城市的便利和乡间的惬意[1]。

本文旨在通过研究国外现代宜居小城镇的交通系统发展经验，总结支撑现代宜居小城镇的交通规划、建设、管理模式，根据现代宜居小城镇交通发展模式，提出我国在小城镇交通发展中应实现的理念和方法转变，并给出实现我国小城镇交通的科学健康有序发展的建议。

二、我国小城镇交通系统发展现状

改革开放以来，小城镇基础设施建设不断完善，交通状况也得到了极大的改善，但与大城市相比，我国小城镇交通基础设施建设相对滞后，交通组织管理基础非常薄弱，普遍缺乏科学合理的交通规划和设计，管理理念和方法也相对落后。总结起来，主要存在以下几个方面的问题：

（1）路网密度低、干支比例失调，过多强调主干道的规划建设，忽略支路的分流与疏通功能[2]。

（2）过境及混行交通情况严重、干线功能混杂，主干道集交通、商业、服务于一体，承载过多功能[3]。

（3）公共交通系统发展滞后、出行比例非常低，非机动车及步行出行环境差[4]。

（4）严重缺乏交通管理设施，管理技术水平极其落后。大量道路缺乏标志标线，必要的交叉口缺乏信号等；交通安全设施设置不规范，交通秩序混乱。

三、国外现代宜居小城镇交通系统的可资借鉴经验

对国外现代宜居小城镇的交通系统进行研究，不难发现便捷完善的交通运输系统是构建现代宜居小城镇的基础条件，且与大城市相比，小城镇的交通系统有其独特的发展特点：

（一）便捷的对外交通与高密度的道路网络

小城镇是大城市与乡村的连接体与中转站，既有与中心城市快速连通的需求，又有与下属的乡村地区紧密连接的需求[5]。纵观发达国家的现代宜居小城镇，无一不是建立在便捷的对外交通系统和高密度的内部道路网络基础上的。以德国巴伐利亚州为例，该州总面积 7 万平方公里，人口 1200 万，有小城镇达 2200 个，大城市与周边的小城镇以及小城镇之间通过便捷的高速公路和铁路连接，小城镇内部道路更是纵横交错，形成了畅通、便捷的微循环圈。在日本，任何城镇 1 小时内均可通过四通八达的路网到达高等级干线公路。而美国和德国的高速公路连接了所有 5 万人口以上的城镇。

（二）灵活设计，追求与环境的协调融合

发达国家的小城镇内部道路设计摒弃了宽且直的取向，更加强调道路与建筑、景色的融合，甚至刻意通过增加弯道和减小路宽降低车速以确保交通安全[6]。例如美国旧金山知名的九曲花街，是全美国最弯曲的一条街道，短短一段路上有八个急弯。该街道为使繁忙的交通有所喘息而设计建造，街道上遍植花木，景色宜人，已成为旧金山的一道风景。德国城市街道宽度不超过30米，大多数都是10米左右，但是街道路口多，路网密度大，交通通达性强，甚至路与路之间只间隔一两栋楼房。日本的城市道路规划也不追求整齐划一，而是根据地形地貌以及原有建筑的情况因地制宜，能宽则宽，能窄则窄，充分利用有限的土地资源，避免大拆大建。

（三）发达的市内及城际公共交通体系

德国城市公共交通非常发达，形成了以有轨电车为主体、公共汽车为补充的城市公共交通体系，通过换乘枢纽实现公共交通与自行车、私家车的便捷换乘，特别是与自行车的充分衔接，有效解决了城市公共交通“最后1公里”问题。由于德国高度发达的城镇化水平、相对均衡的人口分布、紧密的区域间联系与交流，其城市公共交通的服务范围已不仅局限于城市之内，而是通过洲际、城际、市郊、铁路与城内公共交通一起完成城市公共交通服务。

（四）安全舒适的慢行交通系统

德国、瑞士、荷兰等欧洲国家从20世纪50年代起积极鼓励和保护慢行街区的成长，并大力推广无车城镇（Car-free cities/towns）。这些国家通过社区尺度控制和社会支持设施保障以确保慢行交通合理出行半径和减少对小汽车的依赖[7]。此外，这些国家还实施了众多细化的慢行交通保障措施。例如，德国将自行车道与人行道设计在一起，并用醒目的路面颜色进行标识，空旷地段还设置了最高时速可达50公里的“自行车高速公路”；丹麦修建了自行车专用路网，并设置自行车与汽车共享道路资源的标志牌来保障自行车路权。

图1　美国旧金山的九曲花街

德国醒目的自行车道九曲花街

丹麦自行车与汽车共享道路标志

图 2　欧洲国家的慢行交通设计

（五）重视管理的人性化与精细化

日本、德国等国家在交通组织管理中处处体现了“以人为本”和精细化管理理念，并通过智能技术手段加以实施。例如，德国城镇公交站台都有公交时刻表或信息板，上面列出每班公交的到达和发出时刻，精确到分钟，通过智能化的公交调度和监控系统确保公交的准点到达，如因拥堵或其他意外情况无法准点到达，信息提示板会及时发出延误信息[8]。日本小城镇的路口和路段都安装了专门的行人过街信号灯和感应式或触摸式的人行横道灯；每条路上都修建了规范、明显、连续的盲道；小区内道路随处可见局部狭窄段、凸出路面和凸出标识，以提醒进入车辆减速。

德国公交站台信息板

标线清晰的日本城镇公路

日本行人优先路线

图 3　发达国家精细化的交通组织与管理

四、我国宜居小城镇交通系统发展模式分析

借鉴发达国家现代宜居小城镇交通规划建设和管理经验，可以将支撑现代宜居小城镇建设的交通发展模式总结为：由快速便捷的对外运输通道与四通八达的内部街区构成交通运输网络；遵循因地制宜、和谐融合的原则实现灵活的交通设计；形成鼓励公共交通优先和倡导慢行交通出行的设施与环境；对交通系统实施人性化、精细化、智能化的管理组织。具体可描述成以下几个方面：

（一）快速便捷的对外运输通道

小城镇的对外通道主要承担两方面功能：一是将小城镇与大中城市联结，承担小城镇与大中城市人员物资交流以及中转过境功能；二是连通小城镇之间以及小城镇与农村地区，承担小城镇人员物资交流以及城乡人员物资商品交流功能。快速、便捷、开放的对外运输通道是小城镇与外部空间联系的重要渠道，因此，小城镇与大中城市的连接通道主要由高等级的干线公路、铁路和民航组成；小城镇之间以及小城镇与农村之间主要由高等级公路、铁路组成。

（二）四通八达的内部街区

小城镇内部路网密度应相对较高，使居民有多种路径可选，分散交通出行，缓解主干道的交通压力。密集的、连通性极高的“窄路幅、高密度、小街区”的“微观路网”有利于保持街区步行环境和交通安全以及安宁的生活质量，体现“城市交通的目标不是盲目无休止地提高机动车的速度”的基本理念。

（三）灵活的交通设计

小城镇的发展完全不同于大城市，居民的生活方式也有较大差异。在道路设计时，应充分把握小城镇的空间与尺度，因地制宜设计街道长度、宽度，按照道路性质及交通特点确定道路宽度及断面，机动车车道数不宜超过4条，并需充分结合地形、地质、水文条件合理规划道路走向。

（四）公共交通优先与慢行交通环境营造

随着居民生活水平和购买能力的提高，使用小汽车出行的比例日益增大，不少小城镇已出现交通拥堵现象，先进完善的公共交通体系可大量减少小汽车的使用，从根本上缓解小城镇交通拥堵。此外，小城镇的布局形态、出行半径等更加适合步行、自行车等方式出行，便于形成慢行交通系统。因此，应充分发挥公共交通和慢行交通优势，形成公共交通与慢行交通互补模式[9]。

（五）人性化、精细化的交通管理

现代宜居小城镇的交通建设首先应遵循“以人为本”的原则，为人的移动提供最方便、快捷、舒适的服务。精细化管理是以“精、准、细、严”为基本原则，通过规划的系统化和细化，运用程序化、标准化、数据化和信息化手段，最大限度减少资源占用、降低成本，获得更高效率和社会经济效益。将精细化管理理念引入交通管理，有利于保证交通运行质量效率，提高交通管理水平。

为科学合理地规划小城镇交通运输体系，发展绿色可持续的交通运输模式，实现交通系统的人性化、智能化和精细化发展，满足城镇居民出行和货物运输需求，支撑现代宜居小城镇的建设，需要借鉴发达国家小城镇交通发展的成功经验，转变交通规划、建设与管理理念与方法。具体而言，需要实现以下几个转变：

（1）在交通规划定位上，实现由“被动适应”向“主动引导”转变。由传统的需求导向型转向规划导向型，引导出行需求及城镇空间格局的形成。

（2）在交通发展重点上，实现由“以基础设施建设为核心”向“以交通管理建设为核心”转变。更多地关注组织管理在交通服务中的作用，通过完善的组织管理使交通基础设施发挥最大的功效。

（3）在交通服务对象上，实现由“为机动车服务”向“为人的出行”转变。交通运输的最终目的是实现人和物的移动，应转变原来道路规划设计中一味追求宽、平、直、快的思路，构建安全、舒适、环保、便捷的适合居民出行的交通系统。

（4）在交通设施设计上，实现由“统一标准”向“灵活设计”转变。在道路设计方面，需因地制宜设计路宽、纵坡、转弯以及横断面形式等技术指标，尽量减少对自然物的人为改造，使道路最大限度地与周围环境以及当地文化氛围相融合。

（5）在交通组织管理上，实现由“粗放式管理”向“精细化管理”转变。交通组织管理直接影响了交通系统的运行，需要尽快转变我国城镇交通管理混乱无序的局面，充分发挥交通系统的效率和质量。

五、建设我国宜居小城镇交通系统的政策建议

（一）重视小城镇交通发展，积极转变理念方法

建设和发展现代宜居小城镇对推进我国新型城镇化发展具有重要的战略意义，而交通系统建设是现代宜居小城镇建设的基础，各级政府和研究人员需积极转变发展理念和方法，构建适合小城镇建设的交通运输系统，为现代宜居小城镇建设提供支撑。

（二）坚持规划先行，循序渐进，为后续建设留有余量

重视小城镇交通规划的引导作用，交通基础设施建设需有相应的交通规划支撑，注重规划的约束力和权威性，不得随意更改。由于资金约束，交通基础设施建设往往无法实现一步到位，因此应严格按照规划时序，循序渐进，为后续建设留有余量。

（三）统筹协调，保障运输方式、建设标准、运营管理间的无缝衔接

小城镇交通系统涉及公路、城市道路、铁路、水运、航空等各运输方式，需注重运输方式间的统筹协调和无缝衔接，提高运输效率；此外，公路与城市道路衔接处在建设标准和运营管理上也需做好衔接和过渡，避免出现交通瓶颈。

参考文献

［1］赵莹．我国长三角地区小城镇发展研究［D］．福州：福建师范大学，2013.

［2］杨健．小城镇交通系统方案设计的概念和技术特点研究［D］．西安：长安大学，2007.

[3] 任建洲. 小城镇过境公路技术研究 [D]. 西安：长安大学，2011.

[4] 贺倩倩. 小城镇综合交通整治规划体系及关键技术研究 [D]. 西安：长安大学，2011.

[5] 王贵芳，崔要欣. 加强乡村公路建设推动小城镇现代化 [J]. 公路运输，2004，12：7-8.

[6] 武贤慧，沙爱民. 美国新传统邻里道路设计对我国小城镇道路设计的启示 [J]. 中外公路，2007，27 (3)：11-14.

[7] 程丽花. 城市化进程中城镇交通发展模式研究 [D]. 南京：南京林业大学，2012.

[8] 万博，张兴国. 和谐之城：德国小城镇建设经验与启示 [J]. 小城镇建设，2010，11：89-95.

[9] 吴越迪. 促进城镇交通现代化的公共政策研究 [D]. 哈尔滨：哈尔滨商业大学，2013.

我国铁路集装箱运输发展策略研究

崔艳萍　鲍晶晶
（中国铁道科学研究院运输及经济研究所，北京　100081）

【摘　要】对比我国与美国铁路集装箱运输在市场需求、产品设计、运作模式等方面的差异，从宏观经济环境、市场环境、运输方式竞争环境分析我国铁路集装箱运输发展环境，提出铁路集装箱运输的有关建议，即争取国家政策支持、优先发展集装箱多式联运、适当放开装运品类限制、优化完善运价机制、强化运力支持保障以及加快场站建设进度。

【关键词】铁路　集装箱运输　发展策略　多式联运

The Strategy Research on Railway Container Transport in China

Cui Yanping　Bao Jingjing
(China Academy of Railway Sciences,
Research Institute of Transportation and Economy, Beijing 100081)

Abstract: Based on the comparison between Chinese and American railway container transport in the market demand, product design and operation mode, the paper analyses railway container transport development environment, including the macroeconomic environment, market environment and transport competitive environment. The conclusion is developing container multimodal transport firstly, releasing shipment category limitation, optimizing price mechanism, strengthening the capacity and accelerating the construction of terminals.

Keywords: Railway　Container transport　Strategy　Multimodal transport

一、概述

近年来铁路集装箱运输快速发展，2012 年较 2002 年相比，发送箱由 261 万 TEU 增加到 471 万 TEU（集装箱运量统计单位），增长 80.4%；发送吨由 4748 万吨增加到 9065 万吨，增长 90.9%。从 2013 年起，铁路集装箱发送吨数同比呈现下降趋势，全国铁路集装箱发送吨数为 8843.7 万吨，比 2012 年降低 2.44%。虽然集装箱运量的绝对值基本上保持逐年递增态势，但集装箱运量占全路货物总运量的比重呈下降趋势，从 2000 年的 10.24% 下降至 2013 年的 2.7%。

从运输品类看，集装箱装运的品类涵盖了铁路货运的26大项品类，其中矿建、钢铁、化工、饮食、工机运量较大。2012年，这五大品类共运输251万TEU，占集装箱总运量的53.3%。而适箱运输的成件包装以及怕湿货物的11个类别，2012年共运输2648万吨，只占集装箱总量的29.2%。

长期以来，我国铁路集装箱运输以国际联运和铁水联运产品为发展重点。从国际联运产品看，2013年铁路集装箱运输出口完成485.9万吨，进口完成133.5万吨，分别比2012年增加了9.8%和下降了0.2%。从铁水联运产品看，2013年铁路集装箱集港量为1241.2万吨，疏港量为1099.2万吨，分别比2012年增加了8.2%和下降了6.6%。

二、我国和美国铁路集装箱运输差异分析

美国的集装箱运输具有典型代表性，尤其是其铁水联运量占到港口吞吐量的40%（我国平均为不到2%），因此，研究我国和美国集装箱铁水联运的差异可为我国铁路做好集装箱铁水联运提供一定的借鉴。美国集装箱运输的成功之处在于其铁水联运量大，这是由其市场需求、产品设计、运作模式等因素共同决定的[1]。

（一）市场需求

美国GDP总量约为16亿美元，为我国的2倍。从GDP构成比例看，美国经济属于服务型经济，私人消费和政府采购占总GDP的90%，消费为主的经济结构特征表现明显。此经济结构带动了大量高附加值产品的需求，化学品、农产品、非金属矿石、食品、小汽车等品类各占总量的5%~10%，这些品类中相当运量采用集装箱运输，因此美国多式联运占铁路公司运输收入的36%。我国从经济阶段上还处于重工业化时期，相应表现出铁路运输以煤、金属矿石、矿建等品类为主，而适箱货物只占总运量的不到5%。

从经济地理环境看，美国三面临海，人口密集和财富密集区集中在东海岸和西南海岸，且西南部人口少于东部沿海。由于中国到达美国西海岸港口比到达东海岸港口的航线约近10000海里，同时巴拿马运河通航能力受限，使美国西海岸港口承担了大部分中美贸易货物。亚洲-美西航线运送的集装箱到达西海岸后，与美国东部人口消费地远距离分离，到达东部、中部的长途运输必须由铁路完成，产生了集装箱铁路运输的天然需求。中国国土广阔，但只有东南面临海，且东部人口和GDP密度远高于其他区域，外贸加工型企业大多沿海分布，因此东部也是经济最发达的地区。适于采用集装箱方式运输的品类集中在港口附近或公路的优势运距内，对铁路运输需求不大。

（二）产品设计

美国铁路开行双层集装箱列车，具有可观的经济效益，每只集装箱可节约200美元的运输成本，相当于单层集装箱列车运输成本的30%。大大提高了运量，降低了成本。我国尽管大红门—上海杨浦、郑州东站—黄岛等线路经限界、车辆改造后满足运输双层集装箱的技术条件，一些新建的客货运输通道也按双层集装箱通道规划建设。但是双层集装箱运输在我国铁路仍然没有开展起来，主要原因在于箱型的差异。为满足箱体自身受力要求，在进行双层集装箱的叠装时，必须上层选用大型箱、下层选用小型箱，或上下

都选用大型箱。美国集装箱以运输消费品为主，因此内贸运输几乎全部是大型箱，目前53英尺（1英尺=0.3048米）箱为主流箱型，占到60%以上，而外贸运输多使用40英尺集装箱，都满足双层集装箱的受力要求。而我国铁路基本运输重质货物，20英尺占绝大多数，适于40英尺箱运输的轻抛货物较少，双层集装箱班列集货难度较大，使其难以成为一种稳定的产品。

（三）运作模式

美国集装箱采用“不落地”运输方式，从港口堆场、铁路场站直到企业仓库的一系列环节，集装箱都置于底盘车上进行堆存和公路运输，铁路公司的大型场站一般有4000个以上停车位，以这些停车位划定作业区。需要装车时，由场站内的拖车将装载底盘车上的集装箱拖至火车车厢旁边，再由门吊吊上列车。场站作业效率很高，每列车平均装246个集装箱，装卸作业时间约为2.5小时/列。我国集装箱堆场及场站由于场地限制，港口堆场堆存时达六层之高，内陆场站大多为两个集装箱叠放。在每转换一个地点时都需要使用装卸机械进行一次装卸作业，不仅大大增加了集装箱全程运输时间和物流成本，而且提高了生产企业选用集装箱运输的门槛，限制了集装箱运量的增长。

三、我国铁路集装箱运输发展环境分析

（一）宏观经济环境

当前，国家持续加大经济结构调整、能源结构调整力度，我国经济整体处于增长放缓周期，2014年GDP预期增长率约为7.5%，2015—2020年在5%～7.5%之间。能源、原材料生产领域产能过剩，煤炭供大于求的状况更为突出；基础设施领域投资规模缩减，消费需求不旺；国际市场供给增大，价格下行，我国能源、原材料等进口持续增长。同时，我国工业处于由大到强转变的重要时期，加工制造业在工业中的比重不断增加，2013年上半年第三产业企业突破1000万户，占全国企业总数的71.94%；而采掘业、原料工业等基础工业的比重相应萎缩，工业经济增长的驱动力日益由资源密集型产业转向劳动密集、技术密集和资本密集型产业。

“十二五”后两年及“十三五”时期我国将持续加大经济结构调整，坚持扩大国内需求特别是消费需求的方针，促进经济增长由主要依靠投资、出口拉动向依靠消费、投资、出口协调拉动，由主要依靠第二产业带动向依靠第一、第二、第三产业协同带动转变。《中共中央关于制定国民经济和社会发展第十二个五年规划的建议》明确提出“把扩大消费需求作为扩大内需的战略重点”和“把推动服务业大发展作为产业结构优化升级的战略重点”，因此集装箱内陆运输的比例会逐步增加，集装箱总运输需求将呈现增长态势。

同时，《国家新型城镇化规划》使我国城镇化进程进一步加快，截至2012年我国城镇人口已经达到全国人口的52.57%，人口分布由分散到集中，将促使经济社会结构和生产生活方式发生深刻转变，城乡社会结构呈现新格局，大中小城市和小城镇协调发展，促进经济增长和市场空间由东向西、由南向北拓展。随着城市化的全面推进，大城市之间的适箱货物需求将会有较大幅度的增长。另外，信息化、物联网等技术的发展，使集

装箱在途跟踪、全程运输管理、场站管理等精细化管理水平进一步提高，增加了集装箱运输的安全性、便捷性，客观上也促进了集装箱运输的发展。

（二）市场环境

从货运需求看，一是主要货源行业需求不旺。煤炭、电力、钢材、冶金、石化等货源市场呈现行业增速回落、总量宽松、需求不旺、供大于求的特点，生产企业库存过高、价格波动幅度较大、经营利润空间减小，对运输价格的敏感度提高。从当前经济形势看，铁路货源依靠经济增长的拉动增幅不大。二是高附加值货源占比上升。“十一五”时期，电冰箱、洗衣机、汽车、微机、手机等高附加值货物产量增速远远超过大宗产品的产量增速。以汽车行业为例，2013 年汽车行业表现出良好的增长态势，乘用车产业链表现尤为突出，自 2012 年第三季度以来一直处于较高的增速状态。可以预见，产成品货物，特别是高技术含量、高附加值、高时效性货物，在全社会货物运输品类结构中的比重将持续上升，而大宗货物的比重则相应下降，货物运输的基本格局将逐步由数量增长型向价值增长型转变。铁路货物运输的主要矛盾也将由单纯的运能和运量之间的矛盾，转变为运输需求与有效供给之间的矛盾。

（三）运输方式竞争环境

我国铁路集装箱运输在外部受到公路、水运的双重激烈竞争，内部受到整车运输的巨大压力。

1. 外部竞争市场激烈

随着公路、水运近年来的快速发展，运输市场竞争日趋激烈。尽管铁路集装箱运量增速高于全路平均水平，但由于集装箱运量基数较小，所占全路货运量的比重始终在 3% 以内，仅由 2002 年的 2.5% 增加到 2012 年的 2.8%，增长不足 0.3 个百分点。与其他运输方式相比，铁路集装箱运输增速不高，所占比重呈逐年下降趋势。

以广州至上海运输门到门 20 英尺箱为例，水运价格为 3600 元，运输时间为 5 天；公路价格 8750 元，运输时间为 1.5 天；铁路价格 7600 元，运输时间为 5～10 天。水运凭借航班多、价格低，公路凭借速度快、门到门服务便捷等优势分流了绝大部分铁路货源，低附加值货物选择了水运，高附加值货物选择了公路。2012 年较 2005 年，广州至上海方向铁路集装箱运量由 5.10 万 TEU 下降至 0.14 万 TEU，反方向由 3.37 万 TEU 下降至 0.73 万 TEU。

公路运输方面除了超载等违规运输给铁路带来竞争外，汽车大型化发展的趋势也成为铁路运输的有力竞争。目前 25 米长的平板车已经在使用，不超载的情况下其载重也有 40 吨，体积为 255 立方米/车（铁路 40 英尺集装箱内容积为 54 立方米，不到一个汽车平板车体积的1/4），具有装运轻抛货物的绝对优势。

2. 铁路内部与整车目标市场重合

集装箱装运的货物品类涵盖了全部 26 大项品类，其中矿建、钢铁、化工、饮食、工机运量占 50% 以上。铁路 4～6 号运价的货物大部分是集装箱的适箱货源，与铁路整车目标市场重合，由于价格的原因经常产生铁路内部竞争。如杭州发北京的诺贝尔瓷砖（5 号运价），站到站整车运费为214元/吨，20英尺集装箱为218元/吨，不同货运产品分流了同一货运市场的份额。

四、铁路集装箱运输的发展对策

（一）优先发展集装箱多式联运

一是进一步完善联运基础设施建设，铁路要加大设备更新改造力度。与港口、物流企业合作，加大内陆无水港建设[2]。二是积极完善运输组织，保障班列的稳定性和可靠性，加强班列、班轮的有效衔接。三是努力提高运作效率，集装箱办理站要优先安排多式联运集装箱班列作业，提高装卸效率，缩短车辆停留时间。积极协调海关、国检等口岸监管部门，优先查验多式联运集装箱，积极推进内陆无水港、港口按“直通关”方式办理进出境手续。四是制定与国际和海运接轨的技术标准。加快完善集装箱多式联运技术标准和规范，按照综合运输要求统一技术管理标准；进一步简化集装箱多式联运业务流程，建立与国内法律和国际规定接轨的单证体系和管理体制[3,4]。

（二）适当放开装运品类限制

在确保铁路运输安全的基础上，根据集装箱运输市场需要，修订完善铁路集装箱运输相关规定，扩大入箱品类范围。一是优化调整入箱品类，拓展铁路集装箱运输市场。对海铁联运、公铁联运的集装箱运输品类放开限制，以充分发挥联运优势。除危险化学品和空车紧缺地区的大批量重质货物外，放开入箱品类限制，由客户自行选择运输方式。二是建立健全入箱品类动态调整机制。根据集装箱运输市场实际需求，结合专业集装箱装备发展情况，及时调整入箱品类，不断提高铁路运输整体市场竞争力。

（三）优化完善运价机制

按照铁路整体效益最大化的原则，统筹协调平衡集装箱和整车运价关系，以集装箱运价为试点，探索建立市场化价格机制，提高铁路运输整体竞争力。一是在铁路集装箱、棚车、敞车回空一致的方向，比照公路、水路捎脚运输，放开运价下浮政策，增强铁路运输市场竞争力，提高铁路运能利用率，降低回空成本。二是在沿海沿江、公路发达等运输竞争激烈地区，实行更加灵活的运价政策，配合高质量的运输产品，积极抢占运输市场。三是根据国际运输市场的变化，集装箱国际联运价格自主调节，探讨对全国性、区域性的大客户量价互保的定价模式，进一步适应市场竞争。

（四）强化运力支持保障

按照集装箱运输“优先受理、重点组织”的原则，加强运输计划的安排和兑现，优化班列线条铺画，加强班列开行组织，提高集装箱运输服务质量。一是强化集装箱日班装车计划的兑现。结合“实货制”货运改革进程，由客户随时申报，铁路局给予优先安排，并对计划兑现情况加强分析考核的办法。二是将班列运行线铺画至货场作业线，班列发、到时刻分别以货场牵出、送入货场时刻为准，同时确定班列发、到时刻应考虑与当地公路短途运输能力的衔接，尽可能压缩集装箱在站停留时间，提高集装箱班列产品全程运输的时效性。三是提高集装箱班列和整列运输比重，按照“百千战略”要求确保班列运输质量，除危及行车安全、线路中断等原因外，不对班列下达停限装，保证开行数量。进一步加强集装箱列车行车组织，稳定运到时限。四是发挥在中心站班列中转接续作用。中转是集装箱中心站的一项重要功能和核心作业。依托中心站场地面积大、作业效率高、管理现代化的优势，设计开行办理站至中心站、中心站之间的中转接续班列产品，并研究中转组织及支持政策等配套措施，推动中转班列快速发展。

（五）加快场站建设进度

优化完善集装箱场站建设规划，加快在建项目建设进度，加快推进规划项目工作进度，适时整合既有集装箱作业站点，尽快形成大能力、高效率的集装箱运输网络。一是优化完善集装箱运输网络。按照《中长期铁路网规划》和《铁路“十二五”物流发展规划》的总体要求，结合地方物流中心规划，优化完善铁路集装箱场站总体规划。按照统一规划、统一标准、统筹建设、分期分批实施的原则，遵循效益优先、物流中心优先、省会城市优先、运营急需优先的指导思想，快速有序地推进集装箱网络建设。二是推进集装箱站点整合。结合集装箱场站建设情况，对运量较小、发展空间受限的既有办理站进行优化整合，提高规模化、集约化程度。

除了在铁路内部从以上方面采取措施外，在外部要积极争取国家政策支持。与公路相比，集装箱铁路运输对环境污染小，节能环保特征明显，具有更大的社会效益，这对建设资源节约型、环境友好型社会具有重要意义。铁路应进一步向国家争取在发展集装箱运输方面的财政、税收、金融、土地利用等方面的政策支持，为加快集装箱铁水联运发展创造良好环境。

五、结束语

在铁路大宗货物运量逐步下滑的大背景下，大力发展集装箱运输是铁路适应新形势发展的必然选择。铁路应从优先发展集装箱多式联运、适当放开装运品类限制、优化完善运价机制、强化运力支持保障以及加快场站建设进度等方面增强自身产品的竞争力，另外还要从国家提供扶持政策方面为集装箱运输创造良好的大环境，保障铁路集装箱运输健康、有序发展。

参考文献

［1］崔艳萍，郑平标．中国与美国铁水联运差异分析［J］．铁道货运，2012，10：47-51.

［2］崔艳萍，郑平标．铁路参与铁水联运无水港建设的思考［J］．铁道货运，2012，1：19-22.

［3］崔艳萍，程文毅．集装箱铁水联运业务流程及共享信息研究［J］．铁道货运，2013，12：10-16.

［4］崔艳萍，程文毅．集装箱港站作业流程及信息需求分析［J］．铁道货运，2014，1：29-34.

现阶段我国综合运输服务基本情况综述

孔庆峰　孙小年

（交通运输部科学研究院，北京　100029）

【摘　要】交通大部门制框架下，综合运输服务成为推进综合运输体系建设的重要切入点，本文紧紧围绕基础设施、市场体系、政府监管和运输组织管理四个方面，论述了现阶段我国综合运输服务基本情况，为开展综合运输服务工作提供参考。

【关键词】综合运输服务　基础设施　市场体系　政府监管　组织管理

Summary of the Basic Situation of China's Comprehensive Transportation Service at the Present Stage

Kong Qingfeng　Sun Xiaonian

(China Academy of Transportation Sciences, Beijing 100029)

Abstract: The traffic department system framework, the comprehensive transportation service has become an important entry point for promoting the comprehensive construction of comprehensive transportation system, This paper focuses on the infrastructure, market system, government regulation and transportation organization management four aspects, discusses the basic situation of China's comprehensive transportation service at the present stage, to provide reference for the development of comprehensive transportation service.

Keywords: Comprehensive transportation service　Infrastructure　Market system　Government supervision　Organization management

从经济社会发展的客观要求、保障改善民生的迫切需要、行业自身发展的必然选择的角度出发，着眼交通运输发展新形势，站在建设“四个交通”的高度，我们要充分认识强化综合运输服务工作的重要性，必然要在对当前我国综合运输服务基本情况总体把握基础上，努力推动综合运输服务水平再上新台阶。

概括地说，综合运输服务应该是基于铁路、公路、水运、航空、管道、城市公共交通等各种单一运输服务形式所形成的一种集成服务能力。影响综合运输服务水平的四大因素包括交通基础设施、运输装备的完备性和先进性，运输市场体系的完善程度，政府对运输市场的监管和服务以及运输组织与管理水平。近年来，我国交通运输事业获得长足发展，点线结合、四通八达的基础设施网络已趋完善，统一开放、竞争有序的市场体系稳步建设，放管结合、高效透明的政府监管不断加强，运输组织管理质量和效率不断提升，为下一步强化我国的综合运输服务搭建了主要的基础和外部条件。

一、基础设施

交通基础设施是完成综合运输服务所必需的硬件条件。各运输方式线路的通达性和技术条件，综合客货运输站场的布局更是直接影响综合运输服务的效率和质量。通过十多年的发展，我国交通基础设施建设成绩显著。由铁路、公路、水路、民航和管道共同组成的“五纵五横”综合交通运输网络建设进程加快。铁路客运专线、区际干线及西部铁路大规模开工建设；“五纵七横”国道主干线、西部开发八条公路干线建成通车，农村公路通达和通畅水平显著提升；一批专业化煤炭、原油、铁矿石、集装箱码头投入运营；以长江、珠江等水系和京杭运河为主体的内河水运格局基本形成；枢纽和干、支线机场建设有序推进；跨区域油气骨干管网初具规模；北京、上海等特大城市轨道交通初步成网；综合交通枢纽起步建设；国防交通保障能力明显提高。总体来看，我国交通基础设施总量已经达到了应加强综合交通运输服务所需要的基本水平。

1. 运输线路

截止到2013年年底，我国铁路营业里程达10.3万公里，其中高速铁路1.1万公里，稳居世界第一；公路通车里程434.6万公里，其中高速公路10.4万公里；全国内河航道通航里程达12.5万公里；民航天路总里程达18.4万公里。

2. 综合客货运枢纽

交通运输部立足大部制职能，以综合客货枢纽站场为构建综合运输体系的切入点和抓手，积极推进综合客运枢纽和综合货运枢纽规划建设。《交通运输“十二五”发展规划》提出“十二五”期间要建成100个左右铁路、公路、城市交通有效衔接的综合客运枢纽，建设200个功能完善的综合性物流园区或货运枢纽。

二、市场体系

运输市场体系的完善程度对综合运输服务发展影响深远。建立和发展综合运输市场是改革和完善我国交通运输市场的终极目标。党的十八届三中全会提出加快完善现代市场体系，运输领域市场体系必然也是如此。我国运输市场体系方面，交通运输主导市场正在形成，各运输方式充分发挥各自技术经济优势，民航在国际国内长途尤其是旅客运输、铁路在国内中长途尤其是货物运输、公路在中短途及末端运输尤其是“最后一公里”运输、水路在粗大物品运输方面均显现出竞争优势并逐步确立主导地位。而随着市场体制改革的发展，运输企业规模化、信息化改造的完成，大型运输联合企业将应运而生并大大促进综合运输市场的发展。

1. 运输市场统一性

开放、统一的运输市场是实现运输资源流动和合理配置的前提，也是运输企业实现规模化、集约化经营，提高综合运输服务水平的重要条件。目前在运输领域，多种运输方式开放、统一的运输市场尚未建立。即使在各运输方式单独层面，地方保护主义造成的贸易壁垒和市场封锁也十分常见，这种人为的市场分割阻碍了运输市场的一体化进程，使运输市场的规模经济和范围经济难以形成，是提高综合运输服务水平的一大制约因素。

2. 运输市场结构和产业集中度

产业集中度方面，“龙头主导，大小企业共生”将是运输业市场结构的发展方向。按照市场竞争程度的不同，市场结构可分为完全竞争、垄断竞争、寡头垄断和完全垄断四种类型。铁路具有自然垄断的属性，之前铁道部独家经营，国内唯一由企业控股的铁路只有朔黄铁路和个别地方铁路，其他均为铁道部控股，完全垄断，缺少竞争，政企不分。但是也要看到铁道部撤销，成立铁路总公司，引入竞争机制，广泛地吸纳社会资金，将对铁路运输市场产生的积极作用。国内公路运输市场放开较早，公路运输领域经营主体众多，竞争较为充分，但由于地区保护壁垒的存在，缺少跨全国性、区域性龙头企业，产业集中度依然不够合理。民航领域作为传统的自然垄断行业，原先属于集中度较高的典型的寡头垄断，但随着放松管制成为民航业发展的大趋势，作为实行多元化的发展方式，自从国务院颁布了支持、鼓励民营企业发展的办法和措施之后，民航局很快也颁布了促进民营资本进入民航业的办法和措施，航空公司结构会进一步优化。

3. “竞争-协作”关系

市场竞争是提高运输资源配置效率的重要推动力，然而，光有竞争是不够的，还需要不同运输方式、不同运输企业之间建立“竞争-协作”关系，以提升综合运输服务水平。不同运输方式和运输企业之间能否建立良好的协作关系，对于能否提高运输一体化程度和实现无缝运输具有重要的影响。运输方式和运输企业之间的协作关系可以有多种表现形式：横向联合式、纵向一体化方式、战略联盟方式。举例来说，目前国内航空公司推出的空铁联运、公航联运产品就是积极与铁路、公路运输企业形成横向联合协作的产物。

4. 运输价格体系

运输价格和运输服务收费体系是否合理，对于交通运输领域的资源配置效率具有重要的影响。在运输市场上，运输价格作为反映运输供求关系的信号，对于运输资源在不同交通行业、不同运输企业间的流动起到重要的指示器作用。为保证运输价格信号的真实性，需要建立合理的运输价格形成机制。公路旅客运输领域，班线客运一直以来以政府指导价为主，农村客运纳入基本服务范畴则是政府定价，可以说道路旅客运输市场化价格机制还不够完善、灵活以适应市场竞争的需要。公路货运由于充分竞争则完全由市场形成价格。民航方面，在“2014 年全国民航工作会议”上，民航局提出将完善价格形成机制，逐步放开国内机票浮动上限。此前，受限多年的机票价格下限已率先被取消。随着民航局有意放手，松绑后的机票价格将更贴近市场。铁路价格方面，2014 年前，中国铁路货运一直实行政府定价。2014 年 2 月，中国铁路货运的定价方式由政府定价改为政府指导价，即政府确定上限管制，铁路运输企业可以以此为基础下浮但不能上浮价格。近期，国家发展和改革委员会发出通知，明确新建的准池铁路开通运营后，货物运价实行市场调节，由铁路运输企业与用户、投资方协商确定具体运价水平，这是中国国内放开铁路运输价格的首次尝试，极具象征意义。

三、政府监管

党的十八届三中全会指出：经济体制改革是全面深化改革的重点，核心问题是处理好政府和市场的关系，使市场在资源配置中起决定性作用并更好地发挥政府作用。提升综合运输服务水平，需要政府充分发挥其市场监管和服务职能，尤其是在准入监管、竞争监管、运输市场协调以及提供公共服务方面的作用。客观地说，由于大部制综合运输管理方式刚刚建立，之前运输领域政府监管还处于分方式管理层面，建立统筹考虑多种运输方式组合的一体化的运输市场监管机制任重道远。

1. 运输市场准入监管

运输市场准入监管方面，各种运输方式均制定并不断完善细化以及补充相应的规定，用以规范各类运输企业在各个领域的准入。如水路运输方面，为进一步加强国际海上旅客运输市场准入管理，交通运输部 2012 年发布了《关于加强国际海上旅客运输市场准入管理的公告》。

2. 运输市场竞争行为监管

价格监管、遏制垄断是竞争行为监管的主要内容。目前各种运输方式价格形成逐步由政府管制走向市场机制，各运输方式管理部门正在积极探讨尝试，但对于价格的监管还应该是政府转型后的一项职责，主要是防止运输价格过高损害消费者利益，或者运输企业之间过度竞争损害行业利益。遏制垄断则是防止运输龙头企业借助其市场上的垄断地位提高价格，降低服务质量，以保护消费者权益。经济学界基本的共识是：对于运输产业而言，公路和水路不存在自然垄断，航空业目前也不认为是自然垄断行业，铁路行业的某些环节可能存在自然垄断。这样一来，整个运输产业大部分业务都是可竞争的，《反垄断法》也就适用。在这方面，民航就已经与国际航协（IATA）探讨航空运输业竞争与反垄断问题，思考如何丰富和完善中国航空运输领域反垄断审查制度。

3. 运输市场协调

由于每一种运输方式具有不同的技术经济比较优势，实现不同运输方式间的衔接和合理分工对于提升综合运输服务水平也是至关重要的。目前，政府在促进各种运输方式合理分工、鼓励竞争协作方面扮演的“协调人”角色还未到位。

4. 提供公共服务

为克服市场缺陷，政府还应该积极履行公共服务职能。交通运输部在农村客运燃油补贴、建立交通科技创新体系、建立交通应急保障体系、积极推进交通节能减排方面，民航总局、原铁道部也在技术进步、运输安全应急体系方面均做了大量扎实有效的工作，从法律、技术、经济等各方面推出了政策保障措施。但针对综合运输服务政府提供什么样的公共服务，如何提供公共服务，公共服务的标准也应予以探讨。

四、组织管理

在其他条件相同的情况下，综合运输服务效率与质量的高低主要取决于运输组织和管理水平。纵观各个国家、各个运输行业，改进运输组织和管理对于提高运输服务能力和品质、降低运输成本做出了重要贡献。在这方面，美国集装箱多式联运提供了很好的例证。我国正处于这样一个阶段，运输企业和行业管理部门都在积极探索改进运输组织和管理水平，转型升级传统运输产业。

目前在国内，随着单方式运输组织化水平的不断提升，综合运输组织化程度明显提高，服务范围进一步延伸。国内运输行业借鉴国外运输发展经验，统筹多种运输方式，通过优化运输组织，开发新的运输产品，行业管理也积极往高效化、精细化转变，旅客联运和货物联运取得一定的成绩。特别是围绕航空开展的空铁旅客联运、公航旅客联运正在国内一些航空公司展开，积极与铁路、公路运输方展开合作，中国东方航空、海南航空、河北航空、春秋航空等航空公司都推出了围绕民航运输的空铁或者公航联运产品，进入市场培育和市场壮大期。货物联运集装箱、大宗货物水铁联运、江海联运较快发展，行业管理水平不断提升。政策制定方面，指向更加精准，如2011年5月，交通运输部和铁道部签署了《关于共同推进铁水联运发展合作协议》，10月又共同发布了《关于加快铁水联运发展的指导意见》，这一跨部委合作为我国铁水联运的发展带来了新的契机。2013年6月交通运输部发布的《关于交通运输推进物流业健康发展的指导意见》中，提出大力创新发展先进运输组织方式，积极推进多式联运发展，深入推进铁水联运、空陆联运，积极发展滚装运输、驮背运输和江海直达运输。

通过对现阶段我国综合运输服务影响因素基本情况分析得出，开展综合运输服务的主要基础和外部条件已经逐步具备；当前在国务院大部制改革背景下，综合运输协调机构即大交通部也已经就位，有必要抓住这一契机努力推动我国综合运输服务水平再上新台阶。

参考文献

［1］樊桦．综合运输服务体系的功能和实现途径［J］．综合运输，2010，6.
［2］樊桦．综合运输服务的内涵和影响因素分析［J］．综合运输，2011，10.

坚持交通引导城市发展　完善交通综合规划

——浅谈上海市综合交通运输发展战略

孙建平

（上海市交通委员会，上海　200125）

【摘　要】“十二五”以来，上海市综合交通发展整体有序，有力支撑了城市经济社会发展，同时也存在一些系统性、区域性、节点性问题，影响了交通服务水平和运行效率。解决这些问题，重中之重是把发展综合交通放在更加重要的位置，真正落实交通引导城市发展，加强交通规划与城乡规划的统筹协调，强化交通对城乡空间布局的引导和支撑。

【关键词】交通运输　引导　城市发展　交通规划　发展战略

Insist in Public Transportation Oriented Development and Improve Transport Integrated Planning

——Brief Probe into Development Strategy of Integrated Transportation of Shanghai

Sun Jianping

(Shanghai Municipal Transport Commission, Shanghai 200125)

Abstract: Since the "Twelfth Five-Year Plan" period, the development of shanghai integrated transport was generally ordered and supported the economic and social development. But there were some systemic, regional and node problems which had influenced the quality and efficiency of transportation. In order to solve these problems, we should take the development of integrated transport more seriously, carry out the public transportation oriented development, strengthen the co-ordination of transport planning and urban-rural planning and consolidate the guidance and support to the spatial arrangement of urban-rural by transportation.

Keywords: Transportation　Guidance　Urban development　Transport planning　Development strategy

当前，交通运输业正处于结构调整、转型发展的关键时期，也是综合交通运输大发展的重要机遇期。优化交通资源配置，改进提升综合运输服务，是交通运输发展的方向。上海作为一个发展中的国际大都市，又是一个2400万人口的特大型城市，必须有一个符合上海发展需要、达到世界先进水平的综合交通运输体系，需要在一些事关上海综合交通运输发展的战略性、前瞻性、关键性问题上，有一些具有国际视野、走在全国前列、紧贴上海实际的考虑和安排。现结合上海实际，浅谈一下综合交通运输发展战略。

一、综合交通运输的内涵

综合交通运输是指在社会化的运输范围内和统一的运输过程中，按照各种交通运输方式的技术经济特点，形成分工协作、有机结合、布局合理、联结贯通的交通运输综合体。综合交通运输涵盖了五种运输方式——公路运输、水路运输、航空运输、铁路运输和管道运输。综合交通运输不是五种运输方式的简单总和，它是立足于各种运输方式有机联系，使之相互协作配合、有机结合、联结贯通。

从交通运输的建设来看，为了提高交通运输总体效率和效益，各种运输方式要统筹规划，协调发展，合理布局。从交通运输的组织管理来看，在统一的运输市场中运输组织要结构联合，动作协同。与此同时，在经济发展的不同阶段，需要建立与其相适应的运输规模、运输能力、运输管理体制，尤其要适时调整运输体系的结构，以提高运输效率和社会整体的经济效益。

二、上海综合交通运输发展概况

进入21世纪以来，上海抓住筹办世博会的重大契机，全面推进交通跨越式发展，初步建成一体化交通框架。

（一）交通基础设施不断完善

国际航运中心建设取得重大突破，洋山深水港北区工程和外高桥一期至六期工程全面建成，虹桥、浦东两大机场建成4个航站楼、5条跑道。京沪高速铁路、沪宁城际铁路、沪杭客运专线相继开通，形成上海站、上海南站、上海虹桥站三个铁路主客运站。2013年高速公路通车里程超过815公里，比2003年增长3倍。轨道交通基本成网，运营线路长度达到567公里，增长4倍。城市道路承载能力不断提高，城市快速路约200公里，增长2倍。

（二）交通运输服务能力持续提升

上海国际航运枢纽港地位日益凸显。2012年上海港集装箱吞吐量达到3362万TEU[1]，较2003年增长198%；浦东机场货邮吞吐量达到292.9万吨，增长146%。公共交通服务水平显著提升，全市日均客运量达1742万乘次，增长53%。道路设施承担的机

[1] 集装箱运量统计单位。

动车交通量增长1.2倍，道路交通服务水平依然保持总体通畅。

（三）交通综合管理水平显著提高

交通法制、体制、机制不断完善。交通信息化建设取得显著成效，建成市级交通综合信息平台。通过实施非经营性客车额度拍卖（以下简称“小客车额度拍卖”）政策，2013年全市注册小客车保有量达199.7万辆，小客车保有量过快增长的势头得到了有效控制。交通环境污染治理不断加强，率先实施机动车更高排放标准和持续淘汰高污染车辆。交通安全管理水平不断提高，全年道路事故万车死亡率较2003年下降60%。

（四）交通有力支撑了城市经济社会发展

十余年来，上海城市建成区面积增长1倍，常住人口总量增长39%，上海市生产总值增长272%，交通发展基本适应了城市经济社会的快速发展和市民多元化的出行需求。特别是上海世博会举办的184天内，全市交通经受住了7308万参观人次、单日最高103万超大客流的考验，为世博会成功举办做出了重要贡献。

过去的十余年，是上海交通发展最迅速、成就最显著的时期，主要经验是以一体化交通理念为指引，实施公共交通优先、交通区域差别、道路车辆协调等三大政策，坚持推进基础设施建设与提升功能相结合，坚持公交优先发展与小客车需求管理相结合，坚持精细化管理与统筹协同联动相结。尽管如此，我们也已清醒地认识到，上海交通仍存在一些亟待解决的问题，特别是：交通与城市融合发展不够，中心城[1]周边蔓延发展态势未得到有效控制；对外交通辐射能力和服务水平有待进一步提升；公共交通体系有待健全，整运营运效率有待进一步提高；小客车快速增长，道路交通和停车矛盾日益突出；资源环境承载力对交通发展的刚性约束日趋明显。

三、上海综合交通运输发展的趋势和挑战

当前，上海正处在加快实现“四个率先”、加快建设“四个中心”的关键时期，也处在城市功能提升、发展转型的关键阶段。上海要打造成为具有较强国际竞争力的世界级城市群核心城市特别是经济全球化、区域一体化和新型城镇化，对上海综合交通的发展提出了更高的要求。

（一）交通需求预测与趋势

1. 对外交通需求

“十二五”期间，随着城际出行效率的提高、区域一体化进程的加快、区域经济规模的持续增长，上海对外客货运输还将持续增长。预测至2015年，上海对外客运总量（专业运输）将达到3亿~3.3亿人次/年，比2010年增长11%~22%，增速预计为“十一五”期间的1.5~2倍；对外货运总量将达到11亿~12亿吨/年，比2010年增长10%，比“十一五”期间25%的增速有所放缓。

[1] 中心城指外环线以内地区，郊区指外环线以外地区。

2. 城市交通需求

“十二五”期间，上海人口规模和出行强度持续增长的趋势仍将延续。参考国际大都市的出行强度，预测至2015年，上海常住人口出行率将从2009年的2.23次/日提高到2.35次/日，全市人员日均出行总量将达到6000万~6200万人次。

3. 分布趋势

“十二五”期间，上海城市空间逐步向郊区拓展，新增出行需求集中于城市近郊和郊区新城。预测至2015年，全市日均进出内环、中心城越江、进出外环的交通量将分别由2010年750万人次、200万人次和440万人次增长至800万人次、220万人次和520万人次，郊区新城出行总量将由2010年的1000万人次增长至1500万人次。随着城市空间进一步拓展和机动化趋势，人均出行距离将由2010年的6.5公里/人次延长至7.0公里/人次。

（二）战略挑战

“十二五”期间，上海综合交通体系既具备充分和有利的发展条件，也面临着诸多艰巨的制约因素和挑战。

1. 港口航空枢纽的集疏运体系结构和效率面临国际航运中心品质提升的挑战

既有以公路为主体的港口、机场的集疏运体系从结构上不能适应节能减排、城市环境的要求，从效率和辐射能力上不能适应快速集散的要求。“十二五”期间，上海要建设高标准、高品质的国际金融中心、国际航运中心，就必须调整集疏运结构，提升集疏运效率，构建与国际航运中心地位相匹配的集疏运体系。

2. 城际交通的对外通道和站点布局面临世界级城市群同城化的挑战

既有对外铁路通道仍局限于沪宁、沪杭两个方向，重点发展的浦东地区尚无铁路站点布局，制约了浦东乃至整个上海在长三角世界级城市群中核心城市功能的发挥。“十二五”期间，长三角的联系将日趋紧密，必须优化完善对外通道和站点的布局，构筑层次分明、布局合理的城际交通体系。

3. 城乡交通的既有发展模式面临统筹发展要求的挑战

既有的以单一常规轨道交通为主体的城乡交通模式服务效率低、吸引力不足，制约了郊区新城对中心城有机疏散功能的发挥。“十二五”期间，上海重点建设居住、就业、生活功能齐全，相对独立的郊区新城，就必须构建多层次的城乡交通模式，支撑城乡一体化发展。

4. 城市公共交通吸引力面临小汽车普及化趋势的挑战

在经济发展、人民生活水平提高的背景下，个体机动化尤其是小汽车普及化趋势将成为发展集约化公共交通最大的挑战。“十一五”期间，上海公共交通投入创历史最高水平，促进了公共交通水平的提高。“十二五”期间，城市交通将面临小汽车交通持续快增和公共交通自身吸引力提升的严峻挑战。

四、“四个适应”和“四个更加”

上海综合交通运输发展要从国内外环境的新趋势和交通体系内外诸多新因素、新特点出发，做到“四个适应”和“四个更加”。

（一）面对交通发展新形势，努力做到“四个适应”

1. 适应经济一体化和区域核心辐射要求

随着世界经济重心东移和中国国际地位上升，上海正在加速迈向全球城市；上海与国内外联系日趋密切，长三角世界级城市群加快形成，上海核心城市的功能不断提升。这要求上海进一步增强对外交通的服务和辐射能力。

2. 适应城市规模拓展和空间结构调整要求

上海常住人口持续增长，城市建设重心向郊区转移，城市规模拓展、空间结构调整必然带来交通需求的增加和交通特征的变化。这要求上海要优化完善全市交通布局，努力构建城乡统筹一体的交通发展格局。

3. 适应经济社会和交通服务品质提升要求

随着经济社会的发展和城市功能的提升，交通出行方式和出行目的日趋多样，公众对交通安全、舒适、公平等方面提出更高要求。这要求上海提供更高品质的多样化交通服务。

4. 适应机动化和资源节约、环境友好要求

交通机动化和小客车进入家庭的趋势仍将持续。与此同时，资源环境承载能力的刚性约束也将日趋明显，能源安全保障的难度和碳减排的压力不断增加。这要求上海进一步引导小客车的有序增长与合理使用，大力发展低碳绿色交通。

（二）上海综合交通运输发展，需遵循“四个更加”原则

（1）从初步适应型发展向更加主动引导型发展转变。发挥交通引领作用，促进城市空间布局的合理优化。

（2）在继续交通设施建设基础上更加注重综合管理。充分发挥交通设施效率和能力，提高运行管理水平，真正做到重在管理、以管带建。

（3）保持设施规模量增长同时更加注重服务功能质量提升。不单纯追求交通运输量的增加，更加重视交通功能结构的优化、交通软环境的改善，建设集约型和环境友好型交通系统，全面推进现代交通运输业发展。

（4）解决中心城区交通问题同时更加注重解决城乡交通和区域交通。在持续注重缓解中心城巨大交通压力的同时，着力解决郊区新城、镇的交通出行问题，构建与世界级城市群核心城市地位相适应的区域交通体系。

五、突出综合性和衔接性，构筑国际大都市一体化交通

（一）立足特大型城市特点，完善城市交通体系

从建设国际化大都市的内在要求和交通自身的客观规律出发，坚持以人为本和生态

环保的发展理念，积极贯彻“四个交通”（综合交通、智慧交通、绿色交通、平安交通）的发展要求，全面构筑国际大都市一体化交通，加快建成国际海空枢纽城市，着力打造绿色交通都市，形成交通设施功能完善、交通方式整合高效、内外交通衔接紧密、交通参与各方协同联动、交通与资源环境协调发展的格局，为“四个中心”和现代化国际大都市建设提供有力支撑。

（二）加强交通综合管理，强化运输服务效能

聚焦综合、注重衔接，进一步加强交通规划、建设、运营和管理之间的统筹协调，并突出每个环节的综合性和衔接性，不断提升交通综合管理和服务水平。

1. 加强规划的综合性和衔接性

坚持交通引导城市发展，加强交通规划与城乡规划的统筹协调。结合上海新一轮城市总体规划和“十三五”规划编制，同步编制各项重要交通规划，把发展综合交通放在更加重要的位置。

2. 加强建设的综合性和衔接性

构筑内外衔接、城乡一体的“1、2、3、4”交通网络基本格局。即加快建设1个交通信息平台——面向全社会、覆盖全行业，整合高效的实时、综合性交通信息平台；提升2个国际枢纽——世界一流的国际航运中心和国际航空枢纽港；初步形成3个区域交通网络——综合公路、铁路、水路网络，打造服务长三角的集约型复合城际交通；完善4个市域交通系统——公共交通系统、汽车服务系统（静态交通、机动车维修检测、驾驶员培训等）、慢行交通系统和货运交通系统。

3. 加强运营的综合性和衔接性

完善促进一体化运输的相关法规和政策，建立促进一体化运输的制度。在巩固国际集装箱枢纽港地位的同时，着力发展现代航运服务业。大力发展航空-铁路、航空-长途汽车等联运模式。加强对外系统与市域交通的衔接，以及市域交通内部的衔接。

4. 加强管理的综合性和衔接性

优化管理体制机制，加强联动，形成合力，切实提升交通综合管理效能。在继续交通设施建设的基础上，更加注重服务功能质量提升，更加注重综合管理，真正做到建管并举、重在管理。

六、研究推进“五大战略”，发挥政策导向作用

（一）交通与城乡空间统筹发展战略

构建与国际大都市功能相匹配、与特大型城市空间布局相协调、与社会经济发展相适应的交通发展格局，发挥交通对城市发展的引导作用。主要政策导向：一是进一步疏解中心城人口和功能。二是明确中心城周边地区功能定位和交通需求。三是提升远郊新城吸引力。四是优化集疏运系统，提高上海衔接国内外、服务全国特别是长三角发展的对外交通服务和辐射能力。

（二）公共交通优先发展战略

深入实施“公交优先”战略，以创建国家“公交都市”为契机，全面提升公共交通服务能力。主要政策导向：一是继续加强轨道交通建设，并完善轨道交通服务功能。二是在强化轨道交通骨干作用的同时，加快提升公共汽（电）车服务水平。三是加强与各类交通方式的衔接，完善公共交通体系，提高公共交通吸引力。

（三）小客车需求调控战略

加强小客车保有量控制，引导合理使用，保持道路交通服务水平总体受控。主要政策导向：一是坚持额度拍卖政策并继续完善。二是在控制拥有的同时，注重控制使用，加强交通需求管理和使用管理。发挥停车管理对小客车拥有和使用的源头调控作用。

（四）绿色发展战略

优化交通能源结构，提高能源利用效率，降低交通排放强度，发展低碳交通。主要政策导向：一是强化交通行业能耗管理。加快节能和清洁能源汽车试点和推广。二是加强交通排放治理。逐步提高排放标准，加快淘汰高污染汽车，减少船舶废气排放。三是提升步行交通品质，改善自行车出行环境，引导电动自行车合理使用。

（五）精细化管理战略

以深化改革和转变职能为抓手，创新交通管理模式，提升交通管理水平，提高交通资源利用效率。主要政策导向：一是强化交通参与各方协同联动。二是推进交通行业信息化建设。加强交通辅助决策支持，加强交通运行预警预测，大力发展公众出行信息服务。三是推动优化交通组织，保障公共交通路权，提高道路通达水平。

参考文献

[1] 马瑞章. 对河北省发展综合交通运输体系的思考 [J]. 产业与科技论坛，2011，3：53-54.

[2] 马士江. 高铁枢纽带动的新城综合交通发展战略思考——以上海市松江新城为例 [J]. 上海城市规划，2011，5：45-51.

[3] 欧阳杰，聂鲁美. 转型升级中的上海航空枢纽发展战略 [J]. 中国民用航空，2012，4：44-46.

[4] 乔玲. 浅谈黑龙江省综合交通运输发展战略研究的必要性 [J]. 试题与研究：教学论坛，2011，21：80.

[5] 上海市人民政府. 上海市交通发展白皮书 [M]. 上海：上海人民出版社，2014：3-6.

[6] 上海市人民政府. 上海市综合交通发展“十二五”规划 [S]. 2012.

[7] 张瑛. 枢纽地区生产性服务业集聚群发展战略研究——以上海虹桥综合交通枢纽为例 [J]. 城市规划，2012，8：57-62.

[8] 赵沛楠. 综合交通呼唤长期战略 [J]. 中国投资，2012，11：58-59.

浙江省综合交通发展规划研究

刘 强
（浙江省发展和改革委员会，杭州 310025）

【摘 要】为充分发挥综合交通运输体系的整体效能，在分析综合交通发展的国际经验和基本规律的基础上，探讨了浙江省综合交通发展的阶段特征及存在问题，并结合浙江省经济地理特征和经济社会发展的要求，提出当前及今后一段时期浙江省综合交通发展的重点是构建与国家综合交通网络相衔接的、有效满足客货运输需求的国际、省际、城际、城市、城乡和枢纽的多层次综合交通运输网络和运输服务系统，增强交通运输对经济社会发展的引领和先导作用。

【关键词】综合交通网络 网络布局规划 运输通道

Research on the Integrated Transportation Development Planning of Zhejiang Province

Liu Qiang
(Zhejiang Provincial Development and Reform Commission, Hangzhou 310025)

Abstract: In order to fully achieve the whole efficiency of transportation system, based on the analysis of the international experience and rules of integrated transportation, this paper discussed the characters and problems of integrated transportation in Zhejiang Province, along with features of economic geography and the request to economic and social development in Zhejiang Province, the focus on the development of integrated transportation for the future in Zhejiang Province is building a multi-level integrated transportation network and transportation service system which includes international network, district network, inter-city network, urban network, rural network, and transportation hub, meeting the needs of passenger and freight transport, strengthens the leading role of transport to economic and social development.

Keywords: Integrated transportation network Network layout planning Transportation corridor

一、引言

交通运输作为国民经济和社会发展的基础性产业，对保障国民经济持续健康发展、改善人民生活水平和促进国防现代化等方面具有十分重要的作用。近年来，在国家规划的指导下，浙江省综合交通发展取得了长足进步，交通基础设施规模不断扩大，交通结构逐步优化，运输能力大幅度增长，运输服务质量和水平明显改善。但是，由于浙江省区域、城乡经济社会发展的不平衡、不协调，粗放型经济增长模式尚未根本解决，交通发展日益受到资源要素和环境承载力的制约，交通运输对经济社会发展的瓶颈作用仍未消除，交通运输系统整体效率及服务质量和水平有待进一步提高。因此，如何结合浙江省的省情和区域经济地理特征，从减少区域差异、适应经济社会发展的总体目标及阶段性需求出发，着力优化交通资源配置，加快构建一体化协调发展的综合交通网络，提高交通发展的整体效率和综合效益，促进区域经济的协调健康发展，已成为浙江省综合交通发展规划面临的重要任务。

二、综合交通发展的国际经验及基本规律

从国际上看，综合交通发展大体有两大类型：一是以欧美等国家为代表的现代化综合交通，二是以日本等第二次世界大战后快速实现工业化的国家为代表的现代化综合交通，总结其发展历程和经验，可以看出：现代交通发展与工业化进程高度相关，并且综合交通运输发展具有明显的内在规律和阶段特征（如图 1 所示）。在经济全球化的背景下，综合交通已超越传统的概念和边界，成为影响经济繁荣、政治稳定、社会发展和生态环境平衡的战略要素，是决定一个国家或地区经济发展和竞争力的关键领域；建立各种交通方式互融的综合交通体系，已成为发达国家综合交通的发展趋势。

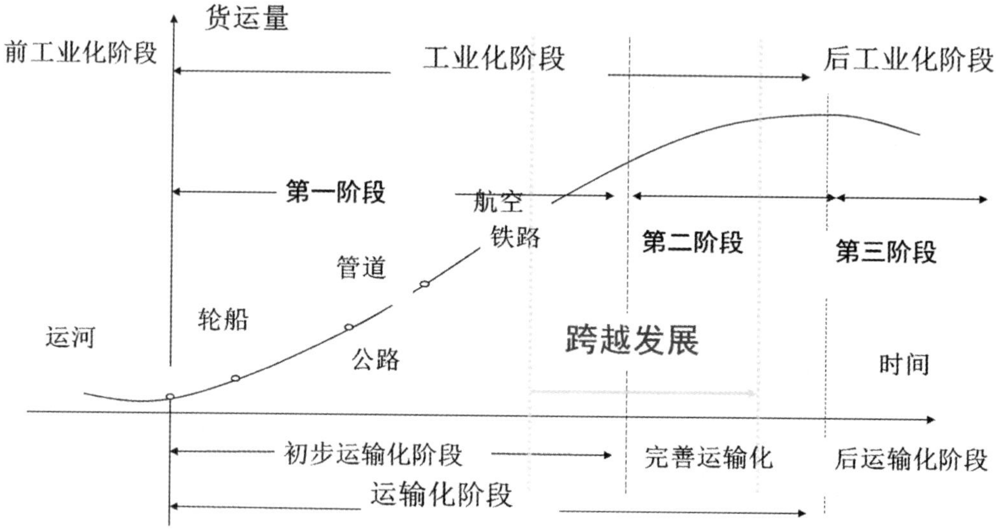

图 1　综合交通发展阶段示意图

总结发达国家综合交通的发展历程，大致可分为三个阶段：第一阶段为各种运输方式独立发展阶段。这一阶段交通运输发展的主要制约因素是需求不足、技术落后和资本缺乏，而土地、资源以及环境等要素的制约并不明显。该阶段的交通规划主要是单一方式的发展规划，以满足运输方式自身效率最高为准则。第二阶段为多式联运和一体化运输发展阶段。这一阶段每一种运输方式的网络规模和空间分布都已基本成形，不同运输方式线网间的有效衔接成为发展瓶颈，土地、能源等资源的约束日益显现。该阶段的交通规划主要是在完善各种运输方式网络的同时，注重各种交通方式的优化衔接，将外延粗放型的交通发展方式转变为内涵集约型的发展模式。第三阶段为满足经济社会可持续发展的阶段。这一阶段综合交通网络已基本形成，交通运输发展与能源、土地以及生态环境间的矛盾非常突出。该阶段的交通规划主要依靠科技创新，实现交通与经济社会的协调发展和绿色发展。

三、浙江省综合交通发展的现实基础及阶段特征

目前，浙江省已初步构建与国家“五纵五横”综合运输通道相衔接的，以高标准铁路和高速公路为骨干、连接省内所有机场和沿海主要港口、贯通省内11个地市的“两纵三横双枢纽多节点”[1] 的综合交通网络主骨架，有力地支撑了全省经济和社会发展。但仍存在许多不足和薄弱环节：一是交通运输网络总体规模及运输能力仍显不足，城市轨道交通发展滞后，主要城市交通拥堵严重；二是各种运输方式衔接不畅，交通发展仍处于粗放型和数量扩张型的发展模式，资源、环境、土地等要素制约日益加大；三是综合交通枢纽规划建设滞后，导致运输组织化程度较低，限制运输系统整体效率的提高；四是运输一体化服务系统尚未构成，运输效率和服务质量以及信息化水平亟待提高。

当前及今后一段时期，浙江省综合交通运输发展仍将处于第二阶段向第三阶段迈进的过渡阶段，是继续扩大交通运输能力、调整优化结构、跨越式发展的关键时期，也是浙江省交通运输从分散独立发展向一体化发展、提升网络布局结构、满足多样化与高品质交通运输需求的重要战略机遇期。该阶段综合交通发展不仅要重视基础设施建设，更要注重各种运输方式的优化衔接，同时要考虑交通发展的智能化、低碳化等，加快浙江省综合交通迈向第三阶段。

四、浙江省综合交通发展的基本思路及重点任务

（一）浙江省综合交通发展的基本思路

浙江省陆域面积为10.18万平方公里，地形结构为“七山一水两分田”。浙江省以约占全国1%的国土面积、3.5%的人口，制造出相当于全国7%左右的GDP，而县域经济占

[1] “两纵”是指沿海和沪（宁）浙赣运输大通道，“三横”是指沪嘉湖（浙北）、杭绍甬（舟）和衢丽温（浙南）运输通道，“双枢纽”是指杭州、宁波两个国家级枢纽，“多节点”是指除杭州、宁波外其余9个节点城市。

浙江经济总量的2/3。随着经济社会的发展，县域经济的局限性逐步显现，使得浙江有限的资源要素未能实现优化配置，在一定程度上削弱了浙江区域经济的竞争力。浙江迫切需要加快从“县域经济”向“都市区经济”转型，全面实施创新驱动发展战略，以更大的空间尺度整合优化配置资源。这同时也要求浙江交通必须转变发展方式，进一步优化交通运输网络布局，加快构建一体化综合交通运输体系，增强交通运输对国民经济和社会发展的保障能力。

浙江省综合交通发展的基本思路是：以构建现代综合交通运输体系为主题，以转变交通运输发展方式为主线，以建设国际、省际、城际、城市、城乡和枢纽多层次的综合交通运输网络和运输服务系统为重点，努力实现各种运输方式由自成发展向综合集成发展转变，由通道建设为主向通道与枢纽建设协调发展转变，由建设为主向建设与服务并重转变，由依赖要素投入为主向要素投入、科技进步和机制创新并举转变，全面提升综合交通网络承载能力和服务水平，为浙江省全面建设物质富裕、精神富有的现代化浙江提供坚实的保障。

（二）浙江省综合交通发展的重点任务

以完善和强化国际、省际、城际、城市、城乡和枢纽多层次的综合交通运输网络为重点，力争基本实现交通基础设施网络化、运输结构合理化、城市内外交通一体化、城乡交通服务公平化、运输服务系统便捷化。

1. 构建辐射全球的国际运输网络

紧密围绕国家关于长三角地区打造亚太地区重要的国际门户的战略定位，充分发挥浙江省区位交通优势和港航资源，积极推进浙江省海上与空中国际运输网络建设，支撑浙江省外向型经济发展，增强浙江省参与全球经济竞争的能力。

（1）综合性国际枢纽港。借助上海国际航运中心优势，全面提升以宁波-舟山港为核心、浙北和温台港口为两翼的沿海港口群的辐射和集聚能力，着力打造国家战略物资储运基地、具有国际影响力的大宗商品交易中心和重要的集装箱干线港，强化金融支撑和信息支撑，增强以宁波-舟山港为核心的浙江沿海港口群的国际竞争力。

（2）亚太空港门户。主要以杭州萧山国际机场和宁波栎社机场为骨干，结合温州航空口岸升级和义乌国际贸易综合改革试点，积极推进温州永强机场和义乌机场口岸开放，重点加强航空运力发展，鼓励开辟国际航线，提升基地航空公司实力。

2. 完善省际畅通骨干网络

省际畅通骨干网络是与国家运输通道相衔接、沟通长三角、海西经济区和中西部地区，以高标准铁路和高速公路为主体的浙江省对外综合交通运输网络的主骨架和主动脉。重点建设“两纵三横”省际综合运输通道，完善网络结构、提升运输能力、优化交通结构，建成纵贯南北、横贯东西的省际快速客运运输通道和煤炭、铁矿石等重要物资的运输通道。

（1）“两纵”通道。由沿海运输大通道和沪（宁）浙赣运输大通道组成。

——沿海运输大通道。国家南北沿海大通道浙江段，北接江苏，经嘉兴、宁波、台州、温州至福建，是连接上海市、江苏省和福建省的出省通道，贯穿环杭州湾和温台沿海产业带、宁波和温州都市区。重点发展沿海水运和铁路运输，完善公路、民航等其他运输方式，积极发展管道运输。

——沪（宁）浙赣运输大通道。国家上海至瑞丽大通道浙江段，分别由上海、嘉兴、杭州和南京、湖州、杭州经金华、衢州至江西省，是连接上海市、江苏省和江西省的出省通道。贯穿环杭州湾、浙中城市群、杭州和金华-义乌都市区。重点发展铁路和内河水运运输，完善公路运输方式，提升机场保障能力。

（2）“三横”通道。由沪嘉湖（浙北）运输通道、杭绍甬（舟）运输通道和衢丽温（浙南）运输通道组成。

——沪嘉湖（浙北）运输通道。由上海市经嘉兴、湖州至安徽省合肥市，是连接安徽省、上海市的出省通道。贯穿湖州、嘉兴区域性枢纽城市。重点发展水运和铁路运输。

——杭绍甬（舟）运输通道。由杭州经绍兴、宁波至舟山，是连接安徽皖南的出省通道。贯穿环杭州湾城市群、杭州和宁波国家级枢纽城市。重点发展铁路和水运运输。

——衢丽温（浙南）运输通道。由温州、丽水经金华、衢州至江西省，是连接江西的出省通道。贯穿金衢丽产业带。重点发展铁路运输，完善公路运输网络。

3. 建设城际快速交通网络

城际快速交通网络是联结沟通浙江省 11 个地市之间以及都市区、城市群与现代小城市间的交通网络，以轨道交通和高速公路为骨架、国省道普通公路网络为有效支撑，主要服务于城市间的中短途交通量。

（1）省域中心城市间城际网络。重点建设以杭州为中心，以宁波、温州、金华-义乌为重要节点，覆盖省内各内地级城市的快速城际网络，实现杭州、宁波、温州、金华四中心城市间“1.5 小时交通圈”，省内其他城市间“2～3 小时交通圈”。

（2）都市区和城市群内部的城际网络。优先发展轻轨、市郊铁路，增强公共交通有效供给。加快推进杭州、宁波、温州都市区、浙中城市群中心城区与周边重点县（市）以及重要城镇的轨道交通网络和市郊铁路建设。进一步加大各都市区中心城市至所属县（市）、卫星城交通通道的公共交通网络建设，提高公交有效覆盖。

4. 优先发展城市便捷交通网

重点完善城市道路和公共交通基础设施，推动多种交通方式协调发展，合理引导交通需求，提升城市综合交通承载力。

（1）提升城市客运公共化水平。加快发展多种模式优势互补的大容量公共交通体系建设，合理分配城市道路资源，提高公共交通线网密度和站点覆盖率，有效满足居民基本出行需求。

（2）加快推进城市通用航空发展。以国家深化低空空域管理改革为契机，以应急救援、工农业生产及通勤飞行和商务飞行等新兴航空业务发展需求为切入点，研究促进通用航空发展的有关政策意见，加快浙江省通用航空产业发展。

5. 完善城乡通达交通网络

城乡通达交通网络是联结浙江省县城至中心镇以及中心镇至行政村的交通基础设施网络。重点推进城乡交通一体化，改善农村居民出行条件。

（1）改善小城市、中心镇对外交通。发挥小城市、中心镇在统筹城乡交通一体化发展的节点作用，重点加强公路网络建设。

（2）完善农村客运网络服务体系。继续改善农村公路通行条件，加强农村客运站场建设，提高通村班车运营班次，拓展服务范围。

（3）推进陆岛交通发展。围绕加强海岛与大陆、海岛与海岛之间联系，方便居民出行和促进海岛经济发展，加快陆岛交通网络建设。

6. 加强综合交通枢纽系统

按照“零距离换乘”和“无缝衔接”的要求，加强枢纽站场布局与城市空间布局、土地利用总体规划等的协调衔接，合理确定功能定位，加快杭州、宁波两个国家级综合交通枢纽及温州、金华等5个区域性综合交通枢纽规划与建设，加强综合交通枢纽配套设施建设，促进枢纽城市与国家干线网络、城市内外交通的一体化衔接，提升综合交通运输的组合效率。

五、主要保障措施

（一）深化交通体制改革

在国家统一部署和指导下，有序推进交通管理体制改革。推进合资铁路资产整合，逐步建立完善省内合资铁路运营制度和管理体系；配合国家空域管理体制改革，提高浙江省空域资源开放；建立健全公路建设与管理的体制机制；推进交通建设市场化改革，促进交通建设投资主体、投资渠道与投资方式的多元化。

（二）提升规划的约束力

增强《规划》的约束性和执行力，完善规划中期评估机制和动态调整机制。强化《规划》对各专项规划的指导，加强各专项规划与国家、省级相关规划的衔接协调，充分发挥规划配置资源的导向作用。

（三）强化资源集约利用

要进一步完善资源节约、集约利用的机制，鼓励资源共享共用，提高资源利用效率；坚持资源优化配置，确保重大交通项目所需的土地、资金、环境容量等要素资源保障到位。

（四）拓宽投资融资渠道

根据国家综合交通发展政策取向，坚持政府主导，加大各级政府财政资金投入，支持城市公共交通、国省道改造、农村公路、内河航道、支线机场等交通基础设施建设。鼓励社会资本参与经营性或具有盈利能力的交通基础设施建设，形成多渠道、多层次、多元化的投入格局。

（五）完善综合协调机制

为保障规划的顺利实施，加快推进项目前期工作，建立由综合部门牵头，规划、国土、环保、海洋、交通、水利等部门参与的综合协调推进机制，编制重大项目前期推进计划，按照法定程序加快推进重大项目的报批和建设。各级政府要负责征地拆迁和维稳工作。

（六）加快科技创新步伐

利用我国高速铁路、轨道交通、公路、水运、民航和管道大规模建设的契机，带动交通运输装备制造业及其相关产业链的发展与创新。研究制定实施交通科技进步政策，鼓励节能环保新技术、新工艺、新装备研发，提高绿色交通技术创新能力，积极推进智能化和信息化建设。

六、结论

本文在分析综合交通发展的国际经验及基本规律的基础上，结合浙江省区域经济地理特点，以及浙江省综合发展现实基础、阶段特征及面临的形势，研究探讨了浙江省综合交通发展的基本思路和建设重点，并提出了具体保障措施，对我国区域综合运输网络布局规划具有一定的借鉴与参考意义。

参考文献

[1] 刘强，陆化普，王庆云. 区域运输通道布局优化三层规划模型［J］. 清华大学学报：自然科学版，2010，50（6）：815-819.

[2] 刘强，陆化普，王庆云. 区域综合交通枢纽布局双层规划模型［J］. 东南大学学报：自然科学版，2010，40（6）：1358-1363.

[3] 刘强，陆化普，邹博. 我国综合运输网络布局规划研究［J］. 武汉理工大学学报：交通科学与工程版，2009（2）：203-204.

[4] 陆化普，刘强，焦朋朋. 区域综合交通网络布局理论及其应用［M］//王庆云. 交通运输发展理论与实践. 北京：中国科学技术出版社，2006.

[5] 王庆云. 关于综合交通网规划的几个问题［J］. 综合运输，2005，5：4-6.

[6] Hamacher, Horst W. Labbe, Martine. Nickel, Stefan; Sonneborn, Tim. Adapting polyhedral properties from facility to hub location problems [J]. Discrete Applied Mathematics, 2004, 145 (1), 104-116.

[7] Labbe, Martine. Yaman, Hande. Gourdin, Eric. A branch and cut algorithm for hub location problems with single assignment [J]. Mathematical Programming, 2005, 102 (2): H371-405.

[8] Saad N Aljarad, William R Black. Modeling Saudi Arabia - Bahrain corridor mode choice [J]. Journal of Transport Geography, 1995, 3 (4): 257-268.

[9] Boyce, D. E., Janson, B. N.. A discrete transportation network design problem with combined trip distribution and assignment [J]. Transportation Research B, 1998, (14): 147-153.

对新时期农村公路发展方向与思路的思考

邓小兵

（交通运输部规划研究院，北京　100028）

【摘　要】“十三五”期既是我国扶贫攻坚、全面建成小康社会的决定性阶段，也是社会主义新农村建设深入推进和新型城镇化、农业现代化发展的重要时期，农村公路发展面临新形势和新要求。本文在系统总结“十一五”以来我国农村公路发展取得主要成绩的基础上，分析了当前及今后一段时期农村公路发展面临的主要问题与需求，提出了对未来农村公路发展方向与思路的初步建议。

【关键词】农村公路　发展成绩　主要问题　发展方向与思路

Reflection Concerning Rural Road Development Direction and Ideas in New Period

Deng Xiaobing

(Transport Planning and Research Institute Ministry of Transport, Beijing 100028)

Abstract: The period during the 13th five-year plan, is domestically the critical stage for poverty-alleviation, to achieve building a comparatively well-off society in the round. It is also an important phase for new socialist countryside construction, development of new-type urbanization and agricultural modernization. Rural road development is in face of the new situation and new requirements. This paper will systematically summarize the main achievements in domestic rural road development since the 11th five-year plan, analyze the major problems and demands of rural road development currently as well as in the coming period, and put forward some preliminary advice for future rural road development direction and ideas.

Keywords: Rural road　Development achievements　Major problem　Development direction and ideas

一、发展成绩

农村公路作为公路网的重要组成部分，是农村地区最主要甚至是唯一的运输方式，在农村经济社会发展中发挥着重要的基础性、先导性作用。自 2003 年全国启动大规模农村公路建设以来，在中央资金尤其是中央车购税资金大规模投入农村公路的强力推动下，全国农村公路建设快速推进，取得了前所未有的发展成绩。农村公路通达深度、覆盖广度大幅提高，农村交通条件明显改善，养护管理逐步加强，客运服务日益改善。农村公路建设与发展，为改善农村面貌，繁荣农村经济，推进社会主义新农村建设和城镇化发展，增强农村自我发展能力，促进农村居民持续增收，以及缩小城乡差距、推动城乡一体化和基本公共服务均等化都发挥了重要作用。

（一）通达深度、覆盖广度大幅提高

2006—2013 年 8 年来，全国共解决 2380 个乡镇、14.7 万个建制村通公路，其中，中西部地区解决 2310 个乡镇、13.8 万个建制村通公路，分别占全国的 97.2% 和 94.1%。2013 年全国乡镇、建制村通公路比例分别达到 99.98% 和 99.7%，较 2005 年分别提高 6.3 个和 22.8 个百分点，基本实现所有具备条件的乡镇和建制村通公路；全国农村公路总里程达 377.3 万公里，较 2005 年增加 85.8 万公里，年均新增约 11 万公里。

（二）通畅水平显著提高，农村交通条件明显改善

2006—2013 年 8 年来，全国共解决 6550 个乡镇、23.2 万个建制村通硬化路，其中，中西部地区解决 6240 个乡镇、18.7 万个建制村通硬化路，分别占全国的 95.3% 和 80.6%。2013 年全国乡镇、建制村通硬化路比例分别达到 97.9% 和 89.0%，较 2005 年分别提高 17.5 个和 36.1 个百分点，基本实现所有乡镇和东、中部地区具备条件的建制村通硬化路，西部地区建制村通硬化路也已达到 65%，农村居民的交通出行条件明显改善。

（三）养护管理逐步加强，列养比例稳步提高

在国务院办公厅印发的《农村公路管理养护体制改革方案》（国办发〔2005〕49 号）和交通运输部印发的《农村公路养护管理暂行办法》（交公路发〔2008〕43 号）的指导下，“十一五”以来全国各地广泛开展农村公路管理养护体制改革，以落实“机构、人员、资金”为重点，以明确农村公路管理养护责任为切入点，逐步推进农村公路管理养护体制建设，农村公路养护管理逐步加强。目前全国 31 个省（自治区、直辖市）均已出台农村公路管理养护体制改革实施方案，设立县、乡级管养机构的比例分别达到 99.9% 和 92.9%；同时，各地积极探索专业化大中修工程养护与个人承包日常养护相结合的养护模式，不断推进养护市场化，努力推进农村公路养护工作，农村公路列养比例明显提高。2013 年全国农村公路养护里程达到 370 万公里，列养比例达到 98.1%，较 2006 年提高 22.5 个百分点。

（四）站点建设快速推进，客运服务日益改善

围绕人民群众安全、便捷出行的服务需求，各地在农村公路建设的同时，积极推进农村客运站点（或候车亭牌）建设，努力改善农村地区的等车、候车条件；并积极发展农村客运，不断提高农村客运班车覆盖率及农村客运服务水平。2012 年全国农村客运站数量达 24.6 万个，较 2006 年增加 13.3 万个，年均增加约 2.2 万个；全国开通农村客运班线达 9.3 万条，日发班次达 118.1 万班；2013 年全国乡镇、建制村客运班车通达率分别达到 98.6% 和 92.8%，较 2006 年分别提高 1.7 个和 8.3 个百分点。农村地区基本客运服务日益改善。

“十一五”以来全国农村公路总体发展情况见表1。

表1 “十一五”以来全国农村公路总体发展情况统计

发展指标	2005年	2013年	增加或提高
农村公路里程	291.5万公里	377.3万公里	85.8万公里
建制村通公路率	76.9%	99.7%	22.8个百分点
乡镇通硬化路比例	80.4%	97.9%	17.5个百分点
建制村通硬化路比例	52.9%	89.0%	36.1个百分点
农村公路列养比例	74.6%	98.1%	23.5个百分点
农村客运站	11.3万个	24.6万个	13.3万个
乡镇客运班车通达率	96.9%	98.6%	1.7个百分点
建制村客运班车通达率	84.5%	92.8%	8.3个百分点

注：农村客运站为2012年统计数；农村公路养护、农村客运及客运站对比数据为2006年数据。

二、面临的主要问题

（一）区域发展不平衡，西部地区尤其是集中连片特困地区建制村通硬化路建设任务仍然艰巨

目前，东、中部地区已经实现所有乡镇和具备条件的建制村通硬化路，但西部地区还有大量建制村不通硬化路。2013年西部地区还有808个乡镇、6.6万个建制村不通硬化路，分别占全国不通硬化路乡镇和建制村数的99.1%和94.2%。即使同在西部地区甚至同一省份、同一地州市，农村公路区域发展不平衡问题也十分突出。西部地区一些城市周边农村的交通条件已经与东部发达地区并无两样，但是不少边远山区、连片特困地区的农村交通条件却非常落后。西部地区建制村通硬化路建设任务繁重的地区主要分布在连片特困地区，这些地区普遍地处边远山区，地理环境恶劣，地形条件复杂，工程造价高，建设难度大。落后的交通条件，成为制约这些地区脱贫致富和全面建成小康社会的重要因素。

（二）养护补贴标准低，缺养现象明显

目前，全国实行的还是国办发〔2005〕49号文确定的农村公路养护补贴标准，即县道每年每公里7000元，乡道每年每公里3500元，村道每年每公里1000元。近年来，随着农村公路养护人力成本、材料成本的大幅增加，农村公路养护补贴标准已经明显偏低。虽然已经明确县级人民政府农村公路管理养护的主体责任，但由于大部分省份县、乡级财政普遍紧张，地方财政投入农村公路养护的资金普遍不足，农村公路日常养护水平较低，大、中修更难以保障。2013年全国农村公路经常性养护里程比例仅为72.1%，在纳入养护统计的农村公路中，仍有约98万公里处于季节性、临时性或突击性养护状态。而

且，农村公路普遍缺少专业养护技术人才，养护工艺粗放、设备简陋，养护技术水平较低；对于桥涵、隧道等养护技术要求较高的构造物，由于技术力量薄弱，无法进行有效养护。

（三）农村交通安全问题日益凸显

受建设资金、地形条件、自然环境等因素制约，现有农村公路技术等级普遍较低，路面较窄，桥涵、排水、安保设施配套不足，危桥、病桥多，不少农村公路上急弯、陡坡、临水、临河、临崖、视距不良等安全隐患路段较多。随着农村地区小汽车、摩托车、农用车的快速增加，农村机动化水平不断提高，以及农村车流量增加和通客运班车，农村交通安全问题日趋成为农村公路发展过程中面临的一个突出问题。

（四）基本客货运输服务水平有待提高

农村客运方面，2013 年年底全国仍有 490 个左右乡镇和约 4.4 万个建制村不通客运班车，农民群众的基本客运出行服务尚未完全满足。已经开通农村客运班车的地区，也普遍班次数量较少，车辆技术水平较低，群众出行便利性、舒适性较差；而且，受农村客源分散、客流量小等因素制约，农村客运运营成本高，亏损现象明显，农村客运开通后留不住。农村物流方面，由于一直以来国家没有针对农村基本货运服务发展的政策支持，难以引导交通、商贸、供销、邮政等不同物流资源的融合发展，农村生产生活资料和农副产品运输条件亟待改善。

（五）新问题不断显现

其一，撤并建制村通公路问题。2000 年以来，部分省份开展了村镇撤并工作，但是被撤并建制村的人口仍然集聚在原地，这些群众对通硬化路需求仍然强烈。其二，移民安置点和新型村镇公路建设问题。随着生态移民搬迁、新型村镇建设等新农村建设专项工程逐步开展，部分省份新建了不少生态移民安置点和新型村镇，新建生态移民安置点和新型村镇居民对农村公路建设需求也较为强烈。其三，农村公路"油返砂"问题。早期低投入、低标准建成的农村公路经过近十年投入使用，不少已经到了大中修期限，加上养护不到位，农村公路"油返砂"、"畅返不畅"甚至"通返不通"问题已经比较突出。其四，农村公路延伸、联网及经济路建设问题。随着农民生活水平提高和农业现代化发展，农民群众对农村公路延伸至自然村（屯）以及村与村之间、乡镇之间联网公路和旅游路、园区路建设呼声越来越高。

三、发展形势与需求

"十三五"期既是我国扶贫攻坚、全面建成小康社会的决定性阶段，也是社会主义新农村建设深入推进和新型城镇化、农业现代化发展的重要时期，还是国家深化财税体制改革的重要影响期。"十三五"期农村公路发展需求既包括扶贫攻坚、全面建成小康社会对农村公路发展的基本需求，也包括新农村建设深入推进和新型城镇化、农业现代化发展对农村公路发展的新需求，还包括农村公路自身可持续发展需求。

（一）扶贫攻坚、全面建成小康社会的基本需求

中央扶贫开发工作会议和《中国农村扶贫开发纲要（2011—2020年）》明确新阶段我国扶贫开发的总体目标是到2020年稳定实现扶贫对象不愁吃、不愁穿，保障其义务教育、基本医疗和住房。党的十八报告明确提出确保到2020年全面建成小康社会的宏伟目标。农村公路是农村地区重要的基础性、先导性、服务性公共基础设施。全面奔小康，关键在农村；农村奔小康，基础在交通。全国扶贫攻坚、全面建成小康社会宏伟目标的实现，落实到农村公路交通发展的基本要求，就是要实现所有具备条件的建制村通硬化路、通客运班车“两通”发展目标，以实现农村基本公共交通服务均等化。具体任务主要体现在两方面：一是解决剩余建制村、人口仍然聚居的被撤并建制村、新建移民搬迁安置点通硬化路问题，实现所有具备条件的人口聚集地通硬化路；二是完成具备条件的3.5米窄路面公路拓宽改造或错车改造，并加强农村公路安保工程建设与危桥改造，推动农村客运、农村物流等基本客货运输服务发展，实现所有具备条件的人口聚集地通客运班车。

（二）新农村建设和新型城镇化、农业现代化发展的新需求

推动工业化和城镇化良性互动、城镇化和农业现代化相互协调，是我国未来新农村建设及新型城镇化、城乡一体化发展的总体方向。通过发展村镇企业、以工业化逐步推动农业现代化，通过建设新型村镇（社区）以城镇化逐步推动农业规模化，是新农村建设及城镇化发展的总体趋势。随着社会主义新农村建设深入推进和新型城镇化，以及农业现代化发展，农业生产规模化、产业化和城镇化，以及农村生活社区化日趋成为农村地区经济社会发展的新趋势；进而，农村地区群众生活出行服务要求明显提高，农村生产出行服务需求明显增加，连接新型村镇（社区）农业生产集聚区、村镇企业的公路建设需求明显增加，农村公路建设标准要求明显提高，农村公路延伸、联网公路建设及城乡客货运输服务一体化需求也明显增加。因此，新农村建设深入推进和新型城镇化、农业现代化发展带来农村公路发展的新任务主要体现在：通自然村（屯）甚至农户公路及村与村之间、乡镇之间联网公路建设，连接新型村镇（社区）和重要县乡道升级改造，农村旅游路、农业生产路、产业开发路建设，以及推动农村客运、农村物流及城乡客运一体化、城乡配送一体化发展。

（三）农村公路自身可持续发展需求

农村公路作为公路网的重要组成部分，2013年里程规模已达377.3万公里，约占公路网总里程的86.8%。如此庞大的农村公路发展规模，加之点多、面广的分布特点和投入少、建设标准低的发展特点，如何巩固并扩大现有发展成果，从而实现农村公路服务能力、服务水平的可持续发展，成为当前和今后一个时期农村公路自身发展面临的突出问题和重点任务。具体包括切实加强农村公路管理养护和路政管理，提高农村公路养护水平，以及推动老旧油路及“油返砂”、“畅返不畅”、“通返不通”公路大中修与升级改造。

四、发展思路

（一）实施差异化的投资引导政策，推进农村公路新建设、新发展

一是进一步加大对西部地区、“少边穷”地区、集中连片特困地区剩余建制村通硬化路建设的投资补助力度，着力推进西部和集中连片特困地区具备条件的剩余建制村通硬化路建设，并将撤并建制村、新建移民安置点通硬化路建设纳入政府投资补助范畴，推进人口仍然聚居的撤并建制村、新建移民搬迁安置点通硬化路建设，满足农民群众的基本出行需求；二是加大对农村公路安保工程建设、危桥改造的投资力度，加强3.5米窄路面公路改造的投资引导，着力推进农村公路危桥改造和具备条件的3.5米窄路面公路拓宽改造或错车改造，完善农村公路桥涵配套和安保工程建设，提高农村公路的抗灾能力和农村交通安全水平，为保障农村客货运输安全发展提供基础条件；三是建议安排专项资金投入支持“油返砂”公路大中修，推进老旧油路、“油返砂”公路大中修和升级改造工程建设，巩固农村公路发展成果，提高农村公路服务能力与水平；四是鼓励有条件的地区逐步推动农村公路延伸工程和联网公路建设，完善农村公路网络，提高农村公路的网络化水平和整体服务能力。

（二）完善体制机制，提高补贴标准，进一步强化农村公路管理养护

一是继续深化农村公路管理养护体制改革，建议以建立公共财政框架下规范稳定的农村公路养护公共财政投入机制为重点，完善农村公路养护考核指标体系与地方政府农村公路养护绩效考核体系，切实落实地方政府农村公路管理养护主体责任，努力构建责任明确、运转高效的农村公路养护管理体制和养护运行机制；二是加强发展改革、财政、交通等相关部门的协调与配合，建议结合燃油税增长情况，适当提高燃油税返还支持农村公路养护的补贴标准，进而推动农村公路管理养护常态化、规范化、制度化发展，真正实现农村公路“有路必养”和“养必到位”，以巩固农村公路发展成果，并有效遏制“油返砂”、“畅返不畅”、“通返不通”现象的过早出现。此外，结合区域实际，探索有效模式，加强农村公路路政管理，有效遏制农村公路超限超载，保护好农村公路路产路权。

（三）出台支持政策，创新运作模式，推动农村客货运输发展

农村客运发展方面，主要针对农村客运票价高、开通后留不住的实际问题，建议从票价补贴、车辆购置与更新补贴、优待乘车补贴、公共基础设施建设补贴等方面，研究建立与城市公交客运相当的农村客运政策性补贴制度，落实农村客运相对低票价和优待人群优惠乘车政策，将农村客运政策性亏损纳入政府公共财政支出范畴，并适当提高农村客运燃油补贴标准；同时以保障农村居民基本客运服务水平为基点，因地制宜，灵活探索适合不同区域特点的农村客运发展模式，从而有效降低农村客运票价水平，促进农村客运可持续发展，并逐步推进城乡客运一体化发展。农村物流发展方面，建议着重从农村公共物流站点建设补贴、车辆购置与更新补贴、物流信息化建设补贴等方面，研究出台引导农村基本货运服务发展的扶持政策，充分整合交通、邮政、商贸、供销等农村

物流资源，因地制宜地探索差异化的农村物流发展模式，建立农村生产生活资料和农副产品物流服务体系，提高农村物流服务能力与水平，并推动城乡物流配送服务一体化发展。

参考文献

［1］石良清，邓小兵．社会主义新农村建设中农村公路发展的思考［J］．经济要参，2006，56.

［2］刘丽梅，邓小兵．“十二五”期农村公路发展思路［J］．中国科技成果，2012，4.

基于资源约束的区域综合交通客运结构优化模型[1]

马艳丽[2]　韦　钰　韩丽飞

（哈尔滨工业大学交通科学与工程学院，哈尔滨　150090）

【摘　要】 客运结构对区域综合交通系统的运输效率有很大的影响，将客运结构最优化是提高区域客运系统运输效率的重要手段之一。本文从静态层面上提出了以满足区域旅客需求为前提资源消耗最少的优化思想，构建了基于资源约束的客运结构优化模型。以哈尔滨、大庆和伊春三地之间的客运系统为例，对所建立的优化模型进行仿真计算，得到区域间的客运结构比例。并采用模糊综合评价法对“哈尔滨—大庆”的客运结构进行评价，验证了所建模型的有效性。

【关键词】 资源约束　综合交通　客运结构　优化

Study on Passenger Structure Optimization Model of Regional Comprehensive Transportation Based on Resource Constraints

Ma Yanli　Wei Yu　Han Lifei

(School of Transportation Science and Engineering, Harbin Institute of Technology, Harbin 150090)

Abstract: Passenger transportation structure has a great influence on efficiency of regional comprehensive traffic system. Thus rationalization and optimization of passenger transportation structure is one of important means of improving its validity. From static point of view, this paper put forward optimization idea of least resource consumption in the premise of meeting the demand of regional passenger transportation. According to this idea, it built the optimization model of passenger transportation structure based on resource constraints. With the example of the passenger transportation system in the three cities of Harbin, Daqing and Yichun, the paper calculated this model by using the software Matlab and got the ratios of the passenger transportation systems of the three cities. Then fuzzy comprehensive evaluation

[1] 基金项目：国家“十一五”科技支撑项目（2006BAJ18B01）。

[2] 马艳丽（1974 -），女，工学博士，副教授，硕士生导师。

method is adopted to estimate the passenger transportation structure of Harbin-Daqing which is both from optimization model and the actual situation. Through comparison and analysis of the estimation results, it demonstrated the effectiveness of optimization model.

Keywords: Resource constraints Comprehensive traffic system Passenger transportation structure Optimization model

一、引言

美国芝加哥城市交通研究中心最早提出“交通方式分担比例”的观点，提出依据不同的目的、方便程度使不同交通资源利用达到最佳组合思想[1]。随后，一些学者又提出“转移曲线法”，这种方法在后来的20年中被广泛地应用于实际规划工作中[2]。随着对集计模型研究的深入，其不足之处逐渐显现，学者们开始转向于非集计模型的研究。McFadden、Manheim 与 Ben. AKiva 等学者引用了经济学中的效用理论，以概率论作为基础，构建出了非集计模型，并且将这些模型应用于实际[3]。

国内学者在交通结构优化方面也开展了一些相关工作，分析了我国综合交通的发展规律，并对国外的理论方法进行了改进。陆化普、王建伟、张鹏等人引入交通容量、方式能耗及环境容量等概念，构建出基于能源消耗的交通结构优化模型，确定以最小能耗来满足交通需求的交通结构。王吉东对我国交通结构的影响因素和发展规律进行分析，提出了综合运输交通结构评价标准，确定了我国交通结构今后调整的目标和措施。郝静等人分析了各种交通方式的影响因素，概括了区域综合交通结构演变原因，并对我国交通区域进行了划分[4]。

本文在参考前人研究成果的基础上，针对客运结构提出以资源消耗最少为目标的优化思想，建立了优化模型，并通过实例分析和模糊综合评价法验证所建立模型的有效性。

二、客运结构优化模型

（一）模型构建

节约资源是优化客运结构的目标之一。交通基础设施建设耗资巨大，如果设施配置不当就会造成重复建设，资源浪费[5,6]。以节约土地资源和能源资源为目标，建立如下模型来计算各客运交通方式分担率：

$$\min M=\sum_j\left(u_{Land}\rho_j+u_{energy}\gamma_j\right)a_jV_p \tag{1}$$

$$s.t.\begin{cases}\sum_j V_j^0\leqslant V_p\\ V_j^0\leqslant a_jV_p\leqslant V_j^{max}\\ \sum_j\gamma_ja_jV_p\leqslant E^{max}\\ \sum_j\rho_ja_jV_p\leqslant L^{max}\end{cases} \tag{2}$$

式中　　M——客运交通方式占用总资源（包括土地和能源）；

u_{Land}——土地资源单价；

u_{energy}——能源单价；

p_j, γ_j——第 j 种客运方式单位客运量所占土地和所耗能源；

a_j——第 j 种客运方式客运分担率；

V_j^o——第 j 种客运方式客运量，万人/天；

V_j^{max}——第 j 种客运方式最大运能，万人/天；

V_p——区域总的客运量，万人/天；

E^{max}——能源消耗限制；

L^{max}——土地资源限制。

其中引入土地资源单价与能源单价是为了使两个不同量纲的变量统一量纲化。目标函数描述了满足客运需求的同时，要使土地和能源总资源消耗最少，并且各种资源都有规定的上限值。

（二）模型参数说明

该模型中，土地资源及能源的单价 u_{Land} 和 u_{energy} 可根据历史数据近似求得，具体可以根据各客运方式历史总占地面积和所消耗能源总量除以对应总客运量，然后进行时间序列分析。

对应的土地资源上限可以根据相关规划部门的土地利用规划进行确定，而能源消耗限制可以采用以下方法进行估计：社会所具有的这几种客运方式所需能源的总量减去其他运输方式所需该类能源的量。

对上述数据确定并找出区域总客运量后，就可以使用该模型计算出各种客运方式的合理结构。

三、模型应用

对黑龙江省哈尔滨、大庆、伊春共三个城市进行分析，三城市间铁路、公路、航空三种客运方式对应的费用、时间、舒适程度、安全程度和便捷程度均通过调查已知，采用上文提出的优化方法对该区域现状的客运结构进行适应性分析。

（一）基础数据处理

研究区域包括哈尔滨、大庆、伊春共3个节点，根据实际数据调查及历史数据，可以获得三个城市之间的各种运输方式的实际客流量，见表1。

表1　城市之间不同客运方式客流量

单位：人/天

区　间	铁　路	公　路	航　空
哈尔滨—大庆	17123	2850	30
哈尔滨—伊春	3610	650	51
大庆—伊春	995	410	—
大庆—哈尔滨	18346	2156	66
伊春—哈尔滨	3015	1546	43
伊春—大庆	879	315	—

哈尔滨、大庆、伊春这三个城市之间的客运供给能力如表2所示。

表2　哈大伊城市间客运供给

区　间	铁　路		公　路		航　空	
	发车频率（趟/天）	供给量（人/天）	发车频率（班次/天）	供给量（人/天）	航班频率（航班/天）	供给量（人/天）
哈尔滨—大庆	30	21480	61	3050	1	180
哈尔滨—伊春	4	3222	13	650	1	180
大庆—伊春	1	1074	2	100	—	—
大庆—哈尔滨	29	20406	22	1100	1	180
伊春—哈尔滨	4	3222	21	1050	1	180
伊春—大庆	1	1074	2	100	—	—

（二）模型计算

采用基于资源约束的客运结构优化模型，并借助Matlab软件的最优化工具箱，计算得到各城市间的三种客运方式的分担率如表3。

表3　采用基于资源约束优化模型所得客运结构

区间线路	铁　路	公　路	航　空
哈尔滨—大庆	0.361	0.613	0.026
哈尔滨—伊春	0.511	0.415	0.074
大庆—伊春	0.411	0.589	—

（三）模型检验

可用于客运结构评价的方法有多种，而层次分析法较适合分析不同层级间不同级别问题，模糊数学又对难以使用定量分析的问题有较好的表述方式，因此两者的结合能够较为客观、准确地对客运结构的合理性进行评价[7]。

以哈尔滨与大庆间的客运结构优化结果为例，其比例依次为铁路0.361、公路0.613、航空0.026。与现状客运结构对比如表4和图1所示：

表 4　哈尔滨—大庆客运结构优化前后对比

哈尔滨—大庆	铁　路	公　路	航　空
优化前比例	0.304	0.674	0.022
优化后比例	0.361	0.613	0.026

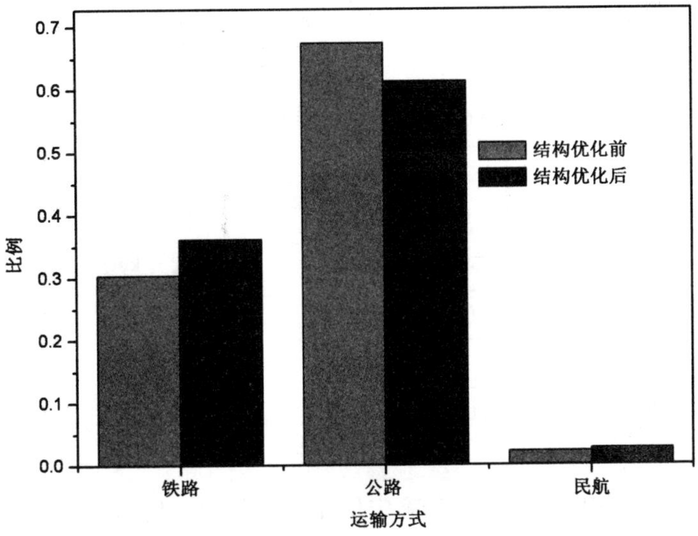

图 1　哈尔滨—大庆客运结构优化前后对比图

对比优化前后客运结构比例可知，优化后铁路客运比例增加了 18.75%，公路客运比例降低 9.05%，而航空则只有微弱增加。

采用模糊综合评价，其评价过程如下：

(1) 根据所确定的客运评价指标体系，得到因素集为：

$U=\{U_1, U_2, U_3, U_4\}$ = {经济性指标，社会性指标，生态性指标，技术性指标}；

$U_1=$ {运输成本，投资回收期，基建投资，成本利润率}；

$U_2=$ {与经济发展的适应度，满足运输需求的能力，舒适度，居民敏感度}；

$U_3=$ {单位能耗，土地资源占用率，空气污染，噪声污染}；

$U_4=$ {路网密度，运行速度，安全性，运网适应性}。

(2) 采用七个等级的评价集合，$V=$ {优+，优-，良+，良-，中，差，很差}。

(3) 用层次分析法得到各层中不同评价指标的权重为：

$W=\{W_1, W_2, W_3, W_4\}=\{0.531, 0.245, 0.152, 0.072\}$。

分析评价公路、铁路和航空三种交通方式的指标，如表 5、6 所示：

表5　客运结构评价指标取值

运输方式	投资回收期	满足运输需求的能力	与经济发展的适应度	舒适度	居民敏感度	空气污染	噪声污染	运行速度	安全性
公路	较长	好	高	中	较高	严重	一般	较快	低
铁路	最长	好	较高	较好	一般	一般	一般	快	较高
航空	较短	中	中	好	较低	一般	严重	最快	高

表6　客运结构评价指标取值

运输方式	运网适应性	单位运输成本（元/千人・km）	单位基建投资（万元/km）	成本利润率（%）	土地占用率（ba/人・km）	单位能耗（L/人・km）	运网密度（km/百 km^2）
公路	高	432	3800	5.8	1.3	1.68	70.02
铁路	中	376	5320	16.2	0.48	0.42	1.83
航空	高	850	1200	22.6	0.14	8.43	285.67

根据上表值及优化前后客运结构，确定优化前后各评价指标权重值如下：

①优化前结果：

$V_1=\{v_{11}, v_{12}, v_{13}, v_{14}\}=\{0.303, 0.125, 0.422, 0.150\}$；

$V_2=\{v_{21}, v_{22}, v_{23}, v_{24}\}=\{0.245, 0.315, 0.267, 0.173\}$；

$V_3=\{v_{31}, v_{32}, v_{33}, v_{34}\}=\{0.354, 0.221, 0.317, 0.108\}$；

$V_4=\{v_{41}, v_{42}, v_{43}, v_{44}\}=\{0.363, 0.277, 0.114, 0.246\}$。

②优化后结果：

$W_1=\{w_{11}, w_{12}, w_{13}, w_{14}\}=\{0.324, 0.103, 0.065, 0.508\}$；

$W_2=\{w_{21}, w_{22}, w_{23}, w_{24}\}=\{0.335, 0.425, 0.091, 0.149\}$；

$W_3=\{w_{31}, w_{32}, w_{33}, w_{34}\}=\{0.466, 0.161, 0.277, 0.096\}$；

$W_4=\{w_{41}, w_{42}, w_{43}, w_{44}\}=\{0.314, 0.240, 0.137, 0.309\}$。

（四）影响因素隶属度

德尔菲法确定影响因素隶属度，见表7。

表 7　各影响因素的隶属度

影响因素		各影响因素的隶属度				
主级指标	次级指标	w_{11}	w_{12}	w_{13}	w_{14}	w_{15}
经济指标	单位运输成本	0. 53	0. 16	0. 10	0. 20	0. 01
	单位基建投资	0. 32	0. 14	0. 28	0. 19	0. 07
	投资回收期	0. 74	0. 22	0. 04	0	0
	成本利润率	0. 39	0. 26	0. 32	0. 03	0
社会指标	与社会发展适应度	0. 48	0. 32	0. 15	0. 05	0
	满足运输需求能力	0. 32	0. 43	0. 2	0. 04	0. 01
	运输舒适度	0. 45	0. 25	0. 2	0. 07	0. 03
	居民敏感度	0. 38	0. 32	0. 22	0. 05	0. 03
生态指标	单位能源消耗	0. 53	0. 16	0. 10	0. 2	0. 01
	土地资源占用率	0. 32	0. 14	0. 28	0. 19	0. 07
	空气污染程度	0. 74	0. 22	0. 04	0	0
	噪声污染程度	0. 39	0. 26	0. 32	0. 03	0
技术指标	运网密度	0. 56	0. 32	0. 1	0. 02	0
	运行速度	0. 28	0. 33	0. 24	0. 12	0. 03
	安全性	0. 5	0. 32	0. 14	0. 02	0. 02
	运网适应性	0. 42	0. 25	0. 18	0. 11	0. 04

（五）评价结果

通过矩阵计算，得出优化前的最终模糊评价集为（0. 114，0. 163，0. 192，0. 225，0. 118，0. 154，0. 034），优化后的最终模糊评价集为（0. 178，0. 281，0. 203，0. 154，0. 057，0. 092，0. 035）。由最大隶属度法判断优化前哈尔滨—大庆客运结构为“良-”，优化后为“优-”，提高了两个等级。

四、结论

（1）以节约土地资源和能源为目标，从静态层面上提出了以满足区域旅客需求为前提的资源消耗最少优化思想。考虑土地及能源单价因素，构建了基于资源约束的客运结构优化模型。

（2）以哈尔滨、大庆和伊春三地之间的综合客运系统为例，经数据整理、无量纲化处理、效用函数计算等步骤，借助 Matlab 软件对所建立的优化模型进行仿真计算，得到优化后三个地区间的综合客运交通方式比例。

（3）针对客运结构自身特点，确立了客运结构评价指标体系。采用多级模糊综合评价法对优化前后的客运结构体系进行评价，经评价结果的对比分析，验证了所建模型的有效性。

参考文献

[1] Markos Papageorgious. An integrated control approach for traffic corridors [J]. Transportation Research C, 2005, 3 (1): 19-30.

[2] Peng Hui, Han Yongqi, Xu Zong Fang, etc.. Distribution ratio model of passenger mode in regional transportation corridor considering the passengerproperties [J]. Journal of Beijing Institute of Technology (English Edition), 2010, 19 (2): 72-77.

[3] M. Ben-Akiva. Combined revealed and stated Preferences data [M]. Springer Netherlands. 1994.

[4] 陆化普，王建伟，张鹏. 基于能源消耗的城市交通结构优化 [J]. 清华大学学报, 2004, 44 (3): 383-386.

[5] William A. Hyman, Roemer M. Alfelor, Paul O. Roberts. Guidelines for Multimodel Corridor Capacity Analysis [A]. In: Dearbon. Proceedings of the Sixth TRB [C]. AIC07, 1997: 104.

[6] Jon Bunker, Luis Ferreira. Assessing Freight Corridor Modal Performance [A]. Proceedings of the Third International Conference on Transportation and Transportion and Traffic Studies, Guilin, China. 2001: 1-10.

[7] Vaneqas L. V' Labib, A. W. Application of New Fuzzy-Weighted Average (NFWA) Method to Engineering Design Evaluation [J]. International Journal of Production Research. 2001, 39 (6): 1147-1162.

中国铁路运输市场未来发展的 SWOT 分析

周新军
（中国铁道科学研究院节能环保劳卫研究所，北京 100081）

【摘 要】本文运用 SWOT 分析法，从客流量、货运需求、投资需求、资金约束、政策环境、对外合作与交流、人才需求等多个维度对中国铁路运输市场未来发展进行了深度分析。在遵循世界铁路运输市场发展一般性规律的基础上，根据中国的国情和路情，提出中国铁路运输市场未来十年发展的方向、规模、重点、路径设计等选择性方案，以及相应的配套政策措施。

【关键词】中国铁路 运输市场 SWOT 分析 客流量 货运量

SWOT Analysis on the Future Development of China's Railway Transport Market

Zhou Xinjun
(Energy-Save & Environmental Protection & Occupational Safety and Health Research, China Academy of Railway Sciences Institute, Beijing 100081)

Abstract: This paper makes in-depth analysis on the future development of China's railway transportation market from multiple dimensions of passenger traffic, freight demand, investment demand, capital constraints, the policy environment, foreign cooperation and exchange and talent demand by using the SWOT analysis. Following the general rule of the development of the railway transport market in the world, it puts forward development direction, scale, key mission, path design selection and corresponding policy measures of China's railway transport market in the next ten years according to the China's national conditions and its railway situation.

Keywords: China's railway Transport market SWOT analysis Passenger flow Freight volume

SWOT 分析法是 20 世纪 80 年代初由美国旧金山大学管理学教授韦里克提出的，用以分析企业的优势（Strengths）、劣势（Weaknesses）、机会（Opportunities）和威胁（Threats），之后被广泛应用于分析行业的发展规划和愿景。因为不只是企业，行业的发展也需要分析内外部各种条件，找出有利因素和不利因素，把握潜在机会，并对面临的难点进行充分的预估，才能比较准确地发现这个行业的发展重点、发展方向以及必要的支持政策。铁路自“十一五”期末以来获得了快速发展，尤其是高速铁路建设领域取得了引人瞩目的重大成就。铁路下一个5年或者10年甚至更远的时间段应该如何发展，是目前需要着手思考的问题。本文应用SWOT分析法，对铁路未来发展所具有的内外优势及面临的困境做出分析，希望能够为未来的规划提供一些参考。

一、铁路行业自身的优势（Strengths）

众所周知，铁路具有传统的比较优势：运量大，全天候，安全及时，不易受气候条件的影响等特点。在与其他交通运输方式的比较中，运量大和不易受气候条件的限制这两个特征尤其明显。重载技术的不断提升，使得货运列车运量进一步提高，大大提高了运输效率。国外铁路实际运营中牵引重量实现了1万~3万吨，已试行成功9万吨大列，表明从技术方面还有较大提升空间。我国大秦铁路已成功开行2万吨大列，目前3万吨组合列车运行试验已经完成。列车还不易受其他因素的影响，只要不是极端恶劣天气如2008年的南方大雪灾等，列车基本上都能正常行驶，正点到达。这是其他交通方式难以做到的。随着铁路技术的发展，铁路所具有的一些现代的新优势越来越明显，概括为速度快、节能环保以及明显的能源替代效应。自1964年日本建成世界第一条时速200公里以上的高速铁路以来，法国、德国等国家纷纷效仿，世界出现了第一轮高速铁路建设热潮。高速铁路大大增强了铁路的竞争力，从而使得昔日的“夕阳产业”重新焕发出新机，高速铁路成为世界铁路发展的主要方向。加上普速铁路电气化率的不断上升，加速了铁路牵引动力结构的不断优化。发展到今天，蒸汽机车基本上已退出历史舞台，虽然内燃机车在有些国家总体上仍占据着主导地位，但在我国已被电力机车超越，退居次席。2012年我国电力机车和内燃机车之比为51.2：48.8。电力机车实现了“以电代油”，加快了铁路能耗结构的优化，铁路的绿色环保效应越来越明显。不仅如此，大量研究和实验表明，铁路是能耗最低的交通方式之一。因此，发展铁路尤其是高速铁路，对于加快建设低碳交通体系，从而推动整个低碳经济和低碳社会的发展具有十分重要的现实意义。

中国铁路除了拥有上述这些共性的优势之外，还拥有独特的高速铁路优势，表现在两个方面：一是中国拥有世界上最长的高速铁路，目前投入运营的高速铁路总营业里程已突破1万公里，占全世界高速铁路的一半左右。随着“四纵四横”规划的完成，我国将拥有世界上规模最大、最完善的高速铁路网。二是拥有世界最先进的高速铁路成套技术，目前最高运营速度已达每小时300公里以上。

二、铁路行业的劣势（Weaknesses）

我国铁路行业在拥有许多优势资源的同时，也还存在着一些不足，影响着未来铁路的发展。这些不足主要表现在运输资源短缺、负债率较高、融资难以及自主发展空间受限等几个方面。

（一）运输资源短缺

新中国成立以来，我国铁路发展长期滞后于国民经济的发展，加上高度集中的计划经济管理模式[1]，掩盖了物流和人流的真实需求，从而掩盖了发展铁路事业的重要性，导致铁路发展十分缓慢。改革开放以来，随着市场经济的不断推进，一方面国民经济获得了快速发展，生产要素的流动性日益增强；另一方面，人们生活状况得到了极大的改善，出行支出大幅提升，导致货运需求和客运需求的快速增长，很快出现了货运“一车难求”、客运“一票难求”的局面，并成为改革开放以来长期未能解决的一大难题，尤其是春运供需矛盾更为尖锐。为解决这一发展瓶颈，我国自“十一五”期末以来，加快了铁路发展，经过近十年来的快速发展，截至 2013 年，我国铁路营业里程已突破 10 万公里。从总量上看，目前我国铁路规模在世界排行第二，仅低于美国。但从路网密度来看，我国与世界主要铁路国家的差距仍然十分巨大。按国土面积计算，我国仅高于俄罗斯和加拿大。按人口计算，我国仅高于印度（见表 1）。显然，这是与拥有 13 亿多人口、世界第二大经济体国家的地位极不相称的。

表 1　2012 年我国与世界部分国家铁路资源比较

国别	营业里程（km）	复线里程（km）	电气化里程（km）	路网密度	
				按国土面积计算（km/万 km^2）	按人口计算（km/万人）
中国	97625	43749	51028.9	101.69	0.73
美国	228218	150694	0	232.12	7.38
俄罗斯	85166	37475	43198	49.81	6.01
印度	64460	18172	19607	196.11	0.55
日本	20132	7977	12383	532.59	1.58
德国	33570	18118	19826	940.34	4.11
英国	16371	12196	5556	670.94	2.63
法国	30013	17072	15768	546.68	4.63
加拿大	52002	16997	129	52.08	15.25

资料来源：根据《中国统计年鉴（2012）》及世界银行有关数据整理。

运输资源的短缺导致我国铁路在综合交通中的竞争力快速下降，从而带来了铁路运

[1] 这种模式限制了绝大部分商品的跨地区流动，进而压抑了铁路中长途货运需求。而在劳动用工上，这种模式又严格禁止农村劳动力外出务工，由生产队、大队统一管理。在城市，企事业单位之间劳动力不流动。干部职工出差实行严格的管制，甚至规定每个单位每天只能拥有几张火车票。显然，这种劳动用工管理方式压制了铁路客流的真实需求。

输市场的部分客户的流失。铁路客货运量在经历了20多年的持续较快下降后，最近几年基本维持在低位上运行。统计数据显示，从1978年至1998年的20年间，铁路客运量在综合交通中的比例已从32.1%下降至6.9%，货运量从44.23%下降至12.77%。近年来，前者基本维持在5%左右的比例，后者则呈缓慢下降趋势，2012年已经跌破10%，下降至9.52%。传统的观点认为，国外铁路由于受到高速公路和民航业的竞争影响，导致客货运量在综合交通中所占份额的快速下降，铁路行业已成为夕阳产业。进而认为中国铁路市场份额的下降同样是由于其竞争力下降造成的，并把它归咎于铁路管理水平和运行质量出现了问题。笔者以为，中国铁路的情况与国外铁路有着很大的不同。虽然两者在综合运输市场主导地位丧失均是由于竞争力下降而引发的，但造成这种现象的原因是不一样的。国外铁路竞争力的丧失主要是因为铁路的运行速度较低造成的，而中国铁路则主要是因为运输资源短缺引发的，也就说是由于铁路线路紧张而导致难以满足客货运输需求，从而使货物和旅客流失到其他交通运输方式上。

（二）自主发展空间有限

从国外发达国家铁路发展的实践来看，随着铁路的发展，非运输业收入在总收入中的比重会逐渐上升，到一定阶段甚至会超过运输业收入，而成为铁路收入的主要来源。非运输业收入主要包括铁路沿线的土地开发收入以及一些政策性补贴所形成的收入。在我国，由于铁路沿线土地开发基本上被当地政府所控制，因而铁路发展带来的沿线土地升值这种特殊的正效益难以返回到铁路上来，因而非运输业收入受到很大限制。加上铁路运价受到国家政策的控制，提价空间相当有限，这些因素大大限制了铁路的创收能力。

（三）融资难

铁路投资的特点是耗资巨大、回收期长，短期内难以见效，这是影响社会资本进入的源头因素。一些研究者总想借鉴国外19世纪中叶、20世纪初的铁路融资模式和建设经验，比如发行股票权证、举借外国资本，以及建立私人股权基金等多种融资方式。诚然，这些多渠道的融资方式确实发挥了相当大的作用。美国《商业和金融编年史》的记录表明，仅仅从1867年到1869年，美国28家铁路公司通过发行股票权证的方式使它们的名义资本从2.87亿美元增加到4亿美元。但从另一方面看，实际上即便是早期，政府投资也起到了相当大的作用。以美国早期铁路建设为例，到1861年，各州和地方政府投入的资金已达到铁路总投资的30%。今天铁路所处的环境已经发生了根本性的变化。以往的融资模式即使是在国外那些国家，也已经是“黔驴技穷”了，更别说引入到中国为我方所用了。以法国为例，当年建设高速铁路（TGV）30%左右的资金是靠国家财政政策的支持。从融资角度而言，实际上从我国的国家层面和铁路行业层面已先后出台了一系列关于鼓励民间资本进入铁路行业的政策，但效果不是很明显，相当大程度上是受困于铁路目前所处的外部环境。

（四）负债率较高

由于受到融资渠道的限制，导致铁路资金主要来源于银行贷款，从近年来铁路建设资金构成比例来看，这部分的资金大约占50%，从而形成了比较高的负债率。根据有关方面披露的信息，截至 2013 年 9 月，中国铁路总公司总资产为 4.84 万亿元，负债 3.06 万亿元，负债率上升至 62.6%。按照一般的规律，负债率越高，偿债能力越低，资金断流的风险比较大。铁路高负债率，无疑给铁路融资和进一步发展增加了难度，制约着铁路未来发展。

（五）“走出去”经验不足

中国铁路发展长期以国内市场为主，到国外市场开展合作与交流近年来才刚刚开始，在建设经验、人才培养和锻炼等方面还缺乏积累。

三、外部发展机会（Opportunities）

从外部发展环境来看，中国铁路目前以及未来较长时间内面临着国内外两个特别有利的外部发展环境。

首先，从国内发展环境来看，长期以来我国经济、社会的快速发展以及近十年来人们生活水平的大幅提升所带来的出行方式的改变，将使铁路客货运需求得以最大限度的释放。目前，我国铁路所面临的形势非常像世界第一次铁路建设热潮时的外部环境。当时工业革命带来巨大的运输需求，世界正在工业化的主要国家花了几十年时间集中建设铁路才得以保证，美国甚至用了半个多世纪的时间，到 1916 年最终修成了 40 多万公里的铁路，成为拥有世界上最大铁路网的国家。这个时期，铁路发展出现了超常规的建设速度，19 世纪 80 年代，美国年均筑路 11200 公里，仅 1887 年创下建成 2 万公里铁路的世界纪录。现在看来，这个规律同样适用于目前的中国，因此需要花上几十年的时间集中修建铁路，才能缓解长期以来形成的交通瓶颈制约。当然，在建设的速度上要以科学发展观为指导，不能盲目大干快上，才能保证施工质量。归纳起来，外部环境存在着促进铁路大发展的几大动力因素。

（1）我国经济长期以来的快速发展对铁路运输提出了巨大需求。改革开放以来，我国生产力得到了极大的发展，我国经济出现了快速发展的势头。尤其是进入 21 世纪以来，我国经济大部分年份 GDP 增速都是在 9% 以上的高位运行。这无疑为铁路客货运输创造了巨大的需求，成为中国铁路发展的第一大也是长期的促进因素。

（2）内需不足需要发挥铁路行业的拉动作用。随着经济的不断发展，商品生产极大丰富，加上投资管理不到位，使得很多行业产品出现了剩余，产生了内需不足的问题，制约着经济的进一步发展。解决这个矛盾的有效手段之一，是加快铁路的发展。实践证明，铁路产业链长，能够带动很多产业的发展，尤其是钢铁、水泥等产业的发展。不仅解决了这些行业的产品过剩问题，还为社会提供了大量的劳动就业机会。发展铁路也成为国家调节宏观经济运行、缓解经济下行压力的一个有效手段。无论是之前的四万亿投资刺激计划，还是 2014 年的铁路发展计划，都显示了发展铁路对提振经济的现实作用。

（3）中长途运量会快速增长，对铁路运输提出新的发展需求。随着户籍制度的松动，一方面劳动力跨省流动将成为未来人口流动的主要趋势，另一方面包括婚姻关系在内的社会关系范围进一步扩大至省际和全国范围内。加上短途旅游逐步向中长途旅游的转变，将会引致中长途运量的快速增长。这种趋势必然会进一步加快以中长途运输为主的铁路行业的发展。

（4）城镇化加快，对城市间的通达性提出了新的需求。中国未来一段很长时期，将进入城镇化和区域化不断加快的发展时期。城镇化和区域化对交通的通达性提出了更高的要求。工作生活的同城化、舒适化对通达性提出了更多的要求，而且高速铁路是提供这种服务的最好方式之一。

其次，从国际环境来看，面临日益严重的能源危机和资源生态危机，很多国家都把调整和优化交通运输结构作为有效的政策工具，发展低碳节能型的交通方式成为很多国家的首选。发展铁路尤其是高速铁路成为这些国家调整交通运输结构的一个重点方向。这也为中国铁路“走出去”打开了方便之门。中国高铁已成为中国外交手段之一。近一二年，李克强在出访欧盟、非盟以及亚洲一些国家时亲自推销中国高铁技术，这无疑是中国铁路“走出去”的一大政策利好。2014 年 5 月，中国铁建中土集团与尼日利亚交通部签订了尼沿海铁路项目框架合同，合同金额暂定 131.22 亿美元，折合人民币 807.79 亿元，全线采用中国铁路技术标准。

四、面临的威胁（Threats）

中国铁路在未来发展中同样面临着一些显性的和潜在的不利因素，也可以称之为“威胁”，主要包括与其他行业竞争加剧、货物品种变化以及新运输方式的出现而对铁路运输产生的部分替代作用，等等。

（一）交通运输内部之间的竞争将进一步加剧

虽然中国各种交通方式在过去的数年中都得到不同程度的发展，尤其是公路交通发展比较明显，但从总体而言，相对于中国经济发展的速度以及中国人口总量，以及与发达体国家交通比较，中国交通无论规模还是质量，仍然存在着较大差距。除了前面提到的铁路，实际上中国的公路和民航与国外相比，差距也是十分明显的。目前中国公路总长为 400 多万公里，而美国为 600 多万公里；中国的民用机场不到 200 个，而美国将近 20000 个。这说明，中国交通发展规模远未达到饱和状态，因此未来数年，不只是铁路，其他各种交通方式还将会得到较快发展。这就预示着，它们之间的竞争也将会加剧。除了在争投资和项目外，还会在客货运量方面展开激烈竞争。比如，高速铁路与民航的竞争、高速铁路与高速公路的竞争，等等。如果铁路竞争不过其他交通方式，其未来发展也很有可能步西方国家铁路发展的老路，铁路运输资源出现相对过剩，从而成为新的“夕阳产业”。

（二）结构优化对铁路运输市场的潜在影响

结构优化包括产业结构、产品结构和能源结构优化三个方面。我国在从工业社会向后工业社会迈进的过程中，产业结构和产品结构正在悄然发生质的变化。重工业正在让位于轻工业，工业正在让位于服务业，从而带来产品结构的变化，对铁路运输市场将会产生较大影响，即在总体运力仍处紧张的状况下，一些地区出现了铁路货运能力的相对过剩。这种影响实际上已经有所表现，比如，上海和广州地区，过去都属于重工业城市，现在由于第三产业比重超过了第二产业，而且工业也以高附加值的轻工业为主，货运量大大减少，导致原有的运力相对过剩。由于产业结构和产品结构变化比较缓慢，因此，更大的影响还是在未来数年。另外，产业结构的优化还会导致能源结构的变化，一批高污染、高能耗行业和企业将逐渐被淘汰，由于这些行业和企业主要消耗的是煤炭，因而煤炭总量需求上涨将会趋缓甚至出现缩减的态势，对铁路货运市场产生比较大的影响。

（三）新的运输方式的出现对铁路货运形成部分替代

目前电力行业正在建设的特高压，能实现大范围、长距离的输变压。在这种情况下，电厂的分布结构将发生较大的变化，最经济环保的方式是在西部建设电厂，然后通过特高压将电输送至中国的东南部。未来的输送方式很可能主要由“输煤”转变为主要“输电”。一方面可以缓解铁路煤炭运输紧张局面，另一方面可以大大减轻运输过程中造成的污染。这种新的方式对铁路货运的影响虽然目前还没有显露出来，但如果这种方式发展到一定的规模必然会对铁路货运产生比较明显的影响，成为影响货运的最潜在的威胁。原因在于，目前铁路煤炭运输大约占铁路货运总量的 50%。以 2012 年为例，全国铁路货运总发送量完成 39.04 亿吨，其中，煤炭发送量为 22.62 亿吨，占 57.9%。显然，煤炭运输量下降，必然会带动铁路总体货运量的下降。

五、结论与未来发展预测

综合上述四方面的分析，可以看出铁路发展的机遇和挑战同在。在未来 5～10 年时间内，铁路的优势和外部有利因素将会进一步放大。铁路自身的劣势主要取决于中央政府对铁路发展的态度，也就是需要铁路承担何种功能，比如，是以承担社会服务功能为主，还是以承担经营性业务创收为主。如果以承担社会服务功能为主，铁路负债率以及投融资问题虽然对铁路发展会造成一些影响，但影响不会很大。毕竟，铁路部门负债也是主要因为代表国家建设铁路而形成的。况且，目前的 60% 以上的负债率并不算很高，依然低于公路、民航以及电力行业的负债率。而且铁路因为有大量的优质资源，不太容易会形成高风险，所以也不会成为下一步银行放贷的障碍。但其潜在的不利因素也会逐渐显露出来，主要是结构调整对铁路货运量会产生一定的影响。综合起来考虑，铁路自身的优势以及外部有利因素会占据主导地位，其建设速度依然会处在一个高位运行。但 10 年之后，铁路的自身弱势以及潜在威胁会得到快速放大，基本形成与其正能量相抗衡的状况，铁路总体处在一个比较平稳的发展阶段。

通过上述分析，可以对铁路未来的发展重点、发展方向、主要指标做一个简单的预测。

一是铁路发展重点将转移至城际铁路和西部铁路。2015 年年底，“四纵四横”高速铁路网建设基本完成，东部铁路网络已经达到一定的密度。适应城市化、区域化以及地区协调均衡发展的需要，城际铁路和西部铁路将成为下一轮铁路规划的重点和发展方向之一。二是与周边国家之间的连接铁路将会得到较快发展。为加快与东盟国家、西北亚地区的发展，中国与这些国家的铁路通达性将会得到进一步的提高。三是货运线路建设会得到较快发展，但考虑到高速铁路对既有线路释放的运力，其比重不会提升很快。四是铁路客运量会有一个较长时间的持续上升，铁路货运量会受到一定程度的影响，但由于货运改革的实施，内部挖潜、提高服务质量等因素的拉动，也会赢得一定的潜在市场，可部分抵消这些不利因素，因此，从总体上看仍将保持一定程度的缓慢增长。综合各类因素进行初步预测，铁路客运量和旅客周转量，2015—2020 年增速 8% 左右，2020—2025 年增速 11% 左右。货运量和货运周转量 2015—2020 年年均增长 3%，2020—2025 年年均增长 4% 左右。

在政策扶持上，国家层面应发挥更大的作用。一是加大国家财政或地方财政对铁路建设的资金支持力度。按照一些西方学者的观点，“铁路根本就是国家的产物”。这些年来，我国财政对铁路建设的支持力度远远不够，而且近几年中央财政预算资金及专项基金在铁路基建资金中的比重下降到 2% 左右。在目前我国财力雄厚的情况下，今后应加大这方面的支持力度。二是加快铁路产业投资基金的运作，使之尽快成型并产生效益。三是扩大铁路特许权经营范围，允许铁路部门组建机构进入铁路沿线的土地增值开发。四是在征地拆迁等方面各级政府部门应给予更多的政策支持。

参考文献

[1] 弗兰克·道宾．打造产业政策——铁路时代的美国、英国和法国［M］．上海：上海人民出版社，2008.

[2] 孔祥安．TGV——法国的高速铁路［M］．成都：西南交通大学出版社，1997.

[3] 黄民．铁路“十一五”发展战略研究［M］．北京：中国铁道出版社，2008.

[4] 铁道科学研究院高速铁路技术研究总体组．高速铁路技术［M］．北京：中国铁道出版社，2005.

[5] 乔英忍．世界铁路综览［M］．北京：中国铁道出版社，2001.

[6] 萧国亮，隋福民．世界经济史［M］．北京：北京大学出版社，2007.

[7] 国家统计局．中国统计年鉴［M］．北京：中国统计出版社，2012.

[8] 周新军．高速铁路助推中国低碳经济效应［J］．中国科学院院刊，2011，4：452-461.

[9] 周新军．交通运输业投资态势及资金保障体系比较［J］．经济研究参考，2013，9：17-35.

基于耗散结构理论的主城与卫星城复合式通道配置研究

苏小军[1] 隆 冰[2]
（1. 重庆市交通规划勘察设计院，重庆 401121；
2. 北京交通大学交通运输学院，北京 100044）

【摘 要】 卫星城是城市巨型化和集群化发展的衍生城市，在大都市区空间结构中承担了疏解主城压力、承接核心辐射的功能。本文以耗散结构理论为基础，分析了主城与卫星城相衔接形成的复杂交通系统的非平衡性、非线性、开放性、涨落性和突变性，研究了主城与卫星城复杂交通系统的演化机理。探讨了主城与卫星城复合式通道交通模式的应用，并对通道能力配置进行了分析。

【关键词】 复合式通道 耗散结构理论 交通模式 能力配置

Study on Composite-channel Configuration Between the Main City and Satellite City Based on Dissipative Structure Theory

Su Xiaojun[1] Long Bing[2]
(1. Chongqing Communication Planning Survey & Design Institute, Chongqing 401121;
2. School of Traffic and Transportation, Beijing Jiaotong University, Beijing 100044)

Abstract: Satellite city is the city which is the development of giant and cluster city. In the metropolitan spatial structure it takes charge of easing the pressure and has core radiation function. This paper is based on the theory of dissipative structure, analyzes the city and satellite city traffic system connected to form complex non-equilibrium, nonlinear, openness, fluctuation and mutation. It studies the evolution mechanism of urban and exurb complex traffic system and discusses on the application of the main city and satellite city composite channel traffic model, and analyzes the capacity of channel allocation.

Keywords: Composite-channel Dissipative structure theory Traffic pattern Capacity configuration

一、引言

复合式通道是将多种运输方式集中在同一线路上所形成的综合运输通道，具有节约线位资源、提高土地使用效率等优点，是一种集约化的交通发展模式。在大都市区空间结构中，复合式通道主要是由轨道交通和道路交通共线而成的交通走廊。轨道交通主要有城际快速铁路、地铁、轻轨等交通方式，道路交通则主要是由高速公路、快速干道等组成的快速连线。

复合式通道主要配置于城际交通走廊、中心城区与外围城区之间、城市各大组团之间等。在城际复合式通道中，通过高速公路与铁路交通的复合，大幅提高交通走廊的运输能力，同时多种交通方式的复合利于实现走廊中的客货流分离，促进交通结构向合理方式转变，不同交通设施集于一线，提高了走廊带上的土地开发和利用效率。在中心城区与外围新区构建复合式客流通道，实现轨道线网与快速线网有机结合，大幅提高通道运输能力，满足中心城区和外围新城之间大量通勤交通，同时提高城市客运服务水平，促进外围新城的开发和形成。在各大组团构建复合式通道，加强轨道交通与道路交通之间的衔接，满足组团之间快速、高效、快捷的运输需求，进一步增强组团之间的经济联系。

在大都市区空间中，对复合式通道在主城和卫星城之间的应用研究仍比较少，本文在分析主城与卫星城交通走廊结构的基础上，结合耗散结构理论，对大都市区附在交通系统演化机理进行分析，并研究了复合式通道在主城卫星城之间的布局和能力配置。

二、主城与卫星城的交通走廊结构

城市的结构和区位特征造就了多种不同类型的交通走廊，常见的主城与卫星城交通走廊有放射型交通走廊、环形放射型走廊、混合型走廊三种布局形式。

（一）放射型交通走廊

放射型交通走廊布局如图1所示，城市沿单一发展轴向两极或者单极发展，随着发展轴的延伸，核心区辐射逐级减弱。放射型交通走廊适合布局于带状城市，城市沿发展轴延绵布局，随着城市核心区辐射的减弱，复合式通道级配逐渐降低。

放射型交通走廊布局简单，交通通道层次清晰，混合式通道配置集约化水平更高，土地利用效率更强。但是由于城市布局形式过于单调，通道服务范围较小，通道功能也会因此减弱。

（二）环形放射型交通走廊

环形放射型走廊布局如图2所示，城市沿主城核心向外发散，由内向外形成了多级卫星城环，共同构成“一核多点”式的大都市区结构。环形放射型的交通走廊布局模式不仅加强了卫星城与主城区之间的交通联系，同时构建了卫星城之间的联系通道，从而形成了由内而外能力逐级递减的通道网络。

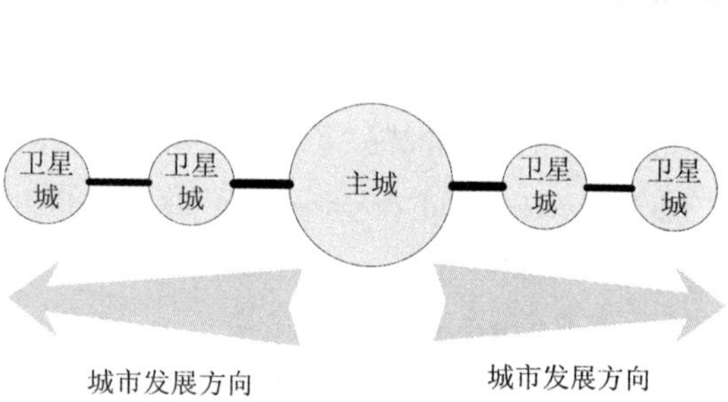

图1　放射型交通走廊

环形放射型交通走廊布局在强调诸主城与卫星城之间交通联系的同时，也加强了卫星城之间的交流。环形放射的通道布局有利于带动沿线土地开发，从而形成由内而外的发展带，是交通引导土地开发（TOD）发展模式下的典型布局方式。

（三）混合型交通走廊

混合型交通走廊是介于放射型交通走廊和环形放射型走廊之间的通道布局模式，也是城市由“摊大饼”式发展走向集约式发展的交通模式。如图 3 所示，混合型交通走廊布局模式增强了卫星城之间的联系，强调了卫星城的枢纽功能，由核心向外形成了能力逐级递减的枢纽城市。

混合型交通走廊在城市主要发展方向加强了卫星城之间的联系，进一步强化了卫星城市的枢纽功能，更好地承接和过渡了主城核心区的经济辐射。

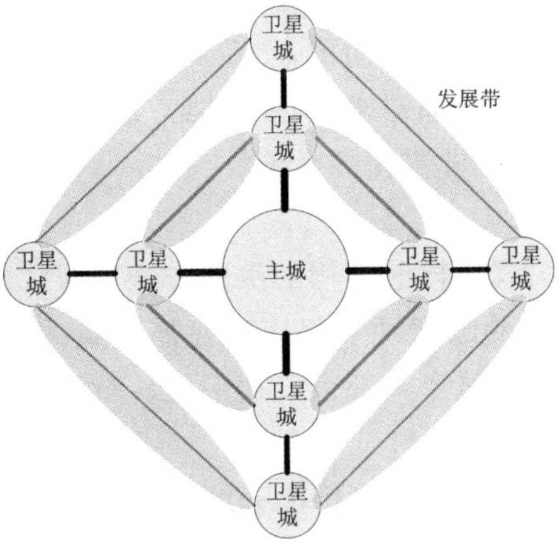

图 2　环形放射型交通走廊

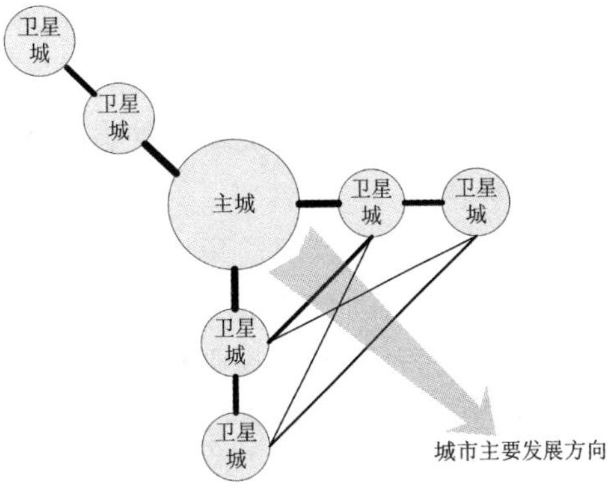

图 3　混合型交通走廊

三、主城与卫星城耗散结构特性分析

在大都圈交通系统中，随着城市化进程的加速，交通需求在量和形式上均有大幅提高，日趋完善的交通设施建设促进了交通系统在开放环境中由远离平衡态向平衡态过渡。同时，交通需求的随机性也促使交通系统由平衡态向非平衡态发展，从而推动了大都市交通的进步。

耗散结构理论描述了一个远离平衡态的非线性的开放系统通过不断地与外界交换物质和能量，在系统内部某个参量的变化达到一定的阈值时，通过涨落，系统可能发生突变即非平衡相变，由原来的混沌无序状态转变为一种在时间、空间或功能上的有序状态。大都市圈交通系统中，随机波动的出行需求造成了大大小小的交通涨落，当出现巨涨落的时候，整个交通系统将由原来的平衡态突变为非平衡态，而通过外界交通供给的投放（即交通物质、能量的注入）促进交通系统新平衡的出现。主城与卫星城交通系统符合耗散结构的基本要求，具有耗散结构的四个基本特征，即开放性、非平衡性、涨落和非线性。

（一）开放性

大都市交通系统是一个开放系统，时时刻刻与周围环境存在着能量、物质和信息交换。交通系统是静态系统与动态系统的结合，交通的流动同时也伴随着物质和能量的转移。随着社会经济的发展，交通信息化水平逐渐提高，交通流复合了能量流、物质流、信息流，成为一个开放的复杂系统。

开放性是维持大都市交通系统平衡的前提，任何没有能量交换的孤立系统都是熵增系统，系统的无序度会随着熵值增加而增加。同时，系统的开放性也促进了系统的波动，促进系统向“平衡—非平衡—平衡”发展，进而推动交通进步。

（二）非平衡性

大都市交通系统是一个非平衡系统。交通系统是一个动态系统，交通供给和需求特性决定了交通系统的非平衡性。从交通供给的角度，交通设施设备的投入不具备连续性和随机波动，交通供给的投入是一个瞬变过程。从交通需求角度而言，交通需求是连续的，并随时间和空间的不同表现出不同的随机特性，交通需求是一个连续变化过程。因此，交通系统永远不会处于某一种稳定状态，而是一个非平衡的系统。

（三）涨落

在大都市交通系统中，交通需求的随机波动构成了耗散结构的涨落，这种需求的涨落是无序的、偶然的、杂乱无章的。交通需求涨落的随意性不仅表现在需求量的变化，在需求分布上也表现出不规则性。通常情况下，对于整个大都市交通系统。整体交通需求涨落较小，需求涨落的随意性减弱了涨落的叠加效应。

任何一个系统都具有一定的自稳能力，系统越大，这种自稳能力就越强，大都市交通系统也不例外。通常情况下，小的需求涨落难以对交通系统产生较大的扰动，但随着交通需求的发展，需求总量的增加诱增了需求涨落的叠加机会，不同需求涨落的耦合形成了巨涨落，涨落会由此逐渐被放大，促进新的更大的巨涨落形成，进而促使交通系统打破现有状态达到新的平衡状态。

（四）非线性作用

大都市交通系统中的涨落并不是线性叠加，不同涨落的耦合效应是非线性的，这也抑制了巨涨落的形成，保障了系统的自稳能力。正是由于系统的非线性作用，交通需求的大多数涨落均不会形成巨涨落，涨落会随系统自稳而耗散。通常情况下，交通系统中的涨落很多，分布也较广，但在总体上涨落的耦合效应却很弱，系统表现出的并不是微涨落的线性叠加效应。

四、主城与卫星城复合通道的演化模型

将主城与卫星城交通系统划分为小客运系统、中客运系统、大客运系统、超大客运系统。小客运系统由普通干道、社会车辆和常速公交共同组成；中客运系统由快速干道、社会车辆和快速公交组成；大客运系统由高速公路、社会车辆、市域快速公交、市域轻轨组成；超大客运系统由高速公路、社会车辆、快速铁路组成。

在主城与卫星城组成的耗散结构中，由小客运系统至超大客运系统根据其运输能力确定不同的系统能级。每一个系统均有一定的自稳能力，系统越大，功能越完备，系统

的自稳能力越强。在系统自稳范围内，系统内的随机涨落均不会造成系统失稳，由此，在各个能级形成了相应的能级带。客运系统运输能力越强，系统对需求的涨落抑制作用也越强，因而形成的能级带更宽。

不同运输能力客运系统组成的能级与能级带，结合交通需求的涨落，共同组成了如图 4 所示的主城与卫星城的耗散结构模型。

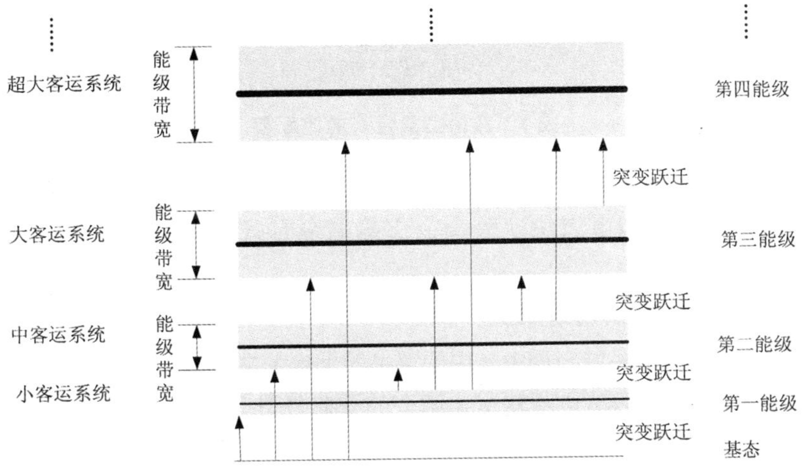

图 4　主城与卫星城的耗散结构模型

在较低能级的交通系统平衡态中，系统对需求涨落的抑制能力较弱，随着需求总量的上升，众多微小涨落会耦合成巨涨落，进而促使交通系统打破原有平衡态突变跃迁到更高能级。巨涨落的大小决定了能级突变的阶数，通常情况下中小客运系统难以通过一次突变达到超大客运系统。同时，随着能级的增加，能级带宽逐渐增加，系统自稳能力逐渐增强，系统突变的概率逐渐降低。

主城与卫星城复合式通道是一个日趋完备的过程，交通方式复合度低，运输能力较低的通道抑制交通需求涨落的能力较弱，而随着通道复合水平的提高，功能逐渐完备，运输能力也将逐渐提高，系统稳定性也由此增强。

五、主城与卫星城复合通道的配置

主城与卫星城复合通道的配置应充分与交通走廊结构协调，随着主城核心区向外辐射能力的减弱，复合通道的能力配置应尊崇有序递减的原则，降低能力冗余，提高交通综合效益。

（一）放射型复合式通道配置

放射型复合式通道主要适用于带状城市，通常情况下，主城与卫星城之间有一条或者多条主要交通干道相连接，在复合式通道配置中，应充分利用原有干道，挖掘通道运输能力。在原有通道运能不足的情况下，可以考虑沿原有通道构建复线，大幅提高通道运输能力，同时集约使用沿线土地资源。放射型复合式通道配置如图 5 所示。

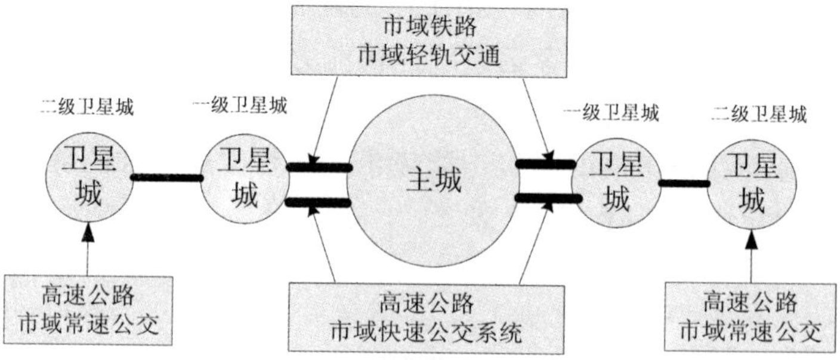

图5　放射型复合式通道配置

由图5可知，在由主城和卫星城组成的大都市交通系统中，构建了以高速公路和市域铁路为骨架，以轨道交通和市域快速公交为支撑的复合式通道，实现了主城与卫星城之间的快速衔接。

（二）环形放射型复合式通道配置

在环形放射的主城与卫星城布局中，内层卫星城承接了主城核心区的辐射功能。在主城与内层卫星城之间构建高速公路与市域轨道相结合的交通骨架，实现主城与内层卫星城一体化。在内层卫星城间构建高速公路通道，消除主城过境交通，避免外部交通对主城核心的干扰，同时加强各卫星城之间的衔接。对于外层卫星城，应在内层卫星城快速通道的基础上，构建放射状高速路网，缩短外层卫星城与核心区的时间距离，同时完善外层卫星城之间的交通衔接，完善路网结构，发挥路网效益。环形放射型复合式通道配置如图6所示。

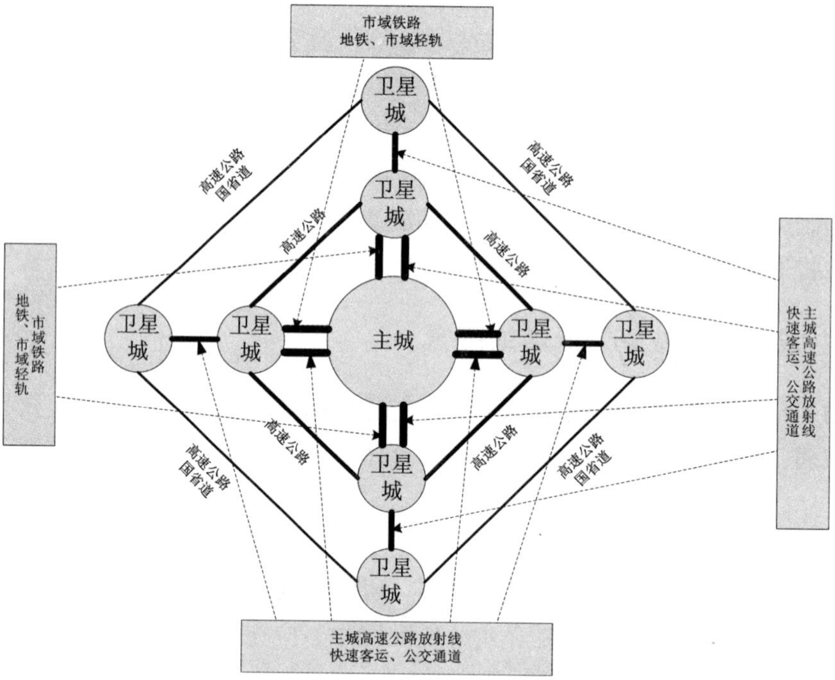

图6　环形放射型复合式通道配置

由图6可知，环状放射的主城与卫星城交通系统中，构建了以轨道交通为主体，以高速公路网为骨架的复合式通道结构。

（三）混合型复合式通道配置

混合型主城-卫星城结构中，内层卫星城承担了枢纽城市的功能，实现内层卫星城与主城和外层卫星城市的快速衔接。在主城内核，打造集轨道交通与高速公路为一体的放射路网主体，实现主城与内层卫星城的快速、便捷联系。在各内层卫星城中，构建放射状高速公路网，拓展内核辐射范围，加强枢纽城市与周边城市的衔接。在外围卫星城中，进一步完善路网结构，加强原有高速公路、国省道与枢纽城市的衔接。混合型复合式通道配置如图7所示。

由图7可知，在混合型主城-卫星城交通系统中，构建了以内核放射路网为骨架，以枢纽城市为支撑的复合式通道结构。

六、案例分析

（一）区域交通分析

以重庆市都市圈为案例，采用耗散结构理论的思想，构建重庆市主城区与周边卫星城之间的复合式通道，并研究通道能力配置。重庆市都市圈包括都市功能核心区与都市功能拓展区两个部分，由主城9区、合川、潼南、铜梁、荣昌、大足、江津、璧山、永川、綦江、南川、涪陵、长寿共13个大区域组成。

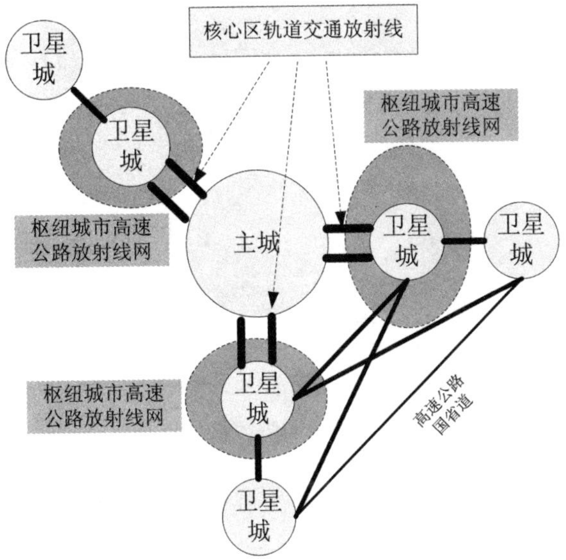

图7　混合型复合式通道配置

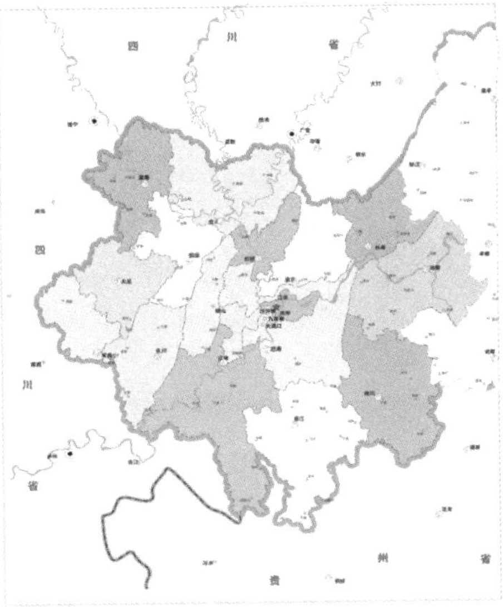

图8　重庆市都市圈功能配置图

结合重庆市主城区与市域区县之间的客流调查分析，得到重庆市域内的客运量OD分布，如图9所示。将主城核心区客流OD独立，得到主城外各区县间的客流交换量OD分布，如图10所示。

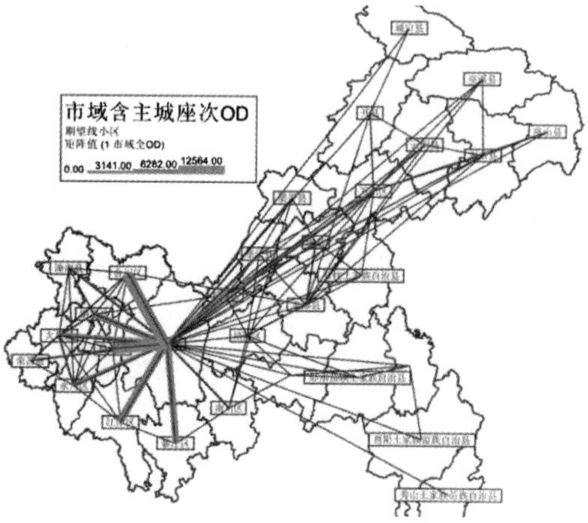

图9　重庆市客运量 OD 分布

图10　各区县间客运量 OD 分布

由图9、图10分析可知，主城区与各区县之间的客流交换量占据了重庆市客流量的主导地位，核心区的吸引力显著高于其他区县。在独立核心区的客流分析中可以发现，都市功能拓展区的客流 OD 量相较于其他区县更大，同时区内合川、铜梁、璧山、江津等区县与主城客流交换量较大。

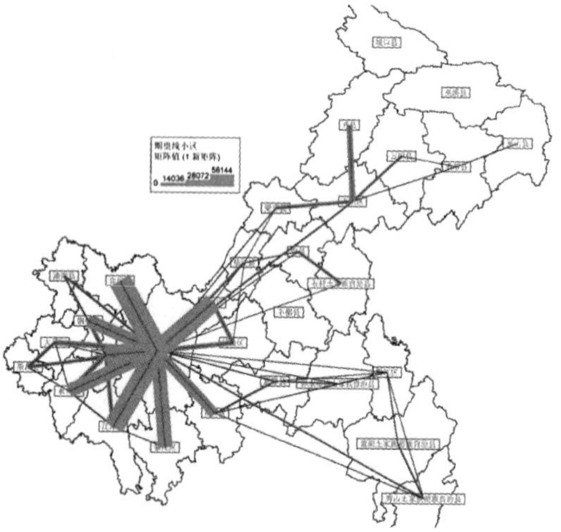

图11　重庆市货运量 OD 分布

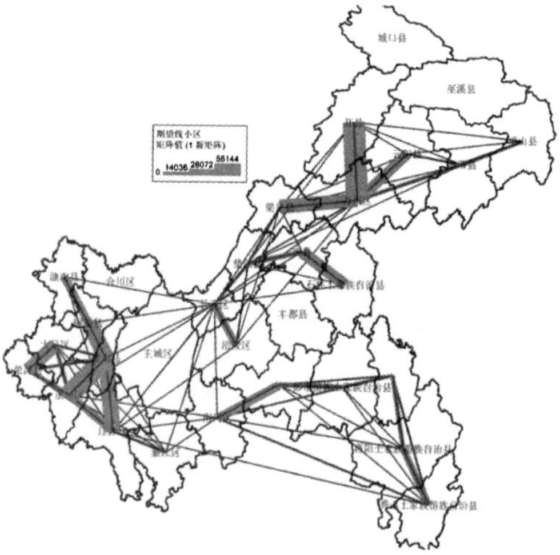

图12　各区县间货运量 OD 分布

重庆市主城区与市域区县之间的货运量分布如图11所示，独立主城核心区的货运 OD 量，得到重庆市各区县间的货运量 OD 分布，如图12所示。

由图11、图12分析可知，主城区与都市功能核心区的货运交换量占据了重庆市货运量的主导地位，核心区的货运吸引力显著高于其他区县。独立主城核心区分析发现，大都市圈的货运 OD 量较其他区县更高。在都市功能拓展区中，璧山、江津、潼南、荣昌、永川等区县货运量较高。

通过上述分析，大都市圈占据了重庆客货交通集散的主导地位，与此同时，都市圈内的各区域发展具有不均衡性，如璧山、江津、永川等区域交通引力相对其他卫星城而言更大。因此，采用混合型复合式通道配置模式，在核心区放射通道网络配置的同时，在都市功能拓展区打造枢纽城市。

（二）主城与卫星城复合式通道布局与能力配置

通过大都市圈内主城与卫星城之间的客、货交通需求分析，结合各客运系统的能级带宽，在耗散结构模型中，按照交通需求的涨落范围对应交通供给在各个能级之间跃迁。交通需求的大小是决定交通需求涨落大小最主要的因素，也是出现交通巨涨落的前提，随机的涨落变化和叠加促进了现状交通网络由平衡态向非平衡态转移。如璧山、江津、永川等区域交通需求量相对较大，交通需求涨落超越了当前交通能级，打破了当前交通系统的平衡性，则需要投入更高能级的交通供给，升级超大客运系统，如配置轨道交通、增加高速公路等，为交通系统注入交通能量，促进交通系统向高能级跃迁。

按照交通系统好散结构和能级跃迁分析，得到如下主城–卫星城交通系统配置模式：

主城与卫星城复合式通道由 38 条线路构成，分别由 10 条铁路（轨道交通、都市快轨）、14 条高速公路、2 条城市快速路、12 条高等级公路构成。其中，西向通道规划布局 3 条轨道交通（客专、都市快轨）、3 条高速公路、2 条城市快速路、2 条高等级公路，主要服务璧山、永川、铜梁、大足四个区；北向通道规划布局 2 条铁路、3 条高速公路、4 条高等级公路，服务合川卫星城发展；东向通道规划布局 2 条铁路、5 条高速公路、3 条高等级公路，主要服务长寿、涪陵、南川三个区；南向通道规划布局 3 条铁路（轨道交通、都市快轨）、3 条高速公路、3 条高等级公路，主要服务綦江、江津两个区。

七、结语

在主城与卫星城复合式通道配置中，应充分利用现有通道资源，集约节约利用沿线土地；坚持 TOD 发展模式，发挥交通先导性功能，布局大运量、快速化、开放式的交通线路促进土地开发；加强线路与线路之间的衔接、线路与节点的能力匹配，合力分离区域内外交通，避免交织；建设时序上，优先规划建设紧迫性强、经济效益好的主城对外通道，支撑引导产业布局，实现土地、资金资源集约利用。

参考文献

[1] 张文尝，金凤君，樊杰．交通经济带 [M]．北京：科学出版社，2002.

[2] 黄文忠．上海卫星城与中国城市化道路 [M]．上海：上海人民出版社，2003.

[3] 任兴洲．我国城市化以及卫星城发展的多种模式探究 [J]．重庆工学院学报，2003，17（4）：1–4.

[4] 周春山．城市空间结构与形态 [M]．北京：科学出版社 . 2007.

[5] 王圣学．大城市卫星城市研究 [M]．北京：社会科学文献出版社 . 2008.

[6] 周昕．昆明城市空间形态演变趋势研究 [M]．昆明：云南大学出版社 . 2009.

[7] 杨勇．都市圈发展机理研究 [M]．重庆：重庆出版社．2010.

以"安全规划"引领"平安交通"发展

马　明
（交通运输部规划研究院，北京　100028）

【摘　要】交通运输安全发展关乎全国安全生产发展大局，大力创建"平安交通"意义重大。传统的交通运输安全工作思路主要是针对各时期所表现出来的突出安全问题，对基础设施、运输服务的安全水平进行事后评价，属于"补洞式"、"被动型"做法，既不能从整体、全局的角度考虑安全的问题，也不能做到对安全的可控式发展。交通运输安全规划通过对安全水平的预测以及对预防措施的科学规划，将安全工作从"被动改善"转变为"主动规划"，将在"平安交通"建设中发挥重要引领作用。本文探讨了交通运输安全规划的概念和特征，阐述了支撑安全规划的核心技术，并提出了启动和开展交通运输安全规划的相关措施。

【关键词】交通运输　平安交通　安全规划　安全改善

Using Planning to Lead the Development of Safe Transportation

Ma Ming
(Transport Planning and Research Institute, Ministry of Transport, Beijing 100028)

Abstract: The safety development of transportation is crucial to the national safety situation. The traditional method of transportation safety analysis is firstly evaluating the safety level of infrastructure and management, and then develops the safety improvements. This method belongs to a "passive" approach, which is neither from an overall view of safety, nor cannot lead the development of safety. Transportation safety planning (TSP) which can forecast the level of safety as well as develop the planning of preventive measures, is leading the transportation safety from "passive improvement" to "active planning", and will play an important role in leading the development of "safe transportation". This paper explores the concept and characteristics of TSP, introduces a number of core technologies, and develops some measures to bring the TSP into practice in China.

Keywords: Transportation　Safety transportation　Safety planning　Safety improvement

安全是交通运输发展的前提条件。只有安全，才有交通运输发展的速度，才有交通运输发展的质量，才有交通运输发展的效益。随着“以人为本”、科学发展理念的日益深入，安全在社会经济发展中的地位越来越高、分量越来越重。纵览我国近年来的发展，从安全生产到安全发展，再到2011年国务院40号文件提出要“大力实施安全发展战略”，安全发展已经上升到了国家战略的高度。作为全国安全生产的重点领域，交通运输行业始终将安全发展作为鲜明的主题。近年来，虽然公路、水路等交通运输事故起数和伤亡人数在减少，但总体安全形势仍十分严峻，尤其是公路交通安全问题仍十分突出。据统计，在各行业和领域事故中，公路交通事故死亡人数高居首位，约占全国安全生产事故死亡人数总量的60%。交通运输的安全发展关乎国家安全生产发展大计，关乎交通运输安全发展大局。

随着我国现代交通运输业发展进程加快，以及交通运输深化改革、发展转型，交通运输安全发展面临的形势十分复杂，安全生产的基础仍然薄弱，交通运输安全生产不断出现新矛盾新问题，各种安全风险和矛盾交织并存、不断显现，“零敲碎打式”的安全改善显然不能满足新形势下交通运输安全发展的需要，如何有效推进交通运输安全发展成为亟待解决的问题。

一、“安全规划”是交通运输安全发展的必然选择

目前，我国在交通运输安全方面的治理工作主要采用四阶段方法，即问题识别、致因分析、安全改善和效益评价。这种传统的安全工作思路只能针对各发展阶段所表现出来的安全问题，对交通系统和设施安全水平进行事后评价，属于“补洞式”、“被动型”做法，既不能从整体、全局的角度考虑安全的问题，也不能做到对安全的可控式发展。在探索交通运输安全发展的道路上，发达国家的先进经验可以起到“他山之石”的作用。在美国，《21世纪交通运输公平法案》（TEA-21：The Transportation Equity Act for the 21st Century）明确要求交通部和规划部门在交通规划中考虑安全规划专项。美国交通部和国家公路合作研究委员会（National Cooperative Highway Research Program，简称NCHRP）分别颁布多份技术文件，指导如何制定公路交通安全战略规划（Strategic Highway Safety Plan，简称SHSP）[1]，有力促进了“交通运输安全规划”这一新兴理念的提出和推广。交通运输安全规划正在成为国际交通运输业界关注的焦点。

交通运输安全规划通过对安全水平的预测以及对预防措施的科学规划，使安全工作从“被动改善”（reactive）转变为“主动规划”（proactive），对持续改善交通运输安全状况发挥着重要作用。美国通过实施公路交通安全战略规划，实现了“到2008年，亿车公里死亡率不超过1”的安全目标；为了进一步改善公路交通安全形势，美国于2009年又提出了“零死亡——国家公路交通安全战略”（Toward Zero Deaths：A National Strategy for Highway Safety），现正通过战略规划的实施向既定目标稳步推进。目前，我国也已开始重视安全规划的制定和实施，国务院安委办2012年印发了《道路交通安全“十二五”规划》，提出七项重点任务和五项重大工程，力争实现“到2015年，全国道路交通事故万

车死亡率不超过2.2；营运车辆肇事导致的一次死亡10人以上特大交通事故下降15%以上”[2]。

二、交通运输安全规划的概念和特征

所谓规划，就是对未来发展蓝图的主动谋划，就是围绕达成总体目标所实施的一系列行动计划。交通运输安全规划的概念同样如此，是对未来交通运输安全发展蓝图的主动谋划，是针对各种具体类型的安全（如公路交通运输安全、水路交通运输安全等），综合考虑各种安全影响因素设定安全发展目标，并围绕达成既定目标所制定和实施的预防措施计划（交通运输安全规划的基本流程见图1）。与传统的交通运输安全治理工作相比，交通运输安全规划具有主动式、全局性、定量化等三个方面的典型特征。

（一）主动式

“主动谋划式”可谓是安全规划的本质特征，即在事故发生之前，通过制定和实施相应的预防措施规划方案来减少和避免事故的发生，改变传统“头疼医头、脚疼医脚”的被动安全整改理念和做法。

（二）全局性

一方面，安全规划作为一种理念和技术体系，贯穿于交通规划、设计、施工及运营管理等全周期过程；另一方面，有别于传统交通运输安全治理主要关注交通基础设施安全状况、载运工具安全状况、交通参与者安全教育等微观层面的因素，安全规划强调从宏观到微观层面综合对安全水平的预测和评价。

（三）定量化

随着近年来国内外相关技术的快速发展，“定量化”逐渐成为安全规划的又一核心特征，由以往的“定性分析”向“定量评价”转变，具体体现在不仅可以对安全发展目标进行量化预测和设定，也可以在识别安全风险、剖析安全隐患、提出预防措施以及动态评估规划实施效果等规划制定和实施过程中进行科学量化分析。

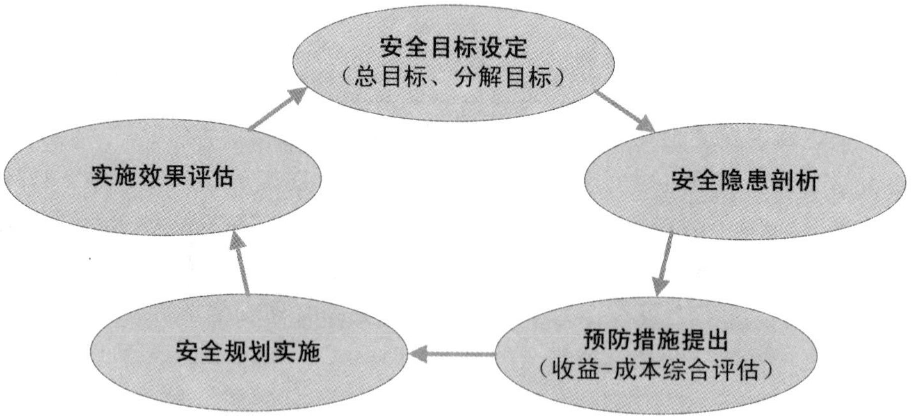

图1　交通运输安全规划的基本流程

三、交通运输安全规划的核心支撑技术

科学技术是解决交通运输安全问题的重要手段。开展交通运输安全规划同样需要坚实的技术支撑，交通运输安全规划的支撑技术主要包括安全水平预测技术、安全措施规划技术、安全规划实施效果评估技术等。

（一）安全水平预测技术

科学设定安全发展目标需要对未来的安全水平进行定量预测。交通运输安全生产具有经验性、规律性的特点，如公路和水路不同运输方式的运输特点、旅客和货物运输的特点以及危险品运输的特点，等等。只有掌握了这些安全生产规律性的特点，才能建立安全水平及其影响因素之间的定量关系，才能根据这些定量关系以及安全影响因素在未来特征年的规划值，实现对未来特征年安全水平的预测，从而指导安全目标的设定。安全水平目标可根据需要设定为不同严重程度的事故起数、死亡人数或事故率、死亡率等，安全水平的影响因素可以从区域社会经济、交通基础设施、交通运输等相关规划指标中选取。以公路交通运输安全为例，安全水平的影响因素有人口数量、受教育程度、公路里程、公路等级构成、交通量、机动车保有量、运输车辆数量等。

（二）安全措施规划技术

对安全措施进行科学合理规划，首先需要明确安全事故的成因，明确有哪些可能的预防措施；然后，通过对各项备选预防措施的评估和比较，明确哪些预防措施更经济、更有效。探明事故成因以及提出备选预防措施，需要使用事故成因分析技术，现有的此类技术大多是基于事故数据开展分析。这主要是由于安全生产事故具有小概率、随机性事件的特点，而且事故影响因素复杂，不能在事故及其影响因素之间建立确切的物理联系，而通常需要利用多元统计方法从大量的事故数据中去发掘事故的成因，然后分析确定各种事故成因的显著程度及其对事故的贡献率，从而有针对性地提出事故预防措施。

为了利用有限的资金发挥最大的社会效益，有必要对所提出的预防措施进行“收益-成本”分析，即对各项备选措施的安全效益和实施成本进行综合性的定量评估分析。预防措施的“成本”可以考虑使用包括经济成本、环境成本、时间成本等多要素的广义成本。安全规划的“效益”则主要体现在减少安全生产事故的数量，即事故减少指标，这其中要着重反映不同严重程度事故之间的差异。预防措施的事故减少指标可以通过“前-后”对比分析方法（before - and - after analysis）[3]或交叉分析方法（cross - sectional analysis）[4]来获取。“前-后”对比分析方法属纵向分析方法，主要是通过对比采取预防措施前后的安全生产实绩来确定该项措施的安全效益；交叉分析方法主要是通过横向对比有无采取预防措施的不同地点或不同群体之间的安全状况，来分析该项措施的安全效益。将预防措施的“成本”与“效益”统一进行货币化折算，即可在同一标准下进行比较和评估。

（三）实施效果评估技术

规划实施效果评估是交通运输安全规划的重要环节。通过对实施中、实施后的安全

规划进行定量评估，将有助于安全规划作用的发挥，有助于安全发展目标的实现。开展安全规划实施效果评估，首先需要对安全规划进行特征分析，明确规划评估的工作目标和技术体系，规划实施评估的重点主要集中在目标实现评估、任务完成评估、政策措施评估等多个方面，具体包括评估安全发展目标实现的一致性程度，评估任务实施情况及其作为目标战略的有效性，评估政策措施的制定与贯彻对目标实现与任务完成的支撑程度，并在此基础上实现对规划实施效果的综合评估。

四、开展交通运输安全规划工作的措施

为有效开展交通运输安全规划，应在技术研发、创新驱动、完备数据、信息化应用等方面采取系统性措施。

（一）重视安全规划

目前，我国交通运输部门开展交通运输安全生产工作的抓手主要集中在公路、水路等交通基础设施与附属安全设施的设计、施工和运营，以及客货运输的安全管理等方面，缺少在前期规划阶段和宏观规划层面对交通运输安全发展的统筹考虑。应借鉴发达国家开展安全规划的先进经验，转变观念，重视规划在我国交通运输安全发展中的引领作用，建议考虑将交通运输安全规划作为交通运输发展规划的一项重要内容予以重视，并尽快启动安全规划相关理论和技术研究，将相关成果在行业内进行推广。

（二）开展技术研发

建议尽快启动安全水平预测技术、安全措施规划技术、实施效果评估技术等安全规划核心支撑技术的研发。安全规划核心技术的研发不可能一蹴而就，而应循序渐进，将其作为一项长期基础性工程来抓。一方面，成熟技术的形成本身就需要一个长期积累的过程，例如，美国于1997年制定公路交通安全战略规划，提出了22个专项，经过长达十多年的研究积累，才逐步形成了以《公路安全手册》（Highway Safety Manual，简称HSM）为代表的成熟技术；另一方面，安全形势在不断变化，新的安全问题在不断涌现，安全规划技术也需要不断地调整和改进。

（三）注重创新驱动

在我国，影响交通运输安全发展的因素比任何国家都要复杂，解决我国交通运输安全发展问题更离不开创新驱动。交通运输安全规划在发达国家已经得到发展，我国开展这一工作，可积极借鉴美国等发达国家已有的理论和成熟技术，加快引进、消化和吸收，并结合我国国情、行情及所面临的安全问题，进行再创新，建立适合我国交通运输安全生产特征的交通运输安全规划理论技术体系和实施框架。

（四）完善基础数据资源

完备的基础数据资源是启动和开展交通运输安全规划的必要条件。建议我国交通运输部门进一步丰富和完善交通基础设施数据库，并与公安交通管理等其他部门共同建立基础数据库和信息网络的互联互通及信息共享。美国在基础数据资源整合方面的成绩值得学习，美国联邦政府交通部开发和使用的国家公路数据库（National Highway Planning

Network，简称 NHPN）涵盖了全国所有公路基础设施的基本信息；而各州公路数据库涵盖的信息更为详尽，例如，美国佛罗里达州交通部使用的道路特征数据库（Roadway Characteristics Inventory Database，简称 RCI）将公路基础设施（如公路等级、路面类型、车道数）及附属安全设施特征（如护栏、中央分隔设施）、交通管理特征（如限速、交通监控）等相关信息全部整合，以公路编号和桩号等作为索引，可实现对所有信息的快速访问和查询。

（五）注重信息化应用

信息技术作为创新最活跃、通用性最广、渗透性最强的高新技术之一，是促进交通运输安全发展的重要手段。目前，以物联网和云计算为重点的新一轮信息技术革命已成为我国重点发展的战略性新兴产业[5]。注重物联网等信息化技术的应用，对人的不安全行为、物的不安全状态、环境的不安全条件等进行有效监测和预警，实现相关信息的快速采集、处理、分析、发布和信息咨询、反馈等，发挥信息化手段在事故预防、风险防控、应急管理和行政执法中的作用，将有效提高规划编制的科学性、可操作性和规划的实施效率，对于充分发挥交通运输安全规划的引领作用具有重要意义。

“安全规划”在世界范围内得到了推广和应用，并已在美国等发达国家收获良好效果。当前，我国正处于全面建成小康社会和社会主义现代化的关键时期，“关爱生命、安全发展”的使命已经摆在我们面前。我们应抓住机遇，迎头赶上，重视安全规划在交通运输安全发展中的重要性，重视安全规划关键技术的开发和应用，以“安全规划”引领“平安交通”发展，最终实现交通运输安全发展的目标。

参考文献

［1］American Association of State Highway and Transportation Officials. AASHTO Strategic Highway Safety Plan［R］. Washington D. C.: American Association of State Highway and Transportation Officials, 2005.

［2］国务院安全生产委员会办公室. 道路交通安全“十二五”规划. 2011.

［3］Ozlem Yanmaz–Tuzel, Kaan Ozbay. A comparative Full Bayesian before–and–after analysis and application to urban road safety countermeasures in New Jersey［J］. Accident Analysis and Prevention, 2010, 42（6）: 2099–2107.

［4］Persaud B., Lyon C., Eccles K., et al. Safety Evaluation of Installing Center Two–Way Left–Turn Lanes on Two–Lane Roads［R］. Washington D. C.: Federal Highway Administration, 2008.

［5］国家安全生产监督管理总局. 安全生产信息化“十二五”规划. 2011.

我国收费公路改革建议

高月娥[1] 王 智[2]
（1. 中国交通运输协会，北京中交协物流研究院，北京 100825；
2. 中国国际工程咨询公司，北京 100048）

【摘 要】为筹集公路建设资金，收费公路政策作为公路建设投融资的一个重要手段，在一定历史阶段促进了国民经济的快速发展。但在我国经济转型阶段，收费公路被喻为“高价公路”，已超出老百姓的承受能力。本文通过梳理我国收费公路的发展现状，剖析了收费公路存在的问题，借鉴了国外收费公路经验，提出了我国现行收费公路改革有益的措施建议，这是转变经济发展方式的必然选择。

【关键词】收费公路 国外经验 改革建议

Proposals for the Reform of Toll Road in China

Gao Yuee[1] Wang Zhi[2]
(1. China Communications and Transportation Association,
Institute of Logistics and Transportation of Beijing, Beijing 100825;
2. China International Engineering Consulting Corporation, Beijing 100048)

Abstract: In order to raise funds for road construction, toll road policy is an important means of investment and financing which in a certain historical stage; promote the rapid development of the national economy. But in the period of economic transformation in China, the toll road is known as the “high price road”, has been exceeded people's afford ability. By examining China's current situation in toll roads development of, analyzes the existing problems of toll roads, learns from foreign experience of toll roads, puts forward measures and suggestions for China's toll road, which is the inevitable choice of the transformation of economic development mode.

Keywords: Toll roads Foreign experience Reform proposals

20 世纪 80 年代初，我国经济社会对交通运输发展提出很高要求，而在国家财政资金紧张的情况下，为弥补公路建设资金的不足，探索“贷款修路、收费还贷”的政策，收费公路对支撑交通运输的发展起到了推进作用，是我国公路建设发展的必要举措。收费公路快速发展的同时，也存在着收费标准高、收费站点间距密、收费期限超长、经营权转让不规范等诸多问题。为此，可借鉴国外大部分国家根据“用者自负”的基本原则制定交通资源使用费的经验，深化收费公路投融资改革，加大政府合理规制和有效管理，加强执法监督，促进我国公路运输的可持续发展。

一、我国收费公路现状

1984 年国家颁布了“1980—2000 年交通运输技术政策”，明确提出要调整运输结构，首次将建设“汽车专用道”作为重要举措纳入技术政策；确定以征收汽车购置费作为公路建设专项资金，允许征收过路费、过桥费，并向国内外放开公路建设市场。自 1984 年第一条收费公路开通以来，“贷款修路、收费还贷”已成为我国大部分高等级公路的主要发展模式。目前，收费公路按照资金来源的不同可分为政府还贷型和经营型两种收费模式。1996 年出台《公路经营权有偿转让管理办法》，是最早针对公路经营权有偿转让问题制定的规范性文件；1998 年颁布的《中华人民共和国公路法》首次对公路收费权的转让以法律形式予以确认；2004 年国务院颁布的《收费公路管理条例》和 2008 年施行的《收费公路权益转让办法》，促进了公路事业的健康发展。据统计，我国 95% 的高速公路、61% 的一级公路、42% 的二级公路都是依靠公路收费政策建设起来的。截至 2013 年年底，公路通车里程达到了 435. 6 万公里，其中高速公路达到了 10. 4 万公里，总里程位居世界第一。2010 年收费公路 15. 5 万公里，收费站点 2284 个，其中高速公路主线收费站点 599 个。在公路建设总投资中，国家预算内资金和车辆购置税占比不足 15%，地方自筹及其他资金和国内贷款各占 31% 和 40%。可以看出，中央投资资金比重较低，地方政府公路建设负担较重。

二、存在的问题

我国收费公路快速发展的同时，也存在着诸多问题，主要是：

（一）少数路段收费标准畸高，部分收费期限超限

我国收费公路收费标准过高，与其建设融资模式密切相关。部分地方政府以招商引资形式贷款修路，偿还贷款后继续收费。审计署 2008 年报告提出，北京机场高速、山东济青高速等 12 省份的 35 条经营性公路，收费期限过长，获取的通行费收入高出投资成本 10 倍以上。其中京石高速在由政府还贷公路转让为经营性公路后，收费年限长达 42 年。一些地方政府和部门把收费公路作为融资平台，将政府还贷公路随意转为经营性公路，再把经营性公路转为上市公司，重新审批后长期延长收费期限。

（二）收费站点过密，物流成本过高

审计署报告发现，北京、河北等 18 个省份收费公路中，收费站点平均每个省份 240 个。过多的收费站点让高速路变成“低速路”，既影响了通行效率，也无形增加了物流成本。有关研究发现，我国高速公路收费约占物流业总成本的 30%，燃油成本也占 30% 左

右；2013年中国物流总费用占GDP的比重为18%左右，运输成本占GDP比重的9%，比发达国家要高很多，降低了我国生产和流通企业的竞争力。

（三）收费资金管理不规范，法律法规不健全

审计署报告提出，18个省份8.68万公里收费公路中，仅有10%的过路过桥费用于偿还贷款，远远低于规定的70%的比例。经营权转让不规范，特别是一些地方政府脱离公路属性进行上市融资和资产运营，收取的通行费成为牟利手段。部分收费公路上市融资过度、为追求利润造成资金用途转移等问题，致使收费公路数十亿资金闲置、挪用。同时，收费公路相关政策法规及配套法规亟待完善，如目前无明确法规对收费公路服务区、加油站等收入进行管理；虽然《收费公路管理条例》已对新建收费站的设置、收费期限等做出了规定，但对已建成的收费站仍未出台相关办法。

（四）管理机构臃肿，缺乏有效竞争

我国收费公路管理人员普遍过多，费用开支巨大，靠收费养人。据调查，公路收费人员工资管理费占到总支出的30%~50%，成为名副其实的“养人路”。许多公路经营主体虽然进行改制，但政企仍然不分，导致收费公路管理缺乏有效竞争。

此外，一些省份超越资源环境承受能力大量建设收费公路，严重损害土地资源的有效使用，部分收费公路交通拥挤不断恶化，增加了小汽车排放污染。

三、国外经验分析

世界上有60多个国家采取收费公路的形式建设和发展高速公路。中国车辆通行费所占人均GDP的比例已超过2%，居首位，超过美、日、德等发达国家。

纵观国内外，“受益者负担”是国际上制定公路基础设施回收成本政策遵循的一项基本原则，西方一些国家的收费公路主要是由政府投资，对公路事业的发展发挥了促进作用。

（一）美国收费公路

美国公路网较发达，2011年公路里程达到659万公里，高速公路里程9.4万多公里，而收费公路里程仅为8464公里。美国《联邦资助公路法案》明确了高速公路的发展框架，州级政府由联邦政府和州政府按9∶1的比例出资，其中联邦资金由联邦公路信托基金提供，这个基金近90%来自燃油税。美国公路的建设、养护基本上依靠公路使用者缴纳的税费，用于公路建设的税收占公路总投资的比例近90%，发行债券和通行费收入等非税收比例仅10%左右。公路建设、养护和管理主要依靠各州及地方政府负责。美国绝大部分公路是政府投资的免费公路，但也存在部分收费公路，收费公路的融资方式主要是州及地方政府根据项目建设的需要发行公路债券。

（二）日本收费公路

日本公路网规模不断扩大，2011年达到121万公里，其中高速公路7800公里，收费公路约为12000公里。日本1956年制定了《道路改良特别措施法》，明确了靠收费公路补充资金来源不足。征收通行费的目的是筹集道路建设、维护管理等费用，一旦通行费总收入足以偿还总支出，高速公路就实行免费通行。成立了日本道路公团、首都高速道路公团、阪神高速道路公团和本州四国联络桥公团，形成了从国家到地方的收费道路建设管理体系。日本道路公团业务活动的基本原则是通过立法确定的，收费标准须由国家批准和监督执行。公团实行民营化改革之后，相关法案规定偿还年限为45年以内。日本高速公路遵循按行驶里程收费原则，全国统一收费标准，可以打折。

（三）德国收费公路

德国随着汽车保有量的快速增长，2011年公路里程达到64万公里，其中高速公路里程12819公里。德国1995年之前一直没有收费公路。随着欧盟各国间的卡车往来增加，2002年，德国议会通过了《高速公路养路费法》，决定对所有12吨以上的货车（含挂车）按轴数及废气排放的等级收取高速公路通行费，不对小轿车征费。2005年开始利用ETC系统（自动收费系统）征收卡车使用费，依据车辆类型、行驶路线、行驶里程、时段的全路定价模式实现按耗计量收费。

总之，国外大多数国家收费公路等级高、里程少，服务水平高，收费公路级差效益明显。主要以征收公路使用者税作为公路资金的主要来源，政府在公路投融资体制中扮演了重要角色。国外的经验对我国收费改革具有重要参考价值。

四、我国收费公路改革建议

目前，我国收费公路的诸多问题已越来越受到社会各界的关注。政府已对收费公路进行专项清理，在开征燃油税的同时逐步取消二级公路收费。但是我国公路交通紧张状况并没有完全适应经济发展的要求，当前和今后一个时期，收费公路政策仍是筹集公路交通建设资金的重要渠道。应针对不同的收费公路实行有差别的政策，实现收费公路的可持续发展，具体建议是：

（一）深化收费公路投融资改革，让公路回归公共属性

收费公路之所以收费，主要根源就是公路投融资来源问题。如果是政府还贷性收费公路，它主要考虑还贷为主要目的；如果属于经营性公路，它势必考虑盈亏平衡和追求利润最大化。严格界定政府还贷性的收费公路和经营性的收费公路，实现资源的合理配置问题。而目前我国财政收入较为充足，让公路回归公共属性，特别是要加大政府对欠发达地区的收费公路的资金支持，重构收费公路的投融资体系。

（二）政府合理规制和有效管理收费公路，打破行业垄断

收费公路属于自然垄断行业，迫切需要政府进行合理规制以及有效管理。政府要有所作为，着力破解收费公路垄断、收费标准和收费期限、服务质量以及公路服务于生产和消费领域中的外部负经济性等难题，逐步研究建立一个稳定的、低标准的、老百姓能承受的收费系统，解决收费公路效率、制度变迁等深层次矛盾。通过政府有效管理，体现公众利益和社会责任。

（三）完善收费公路法规建设，加强执法力度

随着我国收费公路的发展，除了对现行的法规进行必要的完善修改外，应针对我国收费公路的实际情况，建议完善公路扩容改造后的收费期限、收费权益等法律法规；尽快出台《中华人民共和国收费公路法》，明确界定收费公路，着手在制度设计层次上，为规范收费公路提供必要的法律保证。整顿收费公路归根结底是要加强执法，相关部门应把收费公路提升到影响国家经济安全的高度上，奖惩并举，规范收费公路。

（四）打破利益链条，强化审计和监管

部分收费公路背后隐藏着不合理的利益链条，着手从产权、竞争、治理结构等多角度入手，探究收费公路体制改革的利益关系，寻求利益主体各方的制衡机制和约束机制。通过人才培养和科技创新，提高人员素质，提升收费效率。加强监管力度，对征收的公路通行费收入、车辆购置税、燃油税及车船税等予以详细公开、透明化，保证纳税人的知情权。进一步加强收费公路的审计监察力度，防止约束失灵。特别是对不合理但不违规的收费公路，应探究审计监管等新路径，加强民众的监督，建立健全有效的监管机制。

（五）适度发展收费公路，增强价格体系的灵活性

建议今后大力发展政府主导、政府还贷性的公路。以免费公路作为主体，适度发展收费公路，严格控制收费公路规模，降低收费标准，延长收费年限，制定合理的收费公路弹性价格体系，如马来西亚等国家收费公路达到投资额的80%后，降低收费标准。还应考虑公路的外部性，收费公路价格体系直接影响通行效果，权衡投资者和使用者利益，实现收费公路的良性发展。

参考文献

[1] 张冬生．我国收费公路管理问题及改革建议［J］．综合交通，2007，6：55-58.

[2] 陈荫三．公路通行费改革及其对货车发展的影响［J］．交通工程运输学报，2007，23（4）：99-106.

我国铁路客票销售策略及发展措施研究

周　茵　宋小满　付建飞　王怀相
（中国铁道科学研究院运输及经济研究所，北京　100081）

【摘　要】 分析总结国外铁路客票营销方式及其在客票销售方面的成功经验，从拓展客票销售渠道、推行灵活的票价体系、提高售票作业质量、加强客运营销分析、完善信息系统建设等方面，为我国客票销售组织系统的发展和优化提出措施建议。

【关键词】 铁路　客运　客票销售

Study on the Strategy and Development Measures of Ticket Sales in China Railway

Zhou Yin　Song Xiaoman　Fu Jianfei　Wang Huaixiang
(Transport and Economics Research Institute,
China Academy of Railway Sciences, Beijing 100081)

Abstract: Experience of the foreign railway ticket marketing methods, which had been successfully used in ticket sales were discussed. Such experiences, as widening ticket sales channels, expansion of the implementation of flexible ticket system, improving the quality of the ticket sales, strengthening passenger transportation marketing analysis, perfecting information system construction etc., were summarized as measures and suggestions for developing and optimizing China's rail ticketing organization system.

Keywords: Railway　Passenger transport　Passenger ticket sales

一、国外铁路客票销售策略

以法国、德国、日本为代表的国家铁路运输部门，积极改进现有的运输组织模式，重视运用先进技术不断提高铁路旅客运输服务质量。随着近年来计算机及通信技术的快速发展和广泛应用，国外客票系统不断发展，大量采用先进的客票预订系统、自动检售票系统和客运信息管理系统，满足了跨地区、国家、行业的旅行服务条件。通过压缩旅客购票、出入车站等运输辅助时间，提供周到细致的服务，提升了旅客出行的便捷性和舒适性[1-3]。

（一）积极引入竞争合作机制

国外铁路与其竞争对手积极开展战略合作，有效实现了企业核心竞争力的内外扩张。

1. 开发多元化的客运产品

多元化的客运产品不仅能够满足不同层次旅客对于速度、服务、便捷的出行需求，而且从新客户群中也能获得更大利润。德国铁路除开发如ICE系列高速列车等客运新产品，还包括长途、城际客运，并涉足城市内地铁和巴士运输。在方便旅客出行的同时，产品的多元化能够较好地防范市场风险。

2. 开展合作实现客流互通

为了提高自身的市场竞争力，各国铁路公司积极与公路、航空等竞争对手展开合作联营。法国铁路开展与公路、航空的多种联营形式，实现共赢。德国铁路积极与航空、地铁、巴士以及旅馆业开展合作，持机票的旅客可以免费乘坐本地到乘机地的铁路旅客列车，持通票的旅客可以在国铁、地铁、巴士间直接换乘，旅客住宿期间，可持酒店签发的凭证免费乘坐巴士、地铁和城铁。通过与其他运输方式的合作联营，实现了客流的互通，为旅客提供更加方便的换乘，并且有效弥补单个运输方式的不足，并突出各自的优势，通过清算也增加了企业收入。

3. 发展销售代理完善销售网络

国外铁路公司广泛采取合作代理方式，拓展客票销售渠道，构建庞大的客票销售网络。法国铁路与各大旅馆、出租汽车公司及旅游景点建立合作伙伴关系，德国铁路与旅行社、商店、个人通过建立合作关系代理售票业务，日本新干线也采取内外结合的销售策略，委托销售公司和代理店销售客票。合作代理的销售方式，为旅客购票提供了更多的选择和更大的便利，也节约了运输企业的成本支出，扩大了客票的销售量。

（二）细分市场实施服务措施

国外铁路公司以细分市场进行旅客分类，通过灵活的客票服务措施，实现真正的便民惠民。

1. 重视市场调查及客流分析

国外铁路公司非常注重旅客市场调查，从中了解旅客出行需求，并分析客流变化情况，制定相应的服务和应对措施。法国国家铁路公司通过专业的旅客市场服务需求调查，按照不同的客流实施不同的客票营销措施。德国铁路对客流进行预测和分析，并运用科学的原理和方法分析运输需求的影响因素、变化趋势等。日本铁路通过一系列的居民和旅客问卷调查，调查了解客流的变化情况、居民和旅客对于高速铁路的评价，并从调查结果中分析高速铁路开通的经济与社会效果。系统的市场调查工作，有利于铁路企业了解其客运产品的运营状况及运输需求的变化情况，也有利于企业发现市场机会，确定目标市场。

2. 按照市场需求进行客运组织

根据市场调查对客运市场进行细分，针对不同旅客群的需求特征，以旅客的出行需求为导向，进行客运组织，可以有效吸引客流，增加收益。德国铁路的旅客列车可以按市场需求的变化实现灵活编组，按旅客出行地点、方向的不同，或人数的变化，分段摘挂，或改变列车的运行方向，既方便了旅客，又节省动力和线路占用，提高了效益，还省去了旅客换车的麻烦。德国铁路这种按照市场需求，灵活调整车辆编组及开行方式的做法，使得被认为只在中长途旅客运输市场占有优势的铁路，在短途旅客运输市场中同样能够占有相当大的比重。

3. 实行差别化的票种及票价策略

通过市场细分，考虑票价对于运输需求的影响，各国铁路公司都针对不同的客户群体、不同的出行时间和频率，制定差别定价策略。这种差别不仅反映生产和经营成本的变化，还有利于满足旅客不同需求和企业参与市场竞争的要求。

（三）多渠道的销售方式

国外铁路都采取多种方式的售票手段。除最常用的车站售票外，车票代售点、自动售票机都是目前普遍采用的售票方式，并支持多种支付方式，同时充分利用高科技手段，发展网上售票和移动售票服务，方便了旅客出行。国外车站售票厅分别设在车站内外以及邻近地铁入口处，以开放式的售票窗口，营造舒适购票环境并方便旅客问询。售票窗口有普通售票窗口、紧急售票窗口等多种形式。

（四）完善的信息服务系统

国外发达国家应用先进的信息技术，建有功能完善的铁路旅客信息服务系统，包括客票预约、销售系统，信息发布、咨询系统，所涉及的服务内容广，且服务质量高，满足了各阶层旅客对于信息服务的不同要求。20 世纪 90 年代，德国铁路就建成了旅客服务信息系统——KURS90，该系统将窗口售票系统、电子客票预约系统、自动售票系统、旅行社铁路客票销售系统（EVA）、电子列车时刻表和服务问讯系统整合成一个综合服务系统。

1. 发售和预订系统

国外发达国家均采用先进的计算机联网售票，实现了跨地区、跨国家和跨行业的旅行服务。日本原国铁在 1960 年使用的客票预订系统（MARS-1），仅对东海道既有线 4 列特快列车实现预约售票，13 台终端，日预约 4000 张客票。目前使用的 MARS-305 联接终端达到 6162 台，日发售客票高达 170 万张。通过泛欧铁路客票预订联网系统，可以很方便地在欧洲各地办理欧洲各国国内的旅客列车，以及各国间开行的国际列车的客票预订业务。

2. 信息服务系统

发达国家的铁路旅客服务信息系统，包括车上和车站两个系统，通过铁路数据通信网共享与旅客相关的铁路运营管理信息系统的信息，实现面向旅客的信息实时传递和发布。一些国家的铁路旅客服务信息系统还与铁路客票发售系统相连，除了可以发布铁路路网图、旅客列车时刻表、旅客列车运价表、旅客列车去向（始发站、下一停车站、终到站等）、到发时刻、运行状况（运行位置、正晚点等）、旅客候车换乘站台、自由席车厢号、当前列车运行速度、客运通告及旅客休闲娱乐信息之外，还可以向旅客提供上述信息的查询和乘车方案选定服务、票价计算和客票发售服务。更有一些国家，如日本、法国等，将铁路旅客服务信息系统接入互联网，提供更为丰富和人性化及互动的铁路旅客信息服务，让旅客可以随时随地了解和查询铁路客运信息，以及铁路车站及沿线周边旅游、天气、交通、食宿、购物、娱乐等信息。

二、我国铁路客票销售优化措施建议

借鉴国外铁路在客票销售方面的相关做法，对于提高我国铁路客运服务水平、扩大市场份额具有重要意义。

（一）拓展客票销售渠道

我国铁路客票销售应在以车站销售为主的基础上，以市场需求为导向，充分体现以人为本的服务理念，开发应用新技术，探索和实践适合我国特点的客票营销方式。近几年，我国铁路部门相继推出了增开售票窗口，增设自动售票、网上订票、电话订票等购票方式，以及延长售票时间和先上车后补票的绿色通道等便利措施。自助、网络、电话等销售方式不仅能减轻车站售票压力，加强铁路与旅客的信息交流并简化交易过程，并能有效激发潜在市场需求，提高铁路客票销售的效率及效益。因此，应增加自动售票机的投入和设立，完善网上订票、电话订票等方式的购票途径及支付手段，实现购票方式、支付方式的多样化，提高旅客出行的便捷性，充分应用先进的通信技术和电子设备提高客票销售服务水平。

（二）推行灵活票价体系

充分发挥经济杠杆作用，以灵活的票价体系提高铁路客运市场份额。对于交通运输业，客运产品具有不可储存性，客票应尽可能地提前出售，才能避免客运产品的浪费和铁路收益的损失。

我国铁路客票实行统一票价，与公路、民航等其他运输企业相比，缺乏对市场需求变化的调节能力和适应能力。因此，根据客流组成及变化规律来确定票价浮动范围，建立多级票价体系来吸引客流，是铁路适应客运市场竞争的根本要求。

（三）提高售票作业质量

铁路售票服务过程直接影响旅客对运输服务质量的评价以及客运营销措施的实际效果。针对我国铁路客票销售服务现状，应从加强服务质量控制和提高服务生产率等方面加以完善。树立以旅客需求为导向的服务观点，改进服务质量，对客票业务流程及业务操作进行监控，提高售票服务系统的稳定性和安全性。加大对铁路售票人员的培训力度。通过管理机制、考核机制的健全与完善，增强服务人员增运创效的积极性，提高铁路客票销售的服务效率。

（四）加强客运营销分析

现代化的客票发售系统，计算机联网售票方式的实现，在方便旅客购票的同时，也积累了大量客票发售数据。这些数据蕴含着丰富的决策信息，能够帮助客运管理人员掌握客流特征、客票发售、票款收入等基本情况，为客运营销分析提供依据。因此，进一步完善铁路客运营销理论，系统地、科学地对这些数据信息加以开发利用，以客运市场调查分析、客运产品设计、经营效果评价为目标，建立功能完整、信息共享的铁路客票营销分析决策系统，为客运市场预测、客运产品定价、客运经营评估提供辅助决策，是提高铁路客运运营水平、增强铁路客运市场竞争能力的有力措施。

（五）完善信息系统建设

国外铁路在客票销售中，利用先进的计算机和通信技术实现运营管理的信息化，不仅简化了旅客购票手续，也为旅客提供了更多的途径、更便捷的方式获取更丰富的出行信息。我国铁路客票发售和预订系统的研究及推广也已有20多年的历史。长期以来，由于运能无法满足日益增长的客运市场需要，我国铁路客票系统的复杂程度要远高于国外售票系统。在完善售票系统功能的同时，我国铁路客票系统开发应当向自动化、综合服务、科学管理和与国外售票系统联网方向发展。进一步扩大联网售票的范围，如加强与银行、邮局、旅行社及公路、民航等联网售票及预订业务；推广自动售票及车站的自动检票；建立综合服务系统，提供票务、咨询、交通、旅游等一体化的咨询服务。

三、结束语

随着我国铁路生产力布局的调整，高速铁路的大规模建设并相继投入运营，大力拓展客票延伸业务，构筑多元化客票销售渠道，对争取客源有重要的意义。国外铁路以完备的服务设施、灵活的票价体系和方便的售票方式，满足了旅客快速、便捷、安全的出行需求。借鉴国外铁路在客票销售方面的成功经验和做法，研究确定适合我国铁路特点的客票销售模式，以及应具备的硬件、管理及经济条件，对于提高我国铁路客运市场竞争力、促进我国铁路客运的发展有着重要的意义。

参考文献

［1］席锦池．法国高速铁路客票体系与营销方式分析［J］．中国铁路，2007，4：69-71.

［2］欧阳松寿．国外铁路客运售票模式现状分析［D］．北京：北京交通大学，2007.

［3］铁道部国际合作司．铁道部出国考察报告集2001—2009［R］．

美国与密西西比河水运发展关系及其启示

宋彬森
（交通运输部规划研究院，北京 100028）

【摘 要】本文首先以密西西比河为切入点，系统回顾了美国内河水运发展走过的200年历程，以及在此期间美国政府对内河水运制定的主要政策和扮演的角色。接下来，分别从美国经济社会和综合运输两个角度分析了美国社会与内河水运的依存关系，分历史阶段进行了详细阐述。最后，将密西西比河和长江进行了比较研究，并通过研究数据提出了对我国长江黄金水道建设的三点启示。

【关键词】内河水运 美国 密西西比河 长江 启示

Enlightenment of Develop Relationship Between the United States and the Mississippi Waterway Transport

Song Binsen
（Transport Planning and Research Institute，Chinese Ministry of Transport，Beijing 100028）

Abstract：This Article firstly reviewed the 200 years history of American inland waterway transport，and which role the United States government played during that period. Next，analyzed the relationship between inland waterway transport and the others（economy society and integrated transport respectively），expounded the historical stages in detail. Finally，comparative study was made for the Mississippi River and the Yangtze River，and put forward 3 suggestions to China by studying the data of construction of the Yangtze River.

Keywords：Inland waterway transport The United States The Mississippi River The Yangtze River Enlightenment

一、美国内河水运发展回顾

（一）发展历程概述

1815年，美国联邦政府开始负责全美内河航道的建设与管理。1824年，授权美国陆军工程兵团负责全美航道的建设和管理。1879年，成立了密西西比河委员会，研究密西西比河的治理方案、防洪措施和开发规划。1927年，密西西比河沿岸7个州遭受洪水袭击，大约80万人无家可归，直接经济损失高达10亿美元，占当时美国国家债务的33%，大洪水造成了美国经济和社会发生巨变。1928 年，美国联邦政府制定了全面整治密西西比河的防洪法案和干支流工程计划，主要分为两个阶段：1928—1936 年，在中下游干流的两岸筑堤挡水、疏浚和稳定河槽；经过了 8 年的干流治理，1936 年，国会通过了一系列的支流治理规划，开始了“干支并举、全面系统”的整治方案，陆军工程兵团采取修筑闸坝、渠化河道及疏浚炸礁、人工裁弯等工程措施，改善河道通航条件。1940 年，密西西比水运主体工程基本建成。1978 年，美国政府累计投资逾百亿美元，建成了当时世界上最发达的内河航道网络。如今，密西西比河水系已建成江、河、湖、海贯通，水深标准统一的内河航道网络，取得了防洪、航运、水电、灌溉、养鱼等综合经济效益。

（二）主要政策措施

1. 两百年国家立法

1787 年大陆会议制定了《西北法令》，明确其西北领地对航道使用、免税方面的相关规定，这是美国内河水运最初的法令之一。1824 年美国国会通过了《改善俄亥俄河和密西西比河航道条件法》，规定了对每条河流清障、疏浚、渠化航道的相关条文，这是完整意义上的现代航道航运史上的第一部法律。1928 年颁布了《防洪法（1928 年）》，规定全美的防洪和航道整治管理由陆军工程兵团统一负责。1933 年颁布了《田纳西河流域管理法》，旨在“改进通航，并为田纳西河的洪水控制做准备”。1936 年通过了《防洪法（1936 年）》，规定由政府承担防洪责任，并建立了防洪工程国家规划，包括堤防、水库和河道整治工程等，这是美国国会批准的第一个综合防洪法令。1950 年通过了《防洪法（1950 年）》，要求全美河流必须综合协调开发，为密西西比河的综合开发提供了保障。1965 年颁布了《水资源规划法》，规定通过实施综合的开发管理政策进行水资源的统筹规划，有利于统一调度和管理密西西比河充沛的水资源。1998 年通过了《面向 21 世纪的交通运输平衡法案》，仍然把内河水运发展作为重要内容，涉及密西西比河的继续开发与治理的有关细节。1999 年通过了《水资源开发法（1999 年）》，对水资源的保护和开发做出了明确规定，涉及防洪、航运、环境修复等 37 项具体内容。

200 多年来，美国先后制定了 40 余项有关防洪和航运的法律或法令，使密西西比河水系河流开发计划的制订及工程项目的实施等各个程序都有相应的法律、法令规范[1]。

2. 大交通统一管理

美国密西西比河水系的管理是依托建立“大交通”体系，将密西西比流域的所有交通方式全部集中管理，其中航运方面由航运管理局（MARAD）全面负责，主要工作有造船及营运补贴、扶植美国航运业及相关企业、主持航运市场研究工作、掌握航运市场动态和预测航运业的发展、与航运企业合作进行技术和营运管理研究等。其他运输分别由联邦航空管理局（FAA）、公路管理局（FHWA）、铁路管理局（FRA）、公共交通管理局（FTA）等负责。这种做法与美国联邦政府设立运输部管理大交通的思路是一致的，好处是便于各种运输方式的协调发展，充分发挥各种运输方式的优势，让每一种运输方式都能在综合运输体系中找到最合适的位置，发挥最恰当的作用。

3. 水资源综合开发

陆军工程兵团负责调查、发展和改进全美的水资源综合利用以及与水有关的土地资源利用，涉及主要河流的防洪、航道治理、水力发电、城市和工业用水、农田灌溉和环境保护等事项。由于陆军工程兵团直属国防部，且法律要求其必须严格遵循水资源综合利用原则，因此在规划编制和河流开发时，能按既定目标和原则，兼顾多方利益，力求水资源综合利用效益最优，保证了密西西比河综合开发的高效性和合理性。密西西比河的综合开发利用很重视内河水运的发展需要，明确以防洪为主，把水运放在重要地位，兼顾水电、农田灌溉、水产养殖、旅游和环境保护等行业发展需求的开发策略。

4. 全方位财政扶持

美国为促进内河水运发展进行了全方位的财政扶持。1978 年以前把内河航道作为国家交通基础设施建设的一部分，其建设和维护费用一直由联邦政府承担，且不偿还投资，通过陆军工程兵团进行财政拨款和建设管理；对航运企业免征燃油税和航道使用费，船舶通过船闸不征收费用，以及对船舶制造实行差价补贴等。1978 年以后，在主要依靠各级政府预算拨款的同时，注意多渠道融资，如利用银行贷款或信托基金、征集与水路运输有关的税费、发行建设债券和股票等。但自始至终国家投资仍然是最主要的资金来源，政府对航道投资的责任到位是航道建设赖以实施的重要保证。

二、美国社会与内河水运发展的轨迹

200 多年来，密西西比河流域发生了深刻变化，洪水已被控制，水源得到充分利用，同时也是全美综合运输体系的重要组成部分。如今，绿色的河岸处处可见，生气勃勃的工业城镇星罗棋布，繁忙的船队和轻快的游艇相映生辉，美丽的密西西比河让美国的土地更加娇媚动人，四通八达的内河水运系统为美国经济的繁荣做出了巨大的贡献。

（一）经济社会与内河水运

美国是发达的资本主义国家，四通八达的内河水运系统为美国经济的繁荣做出了巨大的贡献。目前，美国人口超过 10 万的 150 个城市中，有 131 个位于河边，其中大多数分布在密西西比河水系[2]。

1. 工业化前期（1800—1865 年）

工业革命是美国工业化最重要的表现形式。第一次工业革命始于 1800 年，美国首先建立了棉纺织、毛纺织、生铁冶炼、机器制造和其他日用品制造工业。工业革命极大地推动了美国经济社会的发展，生产和公产制度的兴起，推动了原有城市的扩张和新工业城市的兴起。在当时，密西西比河纵贯美国南北，诞生了一大批诸如匹兹堡、辛辛那提、路易斯维尔、圣路易斯和新奥尔良等港口城市。

2. 工业化中期（1865—1920 年）

美国利用新技术革命的有利时机，发展起以电力、化学、石油提炼、汽车和飞机制造为标志的第二次工业革命，同时原有产业也得到了发展。1890 年，美国工业在工农业总产值中的比重达到 80%，重工业的产值已与轻工业相当。1892 年柴油机取代了蒸汽机，内河水运因此大大提高了运输效率。在这一历史时期，受到城市化快速发展和工业化基本完成的影响，美国的农业生产也得到迅速发展，促进了密西西比流域经济社会和水上运输的繁荣，如中上游的明尼阿波利斯目前还是世界最大的现金谷物交易市场。

3. 工业化后期（1920—1970 年）

罗斯福总统在 20 世纪 30 年代为复苏大萧条时期的美国经济而实施新政，将水资源综合开发的思想以法律的形式明确下来，40 年代修建了流经 7 个州的跨流域的田纳西运河，保护和开发了 3000 万英亩的土地，创造了大量的就业岗位，为密西西比河沿岸产生了巨大的经济社会效益。第二次世界大战结束后，美国经济快速崛起，工厂设备更新、居民消费剧增、出口量暴增，庞大的运输需求促进了美国内河水运的大发展。

4. 信息化时代（1970 年至今）

进入信息化社会后，美国经济更加依赖于信息的生产和交换，处理和传播这种信息的方式不再需要廉价的货物运输，甚至不需要大量人口聚集的工业的发展。从表 1 可以看出，1970 年以前美国内河货运量增长较快。1970 年以后，随着人均 GDP 快速增长，而美国综合货运量增长幅度不大，基本保持平稳，全美内河货运量也基本保持平稳，密西西比河干线货运量趋势亦同，这些与美国工业化进程结束并步入信息化社会有很大关系。

在工业化后期向信息化时代过渡期间，单从货运量去反映美国经济社会与内河水运的关系略显单薄，实际上，美国在此期间更加注重依托密西西比河进行新型工业化和城市化布局。1952—1976 年，美国沿密西西比河干支流两岸投资 1799 亿美元，1980—1995 年投资额达到 3890 亿美元，实施了新的工业布局和城镇化安排，新建、扩建了 18263 家企业，形成了十几条干支流产业带、钢铁带、化工带等，并由此带动了流域内农牧、食品生产带的专业化。当前，全美 150 座 10 万人口以上的城市中，有 130 座分散屹立在密西西比河水系旁[3]。

表 1　20 世纪 60 年代以来美国人均 GDP 与全社会货运量发展情况

年份	人均 GDP（美元）	全美综合货运量（亿吨）	全美水路		全美内河		密西西比河干线	
			货运量（亿吨）	占综合（%）	货运量（亿吨）	占水路（%）	货运量（亿吨）	占内河（%）
1960	2268	N/A	11.0	N/A	2.9	26.4	1.7	58.6
1970	4084	N/A	15.3	N/A	4.7	30.7	3.0	63.8
1980	10091	N/A	20.0	N/A	5.3	26.5	3.6	67.9
1990	19354	149.1	21.6	14.5	6.2	28.7	4.6	74.2
1995	23262	154.7	22.4	14.5	6.2	27.7	4.6	74.2
2000	34483	162.1	24.2	14.9	6.3	26.0	4.7	74.6
2001	35187	162.5	23.9	14.7	6.2	25.9	4.6	74.2

续 表

年份	人均 GDP（美元）	全美综合货运量（亿吨）	全美水路		全美内河		密西西比河干线	
			货运量（亿吨）	占综合（%）	货运量（亿吨）	占水路（%）	货运量（亿吨）	占内河（%）
2002	35999	162.9	23.4	14.4	6.1	26.1	4.6	75.4
2003	37302	163.8	23.9	14.6	6.1	25.5	4.5	73.8
2004	39357	164.4	25.5	15.5	6.3	24.7	4.6	73.0
2005	41428	164.9	25.3	15.3	6.2	24.5	4.6	74.2
2006	43518	165.1	25.9	15.7	6.3	24.3	4.7	74.6
2007	45148	165.3	25.6	15.5	6.2	24.2	4.6	74.2
2008	46901	165.6	24.8	15.0	5.9	23.8	4.2	71.2
2009	45305	154.3	22.1	14.3	5.2	23.5	3.7	71.2
2010	46612	163.4	23.3	14.3	5.7	24.5	4.2	73.7
2011	48112	164.2	23.7	14.4	5.5	23.2	4.2	76.4
2012	49897	164.9	24.0	14.6	6.0	25.0	4.6	76.7

数据来源：美国陆军工程兵团网站。

（二）交通运输与内河水运

1. 水路运输为主的时代，内河水运领唱主角（1790—1830 年）

这一时期，美国几乎所有的城市和城镇都与水上运输相联系，内河水运是当时交通运输的主要方式，促使一大批港口城市兴起。1793 年第一座商用船闸建成，1811 年第一艘蒸汽机船建成并投入使用，1817 年密西西比河定期航班开始，1825 年建成第一条运河。

2. 铁路运输大发展时代，内河水运蓄势待发（1830—1920 年）

1830 年美国仅有 37 公里的铁路，1865 年已修筑了 5.6 万公里的铁路，1916 年美国已建成 40 万公里的铁路，其铁路总长度约占当时世界各国铁路总长度的一半。全国最大的铁路运输中心是芝加哥，这里有世界上最大的编组站场和枢纽，有 32 条铁路交会在这里。

纵观这一时期的内河水运，经历了大萧条和大复苏两个阶段。大萧条的主要原因是铁路大发展和战争：1837—1839 年，由于美国经济衰退，导致内河航道改善计划全面停顿；1850—1852 年，美国铁路快速发展，出于竞争需要，购买了大量运河的所有权，并关闭运河，停止航运；1861—1865 年，美国内战再次导致内河水运的停滞。内河水运的复苏从 19 世纪 70 年代开始：1871—1890 年，大规模航道整治的高潮期，1879 年成立密西西比河委员会，1892 年柴油机取代蒸汽机，运输效率大大提高，1910 年按 2.74 米水深标准开始全面整治俄亥俄航道、上密西西比河航道。

3. 公路航空大发展时代，内河水运飞速发展（1920—1970 年）

公路运输随着 19 世纪末现代汽车的诞生伴随而来，当时主要承担短途运输业务。第一次世界大战结束后，20 世纪 20 年代，基于汽车工业的发展和公路里程的增加，公路运输开始涉足长途运输领域。第二次世界大战结束后，公路运输发展迅猛。20 世纪 50 年代初，高速公路进入大建设时代。

1918 年飞机运输首次出现，为“纽约—华盛顿—芝加哥”的定期邮政航班。20 世纪 30 年代，民用运输飞机出现并逐步趋于成熟，各种技术性能不断改进，航空工业的发展促进了航空运输的迅速发展。

内河水运也在这个阶段发展飞速，1930—1940 年 10 年间建成的船闸多达 26 座。第二次世界大战在很大程度上再次刺激了美国内河水运的发展，1941—1945 年，新奥尔良至克里斯蒂的运河（航道水深 2.74 米）全面建成，田纳西河水深也通过整治达到 2.74 米，全美高等级航道网建设初具规模。为了提高内河水运的竞争力，1955 年俄亥俄河 53 梯级改造成 19 级，使水头相对集中，大大提高了通航能力，具备了与流域内公、铁路竞争的条件。

4. 内涵式平稳发展时代，内河水运依然走红（1970 年至今）

20 世纪 70 年代，美国交通运输进入到内涵式平稳发展阶段，更加注重服务质量的提升，运输效率的提高和节能环保的侧重。1991 年出台了《多式联运地面运输效率法案》，旨在发展经济高效、环境友好的国家交通运输体系。2000 年确立了“新世纪运输体系”，明确提出将优先保证运输安全和可持续发展，以智能化为特征，营造一种创新开拓和科技导向型的环境。

在此期间，美国内河水运仍在顺利发展。1978 年建立内河航道建设投资基金；1985 年田纳西运河历时 12 年建成，将田纳西与沿海港口直接相连。1990 年以后，内河货运量及密西西比河干线货运量保持平稳并有小幅度增长。2010 年，美国运输部开展了“水运高速走廊”计划，规划美国沿海和内河等所有全程水运航线由 11 条高速水运走廊、4 大链接点和 3 大交叉点组成，旨在最大化利用美国沿海和内地水运资源，进一步投资开发美国沿海和内地水运航线，为美国内河水运发展再谱新章。

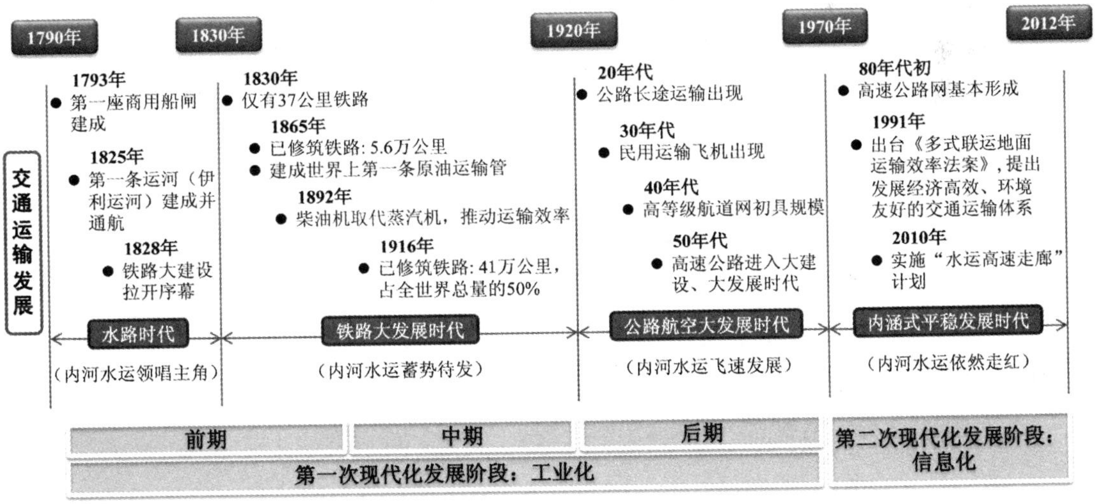

图 1　两个世纪以来美国交通运输、工业化进程的发展轨迹

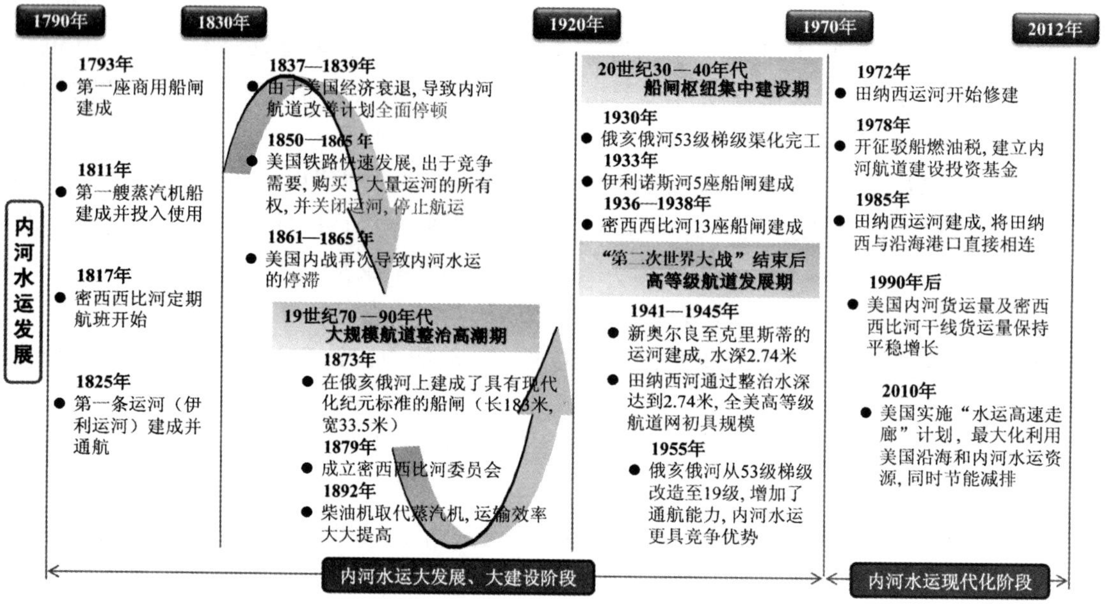

图2　两个世纪以来美国内河水运的发展轨迹

三、对我国长江黄金水道建设的启示

长江和密西西比河是中国和美国的最大河流，两者在自然、水运属性上各有千秋（见表2），而密西西比河200多年的开发历史是长江所望尘莫及的，因此，长江学习密西西比河具有中西合璧、继古开今的意义。

表2　中美两大河流自然、水运属性对比表

项　目		中国 长江	美国 密西西比河
自然属性	全长/公里	6397	6262
	流域面积/平方公里	181	322
	河口多年平均流量/立方米每秒	30480	18390
水运属性	水系通航里程/公里	96000	25900
	水系分布/省（直辖市）州	11	31
	干线全长/公里	2838	3950
	干线分布/省（直辖市）州	9	10

新中国成立60多年来，伴随我国社会经济的发展，内河水运大致经历了四个发展阶段：起步发展阶段（1949—1962年）、徘徊和停滞阶段（1963—1977年）、逐步恢复和加

快发展阶段（1978—1990 年）以及全面建设的快速发展阶段（1990 年至今）[4]。

“九五”期以来，我国设立了内河水运建设专项资金，很大程度上调动了地方政府发展内河水运的积极性，到 2005 年长江干线货运量实现跨越式发展，占全国内河货运量的比重从 1960 年的 12% 上升到 2012 年的 78%，占全国水路交通货运量的比重从 1960 年的 10% 上升到 2012 年的 40%（见表 3）。2011 年，长江等内河水运发展上升为国家战略，作为我国内河水运的主力军，长江水运发展迎来“黄金”机遇期，在这个大好形势下，我们更应该借鉴美国发展密西西比河的历史经验，扬长避短。

表 3　20 世纪 60 年代以来我国人均 GDP 与全社会货运量发展情况

年份	人均 GDP（美元）	全国综合货运量（亿吨）	全国水路		全国内河		长江干线	
			货运量（亿吨）	占综合（%）	货运量（亿吨）	占水路（%）	货运量（亿吨）	占内河（%）
1960	89	22.3	3.9	17.5	2.9	74.4	0.4	12.4
1970	111	16.8	2.7	16.1	2.2	81.5	0.2	10.9
1980	309	31.1	4.7	15.1	3.4	72.3	0.5	13.8
1990	344	97.1	8.0	8.2	5.8	72.0	1.2	20.8
1995	604	123.5	11.3	9.1	7.3	64.7	2.3	31.4
2000	949	135.9	12.2	9.0	6.9	56.1	2.4	34.9
2001	1042	140.2	13.3	9.5	7.2	54.4	2.6	36.0
2002	1135	148.3	14.2	9.6	7.6	53.2	2.7	35.8
2003	1274	156.4	15.8	10.1	8.2	51.5	3.5	42.9
2004	1490	170.6	18.7	11.0	9.2	48.9	3.9	42.6
2005	1732	186.2	22.0	11.8	10.6	48.1	8.0	75.7
2006	2070	203.7	24.9	12.2	11.6	46.7	9.9	85.3
2007	2652	227.6	28.1	12.3	13.0	46.2	11.2	86.2
2008	3414	258.6	29.5	11.4	13.5	45.7	12.0	89.1
2009	3748	287.2	31.9	11.1	15.7	49.2	13.3	84.8
2010	4433	324.2	37.9	11.7	18.9	49.8	15.0	79.5
2011	5444	369.7	42.6	11.5	21.0	49.4	16.6	78.9
2012	6100	409.9	45.9	11.2	23.0	50.2	18.0	78.2

纵观美国与密西西比河水运发展关系，对照我国长江黄金水道的建设发展，不难总结出以下 3 点启示。

（一）长江黄金水道正处于大规模建设和发展阶段，需要国家继续大力支持

有关经济理论和发达国家工业化历史经验表明，衡量一个国家工业化程度主要根据人均 GDP、三次产业结构、三次产业劳动力分布等指标判断。从人均 GDP 来看，根据国际货币基金组织和世界银行对 2011 年中国 GDP（以 PPP 为货币转换系数，取代汇率）的数据，结合 2012 年中国 GDP 实际增长率、美元价格变动和人口变动，2012 年中国人均 GDP（PPP）9172 美元，相当于同年美国的 18.38%，相当于美国 1952 年的 55.65%，和美国 1929 年大致相当。从三次产业结构、三次产业劳动力分布来看，国家统计局局长在《人民日报》发表文章，提醒人们“全面认识我国在世界经济中的地位”，其中有这样一组数字：2009 年，我国三次产业就业人口在总就业人口中所占的比重分别为 38.1%、27.8% 和 34.1%。这表明，我国从事第一产业即农业的比重过高，第二产业、第三产业的比重依然很低，其中从事第二产业的比重，仅相当于美国 1910 年的水平；第三产业则比发达国家的比重低了一半。

综合来看，我国目前经济社会指标与美国 20 世纪 10—30 年代较为相似。在美国长达 100 多年的工业化进程中，20 世纪 20 年代是工业化中期和后期的分界点，即美国在 20 世纪 10—30 年代正处于工业化中后期。综上所述，我国目前正处于工业化的中后期阶段，相当于美国 20 世纪 10—30 年代的发展水平。

20 世纪 10—30 年代，正是美国内河水运迎来大发展大变革的时代。1918 年，第一次世界大战直接导致了内河水运散货运输的快速发展，同时颁布了货运驳船标准，标准船型投入使用。1929 年，俄亥俄河 53 级梯级开发、渠化工程完工。美国曾经在 20 世纪 30—40 年代，集中 10 年左右时间大力开发内河水运。密西西比河梯级开发过程中，1936 年建成 4 座，1937 年建成 4 座，1938 年建成 5 座；伊利诺斯河中下游梯级开发规划建设 5 座枢纽，全部于 1933 年建成。累计来看，美国集中这 10 年左右时间建成的枢纽和船闸多达 26 座。从经济社会各项指标来看，美国集中发展内河水运的这个时期十分类似于我国所处和即将面临的阶段。反观我国国情，首先是国民经济发展促进了内河水运的发展，我国正处于工业化中后期，长江流域工业生产、产业发展等实体经济活动频繁，对黄金水道的运输需求旺盛，促进了内河水运的建设发展。其次是现阶段全国河流正在进行大规模综合治理，梯级开发、渠化工程、河道整治的相继实施开展也为内河航运带来了新的契机。因此，集中未来一段时间大力发展长江水运既符合美国历史趋势，同时也符合我国国情。

长江流域横贯我国东中西部，流经资源最丰富的西部地区和经济最发达的长三角地区，其河流走向与我国经济、资源分布格局一致，是我国“开”字形开发战略的重要轴线，在国民经济中具有举足轻重的地位。从一定意义上说，我国对长江内河水运具有更高的要求，长江流域具备更大的经济发展空间和运输潜力。目前长江内河水运正处于大规模建设和发展阶段，根据美国的发展经验分析，未来一段时期长江水运仍须大力发展，这需要国家一如既往地在资金投入方面大力支持以干支流航道、港口和航运中心为核心的内河水运发展建设，同时在政策制定、规划引导、机制协调等方面加大对内河水运的倾斜力度。

（二）注重内河水运在环境友好型、资源节约型综合运输体系中的重要地位

美国在构建综合交通运输网初期，也曾走过重铁路、公路，轻水运的路。随着其他问题的不断出现和人们认识的不断深入，内河水运被重新重视。纵观近百年，1927 年以来，密西西比河整治开发后带来了巨大的综合效益，尤其是 20 世纪 70 年代世界石油危机以后，美国进一步重视充分利用和发展内河水运，并将其作为重视社会经济可持续发展的国策，1972 年开始、耗时 13 年修建了田纳西—汤姆比格比运河，将田纳西与沿海港口直接相连，1978 年建立内陆航道建设投资基金等。2010 年 8 月，美国确定了沿海和内河水运发展规划，旨在最大化利用沿海和内地水运资源，缓和国内公路和铁路交通运输压力，同时节能减排。可见，美国在 200 年来的交通运输发展历程的各个阶段都十分重视内河水运发展建设，即使经济社会发展到信息化时代，内河水运仍有重要的利用价值，这是我们应该学习的先进经验。

从影响综合运输体系的运能、能耗和污染等方面看，内河水运是最具可持续发展特性的运输方式，美国内河水运的优势得到了很好的发挥，有力地支撑了美国经济的稳定发展。为了促进沿长江综合运输体系畅通、高效、绿色发展，需要我国充分重视内河水运在环境友好型、资源节约型综合运输体系中的重要地位，进一步提升长江内河航运的服务能力和发展水平，促进干支通达的高等级航道建设、船舶标准化管理以及集约化、规模化港口枢纽衔接等方面的快速发展。

（三）全面兼顾，统筹协调

在加速发展长江水运的同时，也需要充分考虑其他因素对加快发展长江的制约，结合美国经验、针对我国国情，长江黄金水道建设发展应统筹兼顾 3 点：

1. 上中下游的关系

美国 200 年的综合运输发展史从内河水运开篇，经历了各种方式的主导，目前形成了较为合理而稳定的发展模式。对密西西比河而言，综合运输的发展为沿河上中下游的产业布局和转型升级提供了坚实的基础。而我国长江中西部地区沿江产业布局程度较低，经济相对不发达。为了更好地发挥长江黄金水道的优势，建议采用长江下游地区靠生产力布局、中上游地区靠有序承接、全流域依托水资源综合利用的思路来指导长江黄金水道的大力发展。

2. 管水各部门的关系

美国发展密西西比河由陆军工程兵团统一负责管理，而在我国尚存“多龙治水”的情况。为了更加有效地开发利用长江黄金水道，建议水利部在长江流域综合规划修编中充分考虑长江水运发展需要，为长江水运的长远发展留有空间；建议国务院三峡工程建设委员会组织优化三峡水利枢纽与上下游水库的联合调度运行，增加枯水期下泄流量，进一步改善长江中下游航道通航条件，保障船舶航行安全。

3. 干支流的协调发展关系

美国曾经由于各种原因经历了先“重干轻支”、后“干支并举”的发展历程，为了更快更好地发展长江黄金水道，建议在大力发展长江黄金水道干线航道建设的同时，要注

重支流的有序开发，从而促进全流域的健康发展，对长江经济带综合运输体系的尽快完善和经济产业结构的转型升级发挥更好的服务作用。

参考文献

[1] 毛健．中国与美国内河水运发展比较研究［J］．武汉理工大学学报：社会科学版．2005，10.

[2] 夏骥，肖永芹．密西西比河开发经验及对长江流域发展的启示［J］．重庆社会科学．2006，5.

[3] 刘劲，谢涛．沿河产业发展与水运通道关系研究［J］．甘肃科技．2012，9.

[4] 朱鲁存．总结借鉴 深刻反思 因地制宜——构建可持续发展的内河航运体系［J］．世界海运．2010，10.

城市常规公交线网分类研究

成　华
（重庆市交通规划勘察设计院，重庆　401121）

【摘　要】 目前，大多数城市在常规公交线网规划时，都提出分层次、分类别的理念，但目前公共交通线网分类没有统一的标准，在具体设置公交线路的时候，往往根据管理部门的经验来确定线路的走向，结果导致实际运营的线网层次不清。本文从常规公交线网分类的必要性出发，明确提出将常规公交线网分为快线、干线、次干线、支线、定制线五大类，对各类的定义、设置条件、特征等相关方面提出了具体的要求，同时结合案例对需要进一步研究的问题做了相应的阐述，为常规公交线网的设置提供了一定的参考。

【关键词】 常规公交　线网分类　设置标准

The Classification Study of Urban Conventional Public Transit

Cheng Hua
(Chongqing Communications Planning Survey & Design Institute, Chongqing 401121)

Abstract: At present, most of cities have put forward the idea of classification during the plan of conventional public transit. But there is no unified standard for the classification of the conventional public transit. While planning the bus transit, people often decide the bus routes according to the experience of the management department, which causes the unreasonable levels of the bus transit. Based on the necessity analysis of the classification of bus transit, this paper puts forward five kinds of classification: rapid lines, main lines, sub main lines, branch lines and customization lines, and then puts forward the specific requirements for different classification from the definition, the setting conditions, the characteristic and so on. Besides, the paper also puts forward the questions that need further study according to case analysis. This paper puts forward the reference for the plan of the conventional public transit.

Keywords: Conventional public transit　Classification　Setting conditions

一、引言

常规公交系统是城市公共交通系统的重要组成部分，承担着大部分的公共交通客流。目前公共交通线网分类没有统一的标准，各城市在具体设置公交线路的时候，往往根据管理部门的经验来确定线路的走向和站点的设置，结果导致我国大多数城市的常规公交系统，没有形成一个主次之分、级配合理、运能均衡的网络结构，各种公交线路职能不清，相互之间都以站站接驳为主，公交运行效率不高[1]。一个合理的城市公交网络需要结合居民不同的公共交通出行需求，划分不同的线路层次，实行不同的运送标准和运输距离。

二、公交线网分类的必要性

（一）城市空间形态需要不同的线网层次与之匹配

不同的城市空间形态决定了不同的土地利用布局，不同的土地利用布局决定了不同的交通需求分布，大部分城市交通需求呈现走廊式的特点，不同等级的交通走廊有不同的交通需求，城市常规公交线网规划应充分考虑城市交通走廊的等级，针对不同的交通走廊设置不同层次的线网结构，实现需求与供给的均衡匹配。

（二）城市道路网络需要不同的线网层次与之匹配

城市道路网络是城市公交网络布局和运营的载体。目前，城市道路网络有快速路、主干路、次干路、支路之分，不同的道路等级具有不同的交通功能，对道路条件、运行速度、交叉口间距、服务对象等方面也有不同的要求。城市常规公交线网规划应充分考虑城市道路等级，结合不同的道路设置不同的线网，充分体现线网的层次结构。

（三）高效率的公交运营需要不同的线网层次与之匹配

目前，城市常规公交线网运营普遍存在运行速度慢、运营效率低的特点，主要是由于没有形成合理的线网层次结构，不同类型的线网交织严重，造成道路上线路重复系数高、公交站点线路条数多、线路非直线系数大等问题。只有通过合理的梳理公交线网层次，实行不同的运营标准，实现各种层次之间无缝衔接，才能提高整个网络的运营效率。

二、公交线网分类

虽然各个城市公交网络结构类型不尽相同，但由于各公交线路运距运力不同、运送标准不同，公交网络结构内部都包含不同的线路层次，因而可以进行相同的功能层次划分[2]。本文结合不同层次的线网要求，对公交网络结构进行功能层析划分，将城市常规公交线网分为快线、干线、次干线、支线、定制线五大类，从而形成功能明确、层次清晰的公交网络。

（一）快线

快线也可称为大站线，相当于城市快速路的功能，依托专用车道，只在一些客流量较大的集散点设置停靠站，在保证线路客流量达到一定要求的情况下提高公交运行效率。服务对象重点针对跨区域、长距离的公交出行，布设于一级客流走廊上，具备流量大、站距长、运营速度快、发车频率高、服务水平好的特点。

（二）干线

相当于城市主干路的功能，与快线共同构成城市公交线网的骨架结构。服务对象与快线一样，重点针对跨区域、长距离的公交出行，但公交停靠站比快线多，侧重满足一级客流走廊上大多数区域的居民公交出行要求。

（三）次干线

相当于城市次干道的功能，重点解决城市组团内部或邻近组团之间的中等距离公交出行，布设于二级客流走廊上，实现乘客从一级客流走廊到城市次干路、支路的双向转移，流量、站距和运营速度适中，是公交骨架结构的重要补充，实现公交快线、干线上的客流集散分配。

（四）支线

也可称为接驳线或社区巴士，相当于城市支路的功能，重点解决城市组团内部的短距离公交出行，注重与快线、干线、次干线的无缝接驳，依托城市支路可深入到居民小区内部，实现乘客从家门口向城市主、次干道的双向转移，加密公交线网，提高公交线网利用率和吸引力，拓宽公交线网覆盖率和可达性，延伸公交线网服务范围。对于平均走行距离大于1公里的居住区、学校、机关单位等，可提高公交站点设置密度，方便居民、师生和职工出行。

（五）定制线

定制线，也称商务班车，是从居住小区到单位，从单位到居住小区的一站直达式班车。依托公交定制网络平台，市民可提出自己的需求，管理部门根据需求和客流情况设计出公交线路。定制公交班车旨在倡导绿色出行，节能减排，具有社会公共服务的性质，是常规公交线网的有效补充。目前，全国已有北京、天津、成都、济南、哈尔滨等多个城市陆续开通了定制公交服务。

三、设置标准与要求

不同类型的公交线路，具有不同的运行特征与要求[3]，本文从客运能力、道路等级、专用道设置、平均站距、运行速度、公交站台、交叉口信号、车辆标准、发车频率、服务范围10个方面提出不同类型的线路设置条件和要求，见表1所示。

表 1　不同类型公交线路设置条件和要求

类型	快线	干线	次干线	支线	定制线
客运能力	≥5400 人次/h	≥3600 人次/h	≥2400 人次/h	≥1200 人次/h	根据需求制定
道路等级	快速路和主干路	主干路	城市主干路和次干路	城市次干路和支路	不受限制
专用道设置	设置公交专用道	设置公交专用道	可适当设置专用道	不需设置专用道	可利用专用道
站距/m	≥1000	800～1000	500～800	300～500	一站式到达
运行速度/(km/h)	≥30	25～30	15～25	<15	≥30
公交站台	港湾式站台	港湾式站台	有条件可设置港湾式站台	有条件可设置港湾式站台	在首末站设置港湾式停靠站
交叉口信号	信号优先	信号优先	有条件可信号优先	有条件可信号优先	有条件可信号优先
车辆标准	特大型客车(≥12m)	大型客车(10～12m)	标准车(7～10m)	中、小客车(3.5～7m)	根据需求制定
发车频率	配车数多、发车频率高	配车数多、发车频率高	部分线路发车频率较高	发车频率分时段变化	高峰时段发车频率高
服务范围	快速直达的跨区域、长距离出行	快速直达的跨区域、长距离出行	中等距离公交出行	短距离公交出行	根据需求制定

四、案例分析——以成都为例

《成都常规公交线网规划》提出了公交线网分层的概念，将成都常规公交线路分为快线、干线以及支线三类，分别规划了 18 条快线、107 条干线、54 条支线[4]，如图 1、图 2、图 3 所示。但规划实施的效果并不理想，公交线网层次在实际运营中没有真正体现出来，归根结底在于各线网层次的设置标准和评价标准均未形成统一的要求，导致各线网在实际设置中概念不清、标准不一，影响了整个线网的运行效率。由此可知，城市常规公交线网分类的概念提出虽然容易，但要真正能够指导城市常规公交线网的实施，还需使其成为国家层面的标准规范，这样才能让公交线网分类有据可依，得到真正落实。

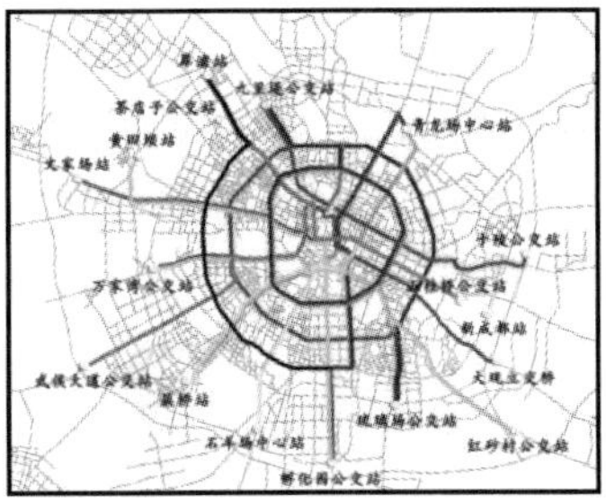

图 1　公交快线规划示意图

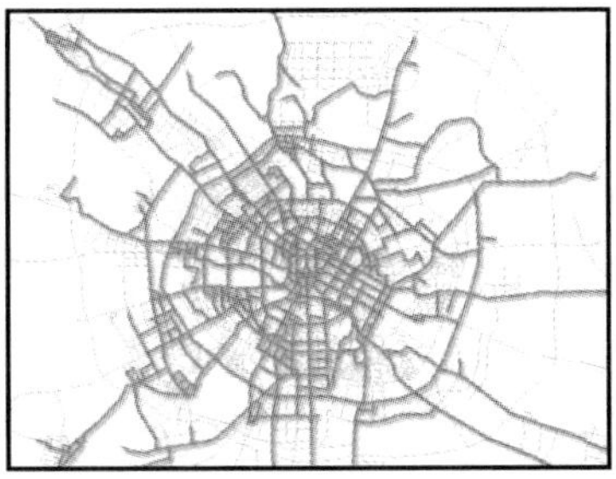

图 2　公交干线规划示意图

图 3　公交支线规划示意图

五、需进一步研究的三个问题

城市常规公交线网分类要成为国家层面的标准规范，有以下三个问题还需要进一步研究：

（一）不同类型城市设置标准差异化的问题

不同类型城市由于不同城市形态、城市规模、地理布局、人口规模等实际情况差别很大，在标准设置时应对城市做适当分类，结合城市类型的不同提出差异化的设置标准，这样才能真正使得常规公交线网分类在实际应用中得到推广。例如，山地城市由于往往受到山脉、江河的阻隔，居民出行方式、道路网络形态与平原城市有很大的差别，其常规公交线网的设置也往往受到地形条件的约束，这在标准设置时需分类考虑。

（二）不同类型公交线网级配比例的问题

这是对不同类型公交线网内在关系的把握，应从规模指标的宏观层面确定不同类型公交线网的级配比例，这对于公交线网的规划至关重要，可以作为评判公交线网规划是否合理的关键指标，可采用线网里程或线网密度来衡量。假如，快线、干线、次干线、支线、定制线合理的级配比例标准为 1∶2∶3∶6∶1，这就要求线网规划时每设置 1 条快线，就需要设置 2 条干线、3 条次干线、6 条支线、1 条定制线与之匹配。如何确定不同类型公交线网级配比例的合理区间，需要结合不同城市形态进一步深化研究。

（三）不同类型公交线网评价标准的问题

这是对不同类型公交线网本身评价标准的研究。目前，国家相关规范仅仅从全线网的层面提出了公交线网的线网密度、线路长度、重复系数、非直线系数、换乘系数、车辆保有量、车站覆盖率、车站间距、公交站场等指标的规范值[5]。由于不同类型的公交线网具有不同的特征，应对其评价指标分类研究，提出不同类型公交线网各类指标的合理规范值，这才能真正指导分层次的公交线网规划。例如，如何提出不同类型公交线路的公交首末站配置标准、公交站台的标准、公交车辆的配置标准，等等，以指导公交线路的规划。

六、结论

公交线网层次划分是常规公交线网规划的重要内容，应把公交线网的分类标准上升到国家标准规范的层面，这样才能真正引导城市合理科学分层次规划常规公交线网。本文结合公交线路的功能要求，将常规公交线网分为快线、干线、次干线、支线、定制线五大类，提出了不同类型的线路设置条件和要求，且阐述了分类标准下一步需要深化研究的问题，为下一阶段出台分类标准的相关规范提供了一定的思路。

参考文献

[1] 邹继贤. 常规公交多层次网络结构优化理论研究 [D]. 西安：长安大学，2013.

[2] 王振报，陈艳艳，朱跃华. 多层次公交线网规划实用方法 [J]. 北京工业大学学报，2011，37 (2)：232-234.

[3] 李曼. 基于分层的城市公交线网规划分析 [J]. 中国水运，2012，12 (8)：22-23.

[4] 姜梅. 成都常规公交线网规划 [R]. 成都：西南交通大学，2006.

[5] 国家技术监督局，中华人民共和国建设部. GB 50220—95 城市道路交通规划设计规范 [S]. 北京：中国计划出版社，1995.

综合客运枢纽中长期发展政策研究

耿 蕤

（交通运输部公路科学研究院，北京 100088）

【摘 要】对我国综合客运枢纽发展现状进行评析，阐述新时期的发展环境和形势对综合客运枢纽发展的影响和要求，对交通运输部在推进综合客运枢纽发展的影响和要求，研判中长期综合客运枢纽功能定位和发展方向，从规划、建设、资金、信息、评价等方面提出交通运输部推进综合客运枢纽发展的政策建议。

【关键词】运输工程　政策　运输经济学　综合客运枢纽

Policy Research on the Long-term Development of Integrated Transport Hub

Geng Rui

(Reseach Institute of Highway Ministry of Transport, Beijing 100088)

Abstract: Analysis on the status of the development of the comprehensive passenger transport hub, Expound the development environment and situation in New Period Influence on the development of comprehensive passenger transport hub and requirements, The Ministry of transport effects in promoting the development of comprehensive passenger transport hub and requirements, Analysis of long-term direction function integrated passenger transportation hub location and development, From the planning, construction, finance, information, evaluation etc. Offer policy recommendations for the Ministry of transport on promoting the development of comprehensive transportation hub.

Keywords: Transportation engineering　Policy　Transportation economics　Comprehensive passenger transport hub

综合客运枢纽是综合运输体系的重要组成部分，是各种运输方式及城市交通间实现有效衔接和一体化换乘的关键节点。推进综合客运枢纽的建设发展，对整合各种运输资源、构建综合运输体系、提升客运服务水平和效率、适应人民群众便捷出行的新要求具有重要意义。

一、综合客运枢纽发展现状

自2008年以来，交通运输部针对我国各运输方式客运站场各自为政、独立建设、互不衔接的问题，采取了以中央车购税资金对综合客运枢纽中的公路客运站相关设施进行补助的激励政策，引导公路客运站积极与铁路、民航、水路枢纽站场及城市交通方式相衔接。截至2014年5月，交通运输部已资助了近百个综合客运枢纽建设。

总体来看，部支持的综合客运枢纽90%以上属于公铁衔接类项目，基本做到了与铁路二等及以上级别站场的衔接，并重点关注了与高铁四纵四横主骨架的衔接，满足了公铁换乘客流的主体需求。部支持的综合客运枢纽优先考虑了人口密集度大，交通资源集约度高，项目建设条件成熟的重要节点城市。在部投资的近百个枢纽中，75%以上的项目分布在人口超过100万的城市，约60%的项目位于42个全国性综合交通枢纽，约50%的项目规划有轨道交通衔接。

在中央激励政策的引导下，各地在推进综合客运枢纽建设中探索了不同的发展模式，涌现出上海虹桥、南京南站、无锡中央车站、深圳北站、广州南站等一批成功范例，在区域综合交通运输体系中发挥了重要作用，提升了枢纽至不同地区的通达性，保证旅客在换乘过程中对不同运输方式的自主选择，充分体现出综合运输的整体优势和组合效率，为我国综合客运枢纽的建设发展做出了示范。

但部分已建的综合客运枢纽虽然从形式上基本做到了不同方式客运站在空间上的集中布局，在设施建设和服务水平上仍不能达到一体化客运换乘服务的要求。具体表现在：

（一）综合客运枢纽布局缺少整体方案的统一规划设计

目前，综合客运枢纽方式拼盘较多，未能实现功能融合，通过立体换乘衔接的枢纽较少，仅占资助项目总量的30%左右。各种运输方式多数是以平面的廊道、大厅、广场等方式衔接，有些枢纽内的公铁换乘距离超过了300米，远达不到安全舒适便捷的换乘要求。

（二）综合客运枢纽运营服务和安全管理有待提升

枢纽中各运输方式行人诱导系统标准不统一，诱导不清晰；各运输方式信息不互通，缺乏有效整合，信息可靠性与及时性较差；各交通方式运输组织协调性较差，不能根据需要动态调整运力安排；枢纽中缺乏联动应急响应机制和紧急疏散能力，难以应对连锁性的拥堵、踩踏等安全事故。

（三）综合客运枢纽功能发挥与城市发展的关系处治不当

一方面，一些综合客运枢纽布局远离城市核心区，目的是想拉大城市发展空间，加快城市土地开发，却导致公众出行不便利，枢纽使用率低等现象。另一方面，一些综合客运枢纽位于城市发展的核心区，地方政府和投资者往往优先考虑商业地产项目用地或城市景观广场功能安排，对枢纽的交通换乘功能重视不足，枢纽公益性和交通服务功能难以得到优先保障，导致公众换乘距离加大、枢纽周边交通组织混乱，进而影响城市功能的发挥。

二、综合客运枢纽发展形势

当前及今后一段时间，我国已进入全面建成小康社会的关键时期，为进一步满足社会日益增长的多层次、个性化、高品质运输需求，交通运输行业必须充分发挥综合交通的整体优势和组合效率。推进综合客运枢纽的建设发展，是整合各种运输资源、构建综合运输体系、提升客运服务水平和效率的重要抓手。

（一）实现建成小康社会目标要求综合客运枢纽提升服务水平

2013 年，我国人均收入达到 5400 美元，随着我国建成小康社会目标的逐步实现，居民消费需求日益升级，出行需求日益增大，对客运出行和换乘服务的能力、形式、内容、品质等各个方面都提出了越来越高的要求，需要综合客运枢纽进一步提升便捷、舒适、高效的客运服务水平和多样化的交通出行方式选择。

（二）新型城镇化建设要求综合客运枢纽提升城市功能

2013 年，我国常住人口城镇化率已经达到 52.6%，未来十年，新型城镇化将成为助推我国经济社会发展的新动力，城市之间、城乡之间的交通联系更加紧密，综合客运枢纽在促进城镇要素跨区域流动、引导城市空间结构调整、优化城市功能等方面具有重要作用，要求综合客运枢纽建设和运营管理更契合城市发展需要，更有利于城市功能的发挥。

（三）综合运输基础设施加快建设迫切要求综合客运枢纽适时建设

今后一段时期，仍是我国各种交通方式基础设施集中建设和网络不断完善优化的关键阶段，尤其是高速铁路、城际铁路、城市轨道高速发展时期，在此期间，迫切要求综合客运枢纽适时建设，做好各方式站场间的有效衔接，提升旅客出行和换乘服务水平，否则错过各方式一体化衔接的有利时机，弥补的机会成本将十分巨大。

（四）新技术发展为综合客运枢纽不断创新服务方式提供可能

随着地理信息技术、全球定位技术、全球数字移动技术、智能手机终端 APP 应用技术、智能集成技术等信息技术的发展，使在公众出行人数多、频率高、目的地分散、换乘方式复杂、时间要求高等种种随机散乱无序的状态下，有效诱导乘客以最短时间、最短距离选择最方便的运输方式成为可能。今后一段时期，综合客运枢纽应加强利用现代信息技术，不断创新服务方式，推进跨方式联网售票，加强各方式运输组织协调、提高安全管控能力。

（五）生态文明建设要求综合客运枢纽更加绿色低碳

党的十八大提出大力推进生态文明建设，着力推进绿色发展、循环发展、低碳发展，形成节约资源和保护环境的空间格局、产业结构、生产方式、生活方式。交通运输行业调整交通运输结构与能源消费结构、提高运输效率、降低单位运输量能源消耗与碳排放、控制交通运输能源需求量与碳排放量，是生态文明建设的重要内容，也是建设资源节约型、环境友好型交通运输行业的重要内容，是转变交通增长方式的基本要求，是缓解交通发展资源制约的重要措施。综合客运枢纽是低碳交通体系建设的重要组成部分，其规划、设计、建设、运营各个阶段均需响应节能减排的要求。

（六）全面深化改革对交通运输部推进综合客运枢纽发展的方式提出新要求

随着中央层面交通大部制改革机构调整已经基本到位，明确交通运输部“统筹规划铁路、公路、水路、民航及邮政行业发展”，“指导综合交通运输枢纽规划管理”等重要职责，而综合客运枢纽是整合各种运输资源、构建综合运输体系、提升客运服务水平和效率的重要抓手，交通运输部对促进综合客运枢纽的发展责无旁贷。《中共中央关于全面深化改革若干重大问题的决定》强调，“要处理好政府和市场的关系，使市场在资源配置中起决定性作用和更好发挥政府作用”，以及中央财税制度改革，均要求交通运输部在推进综合客运枢纽发展的方式手段上进行变革，从综合运输的角度更加科学合理地指导综合客运枢纽建设发展。

三、综合客运枢纽发展方向

随着社会经济发展、人们生活水平提高、城市功能演变和综合运输体系逐渐形成等，赋予了综合客运枢纽更多的功能，综合客运枢纽不仅是促进综合运输协调发展的重要节点、是交通运输现代化的综合体现，也是土地集约利用的有效方式、拓展城市空间的手段、整合城市功能的平台。

根据我国综合客运枢纽发展现实基础，并结合国际综合客运枢纽发展历程来看，在“十三五”期及今后一段时间，我国综合客运枢纽的发展逐渐向整合、集约、协调、一体化方向发展。

（一）综合客运枢纽功能由单一型向复合型转化

既注重铁路、民航、港口、公路、城市轨道、公交、私人交通等多种交通运输方式之间多条线路在枢纽内部有效衔接，空间上利用立体分层结构来缩短换乘距离，人性化地设置换乘辅助设施，合理设置统一的交通诱导标志系统，科学设计采光、通风、照明和消防设施，合理布设综合客运枢纽外围的集疏运系统，使枢纽的运输能力与外围运输网的运输能力相匹配，达到客流“进得来、出得去、流得畅”的运行目标。

（二）综合客运枢纽建设与城市土地开发结合愈加紧密

通过统筹协调综合客运枢纽与周边地区的关系，在满足交通功能的前提下，充分发挥其聚集客流，产生各种相应的需求作用，在枢纽内部及周边地区统筹安排办公、购物、休闲、商业、旅游、商务和居住开发，使综合客运枢纽成为集交通客运功能、商业活动和其他公共服务活动功能为一体的综合服务中心，快速提升城市土地的开发价值，进而促进地区高效发展。

（三）综合客运枢纽规划、建设和运营向一体化方向发展

综合客运枢纽一体化，其显著特点是基础设施一体化、信息建设一体化、交通运行一体化，即在一幢建筑同时布设机场、铁路站、汽车站、地铁等设施，不分你我，建筑内部通过楼梯、电梯等满足旅客在各种交通工具之间任意方便换乘的需求。目前，我国江苏南京禄口机场二期工程已初步实现一体化规划、设计、建设、运营的方式。未来，随着大交通运输管理体制的逐渐形成，将有力促进综合客运枢纽向一体化方向发展。

（四）综合客运枢纽建设、运营向节能环保方向发展

绿色低碳型综合客运枢纽主要体现在：在建筑设计方面，充分体现建筑节能理念等，包括外墙、屋顶保温、合理的窗墙比设计、太阳能光伏电站、管道式日光照明系统等；在运营期用能方面，充分使用太阳能和LED灯具，地源热泵空调系统、光伏板供应热水、一级能效的办公设备等；在车辆排放管理方面，安装汽车尾气吸收装置，在汽车等待发车时吸收尾气，并通过尾气吸收池净化处理；在绿色循环方面，注重客运站绿化布局以及雨水回收、中水回用浇灌，等等。

四、综合客运枢纽发展政策建议

（一）编制综合客运枢纽规划

随着中央层面交通大部制改革机构调整基本到位，交通运输部已经初步具备了统筹规划综合客运枢纽的条件和能力。建议在“十三五”期综合交通运输规划的体系框架下，编制“十三五”期综合客运枢纽建设规划，将各种方式（主要是对外方式）形成的大型综合客运枢纽在规划层面即作为一个整体项目，为之后的一体化建设运营奠定基础。

（二）创新建设管理模式

在一体化规划的基础上，综合客运枢纽建设可以按照“部省市共建”的模式，项目前期工作可比照国家高速公路、国家高速铁路的工作程序实行。在交通运输部层面，整合铁路建设基金、民航发展基金以及车辆购置税等中央资金用于对规划的综合客运枢纽项目的投入，省级交通主管部门结合各省现实情况，对综合客运枢纽进行资金投入和管理监督，市级人民政府牵头、市级交通主管部门主导统筹综合客运枢纽一体化建设及运营服务行业管理。

（三）优化资金投入政策

根据综合客运枢纽发展方向，调整现行的资金补助政策，改为投资政策，继而相应调整投资类型、投资条件、投资内容、投资金额等。

投资类型，除重点支持两种及以上对外交通方式的综合客运枢纽，还可以结合“公交都市”建设，扩展到一种对外交通方式与城际轻轨、地铁、地面公交等相结合的综合客运枢纽。投资条件，首先应是纳入综合客运枢纽规划中的项目，其次应是前期工作条件具备，最后是省、市级政府有相关配套政策的项目，包括资金、土地、税费、市政配套等。投资内容应包括综合客运枢纽中与实现交通功能直接相关的土建、设备和信息系统。投资金额应统筹考虑综合客运枢纽的等级、规模和一体化的程度，资金额度的确定应充分体现对综合客运枢纽一体化发展的引导方向。

（四）建立标准规范体系

加强交通运输基础设施建设、产品及服务标准建设，是交通运输部在大部门制背景下实现政府职能转变、发挥市场决定性作用和更好发挥政府作用、提升行业服务能力和安全水平的必然要求。应建立健全综合客运枢纽标准规范体系，主要包括设计标准、建设标准、服务规范、管理规范及评价考核标准等。

（五）加强信息技术应用

各种客运方式信息互联互通对于提高综合客运枢纽运营服务水平和安全应急能力意义重大，现代信息技术发展也为跨行业的信息互通提供了技术支撑，交通运输部应加强全国客票系统联网建设，推进跨方式、跨区域联网售票，并加强科技推广，提升智能化技术在客运服务领域的应用。

（六）建立服务评价考核制度

加强对综合客运枢纽的运营服务管理是促进综合运输协调发展的重要抓手，并且综合客运枢纽规划建设的最终目的也是为了提供高品质的客运服务。加强行业主管部门对全国综合客运枢纽运营服务的监督、指导，建立综合客运枢纽服务评价考核制度，是提升综合客运枢纽服务水平、加快综合运输协调发展的有效手段。

（七）建立后评价制度

综合客运枢纽对交通、对城市、对公众的影响之大，其投资建设规模之大，涉及部门之多，都有必要对其进行认真总结和反馈，对于提高综合客运枢纽建设项目的决策、设计、施工、管理水平，提高政府投资决策水平、合理利用财政资金，提高综合客运枢纽建设的投资效益，促进综合运输发展等均具有重要意义。建立综合客运枢纽后评价制度，对影响较大的综合客运枢纽项目系统总结其建设过程、资金来源与使用、经济和社会效益、环境影响等方面的经验和教训，提出相应的对策和措施，以达到进一步完善已建项目、改进在建项目、指导待建项目的目的。

参考文献

[1] 尚晋平．论综合运输体系下客运枢纽建设的模式与路径［J］．交通建设与管理，2013，11：17-19.

[2] 程灿，孙琦，袁杰．城市客运综合交通枢纽交通组织评价方法［J］．交通世界（运输·车辆），2012，9：23-25.

[3] 张晓征，张翼，杜彩军．城市综合客运枢纽信息服务及动态诱导技术［J］．中国交通信息化，2013，1：94-97.

[4] 焦新龙，刘鸿潮，冯忠祥，朱文英，刘雪莲．综合客运多枢纽协调布局优化模型［J］．武汉理工大学学报，2013，9：24-26.

[5] 殷伟忠，傅维钦．宁波综合运输枢纽的建设及一体化措施［J］．交通标准化，2013，21：10-12.

[6] 马丽霞，董宝田．基于 FCE 的城市客运枢纽换乘系统效率评价［J］．交通信息与安全，2013，5：32-33.

[7] 王琦，牛艳丽．重庆市城市综合客运枢纽换乘行为研究［J］．福建建筑，2012，11：21-22.

[8] 赵林，张薇，段铁铮，于海涛，杜勇．北京东直门交通枢纽运行评价体系研究［J］．交通企业管理，2012，12：38-40.

我国铁路公司制运营后的投融资策略研究

付建飞　周　茵　宋小满　王怀相

（中国铁道科学研究院运输及经济研究所，北京　100081）

【摘　要】2013 年，我国铁路政企分离，成立中国铁路总公司，逐步深化铁路管理体制改革，实现公司化运营。在这一背景下，分析我国铁路投融资现状及存在的问题，探讨不同的投融资方式在我国铁路建设运营中的适用性，研究新形势下铁路投融资策略，以及为适应相应的投融资模式，需要在市场监管、清算、运营管理、政策保障及法律法规等方面亟待改善的管理措施。

【关键词】铁路　公司制运营　投融资策略　管理措施

Study on Financing Strategy of China Railway Corporation after Company Reform

Fu Jianfei　Zhou Yin　Song Xiaoman　Wang Huaixiang

（China Academy of Railway Sciences,

Transportation & Economics Research Institute, Beijing 100081）

Abstract: China Railway established China Railway Corporation to separating government functions from enterprise management in 2013. The reform of the railway management system was gradually deepened, realized company operation. Based on this background, analysis of China railway's investment and financing status and problems, investigate the applicability of different financing mode in China Railway Corporation, Research the investment and financing strategy under the new situation, and improve management measures in market supervision, liquidation, operations management, policy, law and regulations.

Keywords: Railway　Company operating　Investment and financing strategy　Management measures

近年来，随着国民经济的发展，为满足人们不断提高的运输需求，铁路加快了建设速度。根据铁路中长期发展规划，未来几年，铁路建设会依然保持较快的建设步伐，这就需要大量的资金支持。然而，长期以来，铁路政企合一的管理体制，使得社会资金进入壁垒高、铁路投融资发展比较缓慢。2013 年 3 月 14 日，国务院发布 47 号文，正式批复组建中国铁路总公司，实现政企分开，深化铁路管理体制改革，推动铁路建设和运营健康可持续发展。这一举措对于促进铁路市场化、深入推进铁路投融资改革具有重要的意义。

一、我国铁路投融资现状

2013年以前，铁道部是铁路建设的直接投资者和经营参与者，同时也是铁路运输市场规则、行业政策的制定者和监督者。由于国家铁路管理政企合一、现代企业制度建设滞后、资本结构封闭性高，企业间公平经营的市场化环境欠缺，投资者权益保护不足等问题，制约了社会资本的规模性进入，投资主体相对比较单一。具体特征如下：

（1）铁路总公司是铁路建设主要的投资主体，占总投资的70%～80%。建设资本金主要来自铁路建设基金、贷款及债券；地方政府和企业投资较少，并且投资方式比较单一，具体如表1所示。

表1　铁路投资构成

单位：%

单位	项　　目	年　份				
		2008	2009	2010	2011	2012
铁路总公司投资	国债及财政预算内资金	4.0	3.2	1.6	1.3	9.1
	国内贷款	25.6	41.7	45.5	35.4	32.3
	资产变现资金	0.1	0.0	5.4	0.4	0.0
	外资	1.3	1.0	0.2	0.2	0.4
	专项基金	15.9	8.5	7.7	13.5	6.2
	债券	18.2	15.8	11.8	21.3	28.7
	专项资金	6.1	5.6	4.9	6.3	5.0
	企事业自筹	1.6	0.9	1.0	0.2	0.3
	合　计	73.0	76.7	78.3	78.6	82.0
地方政府和企业投资	国债及财政预算内资金	0.4	0.4	0.5	0.2	0.4
	国内贷款	1.0	1.9	2.0	1.3	1.5
	省筹	20.3	15.7	17.5	18.1	14.3
	企事业自筹	5.3	5.2	1.6	1.3	1.8
	外资	0.0	0.0	0.2	0.5	0.0
	合　计	27.0	23.3	21.7	21.4	18.0

（2）“合资铁路”与地方铁路的投资主体单一且网络性经营问题突出。在既有的“合资铁路”中，主要为铁路总公司与各级政府、国有企业出资，几乎没有社会资本进

入。地方铁路主要是由地方政府和企业投资建设并运营管理的路网支线铁路，为地方经济服务，一般线路技术等级低、运量小。由于其与国家铁路之间的网络性经营等问题突出，大部分“合资铁路”和地方铁路公司亏损，较大影响了地方政府的积极性和社会资本的进入。

（3）融资方式单一。目前铁路的融资方式主要以债务融资向银行借款和每年发行经国家批准的一定额度的铁路建设债券；股权融资所占的比例很小[1]。

二、几种投融资模式在我国铁路建设运营中的适用性分析

（一）PPP 融资模式

PPP（Private-Public-Partnership）融资模式，即公私合伙制模式，它是指政府与企业基于某个项目而形成的合作投资建设的形式，政府和企业共同承担项目责任和融资风险。

采用 PPP 融资模式，政府职能的合理定位与有效履行是项目成功的决定性因素，因此，需要加强在项目招标及实施过程中的政府监管职能，提供良好的投资环境。由于铁路建设项目具有投资大、周期长、内部结构复杂等特点，存在一定的建设经营风险，因此，应设计合理的风险分担机制。在 PPP 融资项目中，可采用项目完工担保、资金缺额担保等。

我国铁路当前运营的市场化程度较低，管理方式现代化程度不足。在 PPP 融资模式中，社会企业从项目论证阶段就开始参与项目，有利于引入先进的技术和管理经验，从而降低成本、提高效率。

目前，北京地铁 4 号线已经成功使用了这种融资模式，政府投资 70% 用于土建工程；港铁投资 30% 用于车辆、信号、检票等机电设备，并获得了 30 年的特许经营权，特许期结束后，无偿移交北京政府。2010 年、2011 年，北京市发展改革委和国家发展改革委分别对 4 号线 PPP 项目进行了评价，认为引入社会投资有效缓解了当时北京市政府的投资压力。

（二）BOT 模式

BOT（Build- Operate- Transfer），即“建设-经营-移交”，指国家或地方政府部门通过特许权协议，授予签约方企业承担项目的投资、建设、经营与维护；在协议规定的特许期内，允许签约方企业向设施使用者收取费用，以回收各项成本并获得合理的利润；当合同期满时，将设施无偿移交政府部门。

在铁路建设运营中引入 BOT 模式，首先需要铁路总公司或项目所在地政府先为项目建设经营提供特许权协议作为项目融资的基础，再由签约公司投资建设经营，并承担相应的风险。签约公司通过收取使用费回收投资，并取得合理利润。特许期满后，铁路总公司按固定价格或无偿收回整个项目。

采用这一融资模式，有利于引进先进的技术和管理经验，并且政府拥有项目的最终所有权；同时，由项目公司承担项目融资、建设、运营和维护等环节的风险，分散了政府投资风险，有助于提高铁路的建设运营效率。

在国外，成功实施 BOT 融资的有：英国 Dartfold 大桥、马来西亚南北高速公路、泰国曼谷第二期高速公路等；在国内，采用 BOT 融资模式的成功项目有沙角 B 火电厂、广深高速公路、上海延安东路隧道复线等。

（三）TOT 模式

TOT（Transfer-Operate-Transfer），即“移交-经营-移交”，指政府将已建成的基础设施在适当条件下，有偿转让，政府收回投资后再进行新的项目建设，而受让方则在一定时期内享有经营权，合同期满后，受让方再将经营权无偿移交给政府的投融资方式。

在具体实施过程中，中国铁路总公司可以将已运营的、具有营利性的线路的经营权有偿转让。依靠线路在未来的现金流量进行一次性融资，用于铁路新线建设。当合同期满后，铁路总公司再收回经营管理权。

采取 TOT 项目融资模式，可以盘活铁路现有资产，实现存量资产再融资，增加铁路基本建设资金。相对 BOT 融资模式，采用 TOT 方式可以减少项目立项及建设的前期工作，降低社会资本参与铁路建设的风险；同时，现有铁路项目进入运营阶段后，收益状况明了，便于社会资本做出投资决策。

瑞典于 1988 年开始铁路业务特许权经营（TOT）的试点，将支线客运业务和相应的补贴费用一并转交给地方政府，让地方政府以特许权招标的方式确定经营者。获得特许经营权的公司采取了灵活的作业程序和用工制度，合理降低了机车车辆的维修和使用成本。这一模式也在我国电厂、水厂、公路、桥梁等基础设施项目中得到了积极应用，促进了政府资金的周转。如成渝高速公路重庆段的经营权转让给香港益兴股份有限公司，该公司购买了全部公路评估资产的 49%，经营权转让期限为 25 年。在该 TOT 项目中，重庆市政府从中得到的资金投入另一条高等级公路建设，港商从中获得了较高的资金回报率，双方实现了风险共担、互惠互利。

（四）ABS 模式

ABS（Asset Backed Securitization），即“资产支持证券化”，通过整合多项用途、质量、偿还期限相近，可产生稳定现金流的资产，发行证券，来获得资金。ABS 只涉及原始权益人、特殊目的公司 SPC（Special Purpose Corporation）、投资者、证券承销商等几个主体，不需要政府许可、授权及外汇担保等环节，操作简单，可以减少中间费用，降低融资成本。

ABS 适用铁路干线的融资项目。实施铁路 ABS 项目，在证券发行期内，项目资产的所有权虽然归证券持有者所有，但项目资产的运营和决策权仍归铁路总公司所有，证券持有者并不参与企业的经营与决策[2]，更有利于铁路网络规模效益的发挥。

1996 年，珠海高速公路有限公司发行债券，所募集资金用于高速公路建设中。资金的筹资成本低于商业银行贷款。这一项目是我国基础设施成功应用 ABS 融资的案例。

三、铁路投融资策略研究

由于铁路建设资金需求庞大，短期实现完全市场化融资并不现实，因此，应在我国铁路投融资体制不断完善的过程中，逐步探索相适应的投融资策略。当前，仍需要以政府投资为主导，并充分调动企业积极性，吸引社会各类资本投资铁路建设。总体来说，应做到：推进铁路现代企业制度建设，确立企业投融资主体地位；拓宽融资渠道，建设融资平台，发展多种融资方式；加强市场化法规建设，规范市场主体行为，维护公平竞争和投资者权益；最终形成“政府主导，社会资金参与，投资主体多元化，融资方式多样化”的新型铁路投融资模式。

（一）积极引入多种融资方式

如前文提到的PPP、BOT、TOT、ABS等融资方式，允许资金实力雄厚、具有先进管理经验的企业投资铁路建设，在扩大投资规模的同时，促进铁路管理水平的提高。

（二）推广以“合资铁路”方式作为社会资本直接参与投资建设的渠道

将路网规划中预期盈利能力较强、经济效益较好的铁路项目，以“合资铁路”的方式进行建设。

（三）拓宽社会资本投资铁路的渠道

盘活现有铁路资产，组建规范化的铁路公司和股份制公司，并使之符合交易条件，社会投资者可以在产权交易市场或证券市场进行铁路投资。

（四）完善铁路债券投资平台

利用铁路建设债券形成的品牌进一步扩大铁路建设债券发行规模；组建规范化的公司，申请发行铁路项目债券，并增加债券品种，形成铁路债券系列。

（五）建立铁路产业投资基金平台

产业投资基金是一种按照约定的投资方向进行投资的利益共享、风险共担的投资制度。各类社会资金可以通过购买产业投资基金的形式间接投资于铁路，并获取收益，这也可以成为个人资本投资铁路的重要渠道[1]。

四、配套的管理措施

中国铁路总公司的成立为完善铁路运营的市场化机制提供了重要保障。为促进铁路投融资体制发展，充分调动起社会资本投资铁路建设的积极性，铁路总公司应以维护公平竞争和保护各类投资者的合法权益为核心，将市场化机制运用到投资、融资、建设、运营、管理等各个环节，以制度和法规维护市场公平竞争，建立符合现代企业制度、与新型投融资模式相配套的管理措施。

（一）建立公正的市场监管体系

对于网络化经营的铁路，需要合理开放干线路网通路权，保护投资者权益，合理制定收益分配的市场规则，建立相对比较公正的监管体系，并通过法律保证规则的有效执行。这样才能建立公平的市场体系，增强社会资本投资铁路的信心和积极性。

（二）建立合理的清算体系

建立透明、公正的清算规则，是吸引社会投资者的重要条件之一。建立铁路运营成本分类核算体系，实施分类核算及严格的会计报表制度，明晰各类业务的实际成本，为运价制定、成本控制及管理监管提供重要基础。

（三）保证合资铁路的自主经营权

对合资铁路的产权进行清晰界定，保障投资者权益，为合资铁路的经营发展创造条件。铁路总公司作为合资铁路的股东和行业主管部门，对合资铁路的建设、运营、安全及资产运作行使必要的行业管理职能，但在内部管理上应重点发挥合资铁路自身优势，给予充分的自主经营权，允许合资铁路公司结合实际经营条件，设置内部管理体制和经营机制，实行市场化的用人及分配制度。

（四）政策保障

由于铁路运输具有公益性运输的任务，定价不能完全市场化，需要经国务院批准。同时，铁路建设又具有投资大、回收期长的特点，存在建设运营的风险。因此，国家有关部门应制定相关政策，给予铁路建设项目一定的优惠，如税收优惠、低息贷款、担保贷款、铁路沿线的土地开发等，充分调动社会资本参与的积极性。与此同时，中国铁路总公司也应尽力争取放松价格管制，为充分与市场接轨提供政策保障。

（五）法律和法规保障

铁路项目进行各种融资模式运作时，需要在项目融资、设计、运营和维护等各个阶段对政府部门与企业各自承担的责任进行明确界定，以保护双方的权益。因此，需要清晰完善的法律、法规制度予以支持[3]。

参考文献

［1］罗仁坚．铁路投融资体制改革研究［J］．宏观经济研究，2006，5：22-26.

［2］赵丽建，许金峰．中国铁路投融资方式创新研究［J］．经济研究导刊，2007，1：53-54.

［3］鲁庆成．铁路运输业融资方式探讨［J］．中国物流与采购，2008，7：76-77.

他山之石：欧美多式联运发展之镜鉴

谭小平　林　坦　张　弛　张　洋
（交通运输部规划研究院，北京　100028）

【摘　要】 我国交通运输业已经进入到优化网络结构、强化衔接协调和提升一体化服务水平的新阶段。大力发展多式联运是推进我国综合运输体系建设的主要内容，同时也是提高综合运输服务能力的重要抓手。中国的多式联运发展整体滞后，已成为制约物流运输集约高效绿色发展的主要环节之一。反观欧美发达国家，则把多式联运作为交通运输系统优化的主导战略。学习借鉴欧美国家的经验，对于系统谋划、整体推进我国多式联运加快发展具有重要意义。

【关键词】 多式联运　经验借鉴　发展概况　战略对策

Lessons and Inspirations from Multi-modal Transport Development of E. U. and U. S.

Tan Xiaoping　Lin Tan　Zhang Chi　Zhang Yang
(Transport Planning and Research Institute MOT, Beijing 100028)

Abstract: Transport in China has entered into a new stage of optimizing network structure, strengthening coordination and enhancing integration of transport service. To promote the development of multi-modal transport is not only the main content of the comprehensive transport system, but also an important way to improve integrated transport service capabilities. Due to its overall lag behind, multimodal transport has become one of the constraints of intensive, efficient and green logistics in China. In contrast, American and European countries put the multimodal transport as a dominant strategy of transport development. It is of great significance to learn from the experience of American and European countries to accelerate development of multimodal transport in China.

Keywords: Multimodal transport　Lessons　Current Status　Policy Implication

中国正在大力推进综合运输体系建设。在加快各种运输方式基础设施网络统筹衔接的同时，业界更期待多式联运的高效运作尽快取得实质性突破。毕竟基础设施只是手段，运输服务才是目的。发展多式联运对提高运输效率、减少货损货差、降低物流成本、促进节能减排具有重要作用。中国的多式联运尚处于初级成长阶段，发展形式单一、覆盖面小、运行不畅，面临许多技术和组织瓶颈，已成为制约物流运输集约高效绿色发展的主要环节之一。反观欧美发达国家，自 20 世纪 80 年代以来通过各种政策措施大力发展多式联运，近年更是把多式联运作为交通运输系统优化的主导战略，目前已形成发展形式多样、设施装备先进、标准体系完善、运输组织顺畅、政策保障有力的多式联运推进体系，多式联运比例不断增长且发展势头方兴未艾。

一、多式联运概念与发展形式

（一）欧洲

2001 年联合国欧洲经济委员会会同欧洲运输部长会议、欧盟委员会共同发布了《组合运输术语》（Terminology on Combined Transport，以下简称《术语》），对相关概念及内涵做了统一规范。

1. 关于 Multimodal Transport 和 Intermodal Transport

与中国把两者无差别译成“多式联运”不同，《术语》对这两个概念做了清晰的界定：Multimodal Transport 被简单定义为“以两种及以上运输方式完成的货物运输”；而 Intermodal Transport 则被具体定义为“货物全程由一种且不变的装载单元或道路车辆装载，通过两种及以上运输方式无缝接续并且在更换运输方式过程中不发生对货物本身操作的一种货物运送”。由此可见，欧洲的 Multimodal 近似于我国通常泛指的“多式联运”概念，而 Intermodal 则有更具体的技术内涵，它只是 Multimodal 的一种特定方式，两者并不等同。

迄今欧洲已发展起三种基本的标准化运载单元，即集装箱、可脱卸箱体（Swap-body）厢式半挂车（Semi-trailer），如图 1 所示。

1. 集装箱吊装　　2. 可脱卸箱体吊装　　3. 厢式半挂车吊装

图 1　欧洲标准化运载单元及其转运吊装形式

2. 关于组合运输（Combined Transport）

《术语》强调“组合运输”是欧洲兴起的一种从属于 Intermodal Transport 的特殊表现

形式，其全程运输中的干线部分尽可能依靠铁路、水运承担，始末端则尽可能少地由道路运输完成。欧盟在《成员国之间组合运输通用准则指令》中还对组合运输的公路路段、主干线路段（铁路、水路）和运输环节做出详细规定，如：必须使用铁路或水路运输超过 100 公里；货物必须由距其起讫点最近的铁路车站装卸；使用水路运输时，道路运输距离必须低于 150 公里等。

组合运输包含了公铁、公水联运的多种组织方式，除了常见的集装箱箱驮运输，还包括驮背运输（Piggyback，《术语》特指半挂车由铁路运输）公铁滚装运输（Rolling Road,《术语》特指卡车整车通过铁路运输）以及半挂车公水滚装运输等。如图 2、图 3 所示。

图 2　欧洲厢式半挂车驮背运输

欧洲公铁滚装运输

欧洲半挂车公水滚装运输

图 3　欧洲公铁、公水滚装运输

（二）美国

美国运输统计局（BTS）和运输研究委员会在其专业术语词典中，把多式联运的两个概念 Multimodal 和 Intermodal 基本等同。但在美国许多研究报告中，Multimodal 更多泛指多种运输方式的组合，而 Intermodal 则侧重于针对标准化运载单元的两种运输方式之间的快速转运，这与欧洲有关多式联运的概念趋向一致。

与欧洲不同，美国没有“组合运输”的提法，也没有发展公铁整车滚装运输的实践。但在箱驮运输、驮背运输、公水滚装运输方面仍与欧洲类同，只是在具体形式和技术标准上呈现自身的特点，典型如美国形成了集装箱铁路平车运输（Container on Flatcar,

COFC）和半挂车铁路平车运输（Trailer on Flatcar，TOFC）两大多式联运体系。

1. 关于箱驮运输（COFC）和驮背运输（TOFC）

美国 BTS 将 COFC/TOFC 解释为：把集装箱或半挂车放在铁路平板车上的多式联运服务（如图 4 所示）。联邦运输法典并对与之相匹配的卡车、牵引车、半挂车、铁轨车等提出具体的技术要求。值得注意的是，美国发展起了铁路双层集装箱运输，进一步增强了 COFC 的联运效率优势，相应的 TOFC 的发展势头则有所减弱。

COFC——铁路双层集装箱运输　　　　TOFC——铁路厢式半挂车运输

图 4　美国的 COFC/TOFC 多式联运体系

2. 关于滚装运输（Roll On/Roll Off）

美国对滚装运输的定义为：载运工具不通过吊装而是靠轮式驱动或拖带直接上/下船的运输方式。与欧洲一样，美国内河和近海也发展起以厢式半挂车为标准运载单元的公水滚装运输，且大型化、专业化特点比欧洲更突出，如图 5 所示。

图 5　美国厢式半挂车专用滚装驳船

3. 关于双式联运（Bimodal Transportation）

美国的双式联运原意指限于两种运输方式之间的联运，后来逐渐特指通过“公铁两用挂车”（Roadrailer）实现的联运，即将公路挂车加装铁路专用铰接式托架后，直接拖上铁轨经由铁路运输（不同于 COFC）。由于公铁两用挂车自重要求高，限制了货物装载量，因而此种方式只在特定区域和范围内有所发展。如图 6 所示。

图 6　美国的 Roadrailer 公铁联运

（三）中国

中国目前对“多式联运”的理解与欧美国家有很大不同：

1. 概念内涵差异大

国家标准《物流术语》将“多式联运”（使用 Multimodal Transport）定义为：“联运经营者受托运人、收货人或旅客的委托，为委托人实现两种或两种以上运输方式的全程运输，以及提供相关运输物流辅助服务的活动。”其强调“一个承运人”承担“全程运输”，与欧美多式联运的内涵有本质区别。

2. 术语关系不清晰

《物流术语》设定了“联合运输”这个概念（其早期版本对应 Combined Transport；2006 版则改为 Joint Transport），并定义为“一次委托，由两个或两个以上运输企业协同将一批货物运送到目的地的活动”，似与“多式联运”是并列和对立的关系。而欧洲 Combined Transport 只是多式联运的特定形式。

3. 概念使用不规范

典型如学术界的解读多式多样，对综合运输、多式联运的概念和内涵，涉及衔接式、协作式、一体式、一站式等多维度的定义和解释，少数学者翻译借鉴欧美概念时浅尝辄止，反而模糊了多式联运的准确含义。

上述问题反映出中国对多式联运的本质特征尚缺乏准确的把握，对多式联运发展形式和组织模式研究不深，相关概念的关系与内涵表述不够清晰。从实践看，中国发展多式联运主要聚焦在集装箱领域（目前仅关注海铁联运），其他诸如以厢式半挂车为运载单元的公铁、公水联运以及整车公铁滚装联运等形式，在中国还没有起步。

二、欧美多式联运发展概况及政策

（一）欧美多式联运发展状况

1. 多式联运运量高速增长

近年来欧美多式联运一直保持高速增长的势头，且未来发展空间很大。欧盟 2007 年多式联运总量为 960 亿吨公里，预计到 2015 年将增长至 1630 亿吨公里（增幅达 70%，其中铁路完成份额将由 21% 增长至 34%），到 2030 年将进一步增长至 3060 亿吨公里。美国 1997—2011 年多式联运货运量由 2.17 亿吨增加到 16.2 亿吨（增长了 6.5 倍），占货运总量的 9.2%；预计到 2040 年，美国多式联运的货运量将达到 35.75 亿吨，占货运总量的 12.5%，货运价值量将增加到近 10 万亿美元，占货运总价值的 25.3%。

多式联运在长距离、高附加值的货运领域具有明显的优势。美国 500 英里（1 英里=1.609 公里）以下的货物运输中多式联运占比仅为 1%，而 2000 英里以上的占比则达到 18%，其货运价值占比达到了 34%。像 UPS 这样的包裹快递企业是 TOFC 的主要用户，一般运距超过 400 英里则首要选择通过 TOFC 联运。欧洲各港口一直在积极拓展海铁联运业务，如不莱梅港近五年铁路集疏运量从 35.9% 上升至 45.7%，而公路集疏运量则从 61.1% 下降至 50.2%。

2. 公铁联运成为主流方式

美国公铁、公水、铁水联运运量占全部多式联运运量比例分别为 53%、34%、13%，相应周转量占比分别为 57%、29%、14%，表明公铁联运是主要的联运方式。欧洲亦如此，以德国为例，其公铁联运量近年保持年均 7% ~8% 的强劲增长，德国政府希望通过各方努力，使铁路联运运量占铁路总运量的比例由目前的 1/3 提高到 2025 年的 1/2。欧洲最大的物流企业德铁货运公司（DB Schenker）2011 年完成 290 万个标准运载单元（换算为 400 万标准箱），全部通过多式联运实现“门到门”运输，其中海铁联运量只占 34%，而内陆公铁联运量占 66%。

欧洲近十多年来大力推行以公铁联运为主体的组合运输，其中以可脱卸箱体和集装箱为运载单元的联运占 78%，公铁整车滚装运输的份额占 14%，而以半挂车为运载单元的联运只占 8%。

3. 水陆滚装运输受到高度重视

欧美国家都有良好的内河和近海运输条件，在促进多式联运发展中注重充分利用水运优势。欧洲发展组合运输的一个重要领域就是大力发展公水滚装运输，过去十年欧洲滚装运输运量占国内水运运量的比例从 10% 左右提高到 13% 左右，如荷兰自 2009 年起专门开辟了多瑙河“鹿特丹—蒂尔—赞丹—霍伦”挂车滚装运输专线。在美国，尽管面临全球航运业不景气，但 2006—2011 年滚装船的总吨位仍增长了 5.4%，据悉美国正在开展依托内河促进滚装运输发展的公水快速通道研究（如 M-55 Marine Highway Corridor，旨在创新密西西比河和伊利诺伊河的滚装联运模式）。

4. 甩挂（甩箱）运输是联运的基础环节

由于欧美国家强调多式联运是基于标准化运载单元的全程无隙运输，因此甩挂（甩箱）运输成为不同运输方式间快速转换的基本要求。欧美大型物流企业超过70%的货运量通过甩挂运输完成，美国内陆多式联运枢纽主要靠甩挂方式实现越库转运作业。

（二）欧美多式联运发展政策

1. 欧盟

欧盟自跨入21世纪以来将多式联运视为可持续发展的主要战略目标之一。2001年年底欧盟委员会发布《面向2010年的欧盟运输政策：时不我待》白皮书，明确提出多式联运发展战略与方向。2006年经中期评估和修订，更加突出铁路和水运发展，着力于多式联运服务链整合。2011年欧盟出台新的运输政策白皮书《迈向统一欧洲的运输发展之路：构建更有竞争力、更高能效的运输系统》，提出了绿色低碳发展目标，强调通过发展组合运输把更多公路货运转向铁路和水运，并提出2030年前转移30%、2050年前转移50%的目标。

围绕上述战略目标，欧盟相继推出一系列促进多式联运发展的行动计划，典型如PACT计划（支持组合运输试点示范）、马可波罗计划（支持多式联运项目）、NAIADES计划（支持航运与内河航道发展）。具体政策主要体现在：

（1）对多式联运中转站建设进行资金补助。以德国为例，目前德国共有多式联运中转站122个，其中77个得到了政府的财政补贴。在联邦政府主导的物流园区规划建设中，将多式联运中转功能作为必要条件，联邦政府对联运设施设备的资助比例最高可达85%。

（2）对开展组合运输的企业给予补贴或税收减免。主要对运输企业从单一公路货运向组合运输模式转变中的经济损失给予补偿。如对新开的铁路联运线路，初期若负债经营，欧盟经评估后可给予经济补偿；为了支持卡车减少长途运输而增加短途接驳服务，欧盟要求各成员国为实施组合运输的始末端卡车运输给予税收减免或资金补贴，如德国对专用于接驳组合运输的卡车，法律规定免缴其公路使用税。

（3）放宽对多式联运的限制。欧盟要求各成员国进一步放宽对从事组合运输的标准要求。在德国，法律规定公共道路上卡车总重不得超过40吨、周日不得上路行驶，但对参与组合运输的卡车，总重允许放宽至44吨、不受周日禁行限制。

（4）鼓励发展内河运输。从事内河运输并达到规定标准的企业，可从欧盟得到为期3年每年20万欧元的补贴。

2. 美国

以1991年年底颁布“冰茶法案”（ISTEA：多式地面运输效率法案）为标志，美国强化了以多式联运为主导的发展目标。“冰茶法案”宣称旨在“建设高效环保的国家多式联运体系，以提升美国的国际竞争力，同时以高能效的方式运送人和物”，决定联邦1992—1997财政年度提供1550亿美元以发展多式联运系统，同时在运输部设立“多式联运办公室”。此后，美国运输部在每个五年战略规划中，均将提高多式联运效率作为主要目标和任务。其主要政策和举措包括：

（1）放松对运输业的市场管制。1979 年，美国州际商务委员会放松了对 COFC/TOFC 的管制，使得铁路公司能够对公铁联运制定更有竞争力的价格，从而使联运量迅速增长。从 20 世纪 80 年代开始，美国国会通过了一系列法案，旨在减少政府对运输业的经营管制，鼓励通过市场竞争拓展跨运输方式的联运。放松管制被认为是美国多式联运加快发展、龙头骨干运输企业迅速崛起的主要推力。

（2）改善枢纽站场集疏运体系。通过提升疏港铁路、公路转运能力，以提高港口集装箱多式联运效率，如著名的阿拉米达联运通道改善计划，成为美国推进海铁联运的典型范例。2013 年美国运输部发布的新五年战略规划中，明确提出要加强对多式联运连接通道（指将枢纽港站与国家公路网连接起来的最初或最后一英里公路）的投资，进一步提高港口、铁路、机场与公路之间的衔接水平。

（3）构建多式联运技术标准体系。美国联邦运输法典中，对涉及 COFC/TOFC 系统、滚装运输系统以及标准化运载单元、快速转运设施设备等，均规定了详细的技术标准，奠定了多式联运的标准化基础。

（4）改进多式联运设施条件。为了发展铁路双层集装箱运输，提出“双层列车净距改善计划”，通过立法修改列车垂直与水平净距标准，投资支持特定铁路通道的净空改造。同时，联邦及各州政府还通过各种方式，支持多式联运枢纽建设、公铁联运设施设备改造等。

三、对中国的借鉴与启示

（一）切实提升多式联运的战略地位

中国在加快推进综合运输体系建设进程中，必须把多式联运置于核心目标，着力构建以多式联运需求为导向、以各种联运形式竞相发展为路径、以基础设施衔接为依托、以运输链整合优化为载体、以设施设备标准化为基础的多式联运组织体系。

有必要学习和借鉴欧美经验，把多式联运作为中国交通运输集约高效绿色发展的首要战略，更加注重联运的组织衔接和一体化运作模式创新，积极探索驮背、滚装等多种联运组织形式，切实把发展多式联运作为推进综合运输体系建设的主要任务。

（二）加快构建多式联运的标准体系

没有标准化就不可能有高效的多式联运，而所有标准化的基础即是运载单元的标准化。中国虽然国际集装箱港口运输跻身全球前列，但集装箱多式联运中其他环节的标准化体系还没有建立起来。最大的问题是，中国还没有建立起以厢式半挂车为基本运载单元的标准化体系，卡车车型过于庞杂（达到 2 万多种），制约了甩挂运输的普及，更谈不上车、挂、站、运等多环节的标准协同。

有必要学习和借鉴欧洲发展 EMS（即标准车型模块化系统）、美国发展 COFC/TOFC 等经验，加快构建富有中国特色、基于标准化运载单元的多式联运技术标准体系，这是中国当前亟待破解的突出瓶颈和首要技术难题。

（三）系统强化多式联运的发展政策

尽管交通运输部在多式联运物流园区的投资补助、集装箱海铁联运的技术改造等方面有一些扶持政策，但总体而言，国家层面促进多式联运发展的政策系统性、覆盖面和支持力度仍有很大的局限性。

学习和借鉴欧美国家在推进多式联运发展中的法规支持、规划引导、财政补贴、税费优惠、技术创新等经验，当前中国有必要加强国家层面对发展多式联运的公共政策的顶层设计，探索综合运用各种政策手段，系统构建扶而具体、促而有力的政策体系，为企业发挥创新主体作用营造良好的政策环境。

（四）全面加强多式联运的基础研究

一是多式联运的基础理论研究，包括概念内涵、发展形式、组织模式以及规律特征、发展战略与推进路径等；二是多式联运的法规与政策研究，包括市场准入、多式联运经营主体培育、系统支持和引导政策等；三是多式联运技术标准体系研究，包括标准体系的顶层设计、标准化运载单元的技术要求、各种快速转运设施设备的技术标准、多式联运的服务规范等；四是组织开展重点领域的试点示范，除了进一步深化集装箱海铁联运项目示范，应依托重大科技攻关项目，适时加快推进基于标准化运载单元的公铁联运、水陆滚装联运等试点示范工程，扎实做好全面推广的技术储备。

参考文献

[1] UN/ECE. Terminology on Combined Transport. 2001.

[2] 王杨堃，荣朝和. 多式联运经济组织的演变及其启示 [J]. 综合运输，2007，9：60-65.

[3] 刘昭然. 欧盟多式联运政策对我国发展铁水联运的启示 [J]. 铁道运输与经济，2013，5：56-60.

[4] 索沪生. 美国海铁联运发展经验对我国的借鉴意义 [J]. 集装箱化，2013，6：1-5.

重庆绕城高速毗邻区域公交发展模式研究

谢劲松

（重庆市交通规划勘察设计院，重庆 401121）

【摘 要】基于重庆绕城高速毗邻区域居民出行多以班线和农村客运为主，出行极不方便，班线票价偏高、农村客运不固定等问题一直困扰其居民，形成与重庆主城核心区居民“同城不同价”的客观事实，论文提出了构建绕城高速毗邻区域公交发展的线网、站场模式研究，给出了基础先行、客流引导、安全稳定、绕城截留等对策措施，为行业主管部门提供切实可行的决策参考，指导毗邻区域公交有序、健康发展。

【关键词】绕城高速 公交发展 模式研究 截留策略

Research of Transit Development Models in Chongqing Ring Expressway Outskirts

Xie Jinsong

(Chongqing Communications Planning Survery & Design Institute, Chongqing 401121)

Abstract: Based on the facts about Chongqing ring expressway outskirts, such as residents outskirts spend more money on road passenger transportation than residents insides. This paper put forward line network and station models about transit development, and employed useful suggestions and strategy, such as infrastructure-first, which are efficient and applicable for managements and guide transit orderly and healthy development outskirts.

Keywords: Ring expressway Transit development Models research Cutoff strategy

一、引言

随着重庆市委四届三次全会提出“科学划分功能区域，加快建设五大功能区”的意见后，全市即被划分为都市功能核心区、都市功能拓展区、城市发展新区、渝东北生态涵养发展区和渝东南生态保护发展区五大功能区。按照五大功能区不同功能定位和发展导向，毗邻绕城高速（即二环高速）近郊区域属于都市功能拓展区。该区域是主城区核心增长区域，在两江新区引擎带动、两个保税（港）区及国家级开发区、市级工业园区、大型聚居区与公租房区等的强力助推下，拥有政策效应多重叠加的机遇。未来5~10年将是绕城区域建设重要的战略机遇期，是经济实力显著提升、城市功能加速完善、辐射带动能力大幅增强的关键时期。届时，绕城区域人口将加速集聚，产业规模实力不断培育壮大，形成新兴城市产业集聚区、新增城市人口集聚区和现代城市功能展示区，成为全市建设的主战场。而现有文献研究主要是针对城市建成区域方面提出的公交优先发展的一些政策与措施[1-5]，针对这种发展新区的研究较少。因此，提前开展绕城高速近郊区域公交客运发展策略研究，以适应重庆主城城市拓展和功能调整，助推绕城区域更好更快发展，为老百姓提供便捷、舒适的公共交通服务，具有非常重要的理论意义与现实意义。

二、绕城高速近郊区域客运发展现状与问题

（一）客运发展现状

通过调研绕城高速近郊区域的基础设施发展现状、交通方式发展现状以及线网运力发展现状，全方位理清绕城高速近郊区域客运发展现状和存在的主要问题。

1. 基础设施发展现状

客运站场：目前绕城近郊区域共有公交站场6座，总占地面积8.7公顷，其用地性质均为公共交通设施用地。道路现状：目前主城区公路主要分布在绕城近郊区域，2011年主城区除高速公路外，普通公路总里程8769公里。其中，普通国省道728公里，国道3条里程278公里；省道12条里程450公里。农村公路7924公里，县道1449公里，乡道1385公里，村道5090公里。目前，绕城区域道路设施中四级及等外级公路所占比重达到70%以上。

2. 交通方式发展现状

公交：截至2011年年底，绕城近郊区域共有公交线路68条，公交车辆707辆，由公交集团负责营运。平均每条线路客运车辆约10辆。目前绕城近郊区域公交线网覆盖广度和深度主要集中在北碚区域，线路达到52条。农村客运：绕城近郊区域农村客运线路62条，客运车辆332辆，客运企业15家。平均每条线路客运车辆约5辆。平均每家客运企业拥有车辆约22辆。班线客运：绕城近郊区域班线客运线路161条，客运车辆703辆，客运企业31家。平均每条线路客运车辆约4辆；平均每家客运企业拥有车辆约23辆。

3. 线网与运力现状

线路类型：在绕城近郊区域的223条农村客运和班线客运线路中，分为四种客运线路，即城区—乡镇、乡镇—乡镇、乡镇—行政村、行政村—行政村。其中，城区—乡镇线路145条，运营车辆660辆；乡镇—乡镇线路20条，运营车辆64辆；乡镇—行政村线路33条，运营车辆114辆；行政村—行政村线路26条，运营车辆197辆。

（二）存在的问题

绕城高速近郊区域客运发展主要存在如下几个问题：

1. 现有相关法规政策标准不明确

目前，以绕城为界，主城区绕城内外的公共交通管理体制机制已基本理顺。但是，《重庆市主城区公共交通覆盖绕城高速公路以内区域工作方案》（渝办发〔2010〕102号）对主城区绕城内的公交线路经营权进行了规定，却没有对毗邻绕城主城区开行公交服务

线路做出相应规定，这不能指导该区域未来公交发展，提供优质高效的公交出行服务。

2. 公共交通配套基础设施薄弱

在绕城近郊区域，科学的整体发展战略和中长期规划还未形成，最突出的是基础设施不配套、场站建设严重滞后、客运线路设置不够科学等，城市发展增速与交通公共基础滞后的矛盾非常突出。

3. 现有客流不足以支撑公交正常运行

目前重庆处于城市化快速发展的进程之中，圈层状的城乡结合部更替发展推进速度较快。由于城乡结合部兼具城市和农村的特点，绕城近郊区域客运市场也成为城市公共交通与班车客运的矛盾集中地。一方面，城乡结合部的客流出行性质具备城市出行的基本特征，城市范围内运行的客运班车已经不能适应城市发展的需要，被公共汽车所取代是必然趋势。另一方面，由于绕城近郊区域人口分布比较分散，居民出行规模、强度不高，不足以支撑公交的正常运营发展，通常造成政府指令性的公交运营被动发展，公交的服务水平普遍不高。此外，在近郊已开通公交运行的区域，免费卡、IC 卡等服务未完全覆盖，也在一定程度上影响公交客运服务的吸引力。

三、绕城高速近郊区域公交发展模式研究

针对绕城高速近郊区域客运发展现状与存在的问题，本文提出绕城近郊区域公交发展必须依托轨道线网的发展，填补班线客运退出后所形成的空缺，服务于国家级开发区等重要组团的出行需求，满足绕城近郊区域居民的常规出行。通过布设直达和接驳两种形式的公交，形成“线网布局优先与轨道接驳、一级节点新开线路直达内环、原有线路主要以延伸方式辐射、其他线路在绕城附近实施截留换乘”的发展模式。

（一）公交线网布设模式

绕城近郊区域公交线路布设的模式可以归纳为两种，一种称为“客流产生源直达模式”（简称直达模式），另一种是“客流接驳聚散模式”（简称接驳模式）。

1. 直达模式

该种线路布设是在客流主要产生源（国家级开发区、市级工业园区、大型聚居区与公租房区等组团极核）设公交首末站，公交路线穿过主要道路或街道，运送乘客。直达模式方便乘客出行，减少换乘次数；但是在主要道路或街道上公交车流量相对较大，公交运行速度慢、效率低。直达模式主要适用于从绕城近郊区域的组团极核直接开行至内环内的公交线路，二级节点直接开行至内外环之间的公交线路，以及绕城主城区域内部开行的直达公交线路。

2. 接驳模式

接驳模式是将绕城近郊区域的公交客源通过近郊区内公交线路汇聚到绕城附近的换乘枢纽，在换乘枢纽换乘大中运量的公交系统（轨道交通、BRT 快速公交系统）到其他地区的换乘枢纽，再视出行情况换乘该地区的区内公交线路到达目的地。接驳模式能整合客流、提高公交使用效率，能充分发挥轨道交通、BRT 快速公交系统及其他公交系统

各自的特点；乘客换乘较为方便。但因为乘客换乘次数较多，导致出行成本增加；基础配套性投入较大。接驳模式主要适用于绕城近郊主城区域开行至绕城附近的公交线路。

（二）枢纽站场布设模式

绕城近郊区域枢纽站场主要考虑所处的场所特点（公租房、产业园区）以及与轨道车站衔接的交通方式两方面因素确定，分成综合换乘枢纽站、轨道换乘枢纽站等。

1. 综合换乘枢纽站

综合换乘枢纽站主要是为绕城近郊区域公交开通直达线路服务。依托大型对外客运设施（如机场、铁路客运站等），衔接多种对外客运方式的换乘站场。绕城近郊区域综合换乘枢纽站主要布设在鱼复等七大国家级开发区、西永微电子产业园区等十大市级工业园区，以及茶园综合客运枢纽、西永换乘枢纽站、白市驿换乘枢纽站、西彭换乘枢纽站、两路换乘枢纽站、北碚换乘枢纽站等。

2. 轨道换乘枢纽站

轨道换乘枢纽站依托于城市内部大型轨道交通节点，提供常规公交与轨道交通的换乘，轨道换乘枢纽站布设应结合轨道开通时序确定。绕城近郊区域轨道换乘枢纽站主要布设在微电园、石坪、井口、蔡家、水土、王家、西彭（石塔村）、青冈湾、跳蹬、刘家院子、两路等轨道换乘枢纽站。

四、绕城高速近郊区域公交发展策略研究

通过分析绕城高速近郊区域客运发展现状，为配合所提出的公交发展模式，本文有针对性地提出公交发展必须贯彻“以人为本”的发展理念，在绕城高速近郊区域公交发展需坚持“基础先行、客流引导、二环截流”等策略。

（一）基础先行策略

1. 细化公交道路开行条件

根据《重庆市人民政府关于进一步加强道路交通安全工作的意见》（渝府发〔2010〕14 号）文件精神，细化客运车辆的道路开行条件，根据公交开行的道路条件要求，加大道路的升级改造和路面建设，消除道路小转弯半径等安全隐患路段。

2. 大力推进公交站场设施建设

结合轨道交通和主城核心区地面公交发展，重点加强换乘枢纽站建设，如综合客运枢纽公交用地原则不少于 20000 平方米，轨道换乘枢纽公交用地规模原则不少于 15000 平方米。并结合绕城近郊区域城市土地利用开发，合理规划建设一批公交维修保养场、停车场以及 CNG（压缩天然气）加气站。

（二）客流引导策略

1. 合理布局公交线网

绕城近郊区域属于城市开发新区，既包含两江新区、新型产业园区，也包含居民安置区、大专院校所在地。在进行线网规划布局时，基于绕城近郊区域居民出行主要以上班和上学为主，与主城核心区的客流特征具有较大差异，优先安排重要组团直达线路连

接内环区域，组团内部和次级客流节点主要与轨道交通、班线客运和组团极核枢纽进行接驳换乘，适时开行毗邻绕城城市组团环线公交，强化轨道、大型聚居区、工业园区之间的公交联系。

2. 合理确定公交开行时序

目前，绕城近郊区域班线客运与公交并存，经营主体多，要稳步实施农村客运公交化改造，力争到2016年绕城近郊区域班线客运全部退出，为公交健康发展创造条件；结合城市建设和工业园区、居民聚居区建设，按照“成熟一条，发展一条”的原则，当公交客流达到一定规模后，实时开行公交线路，保障居民的出行需求。

（三）绕城截流策略

1. 加强绕城换乘枢纽建设

根据《重庆城乡总体规划（2011年修订）》，结合《重庆市主城区二环区域发展规划（2011—2020年）》，重点建成一批轨道换乘枢纽站；并在公租房区域配套建设公交换乘枢纽。

2. 加强公交客流组织

结合绕城近郊区域公交客流特征，除绕城近郊区域规划的组团极核可以直达主城内环以外，其他客流均通过绕城附近客运枢纽站场进行接驳换乘，构建高效便捷的公共客运体系，避免浪费公共交通资源，提升公共交通的运输效率。

五、结语

论文从分析重庆绕城高速毗邻区域客运发展现状与存在的问题入手，提出有针对性的公交发展模式和发展策略，为行业主管部门提供决策参考，指导毗邻区域公交有序、健康发展。

参考文献

［1］仇保华．加快落实城市公共交通优先发展战略［J］．城市交通，2006，1：4-12.

［2］林卫．公交优先理念与昆明BRT实践［J］．城市交通，2005，3（4）：19-23.

［3］汪广焘．树立和落实科学发展观促进城市公共交通优先发展［J］．中外公交动态，2004，7：2-7.

［4］田霞．济南市城市公共交通发展政策研究［J］．山东大学学报，2011，6（1）：65-67 .

［5］管弛明，崔功豪．公共交通导向的中国大都市空间结构模式探析［J］．城市规划．2013，27（10）：15-19.

我国综合客运枢纽建设发展面临问题与对策建议

李鹏林
（交通运输部规划研究院，北京　100028）

【摘　要】综合客运枢纽是构建我国综合运输体系的重要组成和关键环节，是体现“交通改善民生”政府职能的重要方面。本文总结了我国综合客运枢纽建设实践中出现的主要问题，提出了推进我国综合客运枢纽建设发展的对策建议。

【关键词】综合客运枢纽　发展　问题　对策

The Major Problems and Solutions to Push Forward Construction of Multi-modal Passenger Hubs

Li Penglin
(Transport Planning and Research Institute, Ministry of Transport, Beijing 100028)

Abstract: Multi-modal passenger hub is an essential component and a key element of integrated transport system in China. It is also an important aspect to reflect government's role of improving public well-being through transport. This article summarizes major problems encountered in the process of building multi-modal passenger hubs in China, and in turn proposes service-oriented solutions to push forward the planning and construction of multi-modal passenger hubs.

Keywords: Multi-modal passenger hubs　Development　Problems　Solutions

一、我国综合客运枢纽建设发展现状

我国交通运输已经进入各种运输方式融合交汇、统筹发展的新阶段，综合交通的关键是推进各种运输方式从分散、独立发展转向一体化、集约化发展。综合客运枢纽作为综合交通运输体系的重要组成部分，是各种运输方式之间及其与城市交通间实现有效衔接和一体化客运组织的关键节点，是综合、智慧、绿色、平安“四个交通”的集中体现和重要落脚点，是促进综合交通运输体系发展，推动现代信息技术与客运服务全面融合，倡导绿色出行、集约化利用土地和能源，完善统一的安全应急协调管理机制等要求的核心载体。综合客运枢纽服务功能的有效发挥已逐步成为影响整个综合交通运输网络运行效率和服务水平的关键，是衡量综合交通运输体系建设水平的重要标志之一。

“十二五”以来，我国各类交通基础设施线网日臻完善，综合客运枢纽开始成为各地交通规划建设的重点。为有效引导和促进我国综合客运枢纽的规划建设，交通运输部自成立以来，通过以中央车购税投资补助的方式，鼓励公路客运站主动对接其他运输方式站场，加快推进融合了多种运输方式的综合客运枢纽的建设。截止到2014年第一季度，交通运输部已经资助推进了约100个综合客运枢纽建设，当前投入运营的已有30余个。以上综合客运枢纽的设计旅客换乘总量多数在10万人次/日以上，已建成运营的综合客运枢纽在所在区域综合交通运输体系中发挥了重要作用，承担起了区际、城际、城乡间中长距离旅客出行与换乘的客运组织中枢作用，显著提高了我国区域公共交通换乘系统的便利性。

根据对100个在建及运营的综合客运枢纽量化分析，从类型上看，铁路主导型综合客运枢纽是我国综合客运枢纽的主体类型，约占项目总量的90%。从分布上看，约60%的项目分布于我国东部地区，27%分布于中部地区，西部地区仅占项目总数的13%。从所在城市规模上看，60%左右的综合客运枢纽项目分布在人口超过100万的城市，90%的项目位于50万人口以上城市。这在一定程度上说明了人口密集度大、交通资源集约度高、项目建设条件成熟的重要节点城市对综合客运枢纽有着更为迫切的需求。从衔接方式上看，综合客运枢纽空间衔接方式一般包括立体衔接、通道衔接及广场衔接三种，在我国当前已建成投入运营的综合客运枢纽中，约30%的项目基本实现了立体衔接，多数项目通过换乘通道、站前广场等方式进行衔接，已投入运营的30个综合客运枢纽，大多实现了不同交通方式站场间的旅客步行换乘距离可控制在300米以内。

表1　我国部分综合客运枢纽交通方式衔接情况

项目名称	衔接交通方式							
	水运	航空	铁路	公路长途客运	城市轨道交通	常规公交	出租	社会车辆
南京南站综合客运枢纽			★	★	★	★	★	★
武汉杨春湖客运换乘中心			★	★	★	★	★	★
成都沙河堡综合枢纽			★	★	★	★	★	★
长沙南站综合客运枢纽			★	★	★	★	★	★
上海虹桥综合客运枢纽		★	★	★	★	★	★	★
重庆两路客运枢纽		★		★	★	★	★	★
天津西站综合客运枢纽			★	★	★	★	★	★
哈尔滨西综合客运枢纽			★	★	★	★	★	★
合肥综合客运枢纽			★	★	★	★	★	★
济南西综合客运枢纽			★	★	★	★	★	★
深圳北综合客运枢纽			★	★	★	★	★	★

续 表

项目名称	衔接交通方式							
	水运	航空	铁路	公路长途客运	城市轨道交通	常规公交	出租	社会车辆
西咸机场综合客运枢纽		★		★	★	★	★	★
贵阳机场综合客运枢纽		★		★	★	★	★	★
舟山蜈蚣峙交通集散中心	★			★		★	★	★
大连皮口陆港中心	★			★		★	★	★
乌鲁木齐综合客运枢纽			★	★	★	★	★	★
常州新北综合客运枢纽			★	★		★	★	★
郑州东综合客运枢纽			★	★	★	★	★	★
沈阳南综合客运枢纽			★	★	★	★	★	★

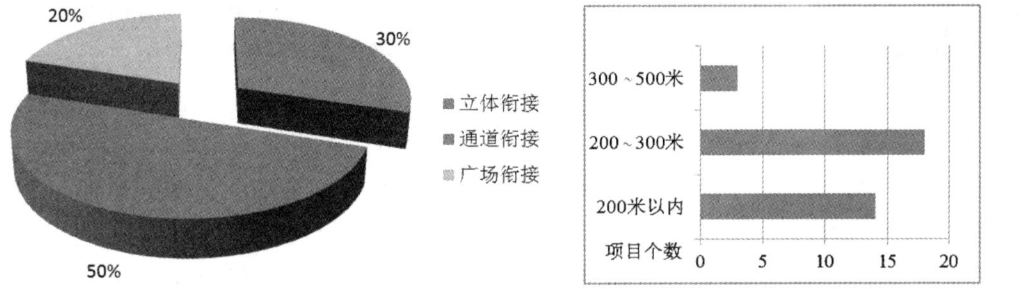

图1 我国已运营的部分综合客运枢纽的衔接形式及换乘距离

综合客运枢纽的建设有力地改善了区域内交通网络的通达性，其对各种交通资源的集聚、整合效应，吸引了大量区域经济活动集中在周边地区，强化了所在城市的要素集聚和辐射带动能力。在交通导向开发背景下，大容量、高效率的综合客运枢纽已经开始由单纯的交通枢纽向城市综合体转变，融合了商业、休闲、商务等多种城市功能，在引导城市空间调整、优化城市功能等方面发挥出重要作用。

二、综合客运枢纽建设发展中面临的问题

综合客运枢纽的基本特征是实现不同运输方式间的“无缝衔接”、运输组织的一体化和旅客的“零距离换乘”；具体表现为基础设施一体化、信息建设一体化、交通运行一体化。对照以上目标，“十二五”期我国综合客运枢纽建设发展虽取得了一定成绩，但无论在建设标准还是服务水平上与国际同类设施相比仍存在较大差距，不能满足公众对一体化的客运换乘服务的期待，发展中还面临着诸多问题。

（一）体制机制问题

综合客运枢纽面临多主体投资、多行业管理、多部门运营等现象，在现实发展过程中由于体制机制的客观原因，存在各部门之间较难协调的现象，在一定程度上影响了综合客运枢纽的建设发展。

1. 各方式站场建设序列不统一，枢纽建设进度和效果不佳

近年来“四纵四横”国家高速铁路等主要干线铁路建设速度明显加快。“十二五”期间，京沪、京广全线贯通，哈大、宁杭、沪杭等高铁线路相继通车，沿线近100个铁路客站投入运营，但沿线与高铁配套衔接的交通站场与线网设施建设速度远远滞后于高速铁路的建设，例如2008年京广高铁开通之日，绝大部分城市与高铁客站相配套的衔接站场均未能做到适时对接。不少综合客运枢纽有其名无其实，在土地综合利用、设施衔接和服务功能的一体化等方面差距甚远，已建部分综合客运枢纽建筑实体宏大、雄伟，但在运营过程中仍存在旅客换乘不便的遗憾工程。

2. 缺乏有效协调机制，用地落实困难，建设运营水平不高

从城市管理层面看，综合客运枢纽建设发展涉及公、铁、水、航及城市内多种交通方式，各交通方式的线位、站区以及公共服务区在项目用地方面涉及多部门、多环节管理，地方政府如不能及时地统筹协调好枢纽规划与城市总体规划、土地利用规划、综合交通线网规划等上位规划的关系，将导致枢纽场站虽有规划却难以落地。此外，综合客运枢纽建设、运营主体较多，导致各方式场站虽然在空间上做到了相对集中布局，但实际上无论在建设还是运营管理阶段，由于多主体模式及彼此间存在的协调障碍，部门之间各自的利益关系无法得到有效平衡，导致综合客运枢纽的建设、运营上无法做到有效融合，如建设阶段，在交通导向系统、市政管网系统、机电系统等方面很难实现统一建设和整体开发，后期运营管理上也无法在班线调度、应急管理等方面做到协同一致，不利于一体化综合客运组织的实施。

（二）布局规划问题

1. 枢纽建设零敲碎打，缺乏统筹总体规划

综合客运枢纽作为城市重要的基础设施，理应从城市总体规划、综合交通运输规划等上位规划阶段就必须统筹考虑综合客运枢纽的布局问题，明确在既定的城市或城市群区域内，需要布设多少枢纽，各枢纽在对外交通与城市交通转换过程中各自分工与服务功能，方能做到各类运输方式客站、城市道路等有效衔接、系统整合，形成衔接顺畅、运转高效、能力充分的城市综合客运服务体系。总结我国综合客运枢纽建设实践经验，目前多数项目均属于平面组合式的枢纽，与国外同类设施相比更多的只是方式的拼盘和车站的集合，尚未形成真正意义的一体化的综合客运枢纽，其中一个重要的原因在于我国各城市建设综合客运枢纽，更多的是站在一个“点”上研究单体枢纽站场自身建设，片面追求各种运输方式的齐备和土地的综合开发，政府又往往赋予综合客运枢纽过多过全的功能，还要兼顾安全运营，必然导致所建枢纽既大又散，在很大程度上影响了综合客运枢纽效果的发挥。

2. 缺乏系统理论指导，影响枢纽规划效果

我国东、中、西区域发展的差异性明显，不同城市的人口规模、国土面积、城市所处的发展阶段均不同，各类交通运输方式的分布及容量不同，使得不同城市对综合客运枢纽的布局规划和建设需求不尽一致。而且，由于我国综合客运枢纽理论研究相对滞后，各地对综合客运枢纽的内涵、本质及技术经济特征的理解不统一，在综合客运枢纽的功能定位、系统构成、换乘衔接、运能匹配等多项内容上缺乏理论指导，认识不清，使得地方在规划目标、规划内容、解决问题等层面理解不一。目前，国内对以下问题尚缺乏系统的理论和实证研究，如综合客运枢纽与城市的互动关系、城市对外交通与城市交通转换的总规模及分布特征、综合客运枢纽在城市内的空间布局和功能分工问题，导致在区域和城市综合客运枢纽布局规划过程中，一些重点的技术理论，如城市对外客运总量与换乘总量预测、枢纽网络布局方法、枢纽的集疏运体系及枢纽网络间的交通衔接等缺乏有效的理论支撑和参考，难以发挥“规划”在枢纽建设管理中的引领作用。

（三）技术标准问题

1. 缺乏统一的理念认知，部分项目建设效果欠佳

“十二五”以来，各地建设综合客运枢纽的热情高涨，但由于规划理念及建设标准方缺乏统一认识，导致不同区域建设枢纽衔接效果差异大、在布局规划阶段的枢纽便相互分割、建设技术标准缺乏指导等问题。从区域建设枢纽的效果看，经济发达、城镇化水平较高的东部沿海如上海、江苏等省份，各级政府和行业主管部门重视程度较高，在实践中不断探索，对综合客运枢纽的建设发展意义认识深刻，政府推进力度也较大，所建的综合客运枢纽的服务功能基本得到充分体现，并注意配置提高旅客换乘效率和舒适度的换乘设施；而中西部地区综合客运枢纽的建设大都停留在广场衔接阶段，“先跨马路，后穿广场”的换乘模式还没有得到根本转变。

2. 缺乏明确技术要求，建设难以达到应有服务水平

枢纽布局方面，由于缺少综合客运枢纽整体建设方案的统一规划，各运输方式建设时序无法协调，场站用地不能保证，导致当前在建的综合客运枢纽内各方式功能设施布局不尽合理，不是依据旅客换乘流线进行设计布局，而是在主导方确定下来后，通过其他运输方式去拼凑集合而成，多数存在拼盘现象。

设施衔接方面，目前仅有各单一方式场站建设技术标准及相关规范，缺少相互衔接的公共服务区域建设标准和服务水平的技术要求。由于在现实推进过程中缺少交通建筑的统一设计，综合客运枢纽内主导方站场设施的建设往往具有优先权，导致在主导方站场设计方案已定的情况下，枢纽内其他方式为与之衔接，必须通过换乘天桥、廊道、大厅、广场等设施实现，无形中拉长了旅客的换乘距离，以至于无法达到安全舒适便捷的基本换乘要求。

信息建设方面，全国范围内已建和在建的综合客运枢纽很难做到不同运输方式之间交通导向标识的统一，尚无法做到不同运输方式间的信息共享。综合客运枢纽内交通导向信息不统一、不连续，使有换乘需求的旅客必须要在不同城市、不同的综合枢纽内熟

知不同交通方式的导向标识才能体验换乘服务，增加了旅客公共出行难度，增大了综合枢纽公共换乘区域的管理难度。由于枢纽内不同运输方式间信息互不共享，甚至最基本的票务信息、换乘班次信息也未实现联网，增加了大量换乘客流的迂回、无效交通，增大了交通安全隐患。

安全管理方面，不同交通运输方式共同作用于同一综合客运枢纽，在紧急状态下安全应急机制如何建立、如何管理，安全疏散对设施规模的建设要求等方面，国家没有提出明确要求，是现阶段行业管理的重大缺失。

（四）投融资问题

建设开发方面，融资渠道单一。目前，我国综合客运枢纽的建设主要依靠政府或国有企业以公共投资的模式开发建设，根据对我国近100个在建综合客运枢纽项目投资主体的统计分析，由政府直接投资的占到了11%左右，由政府投资公司或国有运输公司投资的占到了79%左右，仅有10%左右为民营企业或股份公司性质，社会资本的进入度偏低，而且枢纽收入来源单一，无法有效保障枢纽后期运营的可持续。

综合开发正在成为趋势，但缺乏科学的规范引导。汇集了大量客流、信息流的综合客运枢纽，不但集合了各种交通资源，也吸引了大量经济活动，强化了城市商业、休闲、商务等经济开发功能，但对于交通功能与经济功能如何处理，特别是面对经济开发所带来的非交通客流对交通设施的影响和干扰，如何在保证安全、有序运行的状态下推进枢纽综合开发，至今国家尚没有形成规范的指导意见。

三、推进我国综合客运枢纽建设发展的对策建议

2013年交通运输行业大部制改革的推进，为综合客运枢纽的规划建设创造了较好的体制环境，对综合客运协调管理机制的建立也提出了更高的要求。考虑到我国各省市经济条件、交通条件各不相同，综合客运枢纽建设与国外发达国家相比，面临更多复杂问题，需要试点探索、循序渐进，在发展中逐步解决。针对我国综合客运枢纽建设发展，提出如下对策建议。

1. 加强政策引导，营造制度环境

一是要明确政策导向，清晰界定政府当前重点支持的综合客运枢纽概念、类型、属性与建设要求，增强可操作性。二是要完善政策体系，运用包括投资支持、标杆示范、开发引导、规范约束、运营监管、信息发布等各种政策手段，加快制定促进综合客运枢纽规范发展的政策体系。三是要完善决策协调机制，建立跨部门协商机制，基于我国实践总结，尽快提出综合客运枢纽在规划、设计、建设、管理阶段的有效协调机制，以保障枢纽规划建设的实施效果。

2. 完善规划体系，体现公共服务

一是研究明确综合客运体系的规划地位、规划内容，完善综合客运枢纽规划体系和审批实施机制，确保规划引导效果，对建设涉及枢纽功能、设施设备、服务内容等方面应重点体现服务民生、保障公共安全和提高运输组织效率等政府公共职能。二是发挥城

市政府主导作用，以中心城市为试点逐步推进，加快形成行之有效的规划管理和工作推进流程。从城市总体长远发展战略考虑，研究运用综合运输规划理念，统筹解决城市综合客运枢纽空间布局、服务功能、设施规模、开发模式、集疏运交通等问题，妥善处理对外交通与城市交通的关系，保障项目用地，通过统筹考虑综合客运枢纽的功能配置和交通衔接，提升整个城市客运服务系统的运行效率和服务水平。

3. 制订技术标准，规范科学发展

一是行业主管部门应履行职责发挥作用，针对当前国内交通管理体制下综合客运枢纽内各方式间的公共空间、公共服务缺乏统一技术标准的现实问题，尽快推动制订有关综合客运枢纽相关规划、建设、运营管理及服务效果评价标准，出台有关综合客运枢纽级别划分与建设要求、项目投资管理办法、规划编制指南、工可编制指南、设计指南、后评价编制办法、服务标准与经营规范等相关标准文件，明确综合客运枢纽公共服务的内容和标准，从技术上指导各地规划建设和运营管理工作。二是提出评价效果体系，进一步推进建立综合客运枢纽运行后评价机制、运营绩效考评反馈机制等，确保公共服务功能的实现。

4. 探索综合开发，强化市场监管

一是注意发挥市场在资源配置中的作用，探索引导社会资本进入综合客运枢纽建设开发，解决综合客运枢纽建设发展中面临的资金问题和财务可持续性症结，探索建立有利于枢纽健康持续发展的环境和模式；二是充分考虑综合开发给枢纽带来的设施规模需求、基本交通服务和公共安全等问题，通过加强市场运营监管、提升枢纽服务质量，确保综合客运枢纽作为交通基础设施其基本公共服务功能的实现，发挥枢纽的社会效益，防止功能异化。

参考文献

[1] 交通运输部规划研究院．综合客运枢纽试点项目总结报告［R］．北京：交通运输部规划研究院．2011.

[2] 交通运输部规划研究院．“十二五”综合客运枢纽建设规划中期评估［R］．北京：交通运输部规划研究院．2013.

[2] 交通运输部规划研究院．综合客运枢纽布局规划理论与建设实践研究［R］．北京：交通运输部规划研究院．2014.

智慧城市建设的交通发展建议研究[1]

潘 勇[1,2] 汪 林[1] 赵祥模[2] 王文静[1] 衣 倩[1]

（1. 交通运输部公路科学研究院，国家智能交通系统工程技术研究中心，北京 100088；
2. 长安大学信息工程学院，陕西西安 710064）

【摘 要】智慧城市已经成为国内大部分城市未来建设和发展的重要方向，交通的智慧化则是其一项重点建设内容。本文将结合国内外城市的交通发展经验以及我国城市交通现代化发展经验，对未来我国的智慧交通提出系统性的建设目标、建设行动以及切入点等合理的建议。

【关键词】智慧城市 智慧交通 城市交通

Study on Traffic Development Suggestion about Smart City Construction

Pan Yong[1,2] Wang Lin[1] Zhao Xiangmo[2] Wang WenJing[1] Yi Qian[1]

(1. Research Institute of Highway, Ministry of Transport,
National Center of ITS Engineering and Technology, Beijing 100088;
2. School of Information Engineering, Chang'an University, Shanxi Xi'an 710064)

Abstract: Smart city has become an important direction ofthe future construction and development of most of cities, smart traffic is a key content of the construction of smart city. Combining the transportation development experience at home and abroad as well as the city of our cities traffic modernization development experience, This paper will put forward reasonable suggestions of system construction goal, construction operations as well as the entry point for the future of China's intelligence traffic.

Keywords: Smart city Intelligence traffic City traffic

一、引言

在城市机动化进程中，国内外城市均不同程度地面临着一个重要的城市难题，即城市拥堵。城市拥堵不仅浪费公众出行的大量时间和金钱，也是空气质量和环境恶化的重

[1] 本文受到北京经济和信息化委员会“利用信息化手段缓解交通拥堵的若干问题调研”项目资助。

要原因，成为城市可持续发展的重要障碍，严重影响着公众的生活品质[1]。

为破解城市交通难题，构建现代化交通体系成为当前城市可持续发展的重要任务。信息化覆盖整个交通现代化全局，应用实践表明，其在构建现代化交通体系中发挥至关重要的作用，是破解当前城市交通难题的主要手段和重要抓手[2]。

2013 年 10 月，交通运输部提出构建“综合交通、智慧交通、平安交通和绿色交通”的战略任务。因此，交通的综合化、智慧化、安全和低碳化成为未来城市交通的发展重点，而基于信息化大力发展智慧交通，构建一个“综合、高效、绿色、安全”的交通体系成为当前城市交通发展的必然选择。本文结合对当前智慧城市的理解，对未来交通的建设目标、推进策略以及建设行动和切入点等提出建议。

二、智慧城市建设目标

智慧的交通首先是宜居、可持续性的[3]，智慧交通建设将以以下几点为目标：

（一）构建完善、一体化的交通信息采集体系

借助物联网、传感网技术，完善各类信息采集终端，包括对人、车辆、道路等各类交通信息采集设备。各交通行业管理部门应坚持“统一规划、统一实施”等原则，构建一体化、集约化的交通信息采集体系。

（二）确立城市公共交通的优先地位

城市公交优先战略已上升至国家城市发展战略[4]，公交优先战略不仅有助于实现城市的集约化目标，更有助于实现“绿色、安全、效率”的整体交通战略。因此，借助信息化，打造“综合、便捷、高效”的公共交通体系，实现公众“零距离”换乘，全面提升公共交通的服务水平，提升公共交通吸引力，实现城市的公交优先战略，成为当前重要的目标之一。

（三）实现各类交通信息的互联互通、充分共享

在行业管理间实现系统互操作性，打破当前行业条块管理现状以避免数据孤岛化，实现各行业平台数据的互联互通和充分共享。在此基础上，构建城市级的动静态交通信息汇集的综合交通信息平台，为数据融合、大数据挖掘提供物理保障。

（四）全面实现交通管理的精细化、静态交通的智能化以及辅助决策的科学化

提升道路信号控制的智能化、协同化、远程管理化水平，保障城市道路交通的有序、高效运行；提高城市交通管理的削峰填谷、均衡路网能力，提升交通管理的精细化管理水平。提升停车管理的信息化和智能化水平，提高城市静态管理的能力，实现静态管理智能化。

利用大数据挖掘、数据融合等技术，实现交通规划、交通管理等辅助决策的科学化。

（五）构建多模式的信息服务体系

通过对各类交通信息的分析和处理，并通过网站、手机、广播电视等多模式的信息发布系统，为公众提供出行线路查询、实时公交、动态导航、停车诱导等全方位的、无处不在的信息服务。

三、推进策略

推进智慧交通的建设，建议采用如下策略：

（一）需求导向，整体规划

各城市交通均应依据自身的特色和发展重点，从不同层面上梳理需求，系统地明确交通发展任务以保障交通发展的方向性，实现交通发展的需求导向。

城市交通系统是一个复杂的巨系统，整体的、系统性的规划将是重要的交通发展的战略部署，可达到整体的建设成本最低。另外，通过整体性规划，可更好地处理各系统之间的关系，明确主次和任务重点，更有助于战略目标的实现。

（二）坚持理念，分步推进

发展智慧交通不仅需要先进的理念，更重要的是坚持理念。确立理念、持之以恒才有助于智慧交通的持续建设，公交优先战略则是必须坚持的理念之一。

智慧交通建设需要持续的建设和投入，需要大量的人力和物力。因此，应有主有次，有急有缓，分步推进。应坚持基础信息采集优先、公众服务优先。

（三）整合资源，数据共享

交通正向综合化、智慧化发展，各类数据的共享和整合，则是其重要的基础，也是大数据挖掘和分析的重要保障，有助于实现交通管理的精细化、决策的科学化、服务的综合化。

（四）开放数据，政企合作

以市场为导向的企业，在信息服务方面有着巨大的优势和驱力，其可为公众提供更为完善的服务和更好的出行体验。开放数据还有助于降低企业的创新成本，政企合作可降低信息投入风险。应推动交通信息从不同的渠道向企业开放，并与企业进行良性互动，形成“政府搭台、企业唱戏”局面。

（五）转换职能，服务民生

深化改革政府职能，政府职能全面向管理和服务并重思路转化，全面由“管理型”政府向“服务型”政府过渡，并以“服务民生”为核心任务。

四、智慧交通建设的行动和切入点

（一）推进智慧交通应开展如下行动

1. 制定近、中远期智慧交通的顶层设计和发展规划，并有序落实

结合国民经济发展目标以及智慧城市的建设目标，全面、统筹制定市级层面上的智慧交通顶层设计以及近、中远期的发展规划，实现统一规划、统一建设、统筹发展，并以“需求引导、规划引领、分步推进、有序建设”的策略，推动智慧交通建设。

2. 制定智慧交通相关的发展政策，注重交通创新模式

学习在公共交通数据开放和政企合作方面的成功经验，理顺各利益攸关方关系，制

定适合本地智慧交通发展的相关政策。此外，在公交优先、静态交通、自行车租赁、公共电动车租赁等方面，制定相关的发展政策。

注重交通创新模式发展，为创新交通模式和交通科技提供政策环境，并在一定程度上给予有力的支持，如嘀嘀打车和公共电动车租赁。

3. 加大信息资源整合力度，推动信息共享

加大交通行业管理部门的资源整理力度，推动行业数据的互联互通，消除行业内的信息“孤岛”，以此推动综合交通管理、精细化管理以及深化服务的建设。

4. 基于大数据、云计算理念推动智慧交通建设

大数据已证实在数据挖掘、数据分析等方面均广泛地应用。交通基础设施、交通运行状态监控、交通服务对象以及交通运载工具等，每时每刻都在产生着大量的数据，应重视以大数据的思路和角度破解当前交通拥堵难题，提升行业决策能力和服务水平。

（二）推进智慧交通建设的切入点

随着计算技术、通信技术的不断突破，信息技术已经成为构建现代化交通体系的重要支撑，在缓解交通拥堵、提升管理水平和企业运营效率、辅助决策以及信息服务等方面发挥着巨大作用。未来智慧交通的发展应重点考虑如下几个方面工程：

1. 一体化公共交通网络和公共交通智能化

深入贯彻公交优先战略，持续推进公交专用道、公交信号优先、优化公共交通网络等公交优先措施，打造“衔接有序、配置合理、高效换乘”的一体化公共交通网络。此外，推进智能公交、出租运营调度、公共自行车租赁等信息化建设，提升公共交通的综合服务水平。

2. 市级交通综合信息平台和公共信息服务平台

全面整合交通综合信息资源，建设市级交通综合信息平台，汇集交通管理、道路运输、路政养护等各单位的动静态交通信息，为大数据的挖掘和分析提供重要的物理保障。

持续推进行业交通数据开放，在市级交通综合信息平台基础上，建设公共信息服务平台，为企业、物流、信息服务提供商等提供数据服务。

3. 交通综合监控、业务协同、辅助决策等功能的中心建设

依托交通综合信息平台，推进具有综合日常运行监测、业务协同联动、辅助决策、应急管理等方面的中心建设，实现对道路、车辆、客流等方面的日常监控，应对大客流等方面的交通方式协同等，提升综合交通的辅助决策能力建设。

4. 信号控制中心和静态交通智能化

建设或完善信号控制的智能化远程控制中心，推动信号控制的智能化、协同化、远程化。建设市级的公共停车信息化管理，为车辆停车诱导提供完善的智能化服务。

5. 综合的交通信息服务

通过政企合作，坚持“分工合作、优势互补”等原则，建设完善的、综合的公众出行信息服务以及发布体系，为公众提供出行前、出行中的全方位、多层次的信息服务。

五、结论

智慧城市的智能交通建设，应因地制宜确定城市的发展战略和发展目标，制定持久的推进策略和行动指南，在此基础上，寻找好切入点，有序建设智慧交通。

参考文献

［1］王炜．城市交通系统可持续发展规划框架研究［J］．东南大学：自然科学版，2001，6.

［2］交通运输部．公路水路交通运输信息化“十二五”发展规划［R］．北京：交通运输部，2011.

［3］李林．智慧城市建设思路与规划［M］．南京：东南大学出版社，2012.

［4］国务院办公厅．国务院关于城市优先发展公共交通的指导意见，2012.

重庆市五大功能区交通发展规划研究

单传平　刘小辉　肖　刚　唐热情
（重庆市交通规划勘察设计院，重庆　401121）

【摘　要】按照重庆市委提出的“科学发展、富民兴渝”的总任务和“科学划分功能区域，加快建设五大功能区”的意见，着眼于重庆作为西部地区唯一直辖市、国家中心城市的战略定位，结合五大功能区不同功能定位和发展导向，针对性配置五大功能区交通资源，统筹五大功能区之间的衔接，发挥重庆作为国家“两带一路”战略支点的辐射带动作用，实现重点功能区与统筹城乡区域发展相结合，差异化支撑新型城镇发展格局、产业发展格局和生态安全格局。

【关键词】重庆　五大功能区　交通　规划

Study of the Traffic Development Planning Based on the Five Functional Areas of Chongqing

Shan Chuanping　Liu Xiaohui　Xiao Gang　Tang Reqing
(Chongqing Communication Planning Survey & Design Institute, Chongqing 401121)

Abstract: According to the general task of Chongqing Municipal Party Committee, "scientific development, Prosperity Yu" and "scientific division of functional areas, accelerate the construction of five functional areas" are proposed. Focusing on Chongqing as the only municipality in the western region and the national central city, specific configuration traffic resources of the five major functional areas combined with the five functional areas different function orientation and development orientation. Strengthen the interface between the five functional areas, and enhance the radiation function of "Two-belt and one-way" strategic fulcrum, Achievement Coordinated development of key functional regions, urban and rural areas. Differentiated support new development pattern of urban, industrial development and ecological security pattern.

Keywords: Chongqing　The five major functional areas　Transportation　Planning

一、引言

重庆市委四届三次全会提出了“科学划分功能区域，加快建设五大功能区”的意见，将全市划分为“都市功能核心区、都市功能拓展区、城市发展新区、渝东北生态涵养发展区和渝东南生态保护发展区”五大功能区。按照五大功能区不同功能定位和发展导向，着眼于推进成渝经济区和成渝城市群建设，交通肩负着支撑五大功能区快速发展的新使命：一是重庆还处于欠发达阶段，属于欠发达地区，必须按照“统筹规划、适度超前”的原则，建设内外畅通的交通基础设施网络，更好地支撑五大功能区全面协调发展。二是重庆集大城市、大农村、大山区、大库区于一体，区域差异较大，需要按照“分类指导、差异发展”的原则，实施交通差异化发展，更好地发挥五大功能区的比较优势。三是建设五大功能区，需要更加注重交通与城市群、产业带的衔接，构建衔接顺畅的综合交通体系，更好地服务五大功能区高效发展。四是深入推进统筹城乡综合配套改革试验区建设，要求加快城乡交通统筹发展，更好地促进五大功能区全面建成小康社会目标。

二、发展现状

经过十余年的建设，重庆市已形成“一枢纽六干线”铁路、“二环八射”高速公路、“一干两支”航道、“一大两小”机场的综合交通网络布局，“4小时重庆、8小时周边”交通蓝图提前十年实现，基本形成了由铁路、公路、水路、民航、管道以及城市道路、轨道交通组成的立体综合交通体系，交通运输瓶颈制约问题初步缓解，有力地支撑了重庆市经济社会的快速发展。同时，对照五大功能区新的要求，交通仍然存在一些薄弱环节，主要表现为：一是交通总体供给能力相对不足，与其他直辖市和周边省份差距非常明显。二是交通结构相对不合理，城乡交通分割较为明显。三是综合交通衔接系统不够完善，缺乏高效的客货运枢纽体系。四是运输服务水平有待进一步提高，综合交通管理体制尚未完全建立。

表1　重庆市与周边省份主要交通指标对比表

区域	高速公路		航空		铁路		等级公路	
	每万人里程（公里）	排序	旅客吞吐量（万人）	排序	每万人里程（公里）	排序	等级公路比重（%）	排序
重庆	0.57	4	2569	3	0.5	6	73.6	5
四川	0.37	6	3308	1	0.44	5	79.8	4
贵州	0.58	3	875	6	0.6	2	52.6	6
陕西	1.02	1	2642	2	1.09	1	90.6	2
湖北	0.7	2	1398	5	0.58	3	93.1	1
湖南	0.4	5	1599	4	0.56	4	87.0	3

三、发展思路

（一）指导思想

以科学发展观为指导，按照市委市政府关于五大功能区经济社会发展的总体要求，坚持以富民兴渝为目标、以服务出行为根本、以公众满意为追求，充分发挥交通的基础性和先导性作用，努力构建符合区域特征和发展任务的综合交通运输体系，并提供全方位、多层次、一体化、高效率的交通运输服务，支撑和引领五大功能区快速发展。

（二）基本原则

（1）坚持加快发展的方针。继续加快交通基础设施建设，通道方面，着力加强铁路、高速公路对外通道建设，畅通与周边地区及全国各大经济板块的联系通道；网络方面，重点加强市域内的公路、铁路网络建设，提升交通供给的能力和服务水平；枢纽方面，重点加强综合客运枢纽、现代物流园区建设，促进各种运输方式的高效衔接和转换。

（2）坚持差异化发展策略。准确把握五大功能区的重点任务，按照差异化发展策略，构建符合五大功能分区区域特征和发展任务的综合交通运输网络。都市功能核心区重点建设“公交都市”；都市功能拓展区加快城市出入通道建设和改造，建设综合客运枢纽和现代物流园区；城市发展新区着力构建快捷交通网络，承接人口和产业转移，促进产城融合；渝东北生态涵养发展区，强化水运绿色交通优势，构建秦巴山区区域枢纽地位；渝东南生态保护发展区，着力构建服务旅游发展和扶贫开发的交通网络，为老百姓提供安全出行服务，保护生态环境。

（3）坚持民生交通发展导向。切实将人民群众关心的交通问题摆在更加突出的位置。在城市，继续加快城市公共交通发展，强化常规公交与轨道交通衔接，大力提升城市居民出行的便捷性、舒适性和高效性。在农村，将农村公路建设、农村客运发展作为首要任务，实现路通、车通，并积极发展农村物流，大力解决农民群众行路难、乘车难、运输难问题。

（4）坚持可持续发展理念。交通应按照当前可承受、未来可持续的理念加快发展。在发展方式上，既要发挥各种运输方式的优势，又要加强衔接，构建综合运输体系；在发展速度上，既要满足经济社会发展当前和长远的需求，又要考虑资金保障能力，尽力而为，量力而行；在发展质量上，既要满足交通通行的要求，又要考虑资源和环境的承载能力。

（三）发展目标

建成国家公路运输枢纽、长江上游航运中心、西部最大铁路枢纽、门户性复合型航空枢纽，形成“功能完善、布局合理、衔接顺畅、服务高效、安全绿色”的现代化综合交通运输体系，把重庆打造成为西南地区综合交通枢纽、长江上游航运中心、全国城乡交通统筹发展先行示范区，服务国家“两带一路”发展战略并支撑五大功能区差异发展，为实现富民兴渝和在西部地区率先全面建成小康社会提供强有力的交通运输保障。到2017年具体指标是：

（1）航空：形成“一大三小”机场格局，民航旅客吞吐能力5000万人次/年，民航货邮吞吐能力150万吨/年。

（2）铁路：形成“一枢纽十一干线二支线”铁路网，营运里程达到2300公里，实现铁路“4小时周边、8小时出海”目标。

（3）高速公路：基本形成“三环十二射”高速公路，总里程达到3000公里，实现高速公路“4小时重庆”目标。

（4）水运：全市四级及以上航道里程超过1600公里，港口货物吞吐能力达到1.8亿吨/500万标箱，基本建成长江上游航运中心。

（5）城市公共交通：轨道交通达到300公里，日均客运能力达到300万人次。

四、重点任务

对照五大功能区的要求，提出了下一步交通发展的重点任务。

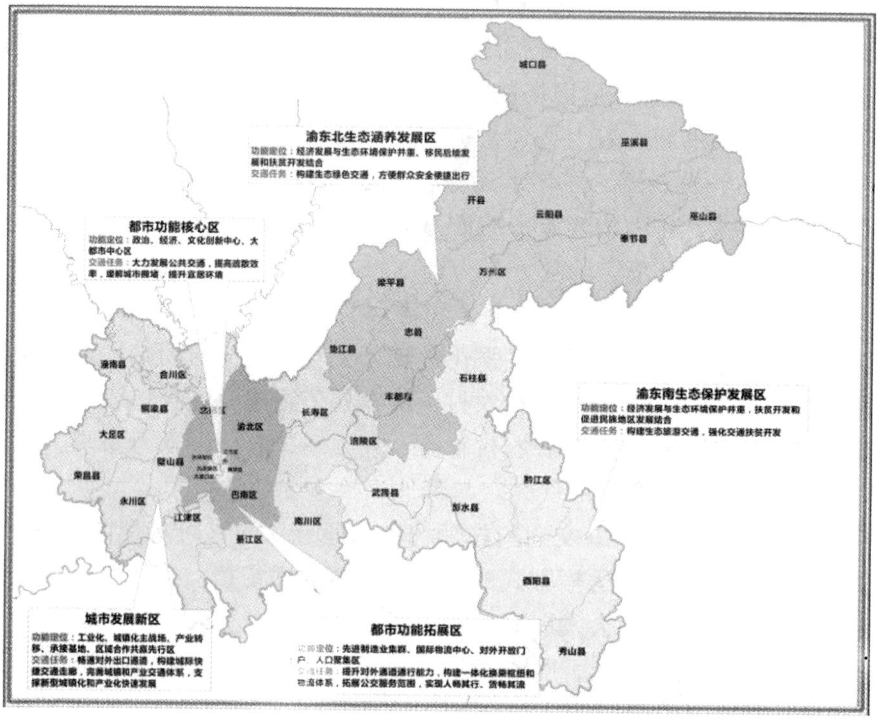

图1　重庆市五大功能区功能定位与交通主要任务

（一）都市功能核心区

都市功能拓展区是体现国家中心城市经济辐射力的主要支撑区，是全市国际物流中心和对外开放的门户，先进制造业的展示区。交通发展总体思路是：大力发展公共交通，提高疏散效率，缓解城市拥堵，提升宜居环境。

（1）加快轨道交通建设。一是继续加快轨道交通建设，力争到2017年轨道交通里程达到300公里。二是不断优化完善轨道交通线网，引导城市健康发展。三是实时优化轨道运行图，强化轨道交通运营组织。

（2）优化调整常规公交线网。一是抽密大型商圈的城市主干道公交线路，为商圈发展提供更为高效便捷的公交服务。二是优化轨道交通走廊公交线网，缓解城市交通压力。三是加密次支道路公交线网，切实解决常规公交“最后一公里”的出行问题。

（3）改善公共交通接驳条件。一是结合轨道交通，配套建设常规公交与轨道接驳站点，强化轨道交通的骨干客运功能。二是结合轨道站点和对外快速通道规划，构建高效的轨道节点转换体系（P+R），引导小汽车出行的市民换乘轨道。

（4）强化站场设施规划建设。一是建成以铁路为主导的龙头寺、菜园坝、上桥等综合客运枢纽，实现对外交通和城市交通的一体化换乘和无缝衔接。二是稳步推进红旗河沟等长途客运功能外迁，建设一批公交枢纽站场。

（5）提升公共交通管理水平。一是建立智能化公共交通运营调度系统，强化公交运营调度管理。二是建成城市公共交通综合信息平台，推行公交信息网上查询、手机查询等便民工程。三是深入推进“一小时免费·优惠换乘”政策，继续扩大公交IC卡使用范围。

（二）都市功能拓展区

都市功能拓展区是体现国家中心城市经济辐射力的主要支撑区，是全市国际物流中心和对外开放的门户，交通发展的主要任务是：提升对外通道通行能力，构建一体化换乘枢纽和物流体系，拓展公交服务范围，实现人畅其行、货畅其流。

（1）提升对外通道通行能力。一是重点实施射线高速进出城路段扩能改造和大力推进城市快速路建设。二是重点实施中梁山华岩隧道等城市隧道建设，畅通城市西向进出通道。

（2）构建一体化换乘枢纽体系。一是继续加快江北机场T3航站楼和第三跑道建设，打造一体化空港综合客运枢纽，实现航空与其他运输方式的零换乘。二是建设西彭等换乘枢纽，形成九大换乘枢纽体系。三是在绕城高速周边城市对外快速通道出口附近，规划完善停车换乘（P+R）设施，方便与轨道交通的换乘。

（3）实现公交网络全覆盖。一是拓展常规公交网络，延伸公交服务范围。二是研究布局公交专用道，提高常规公交运行速度。三是改造公交开行道路，建设港湾式公交停车场，确保公交运行安全和运行速度。

（4）建设高效的物流体系。一是加快推进空港、渝新欧和南彭、果园四大物流基地和双福、鱼复等专业性物流园区，加强与“两带一路”三大跨区域经济带的对接。二是加快建设“1+9”铁路货运站场体系，铁路货物集疏运能力达到5600万吨/年。三是调整主城港区功能，并依托果园、东港建设港口物流园区，引导临港产业布局。

（三）城市发展新区

城市发展新区是重庆未来工业化城镇化的主战场，是成渝城市群连绵带，集聚新增人口和承接产业转移的重要区域，川渝、渝黔合作重点区域。交通发展的主要任务是：

畅通对外出口通道，构建城际快捷交通走廊，完善城镇和产业交通体系，支撑新型城镇化和产业化快速发展。

（1）强化对外出口通道联系。一是加快推进成渝客专、渝万城际等铁路通道建设，适时启动重庆—昆明、重庆—武汉等铁路前期工作。二是继续加快重庆至广安、南川至道真等通道性高速公路建设，进一步加强成渝经济区双核间联系，与川黔两地的联系将更加紧密。三是加快推进嘉陵江、乌江等航道整治，建设涪陵龙头山、永川朱沱等枢纽型港口，2017 年港口货物通过能力达到 6000 万吨。

（2）构建城际快捷交通走廊。一是充分利用遂渝、渝利等国铁干线的富余能力，开行主城至周边区县的城际列车，实现城市发展新区城市与主城的快速连接。二是继续推进三环、南川至两江新区等高速公路建设，有力支撑城市群发展。三是按照二级公路标准实施普通国省道标准化改造，为城市与产业发展提供便捷、低成本的运输服务。

（3）建设统筹城乡的交通网络。一是以行政村通畅为重点，构建一体化城镇交通系统，实现行政村通畅和撤并行政村通达“双百”目标。二是建设连接农业园区、产业基地、旅游景区的联网公路，构建高效的产业交通系统，增强交通对产业的支撑能力，实现交通对产业的“门对门”服务。

（4）加快客运枢纽建设。一是结合成渝客专、渝万城际等铁路，规划建设永川瓦子铺、长寿北等一批区域性综合客运枢纽，打造全市二级枢纽节点城市。二是结合城际铁路规划建设綦江、南川等一批一般性客运枢纽，实现区县城市交通与对外交通的转换。

（5）合理布局物流园区。结合区域产业布局，规划建设永川港桥、长寿晏家等重点物流园区，实现城市发展新区每个区县均拥有一个大型物流枢纽，有力支撑城市群建设和区域产业发展。

（四）渝东北生态涵养发展区

渝东北生态涵养发展区是长江流域重要生态屏障和全国水资源战略储备库，秦巴山连片特困地区，长江三峡国际黄金旅游带。交通发展的主要任务是：构建生态绿色交通，方便群众安全便捷出行。

（1）构建水运枢纽。一是加快推进三峡库区重要支流航道整治，建设大宁河庙溪航电枢纽，促进区域内农产品和特色资源开发。二是建设万州新田等中转服务和临港产业配套港口，成为渝东北和秦巴山区港口物流枢纽，吸引川北、陕南、鄂西等周边物资通过水运通江达海。三是依托三峡国际旅游精品带，提档升级丰都名山、云阳张飞庙、巫山小三峡等旅游码头建设，更好地促进三峡旅游开发。

（2）畅通对外通道。一是加快沿江高速、万州至利川等高速公路建设，积极推进巫溪至镇坪、奉节至建始等高速公路前期工作。二是继续加快渝万城际铁路和巫山机场建设，缩短渝东北区县与主城的时空距离。三是加快推进重庆至武汉沿江货运铁路、郑万铁路等项目前期工作，支撑长江经济带建设。

（3）建设民生交通。一是按照国道三级、省道四级的标准实施普通国省道标美化改造。二是以行政村通畅为重点，建设行政村通畅和撤并村通达工程，实现行政村通畅率

90%和撤并村通达率100%，改善农民群众出行条件。三是配套建设万州、垫江、梁平等综合客运枢纽，促进公路、铁路和城市交通的高效衔接。四是结合火车站、港口等交通枢纽，建设万州新田、梁平双桂等综合物流园区。

（五）渝东南生态保护发展区

渝东南生态保护发展区是武陵山区重要生态屏障和全国重要生物多样性保护区，武陵山绿色经济发展高地、民俗生态文化旅游带和扶贫开发示范区。交通发展的主要任务是：构建生态旅游交通，强化交通扶贫开发。

（1）构建生态旅游交通。一是推进酉阳至沿河、秀山至松桃等高速公路建设，高速公路出口通道增至5个，进一步增强与贵州梵净山、湖南张家界等景区的整体联系。二是加快黔恩铁路、黔张常铁路和武隆仙女山机场前期工作，重点推进乌江白马航电枢纽建设、乌江航道整治以及旅游码头改造，增强对旅游开发的服务能力。三是围绕武隆仙女山等旅游景区，结合国省道标美化改造，建设生态旅游公路，形成安全、舒适、环境优美的旅游公路网络。

（2）加强交通扶贫开发。以行政村通畅为重点，结合高山移民和烟草等产业的发展，建设行政村通畅和撤并村通达工程，实现行政村通畅率95%和撤并村通达率100%。

（3）注重交通生态保护。一是公路建设以路面改造为主，重点提升安全保障能力和服务水平，减少对生态环境的破坏。二是水运建设重点畅通支流航道，将乌江等重要支流航道打造成生态景观航道，实现可持续发展。

同时，牢固树立全市发展“一盘棋”的思想，加快构建五大功能区交通衔接体系，重点实施成渝客专、渝万城际、渝黔新线等国铁干线建设，加快开行市郊铁路，完善高速公路网络，提升国省干线通行能力，构建“一干两支”航道系统，积极推进支线机场和交通信息化建设，强化五大功能区之间的便捷联系，形成全市交通协调共进的发展格局，促进区域间整体功能最大化和经济发展一体化，引导形成功能明确、板块有机联动、资源配置优化、整体效能提升的区域发展格局。

参考文献

[1] 杨勇．都市圈发展机理研究［M］．重庆：重庆出版社，2010.

[2] 张文尝，金凤君，樊杰．交通经济带［M］．北京：科学出版社，2002.

[3] 夏胜国，王树盛，曹国华．绿色交通规划理念与技术——以新加坡·南京江心洲生态科技岛为例［J］．交通运输工程学报，2007.

[4] 蒋育红，过秀成．基于绿色交通理念的城市交通发展策略［J］．合肥工业大学学报：自然科学版，2009.

[5] 殷广涛，黎晴．绿色交通系统规划实践——以中新天津生态城为例［J］．城市交通，2009.

高铁客流调查数据采集方法研究[1]

朱子虎　翁振松　王晖军　吴锦秋　赵　娟　闻克宇
（铁道部经济规划研究院，北京　100038）

【摘　要】随着我国高速铁路的大规模开通运营，客运市场逐步转变为买方市场。如何更好地设计铁路客运产品、为出行者提供更优的服务，并争取更大的市场份额，成为铁路提高经济效益的关键。客流调查研究是掌握客运市场需求最有效的途径。本文通过总结我国铁路客流调查现状，分析现有客流调查方法的适用性及存在的不足，讨论了调查实施过程，总结了高铁客流调查与普速列车的区别，提出了完善客流调查研究的建议。

【关键词】高速铁路　客流调查　数据采集

High-speed Railway Passenger Survey and Data Acquisition Research

Zhu Zihu　Weng Zhensong　Wang Huijun　Wu Jinqiu　Zhao Juan　Wen Keyu
(Economic and Planning Research Institute, Ministry of Railways, Beijing 100038)

Abstract: With the large-scale operation of China Railway, passenger transport market is gradually transformed into a buyer ' s market. How to better design of railway passenger transport products, provide better services for travelers, and strive for greater market share has become the key to improve the economic benefit of railway, Passenger flow survey is the most effective way to study passenger market demand. The paper summarizes the status of China railway passenger survey, analysis the applicability and deficiency of existing passenger survey method. The paper discusses survey process, summarizes the differences between high-speed rail passenger survey and ordinary trains, and put forward suggestions to improve the survey of passenger.

Keywords: High-speed railway　Passenger survey　Data acquisition

［1］ 中国铁路总公司科技研究开发计划（合同编号 J2013Z019），项目名称“高铁客流调查数据采集与分析方法——以京广高铁为例”。

一、前言

随着我国铁路的大规模建设，铁路运能将大幅度提高，客运市场逐步转变为买方市场。在这种情况下，如何更好地设计铁路运输产品、为出行者提供更优的服务，并争取更大的运输市场份额，成为铁路运输企业提高社会和经济效益的关键，而这些工作的前提是充分了解客运市场需求。因此，如何高效、准确地获取客运市场需求信息，对铁路运输企业来说尤为重要。

一般来说，获取客运市场需求信息有两种途径。一种是通过既有客运量数据（如售票记录、年鉴、统计公报等），另一种是通过客流调查。既有客运量数据获取成本相对较低，因此在实际中应用较多，然而这种做法也存在着一些缺陷，主要表现在：既有客运量数据体现的是过去一段时间（一年）的客流信息，虽然可以从中获取一定的规律，但并不能完全代表现在的水平，而且从内容上考虑，既有客运量数据往往无法反映旅客与出行紧密相关的群体特征（如出行目的、出行习惯等）。客流调查方法的成本相对要高些，但其时效性更高，能够更好地反映现实的情况以及未来的发展趋势，内容上也更为丰富。此外，在运能提高的情况下，一方面，以往被抑制的客运需求可以得到释放，另一方面，还可能诱增出新的客运需求，因此，通过既有客运量数据获得的信息有可能不能反映真实的客运需求，对于获取完整、准确的客运市场需求信息而言，客流调查是一种不可或缺的手段。

高铁客流调查需要耗费大量的人力、物力和财力，调查内容广泛，组织工作难度较大，从前期的方案设计、宣传协调工作、调查员培训，到后期的实施调查、数据处理、特征分析，每一个环节都会影响整个调查工作的质量。

本文通过总结我国铁路客流调查现状，分析现有客流调查方法的适用性及存在的不足，给出了高铁客流调查设计流程，讨论了调查实施过程、数据整理筛选、数据录入等关键环节，提出了完善客流调查研究的建议。

二、我国铁路客运市场调查现状

当前铁路行业还没有专门的客流调查机构，多为各铁路局、设计和研究单位进行的大小规模不等、临时性的客流调查工作。由于种种原因，客流调查工作在系统性和规范性方面有所欠缺，在建设项目前期研究、经营管理、市场营销等工作中，客流调查工作并没有得到应有的重视，也没有发挥应有的作用。根据社会经济和铁路发展形势的需要，客流调查研究和实践工作有待进一步改进完善。

（一）缺乏对市场调查的综合计划

目前，铁路客运部门所进行的客运市场调查往往是针对某一区域或某一目的的调查，调查的随机性较大，缺乏对不同调查目的和同一调查目的不同调查时间等的综合计划，造成调查内容的不系统或同一目的的市场调查缺乏连续性，不利于进行历史数据的纵向对比分析或对各种数据的综合分析，因而增加了预测市场变化趋势的难度，也加大了调查成本。

（二）没有形成一套完整、科学的市场调查和数据统计处理方法

铁路客运企业没有根据客运市场的变化规律和特点形成客运市场调查的制度化、规范化和系统性的调查方法，以及有关数据的统计处理方法。目前，没有专门的营销信息队伍定期或有目的地对内、外部环境信息进行跟踪；没有建立固定的反馈渠道和采访对象；信息格式没有规范化；难以进行系统地分析和数据的统计、处理。

三、高速铁路客运市场调查

旅客调查就是通过对市场上旅客的调查，获得相关市场信息，对旅客的需求、偏好以及态度等进行定性和定量分析，从而总结出目标顾客群的特征以及他们的需求。市场调查通过信息把消费者、顾客、公众与企业联系在一起，有利于消费者和企业之间的双向交流。市场调查要明确调查目的，详细拟定研究这些问题所需的信息，设计信息收集的方法，管理并实施数据收集过程，分析调查结果，报告调查的结果和解释结果的含义。目前，由于我国人口较多，旅客水平参差不齐，路网复杂，大规模客运专线投入运营。面对我国铁路的特殊性，应根据实际情况进行客运市场调查，设计我国高铁客运市场调查流程。

（一）调查实施

设计好问卷，确定调查样本量，在此基础上开展调查，尤其是实地调查，为使调查结果更具真实性和可靠性，在进行铁路旅客调查时应注意以下几点：

（1）调查对象的确定。旅客人数众多，要对所有旅客一一调查，在实际调查中几乎不可能实现，因此，必须选择一部分作为调查对象。要有针对性地调查，所以在制订调查计划时首先要考虑不同的群体，实施相应的调查，不能因为调查方便而得不到广泛准确的数据。不同年龄段、不同等级列车的旅客、不同座席都要涉及，保证样本的全面性、准确性、连续性。

（2）实施过程要尽量实行标准化。通常情况下，要对调查人员进行一定的培训，比如如何与旅客沟通，使旅客愉快地接受调查，指导旅客准确地答卷，获得尽量准确的信息。在大多数情况下，除书面指导语外，调查人员往往还要与被调查者进行一些谈话和解释。因此，调查员的态度、沟通技巧、谈话内容、行为方式等都可能影响被调查者的参与意愿、合作程度、对问卷本身的理解以及回答问题的倾向性。在培训调查开始，除了要对其进行调查过程的标准化培训之外，还应对调查员的情绪、态度、沟通技巧、解释说明的范围和程度等细节做出具体的说明和规定。

（3）要有良好的氛围。这是指要为被调查者创造一种宽松、适应的调查环境，使被调查者易于接受调查，并能放松地表达自己真实的想法。要做到这一点，除了我们上文提到的要使被调查者乐于参加外，还涉及对调查时间、调查场合的选择，比如，当被调查者时间有限时就容易出现仓促回答、敷衍了事甚至拒绝调查的情况，而嘈杂、干扰过

多的环境也不利于专心作答。另外，有些相关人员不应在场。所以，铁路客运调查不应选择在客运拥挤时进行，由于客观环境，旅客没有办法认真答卷，所以在进行调查时，应选在良好的环境中进行。

（4）对调查过程进行一定的监督。问卷通过调查单位统一发放，最好能参与监督过程，两者相互监督，既可以及时发现问题、解答疑问，防止出现“代劳”的现象，而且可以督促调查人员的积极性。

（5）对调查回收的问卷进行及时的复查，发现有问题，应立即进行补充调查，保证有足够的样本量，实现调查结果的准确性。

（二）高铁客流调查与普速铁路的区别

（1）高铁开行间隔越来越短，公交化开行特征越来越明显，很多情况下都是旅客随到随走，车站临时购票，等车时间很短，旅客客观上作答问卷的时间不够，拒绝参与调查的概率很高，所以高铁旅客问卷建议在列车内调查。

（2）问卷内容虽不涉及个人姓名等身份信息，但是涉及收入范围、年龄、职业、职务级别等个人信息，考虑到高铁旅客中高收入旅客比例较大，和普速列车中低收入旅客相比，这部分旅客对个人隐私的保护意识更强，对问卷拒绝回答的概率也更高，最好有乘务员协助发放问卷。

（3）高铁逐步成网，客运供给能力提高显著，铁路部门需要将高铁和普速火车在开行方案中的比重给予合理的配置，以提高通道客运市场占有率，尤其是中长途和民航竞争明显的航线。比如京广线，北京到武汉，夕发朝至的普速卧铺列车与白天5个小时的高铁都在开行；北京到广州，高铁和普速列车各有5对，高铁主要占用白天和晚上10点之前的时间，历时9个小时左右，主要是座席，普速火车需要21小时，白天晚上全站，座席和卧铺都有。如何更合理地安排开行，相对民航更有竞争力。

（4）高铁产品的推出，并在客运市场上逐步被旅客认可，需要一个过程，在这个过程中，列车开行方案和合理配置高铁与普速列车的比例，也是需要跟踪调查和逐步调整的过程。尤其是对于长途和超长途，比如京广甚至东北至广州的高铁列车，是多开行直达列车，还是多开行中短途列车，除了硬件方面的限制，旅客是否愿意在高铁上度过较长的旅行时间，问卷中建议设置对旅行时长的感受的调查。

（5）曾经的普速列车与民航不存在明显的竞争，高铁的出现，打破了维持多年的低廉火车票价，对高铁票价的承受能力、接受程度，尤其是和同线路民航的比较就显得特别现实，所以在客流调查中，要突出调查与客票价格、接受程度、与民航客票比较等方面的数据。

（6）多年来对普速列车的旅客调查，主要使用的是RP（显示偏好）的问卷设计方案，问卷内容是旅客实际发生的情况。高铁的出现，民航、普速、高铁都可以作为出行工具，方式间竞争的现象更加突出，普通的RP调查得到的数据已经不能满足营销管理的需要，SP（设定情景）调查问卷丰富了调查内容，采集到的问卷数据包含了更多有价值的隐藏信息，当然这对问卷设计、数据处理等都提出了更高的要求。

四、完善高铁客流调查的建议

客运市场的调查要花费大量的时间和费用，我们既不能需要时就调查一次，所得的宝贵资料用后就搁置一边，下次调查或者全部内容重新来一遍，或者调查内容不能与原来所做的调查很好地衔接，不注意资料积累和分析的连续性；也不能调查一次立一次项，时间持续一至两年，这样不但花费了大量的时间和费用，调查的结果也往往失去了时效性，适应不了不断变化的市场状况。为此，根据旅客运输市场的特点，研究建立科学、系统的市场调查制度、市场调查方法和相应的计算机统计处理方法，既能使客运市场调查的数据便于分析和预测，又能通过数据的连续积累，系统把握了解客运市场所需的全部资料，同时还可以降低调查成本、节约调查时间。

（一）客运市场调查目的和调查时间的完整性

铁路客运市场调查按目的可分为许多种类，从市场营销调查系统性的角度出发，可以归纳为相对固定性的调查和针对变化情况的调查。

（1）相对固定性的调查是指以相对固定的时间周期和空间范围对客运市场进行的调查，按时间进行的调查包括旺季、淡季、春运、暑运、“五一”和“十一”等，按空间范围进行的调查包括方向和区域市场调查等。客运市场需求变化受季节变化的影响较明显，一年之内的不同季节、不同月份和节假日的客运需求都不均衡。由于客运市场的这种不均衡性，在进行市场调查时，首先应认真研究客运市场需求随季节、节假日、休假制度等变化的规律性，在此基础上，制定出一年中适应客运市场变化规律的调查时机，使客运市场调查制度化。

（2）针对变化情况进行的调查包括随时掌握国家政策调整，竞争对手采取新的营销策略，国内政治、经济、文化等方面的大事对客运市场的影响，铁路内部采取新举措的效果等。及时根据变化的市场进行相应的市场调查，保证市场信息捕捉的及时性。

（二）高铁对客运市场调查提出的新要求

针对高速铁路的技术经济特点，尤其与普速列车开行和乘坐感受差异，高铁客流调查应更注重时间价值的调查、与民航竞争方面的比较调查、公交化开行方案调查，等等。

（三）客运市场调查要实现连续性和制度化

市场调查的连续性包括两个方面：一方面是同一目的的市场调查在不同时期连接起来，使调查信息具有连续性；另一方面是对各区域或方向上的调查信息进行统一管理和关联，形成连续的信息并实现信息共享。

具有连续性的信息能反映出市场变化的规律，因此有必要对这些市场信息进行定期的收集，如规定每年具体的调查时间，每次需要调查的内容和数量多少，并使之相对制度化。

（四）健全信息管理机构，实现网络数据的信息共享

建立以路局（公司）为核心的客运市场信息管理机构，沟通不同业务部门间的信息联系，通过中国铁路总公司内部数据网络实现信息共享。

在调查机构的选择上，应根据各种机构的特点进行。对于同一目的的市场调查可以尽量由一个机构去完成，这样便于其熟悉市场和调查内容，也有利于使信息具有连续性和完整性；对于一些相对固定性的调查，可由客运企业的营销部门进行；对于一些具有探索性和研究性的调查，由于内容较复杂且无固定的模式可利用，可由大学、研究机构或专业的市场调查组织进行，或由它们与客运企业联合进行。

（五）研究建立铁路客运市场调查信息管理和统计分析系统

客运市场信息种类多、数量大，统计处理复杂。为使客运市场信息的收集、整理、统计、分析和查询更加科学、规范和高效，有必要研究建立铁路客运市场调查信息管理和统计分析系统，该系统应在建立市场调查问卷库、统计方法模型库和各种调查信息库，设计标准的数据存储形式和数据的关联关系的基础上，针对不同的市场调查目的自动生成相应的调查问卷，通过相应的统计分析软件实现对问卷的统计和分析，并对不同调查时期同一调查目的的问卷进行纵向对比和分析，从而使客运市场调查信息的管理迈上一个新的台阶。

参考文献

［1］杨月芳. 铁路客运市场调查及管理研究［J］. 北方交通大学学报，2002，1（2）.
［2］何灿辉. 广深铁路客运市场调查及客运市场营销研究［D］. 2001.
［3］赵军生. 铁路客运市场营销策略的研究［D］. 2002.

整体化的途径实现高效及可持续性运输

何墨池

（斯堪尼亚中国，北京　100027）

【摘　要】中国经济发展进入了第二季，对各行各业提出了更高的要求。高效和可持续成为衡量交通运输发展最重要的指标。整体化的视角和方法是实现这一目标的唯一途径。完整地考虑交通运输的各项关联因素，包括基础设施、法规、车辆、装卸设备、驾驶员/操作员、信息化和整个社会，进而营造共生发展的环境，会使交通运输链运转得更合理，从而以更健康的方式支撑经济发展。

本文分析各个要素对运输效率和环境造成的影响，同时通过整体化的视角给出建议，使各要素在一个大系统中协调一致运营，特别是从框架法规方面进行了重点论述。

【关键词】整体化　效率　可持续　框架法规

Holistic Approach to Realize Efficient and Sustainable Transport

Mats Harborn

(ScaniaChina, Beijing 100027)

Abstract: With China economic entering into version 2.0 era, more demands are putting into all the industries. Efficiency and sustainability become the most important criteria for transportation development. The holistic view and solution is the only way to achieve the target. Comprehensive considering all the relevant factors of transport, infrastructure, legislation, vehicle, loading or uploading equipments, driver or operator, informatization and the society, then to create symbiotic environment will streamline the transport chain running in a more healthy way to support economy moving forward.

The article analyses each factors' influence on transport efficiency and environment, also make suggestions how to use the holistic view to fine-tune all of them in the big system, especially on the frame regulation perspective.

Keywords: Holistic　Efficient　Sustainable　Frame regulation

中国经济发展进入第二季，对各行各业提出了更高的要求。交通运输作为经济运行的基础，随着经济逐步发展成熟的进程，对其高效运转要求也日益增长，这不仅意味着交易过程需要更快速完成，同时必须降低运输成本，提高社会运行效率。中国运输行业的集中度比较分散，行业效率偏低。国际衡量运输效率的通用指标是物流运输成本占GDP的比重，中国近些年的数值一直维持在18%左右，这意味着完成100元GDP社会需要承担18元的物流费用，2013年全社会物流总成本高达10.2万亿元人民币，而欧美国家的物流成本比重仅占到7%～10%。

社会物流成本偏高由各种因素导致，包括经济发展水平、基础设施、法律法规、车辆技术等级、驾驶员技能，等等。考虑到交通运输同样产生巨量的环境影响，提升运输效率和环保考虑的需求变得非常迫切。这代表着高效和可持续成为衡量交通运输发展的最重要指标。参考欧美国家的物流发展经验及教训，整体化的视角和方法在配置资源、平衡各项关联因素和优化运行效率方面起到了关键作用。本文主要以道路运输为视角切入，从各个关联因素的不同方面，分析目前状况面临的困难与挑战，同时通过整体化的视角提供建议参考。

一、货运车辆

货运车辆作为物流系统中承担运输任务的载体，其运行效率对物流链的整体运营效率至关重要。国内卡车市场快速发展，以适应经济快速发展的需求增长。2012年载货汽车销售量达到238万辆，营运载货汽车总保有量也达到了1339万辆。这些车辆产生巨大生产力的同时，也带来了许多负面的影响，例如道路安全事故、交通堵塞、空气污染，等等。

巨大销售量数字的背后其实还是运营效率较低的结果：同样的物流运输任务，为什么欧美用1/3甚至1/4的卡车就能完成呢？简单分析后发现其实就是两点："装得多"，"跑得多"。这里的"装得多"并不是超载，国外卡车都按照标定载荷运转，"装得多"其实是车辆的大型化和装载率高的结果。如表1所示，中国重中轻微卡车的比重一直以轻卡为主，重卡的比重10年来稳定上升，降低了中卡的影响，这一趋势非常好，但仍存在一定问题。轻卡的运输能力只有重卡的1/10甚至更少，而燃油消耗、排放和对道路的占用却不是对等的降低，这实际是资源配置的低效行为。车辆形态构成的比重与行业政策密切相关，我们会在法规方面进一步讨论，但车辆重型化毋庸置疑是提升"装得多"的最直接有效手段。另外，"装得多"与车辆相关的技术指标应该关注在降低自重上，轻量化的车身在整车质量一定的限制下，自然可以提高车辆有效载重。

表1　载货汽车注册数据和百分比

分　类	年　份																			
	2012		2011		2010		2009		2008		2007		2006		2005		2004		2003	
	(万辆)	(%)	(万辆)	(%)	(万辆)	(%)	(万辆)	(%)	(万辆)	(%)	(万辆)	(%)	(万辆)	(%)	(万辆)	(%)	(万辆)	(%)	(万辆)	(%)
新注册民用重型载货汽车拥有量	56.01	23	72.69	30	76.96	29	50.06	23	23.67	20	15.52	17	13.91	15	16.29	16	22.85	22	16.84	16
新注册民用中型载货汽车拥有量	13.98	6	17.31	7	23.86	9	24.27	11	18.53	16	15.79	17	14.77	16	17.56	17	19.44	19	25.92	24
新注册民用轻型载货汽车拥有量	168.19	70	153.56	63	161.48	61	139.12	65	73.33	63	59.1	64	61.69	67	63.96	62	56.41	55	57.61	54
新注册民用微型载货汽车拥有量	0.44	0	0.7	0	1.46	1	1.38	1	1.28	1	1.36	1	2.16	2	4.6	4	4.25	4	7.21	7

数据来源：国家统计局。

“装得多”的另一个关键指标是平均装载率，国外车辆的平均装载率可以达到70%左右，而中国只有50%甚至更低，部分和完全空载返程的运输司空见惯，这其中的影响因素有许多，物流信息化、联运、车队管理物流规划等都密切相关，我们在后面的相关环节会逐一讨论。

“跑得多”是物流周转率中的“乘数”，2012年公路平均运距只有186公里，重卡单车平均年度行驶里程基本在8万公里以下。这对比欧美平均15万公里的年里程又减少了一半。除了配货等货时间较长之外，货运车辆的出勤率不高也造成了负面影响，尽管国内卡车制造技术日益成熟，但可靠性、车辆保养维护状况一般会直接影响到车辆年度可用行驶里程。

与整车质量密切相关的是车辆安全装备和排放等级。尽管目前车辆配置逐步提高，ABS、ESP等安全装备大量装备，但过多的车辆仍是道路安全事故高发的主要因素。同时，车辆超载超限会增加对路网系统的快速磨损，进一步恶化公路行车安全风险。排放等级则是对环境的最直接影响，国四标准在全国范围的加快实施和严格执行将有效减低运输行业对环境的负面影响。而单车油耗指标的降低，因为巨大车辆保有量的乘法效应，将显著减少运输业的整体碳排放总值。

车辆的使用寿命同样对环境社会有直接影响。得益于较高的生产工艺和质量水平，欧美卡车的使用寿命大都能达到200万公里以上，而中国的卡车使用寿命达到100万公里的并不多见，这意味着完成同样的运量社会需要第二台卡车完成，这对资源需求的增加是显而易见的，同样会带来负面的环境影响。

二、其他物流装备

卡车只是运输系统中的动力部分，我们称之为“成本中心”，而真正产生运输增值部分的是货物的移动，所以卡车后面的货箱才是货物运输的“利润中心”。对比国外完善的交换箱体、模块系统等，中国的货箱利用效率还有极大的提升空间。如何把货箱更好地装好装满，更快地实现货物流转，是设计其他物流装备的标准。

大量的手工装卸不仅浪费了时间，同时会造成运输过程中的货损，如果使用物流托盘，将极大提升装卸效率。但国内目前的托盘标准不统一，欧标、美标和日标的托盘混合使用，直接造成了货箱内的装载死角，无法实现100%的空间利用率。与之关联的挂车规格也会受到影响，这进而又会影响到运输过程中的流畅性，交通运输部推行的甩挂运输无法大面积地开展，也与最源头的托盘尺寸有关系。

行业对挂车的轻量化重要性早有认识，但受制于经济因素推行起来进度却很慢。更多的用户看重初期购置成本而不选择运载效率更高的新式挂车产品。例如侧帘车，优秀的装备和制造工艺可以提供自重仅5～6吨的轻量化产品，对比广泛使用的钢制厢式车可提高有效载荷4～6吨，同时空气悬挂、安全装备的匹配可以有效降低货损比例，降低公路安全隐患。更重要的是优质挂车又会帮助卡车降低运营成本，例如挂车与牵引车的良好匹配会降低车辆风阻，减少油耗和二氧化碳排放。

如果转向城市配送冷链物流方面，低效物流的社会成本可能更大。食品等需要冷藏冷冻处理的运输任务，冷链断裂将直接影响食品安全质量。冷藏车尾板、冷库转运接口的热隔离装置都是保证货物尽可能少暴露在外部高温条件下、尽快实现转运的接口设备，同样需要得到关注。

图1 冷链物流卡车-仓库的保温连接

三、驾驶员

卡车驾驶员对运输效率的影响同样非常重要，油耗、车辆磨损、道路安全等方方面面都会涉及。国内的驾驶员群体组成较广，教育水平、驾驶技能参差不齐。欧洲企业非常重视驾驶员培训，通过理论和系统的跟车培训，驾驶员的经济驾驶技巧、安全行车知识都能够稳步提升，参加培训后整体平均油耗下降10%。许多后期的驾驶员教练服务，不仅维持了稳定的培训效果，另外也可以保证车辆的磨损和消耗都有效降低，同时车队安全生产指标也会稳步提高。正是因为驾驶员的技能提升会带来经济和安全双回报，更多的运营企业把这当成是一种投资而不是成本。

驾驶员的工作时间也是行车安全的重要因素，驾驶工作小时限制在欧洲执行的非常严格，国内已经对营运客车的驾驶时间有相关规定，这是行业发展的积极趋势。中国商用车驾驶员总数在几千万人，他们对经济活动的参与程度非常深入，直接影响环境、安全的各个方面。全社会应该更深入了解驾驶员的工作重要性，逐步提高商用车驾驶员的社会地位。

四、车辆维护

车辆的运输效率取决于质量、驾驶员，也同样受车辆保养状况的影响。良好的车辆保养不仅可以降低车辆运行成本，也可使车辆使用寿命达到非常高的标准。国内目前的车辆服务更多地从短期的客户服务角度出发，希望车辆多坏多修而产生更多的服务收入。实际上可以换一个角度考虑：提升车辆的出勤率，从而创造更多的运输增值服务，才能实现物流运营商和车辆服务商的双赢格局。

具体到车辆是否处于最佳状态需要保养维护的切实保障，胎压、轮系定位、导流板校正等不仅仅关系到车辆的运行经济性，同时对行车安全至关重要。所以，车辆维护同时要与车辆检验和安全运营状态相结合，服务站有义务对车辆的安全状态负责，确保所有正确维护保养的车辆处于安全的行车状态下上路运营。

随着车辆技术的升级换代，对商用车维修技工的要求也逐步提升。目前商用车维修技工的职业培训在国内发展速度较慢，商用车服务站招不到合格的技工，而多采取自身培养的方法。这已远远跟不上整体运输市场保障发展的需求，需要更多的职业技术学校参与，为社会培养更多专业的现代商用车维修技师，为提升物流效率提供坚实的保证。

五、信息化

前文已提到物流效率中的一个关键因素，即车辆的装载率，运输公司企业内货运量不对等势必会影响装载效率的提升。这时信息化的作用便日趋明显，公共物流信息服务平台的建立将逐步改善这一状况。实际上国外的运输商也是更多地通过第三方物流或公共服务平台，实现车辆资源的优化使用的。

目前，国内许多物流企业已积极推广使用车队管理系统或车联网系统，这已经是积极地向高效物流规划体系的积极迈进，下一步是在不同的企业之间和更广泛的区域物流范畴上深化信息服务共享机制。

六、多式联运（基础设施）

公路物流尽管占据物流总量的70%，但仍然需要与航空铁路系统密切地配合以提升整体物流效率。过去，中国各种运输方式条块分割，独立发展无序竞争，没有统一合理规划，造成综合成本和能源消耗的增加。大交通部时代的开启，将有利于各种运输方式间的协调发展。

国外许多铁路-公路、水运-公路联运终端是非常值得借鉴的发展经验，不仅减少了物流基础设施的重复建设，也相对合理地分散了区域热点城市的巨量运输压力。例如欧洲正在推进的Trans-Europe Transport Network（TEN-T）跨欧洲运输网络将在2014—2020年期间投入260亿欧元基础设施投资，涉及9条主通道、2条南北向、3条东西向和4条斜向网络，主要投向主干网络更新以及大量用于连接公路、高速、铁路及内河水路的连接线路。

这种以多式联运设计规划的网路布局，将进一步优化不同模式物流衔接的效率。同时也对物流装备的标准化提出了更高的统一要求，欧洲许多联运设备可以实现“船舶–列车–卡车”的完全切换，从而实现了真正的无缝多式联运。还有许多基础设施建造、管理经验、先进设备应用等，值得我们借鉴。

七、环保发展

除了前面提到的排放等级提升以降低污染源之外，环保也同时要考虑二氧化碳的综合减排效果。通过提升车辆技术、车辆运营状态和驾驶员技能可以有效降低油耗（碳排放），从经济角度来看物流运营商非常有积极性参与到这项减排改进上来。而如果需要进一步降低碳排放则需要从清洁能源着手，国外已有许多实际应用案例。例如法国家乐福已开始使用生物乙醇配送卡车来完成其超市的配货运输，而生产这些生物乙醇的原料则是葡萄酒厂的有机物残渣，实现了生物能转换利用。

生物气体，尤其是使用城市污泥为原料生产生物气体在欧洲方兴未艾蓬勃发展。通过对市政污泥的环保处理，生产生物沼气，提纯后可以广泛应用于城市公交车、配送卡车等交通运输应用。不仅解决了城市废物处理问题，降低大气污染物和二氧化碳排放，同时多样化了能源结构，实现城区范围内的能源自给，可谓“一石三鸟”的解决方案。

八、标准法规

上述的七个方面，其实与法规、标准的制定与实施密切相关。中国目前的行业标准、执行法规由多个部门参与，各种法规标准之间的协同性不一。我们建议以整体化的视角来衔接各项法规之间的共同作用。

举例来说，对于车辆的尺寸轴荷法规 GB 1589 的修订工作，不仅仅是对该项法规的修订会影响整体物流运转效率，同时与之关联的法规标准同样需要一起审视。《汽车和挂车类型的术语和定义》（GB 3730）是否也需要一起修订更新？《机动车运行安全技术条件》（GB 7258）对尺寸轴荷修改的影响是不是也要考虑进去呢？还有其他的相关法规该如何处理呢？这样会直接导致法规的更新工作越来越难，越来越复杂，修订速度更慢而无法适应物流行业快速发展的需求。

随着运输需求的逐步多样化、具体化，我们建议法规标准的制定应该以框架式的模式管理原则，设定法规的管理边界，例如安全、质量方面，而具体应用则通过市场的调节手段，让最合适的运输形式发挥最大效应。

这样法规的关注点就从具体的单一职能/功能，转向如何协调运输大系统的整体运营。举例来说，欧洲的模块化卡车列车 EMS 系统经验是，设定安全前提条件，通过允许挂车组合的方式，提升车辆单车运力，同时降低单桥轴荷。这不仅可以提高物流效率，同时降低车辆对路网系统的损坏，减少公路交通安全隐患，也提升物流公司的运营经济性。在市场力的作用下，运营经济性差的小型车辆、低效的物流公司自然会被淘汰。

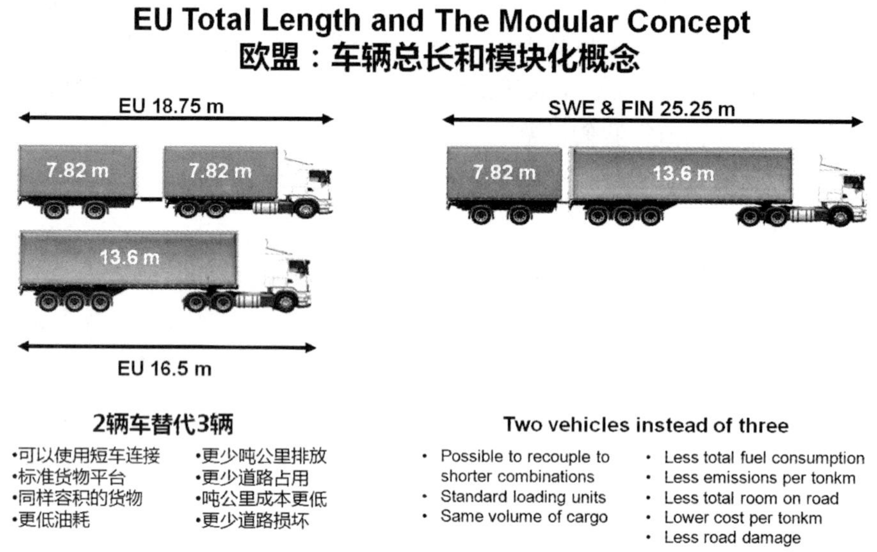

图 2 欧洲 EMS 模块化汽车列车系统

法规标准方面最重要的是执行！有法不依就会造成竞争标准的缺失，市场之手就会失去调节作用。我们从轿运车的市场就可以清楚地看出，超长的挂车是执法不力的结果，也是安全的隐患，更是行业效率无法提升的阻力！车辆质量、安全的年检和临检同样涉及执行的问题，各地执行标准提升，将极大地改善道路运输环境，鼓励先进高效的物流设备快速实现应用。

整体化的方法提升物流效率和可持续性，法规标准的制定和实施贯穿所有关联因素的方方面面，是实现整体化方法的最关键要素。

九、社会参与

社会既是物流运输服务的用户，也是运输行业的参与者，同时也是行业后果的承担者。我们享受商品运输的服务，可以比以往更方便地买到任何需要的商品。社会成员也参与运输生产服务的各行各业，我们有驾驶员、技工、卡车装配工人、快递员、仓储管理员，等等，是许多人一生的职业。我们也因为高昂的物流成本支付更高的商品价格，呼吸车辆废气产生的污染物，我们也是道路安全事故的受害者。

交通运输在极大的范畴内关系到我们每个社会成员的方方面面，这要求我们更应以系统化、整体化的途径来实现高效和可持续的具体运输。同时，我们要意识到我们的生产活动、消费行为和社会参与都会对运输物流行业产生互动和影响，我们应该从意识上具备这样的观点，才能跳出物流行业，从更宏观的角度寻找解决问题的整体方案。

十、总结：整体化的途径

我们通过表2来汇总说明如何以整体化的途径来提升物流效率，同时实现可持续性的交通运输。

表2　以整体化的途径实现可持续性的交通运输

	要　素	整体化的途径——框架性原则制定法规标准
1	车辆	安全、环保前提； 提高单车载重效率； 引导车辆向高效的大型化发展（城市配送），鼓励发展汽车列车； 提高质量标准，延长使用寿命
2	其他物流装备	安全； 提高载重效率（轻量化）； 托盘、包装规格、货物平台、多式联运的“流”视角
3	驾驶员	安全培训； 经济驾驶技能； 工作小时保障
4	车辆维护	安全质量视角； 技工培训； 结合车辆检验
5	信息化	优化资源配置； 鼓励引导
6	多式联运（基础设施）	战略发展； 鼓励引导
7	环保	加快淘汰高污染排放车辆； 补贴替代能源应用

车辆和其他物流装备的法规制定，是以物流运输效率最大化为目的设计的，例如推进城市配送车辆的大型化、鼓励汽车列车、使用轻量化的侧帘车、统一货物平台标准、推进机械化装卸等都是提升单位运输能力。而设定高标准提升产品质量性能，则可以实现更大的运输周转率和设备寿命，降低社会支付同样运输任务的单位成本。我们建议框架性原则是制定这些法规的主要依据，限定了行业规则和边界后，市场的调节作用就可以有效地得以实现。

同时，这些法规的制定都是以安全和环保为前提条件，产品的安全标准统一会规范市场行为，而在统一的市场下竞争，市场就会调节资源配置，运行经济性更好的产品和企业会迅速成长带动提升整体效率，淘汰老旧的生产力资源。环保是可持续性发展的重要考量方面，政府环保导向的法规可以引领行业投资方向，提升企业的竞争力，这与中国目前的经济发展方式转向效率型和高附加值行业发展方向高度一致。

同时，考虑运输系统中参与主体和人的因素，通过培训的机制逐步提升参与人的安全和质量执行能力，从而使他们对物流硬件的使用负责，对整个社会责任负责。另外，以法律规范的形式保障和保护参与人的义务和权利，例如驾驶员对行驶车辆的安全状态负责，而企业承担超法规驾驶时间的责任。再辅以相关的政策制定，以整体物流的角度鼓励运输信息化和多式联运的发展，进一步在宏观层面优化各种资源的配置，提升整体运输效率。

综上所述，整体化的观点是全盘考虑参与人、硬件、市场和环境对运输效率和可持续性发展的影响，制定长期的框架性的法规，严格执行以营造公平统一的市场环境，让市场作用配置优化资源，实现运输物流效率的最大化。这其中架构上的整体化设计和法规的严格实施是关键。

参考文献

[1] 路智军．斯堪尼亚为中国市场注入新活力［J］．驾驶园，2013，12.

[2] 汪传旭．可持续交通运输的分析模型及其应用［J］．上海海运学院学报，2001，6.

[3] 周刚．浅析发展多式联运［J］．物资科技，2007，2.

[4] 金凌．交通运输信息化绩效评估与管理［J］．中国交通信息化，2011，7.

浙江省综合交通运输现代化战略研究

邵　洁　马　俊　宋琬如　蔚欣欣
（交通运输部规划研究院，北京　100028）

【摘　要】 本研究从解读“现代化”入手，以用户和行业的双重视角，借鉴国外经验和最新动态，宽领域、全方位地阐述了综合交通运输现代化的内涵、特征和趋势。基于浙江省省情，从经济社会发展所趋和交通自身发展所指两个方面，分析浙江综合交通运输现代化的发展要求。在深入剖析浙江综合交通运输的发展水平和差距的基础上，研究提出了浙江综合交通运输现代化的发展愿景、战略目标和具体战略，并创新性地建立了一套综合交通运输现代化指标体系。

【关键词】 综合交通运输现代化　战略　指标体系

The Strategic Research of Comprehensive Transportation Modernization in ZheJiang Province

Shao Jie　Ma Jun　Song Wanru　Yu Xinxin
(Transport Planning and Research Institute, Ministry of Transport, Beijing 100028)

Abstract: This study from the interpretation of "modernization", from angles of users and industry, referring to foreign experience and the latest developments, wide field, comprehensively expounds the connotation, characteristic and trend of modern transportation. Based on the situation of Zhejiang Province, from the economic and social development trend and traffic development, analysis of the requirements of the development of Zhejiang comprehensive transportation modernization. Based on the in-depth analysis of the development level and the gap of Zhejiang comprehensive transportation study on, put forward the development of vision, strategy and strategic objectives, and creatively established a comprehensive index system of modernization of transportation.

Keywords: Comprehensive transportation modernization　Strategic　Index system

一、研究背景

现代化是人类社会发展的历史过程，也是人类追求更高先进性的永恒主题。从全球发展趋势判断，伴随着能源和技术革命相互交织，生产、组织和生活方式的变革，将重塑比较优势和产业关系，改变全球产业分工和贸易格局，革新经济地理。世界潮流的趋势变化，在对全球经济社会格局产生深刻影响的同时，也为我国的现代化发展注入新的活力，带来新的机遇。

浙江省作为东部沿海发达省份和长三角地区重要一翼，正处在深化改革开放，加快转型发展，进一步巩固和提升全面小康社会水平，向基本实现社会主义现代化迈进的关键时期。交通是浙江现代化建设的先行军。加快推进综合交通运输现代化，对支撑浙江深入实施“八八战略”和“两创”总战略，提升浙江省国际竞争力，支撑和引领“两富”现代化浙江的建设意义重大。

立足行业转型发展的新起点，应对经济社会领域变革带来的发展机遇和挑战，亟待明确浙江综合交通运输未来发展指向，加快建成现代综合交通运输体系，开启浙江新一轮领先发展的引擎。

二、现代化的内涵与特征

现代化是创新、选择、淘汰、学习交替进行的过程。交通现代化是经济社会现代化的重要组成部分，是人类社会追求更高机动性的动态发展过程。现代化的综合交通运输，是适应同时期经济社会发展需要、整体发展水平高度发达完善并达到世界先进水平的交通服务体系。综合交通运输现代化可划分为基础设施大规模建设、运用新技术提升效率，以及注重人的感受及可持续发展能力这三个阶段。

（一）基本内涵

我国的综合交通运输现代化具体可从五个方面解读：第一，具有协调性特征，是对经济社会现代化的全面适应；第二，具有先进性特征，达到同时期世界先进水平；第三，具有动态性特征，不以静止时点为参照；第四，具有整体性特征，不以特定区域为标准；第五，具有阶段性特征，在不断推进基础设施建设的基础上，兼顾采用技术手段提升效率、提升用户感受与能力，具有综合交通运输现代化三个阶段同时推进的特征。

（二）主要特征

结合主要发达国家交通发展水平及未来规划，从用户和行业两个视角描绘我国达到现代化水平的综合交通运输应具备的主要特征：

用户感知视角

- 机动：自由选择的权利
- 安全：避免死亡和伤害
- 便捷：零换乘和无缝化
- 经济：更高的性价比
- 舒适：愉悦的出行体验

行业发展视角

- 发达：发达的基础设施系统
- 高效：一体化的运输服务系统
- 智慧：运用信息技术整合提升
- 可靠：安全优先与以人为本
- 可持续：交通与环境的协调发展

1. 用户感知视角

（1）机动：自由选择的权利。

现代化的综合交通运输，提供各运输方式高度发达完善、有效衔接的交通基础设施，能确保每个人享有充分的机动性权利，自由选择出行时间、目的地、出行方式及路线等，让每个人随时随地可以去想去的地方。

（2）安全：避免死亡和伤害的运输。

现代化的综合交通运输系统提供安全、可信赖的运输服务，有效避免交通事故，确保旅客运输、货物运输以及危险品运输的安全。对于各种人为和自然因素造成的交通损害有充足的准备，并能有效应对和迅速恢复。交通参与者普遍拥有"安全至上"的价值观，全社会造就一种浓厚的安全文化氛围。

（3）便捷：零换乘和无缝化。

现代化的综合交通运输在任何地方都能为人们提供便捷、无缝化的运输服务，提供方便的连接、传输设施及易于获取的交通信息服务。

（4）经济：更高的性价比。

交通参与者以可承受的价格享受到更好的服务，运输成本有效降低；明显缓解乃至消除交通拥堵，客货运效率明显提升，为交通参与者节约可观的时间成本。

（5）舒适：愉悦的出行体验。

现代化的综合交通运输以高品质、个性化的服务能力，确保每个人出行拥有舒适、愉悦的体验。乘坐交通工具舒适安全，出行服务温馨周到，途中景观赏心悦目。

2. 交通自身发展视角

（1）发达：发达的基础设施系统。

现代化的综合交通运输，必然要求基础设施系统达到稳定、发达的发展状态，达到能力充分、结构合理、布局完善、多方式有效衔接的发展水平。

（2）高效：一体化的运输服务系统。

运输服务完善可靠，各种运输方式更加协调，实现乘客的零距离换乘、货运的无缝衔接；交通服务系统更加开放，与周边区域及国际交通实现一体化；建立起完善的网络化、智能化的交通管理和运营服务系统，并保持高效运转，实现全社会高度机动化。

（3）智慧：运用信息技术整合提升。

现代通信技术、全球定位系统、地理信息系统（GIS）电子数据交换技术（EDI）自动识别系统、电子海图及显示系统、云计算等先进新技术广泛应用于综合交通系统的方方面面。客货运输管理及组织水平明显增强，运输工具控制技术和运输安全技术得到快速提升，交通信息资讯的发布手段和方式日益广泛而准确，交通需求管理水平不断提升，运输系统的运行效率和可靠性得到进一步提高，交通发展步入数字化、智能化、智慧交通的发展阶段。

（4）可靠：安全优先与以人为本。

把安全放在交通运输的最优先地位，对人的生命非常重视，将“减少运输伤亡、促进公众安全”作为政府和从业者的首要职责。通过资金支持、制度保障、技术进步等措施提高运输系统的安全性、可靠性，广泛运用信息技术手段提升运输系统的可预见性，提升快速反应能力。

（5）可持续：交通与环境的协调发展。

交通发展模式已从粗放型转变为集约型，扩张型转变为提升质量型，充分融合“资源节约、环境友好”等发展理念，发展绿色交通，重视环境保护，节约能源消耗，减少空气污染和交通拥挤，注重交通与环境的协调发展，追求社会效益最大化，确保可持续发展。

三、发展要求与基础

作为全国经济增长速度最快和最富有活力的省份之一，浙江省正进入全面建设惠及全省人民小康社会的攻坚时期，并逐步向基本实现现代化阔步迈进。根据2010年中国现代化程度研究成果，浙江省的现代化指数排名仅次于北京、天津和上海三个直辖市，位居全国各省级行政区之首。浙江省作为我国发达地区代表之一，有基础、有条件、有需求在国家现代化发展中先行先试。

（一）发展要求

综合交通运输现代化是现代化浙江的发展所需。满足现代化浙江对综合交通运输的新期待，要求建立开放、融合的综合交通运输体系，以提升浙江参与国际合作的竞争力，深化区域合作；要求建立协调、高效的综合交通运输系统，以促进多种运输方式协调，提升运输效率；要求建立均等化的综合交通运输系统，以保障和改善民生。

综合交通运输现代化是现代化浙江的趋势所向。顺应交通运输系统自身规律变化，要求继续加快各种运输方式建设，实现基础设施的稳定成熟；要求大力发展智慧交通，运用新技术提升综合交通整体效能；要求发展绿色循环低碳的交通运输系统，增强可持续发展能力；要求发展用户友好的综合交通运输，重视交通安全与人性化服务。

（二）发展基础

近年来浙江省综合交通运输体系建设在现代化发展道路上实现了历史性跨越，由“长期滞后”于经济社会发展逐渐步入“基本适应”阶段。目前，浙江省综合交通运输网络初步形成，各种运输方式比较优势逐步发挥，全省综合交通运输体系建设正迈入更加注重多种运输方式的衔接和协调，更加注重组合效率和整体效益的发挥，更加注重制度保障，更加注重资源和环境约束，“适应引领”全省经济社会现代化发展的新阶段。

浙江省综合交通运输现代化发展的差距主要体现在以下三方面：首先，全省交通基础设施发展仍不完善。与现代化的交通基础设施要求相比较，全省综合交通基础设施在规模、结构、布局等方面均存在差距。其次，运输服务水平不高，主要体现在运输装备、运输组织、运输效率、信息化应用等方面的差距。最后，体制机制创新不足，体现在管理体制不够顺畅、缺乏灵活多样的投融资机制，以及尚未建立协调一致的工作机制等方面。

四、发展战略

（一）发展愿景

交通让浙江更美丽，交通让生活更美好！

（二）战略目标

建成适应浙江经济社会发展的安全可靠、机动灵活、智慧高效、生态文明的现代化综合交通运输体系，提供安全、便捷、高效、优质的运输服务，实现出行无忧、运输无阻、人便于行、货畅其流。

1. 交通设施现代化

公路、水运、铁路、航空、管道各种运输方式能力充分、结构合理、布局完善。交通设施能力适应度（设施实际承担量与设计能力之比）小于0.75，交通设施网络节点覆盖率（设施实际连接节点数与目标节点数之比）达到100%。建成海上和空中国际运输网络，实现港口规模化、专业化发展，建成全省现代民用运输机场体系，初步建成通用机场网络，充分发挥亚太地区综合性国际枢纽港和空港门户的功能。形成覆盖全省、畅通周边、通达全国的公路和铁路网络，形成以大宗物资运输为重点的通江达海的内河高等级航道网，形成以能源运输为核心的管道体系。建成功能完善、衔接顺畅的综合交通运输枢纽。

2. 运输服务现代化

围绕“公交优先”战略，形成多层次、多样化、高品质的现代客运系统。形成贯穿现代物流理念，以信息化为引领，触角通达国内外，与产业发展相融合，覆盖多领域的现代物流体系。实现各运输方式间设施、信息和运输环节的“无缝衔接”，与城市交通接驳顺畅，充分适应更宽领域的一体化及多式联运的需要。运输服务覆盖率达到100%，用户服务满意度指数不低于85。

3. 行业管理现代化

行业自主创新能力与核心竞争力显著增强，高新技术广泛应用，技术先进、装备发达，可控交通覆盖率达到100%。体制机制改革取得突破性进展，法律法规体系完善，行业管理全方位实现数字化、网络化和智能化，电子政务覆盖率达到100%。安全和应急能力明显提升，一般应急救援现场到达时间不超过1小时。拥有高素质的人才队伍，交通可持续发展能力全面提升，实现交通与社会和自然环境的和谐统一。

未来一段时期，充分发挥科技革新和管理创新在交通运输发展中的作用，建设一个世界先进的综合交通运输系统。到2020年，在全国交通行业和全省率先基本实现综合交通运输现代化。

再经过十年的努力，向着更加注重综合交通运输系统的可持续发展能力，推进人与物的全面现代化更高水平迈进。到2030年，实现浙江省综合交通运输现代化，全面适应全省经济社会现代化的发展需要。

（三）主要指标

浙江省综合交通运输现代化主要指标如表1所示：

表1　综合交通运输现代化主要指标

<table>
<tr><th rowspan="2">战略目标</th><th colspan="2">主要指标</th></tr>
<tr><th>一类指标</th><th>二类指标</th></tr>
<tr><td rowspan="11">基础设施现代化</td><td rowspan="5">通达
交通设施节点覆盖率（100%）</td><td>公路设施节点覆盖率</td></tr>
<tr><td>铁路设施节点覆盖率</td></tr>
<tr><td>民航设施节点覆盖率</td></tr>
<tr><td>内河航道节点覆盖率</td></tr>
<tr><td>枢纽节点覆盖率</td></tr>
<tr><td rowspan="6">通畅
交通设施能力适应度（小于0.75）</td><td>公路设施能力适应度</td></tr>
<tr><td>铁路设施能力适应度</td></tr>
<tr><td>民航机场能力适应度</td></tr>
<tr><td>港口能力适应度</td></tr>
<tr><td>内河航道能力适应度</td></tr>
<tr><td>枢纽能力适应度</td></tr>
<tr><td rowspan="9">运输服务现代化</td><td rowspan="4">满足
运输服务覆盖率（100%）</td><td>公路运输服务覆盖率</td></tr>
<tr><td>铁路运输服务覆盖率</td></tr>
<tr><td>港航运输服务覆盖率</td></tr>
<tr><td>航空运输服务覆盖率</td></tr>
<tr><td rowspan="5">满意
用户服务满意度指数（不低于85）</td><td>公路行业用户满意度指数</td></tr>
<tr><td>铁路行业用户满意度指数</td></tr>
<tr><td>港航用户满意度指数</td></tr>
<tr><td>民航用户满意度指数</td></tr>
<tr><td>枢纽站场用户满意度指数</td></tr>
</table>

续 表

战略目标	主要指标	
	一类指标	二类指标
行业管理现代化	管理对象可控 可控交通覆盖率（100%）	公路可控交通覆盖率
		铁路可控交通覆盖率
		民航可控交通覆盖率
		港航可控交通覆盖率
		枢纽站场可控交通覆盖率
	服务对象可心 电子政务覆盖率（100%）	电子政务县级覆盖率
		电子政府用户覆盖率
		电子政府行业间覆盖率
	行业自身可行 应急救援现场到达时间 （不超过 1 小时）	公路应急救援现场到达时间
		铁路应急救援现场到达时间
		水上搜救现场到达时间
		民航救援现场到达时间

（四）发展战略

未来浙江综合交通运输发展，要在“更开放、更和谐、更创新、更智慧、更绿色”的理念指导下，以实施“五大战略”（开放发展战略、综合发展战略、智慧发展战略、绿色发展战略、人本发展战略）为途径，继续加快推进基础设施建设，着力提升综合交通运输效率和服务水平，全面推进综合交通运输体系的现代化进程，为建设“两富”现代化浙江提供坚实的交通运输保障，为人民群众提供更加安全、便捷、高效、优质的运输服务。

1. 开放发展战略

通过实施开放发展战略，建成海上和空中的国际运输网络，增强浙江参与国际竞争的实力；推进浙江与长三角及周边区域的一体化进程，促进浙江与周边经济板块的资源共享和互联互通；推进交通投融资领域改革，以开放的姿态汇聚各方力量，开辟浙江综合交通运输发展的新天地。

2. 综合发展战略

通过全面发展，加快浙江综合交通由建设为主向建设、服务、管理全方位发展的转型步伐；通过同步发展，注重各种运输方式均衡发展，推进基础设施与运输服务系统的同步建设；通过协同发展，加快提升综合交通运输体系的组合优势和整体效率；通过创新发展，在体制机制方面率先迈出浙江交通的新步伐。

3. 智慧发展战略

通过实施智慧发展战略，加快信息化建设步伐，充分利用科技进步来提高交通运输系统的创新能力；加大先进技术的推广与应用，促进信息化与基础设施建设、客货运输服务及行业管理的深度融合，推动交通运输效率的全面提升。

4. 绿色发展战略

树立绿色、低碳的发展理念，积极探索循环、低碳、节能、环保等新技术，促进其开发与应用，鼓励可持续和环保的交通运输方式，继续推进资源节约型、环境友好型交通行业建设，加快建设以绿色、循环、低碳为特征的综合交通运输体系，强化节能减排，集约节约利用资源，促进资源循环利用，加强生态和环境保护，实现交通运输持续发展。

5. 人本发展战略

坚持“以人为本”，关注民生交通，注重资源公平与设施共享；扩大服务领域和范围，满足全方位出行需求；在交通设施设置及服务体系中融入人性化设计，满足各类特殊群体的多样化需求；加强行业文化建设，全面提升行业文化软实力。

具体战略指引及战略要点如下：

表 2　战略指引及战略要点

发展战略	战略指引	战略要点
开放发展战略	建成海上和空中国际运输网络	整合港口资源，建设综合性国际枢纽港
		发挥机场群的组合优势，建设亚太空港门户
	推进长三角及周边区域一体化	提升综合运输通道能力，加快全省与周边区域的互联互通
	推动投融资领域改革	推行投资准入改革试点，吸引民间资本进入交通基础设施融资领域
综合发展战略	全面	由建设为主向建设、服务、管理全方位发展转变
	同步	加快长三角城际轨道、浙江都市圈城际轨道、杭宁温地铁等轨道交通建设，注重各种运输方式均衡发展
		基础设施与运输服务系统同步建设
	协同	以宁波、嘉兴、杭州等综合运输枢纽为突破口，积极拓展多式联运
		做好顶层设计，从规划、政策、标准多方面加强约束和引导
	创新	以环杭州湾城市群为试点，建立城市群综合交通运输发展协调机制
		建立综合客运枢纽规划建设试点，探索多方主体的协调机制
		以嘉善为试点，探索大交通管理体制改革

续 表

发展战略	战略指引	战略要点
智慧发展战略	加快科技创新	实现全省物流信息平台与交通信息管理网数据共享，充分整合、利用既有各类数据资源
		发展先进技术，如物联网、云计算、大数据等
	加大先进技术推广应用	以嘉兴为试点，搭建面向手机终端的公众出行信息服务平台，提高公众出行信息服务水平
		以杭州为试点，建立 CCTV 监测监控网络系统，提升管理信息化水平
绿色发展战略	积极推进节能产品与技术的研发、应用与推广	推进节能新产品、新技术的研发与应用
		结合杭州作为全国节能与新能源汽车示范推广试点城市，启动节能运输工具的配套设施建设工作
	鼓励发展可持续、环保的交通运输方式	坚持“公交优先”发展，先期改善杭宁温地区城市交通拥堵状况
		推广嘉兴内河港、湖州港的集装箱港区经验，加快内河集装箱码头建设，优先水运发展
		节集约利用土地、岸线、空域等资源，提高资源的集约利用水平
	积极倡导“绿色出行”	在杭州先行倡导“绿色出行”，运用价格杠杆引导市民优先选择步行、自行车及公共交通出行
		利用“虚拟”信息技术实现远程办公、电子政务等，减少出行
人本发展战略	交通资源公平、均等	推广“嘉善经验”，加快镇域公交和便捷小件快运网建设，推进基本公共服务均等化
	满足全方位出行需求	启动横店通用机场航空应急救援前期准备工作，探索通用航空发展市场
		重点改善若干条干线通道的沿线服务设施，满足出行者多样化、个性化的出行需求
	以人为本、安全至上	以湖州为试点，实现全航区智能视频监控全覆盖，提升安全监管与应急救援能力
		全面推进全省农村公路安保工程，提升道路交通安全
	重视公众参与及特殊群体	鼓励和支持公众参与
		在环杭州湾城市群、浙中城市群等区域先行推广无障碍化交通设施，重视老人、妇女、儿童等特殊群体对于交通服务的需求
	体现交通文明	全面提升行业文化软实力

五、结语

本文结合对综合交通运输现代化的内涵和特征理解，研究提出了浙江省综合交通运输现代化发展的愿景、目标和战略，并以用户和行业的双重视角构建了一套指标体系。为了加快推进综合交通运输现代化战略的落实和指标的细化，亟待研究人员进一步从合理把握指标标准、完善统计制度、加强监测力度、重视评估分析、实施定期动态调整等方面，加强后续研究和工作。

参考文献

[1] 何传启．东方复兴：现代化的三条道路［M］．北京：商务印书馆，2003.
[2]［美］里夫金．第三次工业革命［M］．北京：中信出版社，2012.

“丝绸之路经济带”建设对国际道路运输发展的影响与对策

赵晓辉
（交通运输部规划研究院，北京　100028）

【摘　要】本文深入分析了“丝绸之路经济带”的发展定位和规划设想，重点研究构建“丝绸之路经济带”对国际道路运输发展的影响，从完善基础设施、优化运输网络、培育运输市场、提高管理服务、制定技术标准等方面提出了国际道路运输的发展思路和主要对策。

【关键词】丝绸之路经济带　国际道路运输　影响　对策

The Impact and Countermeasures on International Road Transportation from the Development of “Silk Road Economic Belt”

Zhao Xiaohui
（Transport Planning and Research Institute, Ministry of Transport, Beijing 100028）

Abstract: This paper analyzes the development orientation and planning assumptions of “Silk Road economic belt”. It focuses on investigating the effect of the “Silk Road economic belt” on the international road transportation development, and proposes concepts and the main countermeasures of international road transportation development of from the aspects of improving infrastructure, optimizing transportation networks, cultivating transportation market, enhancing management services, formulating technical standards and etc.

Keyword: Silk Road economic belt　International road transportation　Impact　Countermeasure

2013年9月，习近平在中亚四国访问时提出共建“丝绸之路经济带”的战略构想。“丝绸之路经济带”东边倚重活力四射的亚太经济圈，西边系着发达的欧盟经济圈，沿线各国国土面积达到5000万平方公里，总人口约30亿，能源、矿产、旅游和文化及农业资源丰裕，潜在市场规模巨大，被认为是“世界最长、最具发展潜力的经济大走廊”。“丝绸之路经济带”的建设实施，将促动沿线各国间人员、物资和服务的快速自由流动，加深沿线各国的开发开放程度，释放沿线各国在经贸、能源和基础产业领域的合作潜力，推进区域经济一体化建设，为我国面向上合组织乃至西亚等国家开展国际道路运输带来新的发展机遇。

一、对“丝绸之路经济带”的基本认识

“丝绸之路经济带”是以欧亚大陆桥综合交通通道为展开空间，依托沿线交通基础设施和中心城市，以沿线各国经济联系和紧密合作为纽带，对区域内贸易和生产要素进行优化配置，将传统丝绸之路从单纯的“商贸路”变成产业、人口、资本、技术、信息集聚的“经济带”，促进欧亚大陆区域经济一体化，推动欧亚大陆区域经济和社会同步发展。“丝绸之路经济带”是在古丝绸之路概念基础上形成的一个新的经济发展区域，本质上是一条交通经济带，或者通道经济带，是以点带面、从线到片、逐步形成的区域合作大格局。

综合审视亚欧大陆经贸、交通、资源现状和发展战略格局变化趋势，以及我国经济发展的整体格局和向西开放的通道建设情况，研究认为丝绸之路经济带国内段的空间格局主要是“北、中、南”三条大通道，分别从我国东部经济最发达的三个经济圈出发，依托国内现有高速公路、干线铁路和航空干线等交通干线，自东向西贯穿沿线重要节点城市，经新疆通向中西南亚和俄罗斯，最终抵达欧洲。

北部通道起于“环渤海经济圈”，自天津、青岛、秦皇岛等环渤海港口群，贯穿我国华北、西北诸省（自治区、直辖市），经北京、呼和浩特、石家庄、太原、包头，经伊吾进入新疆，再经北屯、吉木乃口岸，西出哈萨克斯坦至俄罗斯等国，链接我国黄海、渤海和欧亚腹地。

中部通道起于“长三角经济圈”，自上海、连云港，沿第二座亚欧大陆桥，横穿我国中原、西北诸省区，经南京、合肥、郑州、西安、兰州、乌鲁木齐，分别从阿拉山口和霍尔果斯出境直通中亚、西亚至欧洲，链接东海和欧亚腹地。

南部通道起于“珠三角经济圈”，自海口，贯穿我国西南、西北诸省（自治区、直辖市），经南宁、贵阳、重庆、成都、格尔木、和田、喀什出境，经红其拉甫口岸出境，沿中巴走廊，南下印度洋沿岸的瓜达尔港，是一条极具战略意义的新通道，链接我国南海和印度洋。

二、“丝绸之路经济带”建设对国际道路运输发展的影响

“丝绸之路经济带”沿线各国地缘政治接近，经济互补性强，历史渊源颇深，各国往来交流由来已久。随着“丝绸之路经济带”的建设推进，沿线各国将进一步加深政治互信，全面深化经济合作伙伴关系，继续保持良好的发展势头，沿线各国关系更加成熟稳定，各领域合作更加紧密，有助于促进欧亚大陆统一市场的形成，为国际道路运输的开展提供了广阔的市场空间和良好的政策环境。

（1）加快基础设施互联互通，将进一步拓展沿线各国国际道路运输市场空间，提高

国际道路运输效率。习近平提出，构建“丝绸之路经济带”，要加强各国间道路联通，并督促上合组织成员国尽快签署落实交通便利化协定，倡议各方完善跨境交通基础设施，打通从太平洋到波罗的海的运输大通道，逐步形成连接东亚、西亚、南亚的交通运输网络，为各国经济发展和人员往来提供便利。新疆已经提出建设“丝绸之路经济带”重要交通枢纽中心的战略目标，将以乌鲁木齐为中心，以库尔勒、喀什、奎屯、伊宁—霍尔果斯、哈密、石河子等国家公路运输枢纽城市为支点，进一步畅通对外运输通道，完善国际道路运输体系，提高国际道路运输便利化水平，进一步密切沿线各国之间经济交通联系，提升“丝绸之路经济带”沿线国际道路运输效率。

（2）促进沿线各国进一步开放市场，推动双边和多边贸易规模持续扩大，国际道路运输需求将保持快速增长态势。近年来，我国与“丝绸之路经济带”沿线国家经济贸易始终保持较快的增长态势。2013 年，我国与欧盟国家实现贸易额 5590 亿美元，与俄罗斯和中亚五国实现贸易额 1391 亿美元，分别占我国对外贸易额的 13.4% 和 3.3%，从贸易结构来看，选择国际道路运输的货类主要包括蔬菜水果、机电产品、轻纺制品等生活消费品。随着“丝绸之路经济带”的建设推进，沿线各国将进一步开放国内市场，贸易规模将持续扩大，预计到 2020 年中俄两国对外贸易额将达到 2000 亿美元，中国与中亚五国对外贸易额将再翻一番，这将为国际道路运输发展带来前所未有的良好机遇，进一步繁荣“丝绸之路经济带”沿线国际道路运输市场。

（3）地区合作不断深化，将产生国际配送等新的中俄国际道路运输需求增长点。“丝绸之路经济带”各国间地区合作具有一定发展基础，能源等传统的合作继续深化和巩固，教育、科技、文化、环保、农业等新兴合作领域不断涌现。随着俄罗斯、塔吉克斯坦、哈萨克斯坦等国加入世界贸易组织（WTO），将提高各国经贸合作层次，提高沿线国家间投资便利化水平，推动国际贸易与国际物流、国际加工业的融合发展，带动地区经济增长与对外运输的繁荣。按照公路运输服务 500 公里半径的技术经济特征，我国与俄罗斯、哈萨克斯坦等国家合作深化和经济融合将推动国际道路货物运输的市场繁荣，并衍生出国际配送等新的业务增长点。

（4）人文交流更加频繁，将带动沿线国际旅游客运规模快速增长。我国西部地区与中亚国家风俗习惯相近，所持语言相通，血缘关系相亲，彼此在宗教、文化方面有较强的认同感。“丝绸之路经济带”的建设将有力地保障沿线客流、物流和信息流的顺畅流通，进一步促进沿线各国文化交流与传播，密切各国民间往来，增进互信，推动东西方文化的融合和价值观的相互认同，进一步带来两国间旅游客运量的大幅增长。

站在“丝绸之路经济带”建设发展新起点上，以更广阔的视角，从更高层次审视国际道路运输未来面临的发展形势，可以看到当前“丝绸之路经济带”沿线各国国际道路运输发展水平仍然不高，特别是客货运输量增长迟缓，与沿线各国快速发展的经贸关系不相适应，国际道路运输在区域贸易合作中的作用和地位逐渐下降，沿线各国之间基础设施不对接、法律法规不衔接、技术标准不统一、运输组织不协调、工作机制不完善等问题造成“丝绸之路经济带”沿线存在较多的物理壁垒和非物理壁垒，区域一体化程度仍然较低，成为未来“丝绸之路经济带”建设发展亟待突破的薄弱环节。

三、国际道路运输发展思路与对策

未来，推进“丝绸之路经济带”国际道路运输发展，要遵循国家整体外交方针，按照“丝绸之路经济带”规划建设的总体要求，围绕打通从太平洋到波罗的海的运输大通道，逐步形成连接东亚、西亚、南亚的交通运输网络的战略目标，以不断提高沿线国际道路运输便利化水平为主线，坚持“平等互利、包容共赢；积极开放、把握时机；政府调控、市场主导；统筹规划、区域有别”的指导方针，重点推进交通基础设施互联互通和网络化建设，积极营造竞争开放有序的运输市场环境，提高运输管理服务的规范化水平，推动相关法律法规国际化进程，逐步理顺管理体制，建立健全双边与多边对话机制，实现沿线国际道路运输长期健康可持续发展，为构建沿线各国之间全方位、深层次、宽领域的协作格局奠定坚实的基础。

（一）完善基础设施

到2020年，初步建成新疆“丝绸之路经济带”重要交通枢纽中心，以乌鲁木齐为中心，以亚洲公路网规划线路为基础，形成中哈俄、中蒙俄对外国际运输通道。有序推进我国口岸公路的建设与升级改造，霍尔果斯、塔城、阿拉山口等重要口岸实现高速公路直接通达，其余口岸公路技术标准达到二级及以上水平。继续推进公路运输枢纽建设，霍尔果斯等重要口岸规划建设1个二级及以上国际公路客运站和1～2个国际物流园区，普通口岸规划建设1个三级国际公路客运站和1个等级国际公路货运站，推动口岸联检部门进入国际公路客运站，推进传统的国际货运场站向现代国际物流园区转型，拓展现代仓储、国际配送、流通加工、保税、口岸联检等服务功能，全面提高物流组织能力，提高国际道路运输便捷化服务水平。此外，通过外交谈判的形式，督促哈萨克斯坦、蒙古、吉尔吉斯斯坦、塔吉克斯坦等国家改善口岸公路技术条件，实现与我国公路的基本对接。

（二）优化运输网络

推动国际道路运输线路向内陆主要城镇、交通枢纽、旅游景区和资源产区延伸，拓展双边贸易的市场空间，覆盖边境地区80%以上的人口和城镇，形成更加完善的国际客货运输网络。客运方面，要以伊宁、塔城、喀什等城市为中心，建立以区域性快速客运网络为骨干，以覆盖两国边境省区主要城镇的普通客运网络为基础，以国际旅游客运网络为补充的便捷完善的中俄国际道路旅客运输网络。货运方面，抓住中哈霍尔果斯边境合作中心等重大项目发展契机，以伊宁、喀什等城市为中心，构建500公里范围内的区域性国际物流网络和配送网络，积极推动蔬菜水果、机电产品、轻纺制品、国际集装箱等重点物资运输通道的建设，推动过境货物运输发展。

（三）培育运输市场

实施国际道路运输规模化、集约化战略，提高国际道路运输市场准入门槛，提高市场集中度和企业规模化水平，引导国际运输企业向规模化和国际化方向发展，“走出去”参与国际竞争，支持国际道路运输企业继续优化运输装备结构，选择节能环保车辆与设备，加快与国际标准接轨进程，鼓励国际道路运输企业开展“运代结合”的综合性运输服务，更好地适应国际道路运输市场竞争要求。同时，积极引导国际道路运输服务业发展，依托喀什、伊宁等城市节点，构建更加便捷完善的车辆维修检测体系和国际救援体系。

（四）提高管理服务

通过信息化建设提升国际道路运输业的服务水平，实现“丝绸之路经济带”大通关、大经贸和大物流，重点推进电子口岸建设，建成“自治区-地市-口岸”的三级公路电子口岸处理系统和网上申报系统，加强与青海、甘肃、宁夏等省区的信息互联互通。推动建立覆盖边境省区主要城市及口岸国际公路客运站的联网联程售票系统和国际公路货运信息平台，提高沿线国际道路客、货运输组织化水平，降低运输成本，提高运输效率。

（五）完善技术标准

目前，俄罗斯、哈萨克斯坦等国家均执行独联体国家关于车辆载质量与体积的《1999年明斯克协定》（MA99），与我国技术标准以及国际道路运输公约（简称“TIR公约”）标准均不相同，俄罗斯、哈萨克斯坦国际道路运输车辆的车长车宽以及载重量均超过我国。“丝绸之路经济带”建设过程中，我国车辆管理部门应适当协商调整沿线国家国际道路运输车辆技术标准，全面提高我国国际运输市场竞争力。

（六）拓展合作渠道

一方面，要发挥政府的协调作用。利用好现有的中俄总理定期会晤运输分委会、上合组织交通部长会议机制，推动建立“丝绸之路经济带”国家双边或多边对话机制，通过政府的推动作用，继续加强各国在不同平台对法律法规、技术标准、制度等方面存在的不一致问题的协调解决。另一方面，要推进民间交流，引导两国民间对话协调。通过举办由各国行业协会、贸易企业、运输企业、旅游企业、研究机构以及社会公众共同参与的“丝绸之路经济带”国际道路运输发展论坛、专家论坛等多种形式，对制约国际道路运输便利化发展的行业政策、技术标准、法律法规等问题进行商讨，通过“自下而上”的推动引导两国政府对相关政策的调整，来促进“丝绸之路经济带”国际道路运输的健康发展。

参考文献

[1] 黄卫．精心打造“丝绸之路经济带”核心区［J］．求是，2014，7.

[2] 王新华．新疆向“丝绸之路经济带重要交通枢纽中心”迈进［OL］. www. news. iyaxin. com.

对城乡道路客运一体化发展的认识与思考

邓小兵
（交通运输部规划研究院，北京　100028）

【摘　要】推进城乡道路客运一体化发展是统筹城乡发展的重要内容之一，也是交通运输行业服务支撑新型城镇化、城乡一体化发展及促进城乡基本公共服务均等化的重要举措和必然要求。本文针对当前我国在推进城乡道路客运一体化发展过程中出现的一些突出问题，提出了个人对城乡道路客运一体化发展内涵的基本认识，以及对城乡道路客运一体化发展思路与配套措施方面的一些个人建议。

【关键词】城乡客运　一体化　发展思路　措施建议

Understanding and Reflection for Integration of Urban-rural Road Passenger Transportation

Deng Xiaobing
(Transport Planning and Research Institute Ministry of Transport, Beijing 100028)

Abstract: To promote the integration development of urban-rural road passenger transportation is one of the important content of coordinating urban and rural development. It is also the important measures and inevitable demands for transportation industry, to service and support new urbanization and urban-rural integration development, as well as to promote the equalization of urban-rural public service. In this paper, regarding some current prominent problems arising during promoting integration development of urban-rural road passenger transportation, some personal understanding on the integration development of urban-rural road passenger transportation is stated. Further more, some personal suggestions on integration development ideas and supporting measures for urban-rural road passenger transportation is put forward.

Keywords: Urban-rural road passenger transportation　Integration　Development ideas　Measures and suggestions

一、发展现状及存在的突出问题

推进城乡道路客运一体化发展，不仅是交通运输行业贯彻落实国家统筹城乡协调发展、服务支撑新型城镇化、城乡一体化发展及促进城乡基本公共服务均等化的重要举措和必然要求，也是城乡道路客运行业自身资源整合、系统优化配置的内在要求。2011 年 9 月交通运输部出台的《关于积极推进城乡道路客运一体化发展的意见》明确提出：推进城乡道路客运一体化发展，需要以推进城乡道路客运基本公共服务均等化和保障城乡居民“行有所乘”基本需求为目标，以转变城乡道路客运发展方式为主线，努力实现城乡道路客运资源共享、政策协调、衔接顺畅、布局合理、结构优化和服务优质，为城乡居民提供安全、便捷、经济、高效的出行服务。

近年来，在城乡统筹、新农村建设及新型城镇化、城乡一体化发展的背景下，各地积极行动、勇于探索，全国城乡道路客运一体化快速推进。但是，由于目前我国没有专门针对城乡道路客运一体化发展的行业管理规章、制度或办法，只有分别针对城市客运、由建设部 2005 年 6 月 1 日颁布施行的《城市公共汽电车客运管理办法》，以及针对道路旅客运输、由交通运输部 2013 年 12 月修订施行的《道路旅客运输及客运站管理规定》，因此，各地在推进城乡道路客运一体化发展实践中，也暴露出一些突出问题。

（一）“城乡道路客运一体化”被普遍扩大为“城乡公交一体化”

纵观各地在推进城乡道路客运一体化发展实践中的具体做法，普遍将“城乡客运一体化”扩大为“城乡公交一体化”，大力延伸城市公交线路或组建城乡公交公司、购置设站位公交车辆、按照公交模式运营城乡道路客运线路，采用城乡公交逐步取代原有的城乡班线客运。根据 2012 年 9 月 1 日进一步修订、发布实施的《机动车运行安全技术条件》（GB 7258—2012），客车可分为公路客车、旅游客车和公共汽车，其中：公路客车指为城间（城乡）运输乘客设计和制造、专门从事旅客运输的客车；旅游客车指为旅游设计和制造、专门用于运载游客的客车；公共汽车即城市客车，是指为城市内运输乘客设计和制造的客车。“城乡公交一体化”意味着大量的城市公共汽车将突破城区及城市道路范畴，进入城乡之间及城乡公路领域运营，城市公共汽车能否很好地适应新的城乡公路交通环境并有效保障城乡客运安全，成为城乡客运一体化发展过程中面临的突出问题。

（二）采用设站位公交运营城乡道路客运，交通安全隐患凸显

正是由于“城乡客运一体化”被普遍扩大为“城乡公交一体化”，在城乡客运一体化发展实践中，普遍采用设站位城市公共汽车、按照设站位城市公交的核载标准载运乘客。但是，根据交通运输部《道路旅客运输及客运站管理规定》，包括城乡客运在内的公路班线客运应该严格按照运营客车的实有座位核载人数，严禁超员、超载。因此，如果按照公路客运以客车座位核载的标准，在城间（城乡）公路上运行的、按站位面积核载的满载城乡公交车辆，普遍超员 1 倍左右。而且，城乡公交要么运行在行车速度较快、车流量较大的城间（城乡）高等级干线公路上，要么运行在地形条件复杂、陡坡多、急弯多的农村公路上，在城乡公交运行过程中，不仅站位乘客存在较大的安全隐患，而且由于站位乘客的随车晃动，也在很大程度上影响城乡公交运行的整体平稳性，进而给城乡公交运行带来一定安全隐患。城乡公交超员与安全问题因此成为城乡客运一体化发展过程中新闻媒体报道的热点之一。

二、基本认识

笔者认为，推进城乡道路客运一体化发展，不能简单扩大理解为“推进城乡公交一体化发展”，需要从统筹城乡发展要求、城乡居民交通出行服务需求、城乡道路客运行业自身资源优化配置与转型发展需要等角度深入分析和研究。

推进城乡道路客运一体化发展，从统筹城乡发展要求的角度看，旨在缩小城乡公共客运服务发展差距、实现基本公共客运服务均等化，使城乡客运服务水平不断趋同；从城乡居民交通出行服务需求的角度看，旨在不断提高农村居民交通出行的便利程度和服务品质，并适当降低农村居民交通出行的票价负担，实现基本客运服务广泛覆盖城市和农村，明显提高农村居民出行的便利性、自由度和服务品质，并使城乡居民公共交通出行负担水平趋于公平；从行业发展角度看，旨在通过整合城乡道路客运资源和理顺城乡道路客运管理体制和运行机制，在服务网络、站点设施、车辆装备、运营管理、发展政策等方面，建立城乡一体的道路客运系统，从而实现城乡道路客运资源共享、政策协调、衔接顺畅、布局合理、结构优化和服务优质。

综上分析，城乡道路客运一体化总体体现为城乡道路客运服务网络一体化、服务水平一体化以及运营管理和发展政策一体化。

（一）服务网络一体化

城乡道路客运服务网络由客运站点、客运线路及客运班次组成。城乡道路客运服务网络一体化就是要实现城乡客运站场、客运线路及客运班次的一体化配置和使用，主要包括客运线路“两延伸”和班线、班次、站场“三衔接”：一是推动班线客运向农村延伸，在实现村村通班车的基础上，适当增加县到乡、县到村、乡到村等农村客运线路的班次密度；二是推动城市公交向周边延伸，拓展城市公交服务网络，逐步实现城市公交对城区、郊区和具备条件重点乡镇的有效覆盖；三是推动城市、城际、城乡、镇村四级客运线路之间的有效衔接，促进旅客便捷换乘；四是推动城市、城际、城乡、镇村四级客运班次之间的良好对接，尽量减少旅客换乘与等候时间；五是加强城市公交首末（枢纽）站与班线客运站的一体化规划、建设和使用，实现城乡客运站场资源整合与共享，促进城乡客运与城市公交、出租汽车的零距离换乘，更好地服务城乡居民便捷出行。

（二）服务水平一体化

无论从班线网络覆盖、班次密度、车况条件还是乘车舒适性来看，目前农村地区的道路客运服务水平明显低于城市。推进城乡道路客运一体化发展，需要着力提高农村客运的线路网络覆盖范围、班次密度、车况水平、乘车安全性及舒适性等服务能力与水平，让农村居民享受与城市居民同等服务水平的基本公共客运服务。

（三）运营管理和发展政策一体化

推进城乡道路客运一体化发展，需要打破目前班线客运与城市公交分割管理、独自运营状态，实现城乡客运一体化运营与管理，从而促进城乡道路客运资源的一体化配置和使用；同时，需要着力调整、完善班线客运尤其是农村客运的优惠支持政策，实现农村客运与城市公交客运优惠补贴政策的一体化，从而适当降低农村居民公共交通出行的票价负担，让农村居民享受与城市居民同等的优惠乘车待遇和平等的基本公共客运服务。

三、发展思路

推进城乡道路客运一体化发展，需要按照城乡统筹、新型城镇化、城乡一体化发展及全面建成小康社会、构建社会主义和谐社会的总体要求，在交通运输部《关于积极推进城乡道路客运一体化发展的意见》的指导下，以满足城乡居民交通出行服务需求为根本出发点，按照“公共交通优先、城乡服务一体”的发展理念，通过整合优化城乡客运资源，理顺城乡客运管理体制，推进客运站点尤其是换乘枢纽建设，完善客运网络衔接，落实配套政策措施，打破城市公交与农村客运二元发展格局，形成与区域经济社会发展水平、人口规模分布相适应的管理规范、政策协调、衔接顺畅、网络一体、运行安全、出行便捷、服务优质的城乡公共交通服务体系。

推进城乡道路客运一体化发展，需要实事求是、循序渐进，需要坚持“政府推动，政策引导；需求为本，安全第一；因地制宜，分类指导；路运并举，衔接顺畅；统筹规划，稳步推进”的思路和原则。

（一）政府推动，政策引导

确立城乡公共客运的公益属性，强化各级政府在推进城乡道路客运一体化发展工作中的主体作用，将城市公交和农村客运纳入政府公共服务范围；统筹城乡客运发展的优惠支持政策，加大公共财政、土地等公共资源的保障力度；加强城乡道路客运一体化运营与管理的配套政策与措施落实，加强交通、财政、公安、规划、国土、物价、运管等相关部门的协调与配合，共同推动城乡道路客运一体化发展，不断满足城乡居民日益增长的公共交通出行服务需求。

（二）需求为本，安全第一

以满足城乡居民交通出行服务需求为根本出发点，逐步消除城乡二元结构，加强城乡联动、城乡衔接，促进城乡道路客运基本公共服务均等化。以城乡客流需求为前提，有序推进城乡道路客运一体化发展，主要在人员未来比较频繁、城乡客流需求量较大的节点之间发展城乡公交或实施城乡道路班线客运公交化改造，而不是全面盲目推进城乡公交一体化发展。在推进城乡道路客运一体化发展过程中，需要坚持“以人为本、安全第一”的发展原则，根据地形条件、公路基础设施条件、沿途停靠站点配套条件等城乡客运发展的基础条件，合理选择发展城乡公交、实施城乡道路班线客运公交化改造或继续运行道路班线客运，以及科学采用设站位城市公交还是不设站位的城乡客运车辆。

（三）因地制宜，分类指导

由于地形条件、道路条件、人口分布、客流需求等城乡道路客运发展的区域差异性较大，城乡道路客运一体化不可能采用“齐步走”、“一刀切”的发展模式，需要从实际出发，根据不同区域的发展基础、发展条件及需求特征，实事求是地探索差异化的城乡客运一体化发展模式和推进路径。总体来说，在中心城区和县城周边地势平坦、路面较宽、基本达到城市公交通行条件的地区，适宜以设站位城市公交线路延伸为主；对于人员往来比较频繁但地形条件、公路条件达不到城市公交通行条件的城际之间、城乡之间，适宜以不设站位公交线路延伸或普通班线客运公交化改造为主；县域内部尤其是乡镇以下地区以农村客运班线优化和公司化改造为主，并根据地形条件、公路条件、安保设施配套条件、交通流量情况有选择地发展“镇村公交”；其他区域继续运行城乡道路班线客运，着力优化班线客运资源配置，以及提高班线客运的服务效率和服务水平。

（四）路运并举，衔接顺畅

城乡道路客运一体化发展模式的选择与地形条件、道路条件及停靠站点、安保设施等配套条件密切相关。城乡道路客运一体化发展，必须坚持路、站（亭）、运一体化发展，围绕城乡道路客运一体化发展要求，加强城乡客运换乘枢纽站场和沿途停靠站点的规划建设，促进不同层次城乡客运网络的顺畅衔接，实现旅客“零距离”换乘和安全、便捷上下车；加强城乡公路尤其是急弯、陡坡、窄路面路段改造和客运安保设施的配套建设。

（五）统筹规划，稳步推进

统筹城市公交、城际客运、城乡客运和农村客运发展。逐步取消城乡客运班线招投标的地域限制和客运班线的“对等对开”规定；逐步消除同一条线路城市公交和普通班线客运并存和不平等竞争的现象。统筹规划城市公交、城乡公交、普通班线客运、农村客运站点设施、营运线路及开行班次，优化城乡道路客运资源配置与网络衔接。根据发展基础、发展条件成熟情况，逐步推进城乡客运集约化、网络化、一体化发展。选择具有一定发展基础的地区先行开展城乡道路客运一体化发展试点，在试点基础上总结经验，完善配套政策、标准规范与保障措施，并逐步推广，逐步建立推进城乡道路客运一体化发展的长效机制。

四、措施建议

（一）加强组织领导，坚持部门联动

进一步强化地方政府在推进城乡道路客运一体化方针工作中的主体作用，成立由地方政府牵头，交通、建设、规划、国土、公安、物价、财政、运管等相关部门共同参与的推进城乡道路客运一体化发展领导机构，在线路开行、项目实施、站场用地、税费减免、资金补助、安全监管、纠纷处理等方面发挥重要的决策支持与组织管理作用；并将城乡道路客运一体化发展纳入新型城镇化、城乡一体化发展规划及新型城镇化建设和城乡一体化发展实践全过程，以保障城乡道路客运一体化发展的顺利推进。

（二）完善公共财政补贴制度，加大政府财政支持

将城市公交和农村客运发展纳入政府公共财政体系，统筹安排，重点扶持，并逐步提高地方财政投入支持力度，保障城乡公共交通事业的良性循环发展。对因优待乘车、低票价因素、基础设施建设、车辆购置或更新、节能环保改造等方面造成的政策性亏损，按政府公共服务的相关标准给予价格补贴和政策扶持。建立规范的企业营运成本评价制度和政策性亏损评估制度，对企业的运营成本和服务效果进行综合评价，以确定合理的财政补贴金额。建立公共财政补贴考核机制及其与服务质量挂钩的运行机制，对公共交

通企业的服务质量进行绩效评估，确保政府对公共交通企业的财政补贴获得最大的社会效益，并有效引导企业加强管理、控制成本和提高效益。

（三）加强政策优惠支持，推动配套设施建设

对城乡公交总体参照城市公共交通的相关法律法规和标准规范实施管理，争取农村客运享受与城市公交同等的优惠支持政策。对城市公交和农村客运企业在营业税、工商管理费、车辆保险及年检等税费征缴上给予适当政策优惠。争取地方政府和相关部门支持，将城乡道路客运换乘枢纽和停靠站点作为重要公共基础设施，纳入城市或县域总体发展规划，保障项目建设用地；并在土地征用过程中，由地方政府提供征地拆迁优惠或采取土地划拨等方式给予支持。推动城乡客运枢纽站、停车场、保养场、首末站、停靠站（招呼站、候车亭）等城乡客运枢纽站点建设，推动不同类型客运站场的衔接与共享，实现旅客“零距离”一体化换乘；推动开行城乡公交、农村客运公路沿线急弯、陡坡及窄路面拓宽改造，以及城乡客运安保设施和沿线港湾式停靠站点配套建设，有效保障城乡客运安全。

（四）构建城乡一体的客运管理体制与运行机制

打破现有城市公交与道路班线客运分割管理的城乡客运管理体制，建立城市公交、城乡公交、城乡班线客运、农村客运一体的管理体制与运行机制。统一规划城乡道路客运线路网络，促进城市公交、城乡公交、班线客运、农村客运之间的有效衔接，统一配置城乡道路客运站场、车辆等客运资源，统一调度安排城乡道路客运班线和班次，鼓励现有城乡班线客运企业积极推进城乡班线客运公交化改造并广泛参与城乡公交客运市场运营，从而构建形成城乡一体的道路客运服务网络、管理体制和运行机制，实现城乡道路客运系统内部分工合理、资源配置优化及站场设施与客运服务有效衔接，更好满足城乡居民安全、便捷、舒适、高效的交通出行服务需求。

（五）加强城乡客运服务质量评价与市场监管

建立城乡道路客运一体化运营与服务质量评价体系，出台相应的城乡道路客运服务评价标准、考评办法及行业监督措施，由城乡道路客运管理部门统一组织实施城乡道路客运服务质量考评，并将考评结果与企业资质评定、市场准入相结合；落实城乡道路客运市场监管措施，加强城乡道路客运市场运营监督与安全监管，形成城乡道路客运良性循环发展机制，不断提高城乡道路客运的服务质量和水平。

（六）推动城乡客运信息化、网络化发展

加强城市、城乡公交智能调度与管理，强化城乡道路客运出行信息服务，推动城市、城乡公交刷卡支付及区域公共交通一卡通乘车支付系统建设，推动城乡道路客运科技化、信息化、网络化、智能化发展，提高城乡道路客运的信息化、智能化、便捷化服务水平。

参考文献

[1] 张剑锋，杨浩．城乡公交一体化建设问题分析［J］．交通标准化，2007，12.

[2] 李金辉，徐立友，张毅．基于城乡客运一体化的中小城市道路客运模式［J］．交通科技与经济，2006，4.

基于交通与经济协同发展的重庆实证研究

张译丹[1]　谭大龙
（重庆市综合交通运输研究所，重庆　401120；重庆市公路工程质量检测中心，重庆　400060）

【摘　要】本文以协同学的协同机理为基础，通过协同机理的原理，时间、空间和环境外部条件以及协同激励效应三方面，以国外典型国家及中国重庆交通建设与经济发展的相关数据为支撑，论述交通建设与经济发展相互“引领”的双向性，即交通建设“引领”经济发展，经济发展必然“引领”交通建设。
【关键词】交通建设与经济发展　协同机理　重庆实证

The Research of Chongqing Based on Traffic and Economy Coordinated Development

Zhang Yidan　Tan Dalong
(Research Institute of the Comprehensive Communications and Transportation of Chongqing, Chongqing 401120; Chongqing Highway Engineering Quality Testing Center, Chongqing 400060)

Abstract: Based on the cooperative mechanism, through three aspects of the coordination mechanism's theory, time, space and the external environment condition and coordination incentive effect, also using outside countries experience and Chongqing traffic and economic development's data for support, This paper discusses traffic construction and economic development to lead each by two sides.

Keywords: Traffic and economic development　Cooperative mechanism　Chongqing's research

长期以来，关于交通建设与经济发展的关系占主导地位观点是：交通建设“引领”经济发展，显然这一观点被无数事实证明，强调的是交通建设对经济发展的支撑和保障作用，无疑是正确的。然而，在一些文章中却有偏颇之嫌，如有指出只有交通建设搞好了，经济才能发展；也有指出两者关系为因果关系，交通建设是因，经济发展是果。然

[1] 张译丹（1984—），就职于重庆市综合交通运输研究所，工程师，研究领域为交通战略、政策研究、运输经济等。

而，辩证唯物论告诉我们：任何事物在合理范围内才是正确的，超越特别是背离了合理范围的界线，就会成为偏颇甚至错误。笔者看来，“交通建设‘引领’经济发展”，是指交通建设与经济发展两者间为双向“引领”的作用，即交通建设“引领”经济发展的同时，经济发展必然“引领”交通建设。笔者将依据协同学的协同机理，以科学的理论、现实的数据论证并加深对“引领”功能双向性的认知。

协同学亦称协同论或协和学，“协同学”一词来源于希腊文，意为共同工作。协同学创始人哈肯指出：协调合作之学（2001），研究多子系统的联合作用，以产生宏观尺度上结构与功能的机制，研究复杂系统的自组织现象。协同理论认为，在整个环境中，各个系统间存在着相互合作与协调的关系，并形成某种结构。哈肯认为，经济学、社会学等社会科学领域中也存在广泛的协同现象。协同学作为研究不同事物共同特征及其协同机理的新兴学科，在诸多领域获得发展并广泛应用。为此，结合笔者对上述观点和理论的认知，以及实际工作中的粗浅体会，利用协同学相关原理，解释交通建设与经济发展间的双向“引领”功能。

一、由协同机理原理决定

所谓协同机理，是指由许多子系统组成的、能以自组织方式形成宏观空间、时间或功能有序结构的开放系统。协同论的主要特点是通过类比对从无序到有序的现象建立了一整套数学模型和处理方案，并推广到广泛的领域。

以交通建设与经济发展协同机理原理而言，虽然两者各自具有相对独立的子系统特征，但以自组织方式形成宏观空间、时间或功能有序结构之后，两者必然形成开放系统，并因之发生质变。这一辩证关系是：交通建设对经济发展具有“保障力”、“支撑力”作用，因而成为经济发展的必要条件和物质基础；而经济发展则对交通建设具有“增生剂”、“成效流”作用，因而成为交通建设的规划指引与资金支撑。两者之间相互依存、促进、协同发展，形成了螺旋式上升的复杂过程。这一复杂过程从本质上讲，使两者构成内在统一的辩证关系。这就是笔者之所以认为交通建设与经济发展之间的“引领”功能具有双向性的原因。下述以国内外实证案例为支撑予以说明。

发达国家中，德国作为成功的出口国家和位于欧洲心脏的旅游国家，是一个体现交通建设与经济发展协同机理的典型国家。目前德国公路总里程超过 23.1 万公里，其中高速公路几乎覆盖德国整个区域，承担了德国境内 50% 以上的道路运输，具有覆盖率高、分布广、通行能力强等特点，故高质量的高速公路网络和货运通过能力对德国经济的快速发展发挥了重要作用。此外，德国构建完善的综合交通体系，是促进德国经济社会发展、保障基本公共交通出行服务、实现区域协调发展的基础条件，其倡导的“协调、均衡、可持续的国土空间是形成国家发展潜力和参与国际竞争的重要基础”的观点更是得到世界各国的认可，其实质更是完整而准确地表达了交通建设与经济发展协同机理的理念。

国内以重庆渝西地区为例，新中国成立初期为四川省永川专区（时称“永八县”），地处川、黔、渝交汇处，区位十分优越，但因交通闭塞和经济发展滞后，发展一般。最早期，永川地区属小城镇，只有一条主要街道和不超过 6 万的人口。然而，伴随《重庆市国民经济和社会发展第十个五年计划构建三大经济区重点专题规划》、《成渝经济区区域规划》等宏观政策的相继出台，交通与经济发展逐渐向好。交通方面，1995 年，长 114 公里的成渝高速开通后，加速了渝西沿线区域生产要素如人、资金、信息等的相互流动；加之长江上游通航，凭借公、铁、水等综合交通及区位优势，带动该区域 GDP 迅猛增加，达到全市经济总量的 1/3。经济方面，渝西各区县工业基础较好，将发展工业经济作为振兴地方经济发展的首要任务，借助综合交通合理优势，主动承接重庆主城区产业辐射与业务分工，服务配套主城，布局和实施一批带动性强、支撑作用大的工业项目，打造了渝西工业集群，渝西经济走廊得已形成并彰显了其社会与经济功能。此外，重庆永川区于 2011 年参选并荣获全国"中国最具幸福感城市"之一，与杭州、成都、天津等城市并列。上述论证均有力证明了交通建设与经济发展之间的协同功能。

二、由协同机理的时间、空间和环境外部条件决定

任何子系统都是在一定的时间、空间、外部环境下存在与发展的。唯物论告诉我们，任一客观事物都是以时间、地点和条件为转移，只有在一定的时间、地点和条件（即外部条件）下，才能发挥接受与吸纳外部条件带来的能量流、信息流与物质流的输入，产生子系统之间的协同作用，从而形成新的时间、空间或功能有序结构，构建新的物质形态。

就交通建设与经济发展协同机理而言，时间、空间与环境的外部条件，可理解为国家与地方政策在一定时限内应达到或实现的目标。这样无论交通建设或经济发展，才有可能在一定的外部条下吸纳非事物本身具有的能量、信息与物质的输入，促使两者协同机理的社会效应得以充分发挥，产生新功能特别是新的物质形态。下面以国际与国内实例说明。

发达国家如德国，其经济实力的领先是以发达的综合交通作为支撑的。仅以德国航空运输业为例，其航空线路覆盖世界几乎所有国家，国际中转运输中有相当一部分是在德国机场完成的。1993 年欧盟内部市场自由化，消除了许多贸易壁垒，2004 年欧盟向东欧和南欧实施进一步扩大的决策，为德国航空业的发展创造了极好的交通建设与经济发展的外部条件。以德国法兰克福机场为例，该机场在外部条件的促使下发展较好，是欧洲空中交通枢纽之一，也是全球各国际航班重要的集散中心和世界上最繁忙的机场之一，它开通了国际航线 110 多条，并与德国邮政 DHL 间的合作无间。据最新统计数据发现，法兰克福市人口 65 万，就业岗位达 59.6 万个，人均国内生产总值为 67940 欧元，平均每人购买力达到 18694 欧元，其对经济支撑作用之巨大令人惊叹！

国内以重庆直辖前后的涪陵为例分析说明。新中国成立初期，涪陵城区只有一条长约 1 公里、从大东门到秋月门的"通城马路（中山路）"和十多条石板街道及狭窄的石级坡坎巷道，无任何公路与外界联系。当时城区面积 1.37 平方公里，居民 3.2 万人。重庆直辖后，涪陵被重庆定位为区域六大中心城市之一、"双百"城市[1]后，加速了其经济

[1] "双百"城市，就是人口百万、城区面积百万平方公里的城市。

与综合交通发展。交通方面，涪陵交通由直辖之初的单一依靠长江水道出行，逐步形成由公、铁、水综合交通方式下的渝东交通枢纽，拥有渝涪高速、沿江高速、G 319、渝怀铁路、渝利铁路等陆路及涪陵港、集装箱码头等水路交通设施。城市道路总里程达 193 公里，较直辖之初增加 112 公里；城市建成区面积 47.7 平方公里，增加了 34.1 平方公里，是直辖之初的 3.5 倍；城镇人口达到 62.4 万人。经济方面，在逐步形成的化工化纤、医药食品、船舶等六大支柱产业、链式集群型发展下，涪陵工业总产值由直辖之初的 20.2 亿多元发展到 2011 年的 310.7 亿元，地区生产总值达 557.3 亿元，城镇居民人均可支配收入 19643 元，分别是直辖之初的 15 倍、11 倍、4.1 倍；户籍人口达 116.5 万人，较直辖之初增加 8.2 万人。交通与经济发展的双向支撑效果明显。

三、由协同机理效应决定

协同效应是指由于协同机理作用而产生的结果，即指在复杂开放系统中子系统交互作用而产生的整体效应。哈肯认为，以开放系统为前提，大量不同的子系统间通过复杂的方式相互作用，形成新的复合系统的过程。在这个过程中，各个系统间的非线性关系使得整个开放系统从无序演化为有序，同时产生了“1+1>2”的效应，这就是协同效应。也正是基于这种非线性关系，两个开放系统的协同作用产生的效应要比这两个系统间简单叠加产生的效应大。

从交通建设与经济发展的密切关系讲，正是两个正外部性系统叠加带来放大效应的结果。用事物发展过程的哲学观点分析，交通建设与经济发展都具有溢出效应，而溢出效应对与之协同产业的发展起到催化作用，据此，交通建设与经济发展的协同发展机理开始凸显，进而形成协同发展机理“1+1>2”的整体效应与整体特征。仍以国际与国内事例略加说明。

美国芝加哥在交通建设与经济发展形成协同发展机理“1+1>2”的整体效应上表现极为明显，堪称世界内陆城市的范例。芝加哥市位于美国中西部，地处北美大陆的中心地带，是美国主要的金融、文化、制造业、期货和商品交易中心之一。其交通运输业发达，是美国最大的空运中心和铁路枢纽，也是世界上最大的内陆港口，被称为“美国的动脉”。其综合交通概况如下：航空方面，有中央国际机场、奥黑尔国际机场、中途机场三个，其中奥黑尔国际机场是世界上最繁忙的机场之一，其飞机流量、旅客人数、货物吨位均位于美国乃至世界的前列，每年接待乘客 6900 万人次。铁路方面，芝加哥是美国最大的铁路枢纽，拥有 37 条铁路干线，每日货车往来约 3.5 万节，还有 200 个货车站、4 个货运港口、8 条城郊铁路。内陆港口方面，自 1848 年成功连接大湖区与密西西比河水系的伊利诺伊-密歇根运河和贯穿东西部的铁路竣工后，芝加哥已成为水陆交通枢纽，可取道圣劳伦斯内河航道直达欧洲，也可取道密西西比河通往墨西哥湾的驳船运输。公路方面，芝加哥内拥有 12 条公路干线和 1013.8 公里高速公路，公路交通发达，是州内公路系统的中心。芝加哥综合交通建设发展是与经济发展协同互动开展的。芝加哥于 18 世纪 30 年代建市，经其经济快速发展特别是传统工业的快速发展，19 世纪 30 年代至 50 年代初为城市发展的最辉煌时期。美国 500 家最大的公司中，有 33 家的总部设在芝加哥及其毗邻地区，如摩托罗拉、阿莫科及内陆钢铁等公司，这一时期芝加哥的经济被称为“美国制造业和交通中心”的黄金时代。而这一黄金时代也是芝加哥的铁路、公路和港口建设完备时期。从19世纪60年代起，由于世界经济和美国经济结构的大变动，芝加哥也经历了从传统工业向以现代服务业多元化转型的过程，并直至19世纪末才完成。支撑芝加哥完成产业转型的基本力量除公、铁、水外，表现最为突出的是以奥黑尔为核心的航空业的迅猛发展，奠定了现代服务业转型的基石。正是由于具有完备、发达和畅通的综合交通网络和以现代高端服务业为主的多元化产业，芝加哥市政府把芝加哥定位为“世界领头的金融中心之一，美国的交通中心和工业中心”[1]，而这更有力地实证了交通建设与经济发展形成协同发展机理“1+1>2”的整体效应！

同为内陆城市的重庆，近年来被众多外国一流媒体称为“中国的芝加哥”，究其原因是直辖后短短15年内，交通建设与经济发展所形成的协同发展机理“1+1>2”整体效应令人惊叹。

重庆1929年建市，当时陆路交通主要靠狭窄的街道和驿道，交通工具则主要是滑竿和人力轿子；水上交通主要依靠长江、嘉陵江，交通工具几乎全是木船，交通多依靠长江水道，基本无其他对外通道，交通十分不便。交通落后与经济落后关联性较大，重庆二元结构突出。直辖之初，由城口县到达重庆需3天时间，巫溪、巫山、秀山、酉阳等县到达重庆至少也要1天及以上时间，且仍有12个乡镇不通公路。直辖后，重庆市综合交通发展迅速。

公路方面，直辖后成渝、渝长、长涪、渝黔、渝宜、渝湘等20多条高速公路形成的“二环八射”2000公里高速公路骨架网提前10年全面建成，实现“4小时重庆”、“8小时周边”的目标；高速公路路网密度居西部之首，架起了重庆连接内外、沟通四海的交通“主动脉”，加速“内陆开放高地”崛起，是直辖15年来交通发展的最大亮点。水路方面，重庆境内河流众多，其中长江航道通航里程679公里，约占长江通航总里程的1/4。2010年，三峡大坝成功蓄水至175米，重庆库区航道条件显著改善，5000吨级单船和万吨级船队可直达主城，成为“重庆长江上游航运中心”的核心竞争力之一，并形成通江达海、江海联运的发展格局。铁路方面，重庆由直辖前的成渝、渝黔、襄渝3条铁路发展为至今的拥有襄渝二线、宜万、兰渝、渝利、遂渝二线、南涪等12条铁路干线，重庆北站和重庆站2个铁路客运站、货运东站和团结村铁路物流中心2个主要铁路货运站的“一枢纽六干线”铁路网络，营运里程达1452公里。同时，伴随渝新欧国际铁路联运大通道的建成通车以及未来众多铁路干线与支线的相继建设，重庆将成为名副其实的国家级铁路枢纽。航空方面，直辖后重庆斥资500亿元打造中国第四大航空枢纽。至2011年，重庆江北国际机场旅客吞吐量突破1900万人次，增长21%，分别高出全国及西部地区平均增速13个、8个百分点。旅客吞吐量排位上升至全国第9位、世界第80位。开通至香港、台北、卡塔尔多哈等国际（地区）客运航线15条，仅重庆至芬兰航线开通一次转机

[1] 资料来源：美国芝加哥市政府网页。

直达欧洲50多城市；开通重庆至荷兰阿姆斯特丹、达卡等近30条国际货运航线，货运航点覆盖欧洲、美洲、澳洲及亚洲的各大主要口岸城市。重庆综合交通快速、全方位的建设，促进了经济快速、全方位发展，两者良性互动，彰显了“1+1>2”的整体效应。

重庆经济在直辖15年间实现了跨越式发展，究其原因在于大力加快推进工业化、城镇化。直辖初期，重庆工业表现出规模不大、结构单一、机制老化等特点，直辖后随着产业垂直整合一体化、上中下游产业联动和同类产业集聚等发展模式的推进，重庆逐步形成了电子信息、汽车、先进装备制造、综合化工、材料、能源产业和消费类制造业“6+1”支柱体系，促成了“多头在内、一头在外”的内陆加工贸易新模式，并培育出了以惠普、宏碁、华硕、东芝、索尼等品牌商为龙头，富士康、广达、和硕等代工商为基础，并带动600多家零部件制造厂商的“5+6+600”笔记本电脑产业集群，助推电子信息产业成为“第一支柱”产业。同时，现代服务业迅猛发展，金融业增加值占比提高到7%，商品销售额突破1万亿元。总之，重庆经济发展变化显著，三次产业结构由1997年的22.8∶35.1∶42.1调整为8.2∶53.9∶37.9。按照经济学的观点，某一地区第一产业低于20%，就进入了工业化高速发展期，重庆就处于这个时期。因此，直辖后全市GDP总量年均增速达12.2%，较1996年增长6.6倍；地方财政收入2909亿元，较1996年增长52倍；固定资产投资增长23.7倍；社会消费品零售总额增长7倍。重庆作为西部地区重要增长极和长江上游经济中心的地位初步显现，其经济发展模式也由“生存型社会”向“发展型社会”转变，经济增长由“数量型增长”向“质量型增长”转变。

交通建设与经济发展形成协同发展机理，无论在发达国家或发展国家，即使在同一国家不同城市或不同地区，无论差异怎样都会体现的，这就是本文的主题。

参考文献

[1] 重庆市人民政府．关于印发重庆市国民经济和社会发展第十个五年计划构建三大经济区重点专题规划的通知［N］．重庆日报，2001-12-12.

[2] 中华人民共和国国务院．成渝经济区区域规划［R］．2011.

[3] 中国20城市获选“2012中国最具幸福感城市”［OL］．［2012-12-30］．www.gov.cn.

[4] 法兰克福：欧洲最大的航空货运中心［N］．郑州日报，2013-04-22.

[5] 重庆市统计局，国家统计局重庆调查总队．重庆市统计年鉴（2000—2012年）［DB］．

[6] 重庆市交通委员会．重庆交通年度发展报告（2008—2012年）［R］．

[7] 重庆市统计局，国家统计局重庆调查总队．2012年重庆市国民经济和社会发展统计公报［OB］．2013.

利用信息化缓解北京交通拥堵的建议[1]

李俊卫　刘冬梅　张晓亮　王文静
（交通运输部公路科学研究院，国家智能交通系统工程技术研究中心，北京　100088）

【摘　要】为缓解交通拥堵、改善交通状况，北京市已进行了持续地努力，并持续投入上百亿的信息化资金。本文通过对当前北京交通拥堵现状成因进行系统分析，并结合信息化对现代化综合交通体系的支撑作用，提出了北京市在缓解交通拥堵方面的信息共享和开放、优化信号控制、汽车共享计划等信息化发展建议，其对未来全市的信息化建设具有重要的参考价值。

【关键词】交通拥堵　信息化　拥堵成因　北京

Suggestion about Alleviating Beijing Traffic Congestion by Using Information

Li Junwei　Liu Dongmei　Zhang Xiaoliang　Wang Wenjing
(Research Institute of Highway, Ministry of Transport,
National Center of ITS Engineering and Technology, Beijing 100088)

Abstract: In order to alleviate traffic congestion and improve traffic conditions, Beijing has made sustained efforts, and continuously invested information funds billion. Based on the systematic analysis of the Beijing traffic jams situation factors, combined with the supporting function of informatization in modern integrated transport system, the article put forward some development suggestions about alleviating traffic congestion by using informatization such as Information sharing and open, Optimization of signal control, Car sharing and so on, which has important reference value for the future of the informatization construction in the city.

Keywords: Traffic congestion　Informatization　Congestion causes　Beijing

一、引言

交通拥堵是北京市面临的主要城市问题之一，已严重影响到公众的生活质量和城市形象，并加剧了空气质量和环境的恶化，成为全市可持续发展的主要障碍之一。造成交通拥堵的因素很多且复杂，根本原因是北京人口超载和机动车保有量激增，在 2013 年常

---

[1] 本文受到北京经济和信息化委员会项目“利用信息化手段缓解交通拥堵的若干问题调研”资助。

住人口已达到2114万人，早已突破2005年编制的《北京城市总体规划（2004—2020）》的“总人口规模要控制在1800万”红线；机动车保有量也达到了543万辆，平均每千人已达250辆[1]。

为缓解交通拥堵、改善交通状况，北京不仅持续加大了基础设施投资，也相继出台机动车尾号限行、小客车指标调控、缓解交通拥堵28条等政策。同时，全市持续投入了上百亿的信息化建设资金构建现代化交通体系以缓解交通拥堵。应用实践证明，信息化覆盖整个现代化交通体系全局，是缓解当前拥堵难题的重要手段之一，也诚如习近平在成立中央网络安全和信息化领导小组时提到“没有信息化，就没有现代化”，信息化是现代化交通体系的重要支撑。然而，根据市交通委发布的拥堵指数显示，北京市交通拥堵虽然在2010年、2011年有了较大改善，但之后又日趋恶化[2]。

为分析信息化在缓解北京市交通拥堵方面是否有空间，本文通过北京市拥堵成因、信息化建设情况进行了文献数据以及实地调研，提出了北京市信息化建设改进建议。

二、北京市交通拥堵成因

造成交通拥堵的因素很多且复杂，除人口和机动车激增之外，拥堵还有以下几方面原因[3-5]：

（一）城市功能布局不合理，没有形成以公共交通为导向的规划模式

受限于古城的保护等因素，北京市在规划和建设过程中继承了中国古代城市的集中式布局的传统，主城区发展形成了当前的城区二环到五环的“摊大饼”式、资源过度集中的空间发展格局。这种中心城区资源集中式格局，造成工作地与居住地分离、人和车的平均出行距离越来越大，形成潮汐式早晚通勤高峰，成为造成全市交通拥堵的主要成因。

北京市在以前的规划中也设计了卫星城的模式，但是由于环路的修建以及并未严格执行规划的原因，造成绿化带被蚕食，边缘集团的定位和功能消失，如图1所示。另据《2012中国新型城市化报告》称，北京人均上班出行时间需耗时52分钟，在中国内地50个代表城市排序中名列第一。因而，城市规划布局没有贯彻以交通为导向（TOD）的规划理念，如以天通苑、回龙观为代表的新区域规划，都是先建房后建路，交通整体考虑不足，早晚高峰道路及公共交通早已不堪重负。

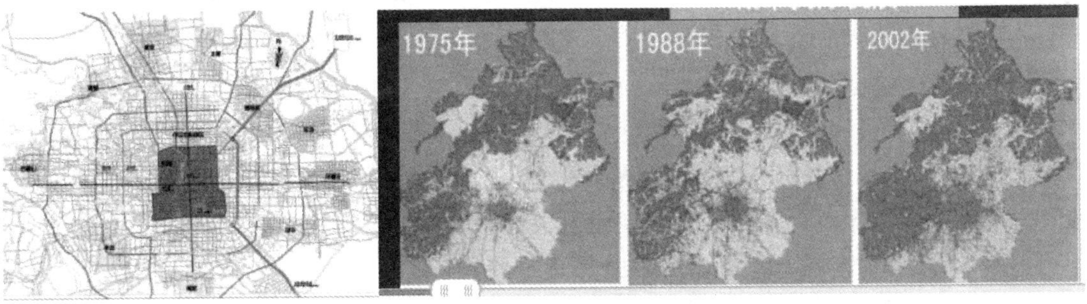

图1　北京市城市发展演化[3]

（二）道路建设系统性不足，道路网交通流分布不均衡

以举办2008年世界奥运会为契机，全市交通基础设施建设有了很大进展，路网承载能力大幅提升。但受城市中心区各部委、企事业等单位封闭大院密布的影响，全市的道路比例不合理：中心城区道路密度小且比例不协调，支路较少，主干道和快速路相对较多，且四车道、八车道主干道占比高。

与伦敦等其他城市相比，北京的次干道支路较少；在道路面积和道路网密度等方面远落后于东京、伦敦、巴黎和纽约，如表1所示。北京如此道路布局难以有机疏散，全市绕路现象较为严重，并基于此道路格局，造成全市交通流过于集中在快速路以及少数的主干道上，交通流分布极不均衡。据高德地图公司统计，在高峰时段70%的道路并不拥堵，拥堵主要集中在快速路和主干道上；占市区道路总里程8%的快速路承载了超过50%以上的交通量，远超同比例上海快速路38%的交通量。

表1　各城市的道路情况对比

道　　路	北京	纽约	巴黎	伦敦	东京
高速（km）	922		650		230
城市快速（km）	263			60	
主干道（km）	865			1721	
次干道（km）	648			12896	
支路与街坊路（km）	4495				
路网密度（km/km^2）	4.6	8.6	8.9	9.7	35.1

（三）公共交通主导地位仍未确立，静态交通服务设施能力较低

随着北京推行低票价和轨道交通的大规模建设，北京公交优先战略得到一定的贯彻，公交专用道已建设达到350公里，公交信号优先路路口超过了100个，公共交通分担率持续增长，2012年已达44%以上，高峰时段则超过了50%。但与国际其他城市相比，这一比例仍然较低。香港、东京在公共交通（轨道+公交）高峰时段一般都超过了80%，纽约甚至超过了90%。

在静态交通方面，北京市区的现有各类机动车停车位仅152万个［参考北京交通运输管理局2013年北京市备案停车场（位）明细汇总表］，按照1∶1的泊位需求，整体停车矛盾突出。国内外曾有调查数据表明，城市路面车流中有12%～15%的车辆是正在寻找停车泊位的车辆。北京市缺少信息诱导系统，驾驶员由于不了解停车位，随意、任意、没有目的地去找停车位，给道路交通增加了额外的负担。

（四）交通管理智能化、精细化程度不高

通过市交管局调研了解到，受交通流采集设备损毁严重等影响，全市信号控制系统效果整体发挥并不理想，单点控制较多；目前，北京仅十多条道路实现了绿波干线控制，

其他路口道路驾驶中连续遇到红灯的概率仍比较高；信号灯配时不合理，大部分交叉口未能根据实时交通量进行信号智能控制，提高交叉口的通行效率。

此外，匝道控制主要依赖视频人工观测实现主、辅路控制，各出入口协同性差，高峰时段主路经常出现拥堵，并没有达到快速路的控制效果。

（五）出行信息服务体系不完善，政企合作不够深入

一方面，全市交通行业部门对外信息服务仍然不完善，如信息服务内容简单、不同单位提供的信息不统一等；动态导航使用不普及，据估计，全市车辆车载导航设备安装率不足 10%。

另一方面，部分互联网企业如百度、高德等已借助互联网优势，通过网站、手机 APP 等服务终端，实现了实时路况、公交线路、周边信息、线路规划等查询服务。但由于政府手中的部分行业数据难以获取，造成不能为公众提供更为精确的如红绿灯等待时间、行程时间预计、停车诱导等主要信息服务，出行体验仍较差。

三、信息化缓解拥堵的差距

通过国内文献以及实地调研，与其他城市相比，北京在缓解交通拥堵信息化建设方面还存在如下差距：

（一）可实现源头治理的城市规划缺少交通数据

进入 21 世纪，北京市已从工业化步入后工业化时代，信息、文化等第三产业已占城市发展的主体，相应的就业结构和出行行为发生了很大变化。以往的城市规划理论难以适应未来的城市快速发展需求。这就需要充分的、及时的数据以支撑当前的城市规划，利用大数据的思维来分析出行行为和出行分布以实现科学规划。

根据规划部门反映，全市还缺少可用于规划的综合交通信息平台。尽管北京已分别形成北京公安交通管理局和北京交通委两大行业数据中心，彼此有一定的数据交换，但两者在实时共享和行业数据开放方面，与其他城市如香港、上海相比，还存在很大差距。香港早已建成了交通控制管理中心，实现各类交通信息的汇集，为城市规划和精细化的交通管理提供了重要基础；上海也于 2006 年，通过市政专网，将所有的交通行业管理部门信息平台形成互联的环网，建设了上海市综合交通信息平台，实现行业部门的互联互通，为各政府部门和社会提供重要的共享数据。此外，香港和上海均免费向社会企业开放公共数据资源，并与相关企业交换分析成果，形成良性互动。

（二）支撑公交优先战略方面还存在一定差距

公交优先战略是建设资源节约型社会、实现城市交通系统的“绿色、低碳”化以及可持续发展战略的重要手段和保障，已上升为国家城市发展战略。但是北京在支撑公交优先战略在信息化建设方面还存在如下差距：

（1）终端安装率较低。据调研，截至 2013 年年底，公交车载信息设备的终端安装率仅达到 60%，与杭州、厦门、佛山等地终端安装率 100% 相比，终端建设滞后。

（2）受信息终端安装率低以及北京拥堵严重影响，公交调度的信息化和智能化水平一直较低，串车现象严重，正点率较低，全市的车辆准点率不足20%，难以满足公众的出行需求。

（3）公交信号优先交叉口较少。北京市公交优先交叉口仅占全部路口的不足5%，远低于斯德哥尔摩城市近50%公交信号优先交叉口比例。

（4）公交信息服务难以满足需求。全国很多地市已为公众出行提供了实时公交和电子站牌服务，北京目前仅推出100条实时公交服务，不足总线路数的5%。

（三）驾驶员信息服务滞后

日本的车辆信息与通信系统（VICS）和交通委的一项测试表明，动态车辆诱导可在出行时间和油耗方面实现超过10%以上的节省，可有效地均衡道路网交通流量，实现空间上分散交通需求。

北京市已借助出租车GPS信息，开发了实时路况系统，大型的汽车厂商，如奔驰、通用、福特等高端车型，均可以接受北京实时路况。此外，百度、谷歌中国等也可以通过手机APP进行导航服务。但北京动态导航并未大规模应用，道路高峰时段分布不均衡依然存在。在驾驶员信息服务方面还存在如下不足：

（1）车载信息终端设备安装较少，难以发挥均衡道路网交通量作用。

（2）缺少综合的驾驶员动态诱导信息，特别是实时的停车场信息。北京市目前没有一个实时的动态停车诱导系统，这也是造成当前停车乱、停车难的重要原因。

此外，据公安交通管理局反映，道路诱导屏全市不足400块，且部分诱导屏由于老旧，难以形成连续的诱导，难以有效疏导车流。

（四）交通管理智能化、精细化程度不高

受交通流采集设备损毁严重等影响，全市信号控制系统效果整体发挥并不理想，单点控制较多；受运维资金限制，北京仅十多条道路实现了绿波干线控制，而其他路口道路驾驶中连续遇到红灯的概率仍比较高；信号灯配时不合理，大部分交叉口未能根据实时交通量进行信号智能控制，提高交叉口的通行效率。

北京环路和快速路的匝道控制主要依赖视频人工观测实现主、辅路控制，各出入口协同性差，高峰时段主路经常出现拥堵，并没有达到快速路的控制效果。

（五）基于信息化创新的模式和工作模式重视程度不够

北京市在推动模式和技术创新方面，还存在引领不足、创新迟缓等问题。目前，主要调研以下几种模式：

（1）公共电动汽车合乘计划。基于车联网等信息技术，类似公共自行车租赁模式，国内外部分城市已开始推行公共电动汽车的合乘计划。以阿姆斯特丹、巴黎为例，公众可通过办理会员卡获取车辆的租用权。会员可通过手机、网站等查询附近的车辆运行状态，并可到附近的停车点自助取车。车辆用完后，可就近归还。车辆在使用过程中，采用时间计费方式，以避免长期的占用。该模式具有一定的未来城市概念，可有效遏制城市机动车保有量。

（2）远程办公计划。现代化信息技术已可支撑大部分企事业单位采用灵活的远程办公模式。在西方，家庭办公、临时租用办公室已经成为较为普遍的模式。

（3）大数据利用。交通每时每刻都在产生着大量的数据，以大数据的思路和角度可能为破解当前交通拥堵难题、提升行业决策能力和服务水平提供新的思路。百度、高德等交通信息服务商已制定了大数据发展战略，并在公众出行分布、交通综合信息服务方面有了一定的研究进展。但是，政府在这方面还缺少相应的规划。

四、缓解交通拥堵建议

基于对上述信息化建设差距的分析，并结合信息化对城市交通的重要支撑作用出发，提出如下缓解交通拥堵的建议：

（一）推进交通行业管理部门数据共享和开放，并重视大数据的应用

（1）建议借鉴香港、上海等城市经验，督促行业管理部门尽快实现数据的互联互通，建成全市性的综合交通信息平台。在此基础上，接入铁路、民航、通信运营商等单位信息数据资源，全面实现交通行业数据的信息共享，为城市规划、行业决策和完善的信息服务提供支撑。

（2）推进公共数据资源向社会开放。互联网企业基于市场驱动在交通信息服务和服务创新方面具有强大优势，数据开放将有助于其降低获取数据成本、提高信息服务质量和丰富服务内容。

（3）责成行业管理部门加快建立大数据分析平台，重视大数据的挖掘和应用，并注重于互联网企业进行互动，完善政企合作，以提升当前的交通决策、管理水平以及信息的服务质量。

（二）提升路网智能化、精细化水平，提高区域交通协调能力

在道路交通管理方面应进一步加强以下方面建设：

（1）提升主干道绿波控制、干线和环线之间的协同控制以及区域协同能力，可引进国外如洛杉矶、新加坡等城市的先进信号控制经验，实现信号控制的精细化，全面提升信号控制效果。

（2）确保交通基础设施持续的运维经费投入，不致影响先进的交通控制以及优化控制发挥效用。

（3）进一步提高快速路出入口控制水平，实现二环、三环、四环等快速路及辅路的信号管理自动化、智能化、协同化，提升快速路环路的运送速度。

（4）基于大数据分析建立全市信号控制长效的评估跟踪机制，对区域以及全市的信号控制和改进效果进行持续评估跟踪，以保障信号控制的持续优化。

（三）研究和尝试建立汽车合作共享计划

应积极学习巴黎、阿姆斯特丹等欧洲城市，研究和尝试推行合作的汽车共享服务模式，基于车联网技术，在全市推行公共汽车租赁。若假定一个车辆日使用为 10 次，则 10 万辆车就可满足等待摇号的大部分人的汽车梦，也可提高汽车利用率，降低汽车保有量。

（四）积极探索智能化、远程共享式办公模式，减少上下班出行需求

可研究家庭办公和远程办公的相关政策和模式，以改善当前的居住地和工作分离的状况。如可在合适区域设立智能化、远程共享的办公场所，让部分企业员工有组织地就近上班（如每周一天），减少出行需求，一定程度上缓解交通拥堵。也即，在居住密集区域以及城乡结合部，如天通苑、回龙观等大型社区，采用“政府引导、公司运营”模式，设立智能化、远程共享式办公服务中心，让有条件的企业事业单位租用，为企业员工提供就近办公或者临时办公的场所。

五、结论

信息化是现代化交通的重要支撑，其对改善城市结构布局、均衡交通流量、优化公共交通出行环境、提升交通管理水平等均具有重要的意义，在着力推动交通信息共享以及社会化应用程度的同时，应重视大数据挖掘，创新办公形式以及公共交通的服务模式等，改善当前全市的交通状况，缓解交通拥堵。

参考文献

[1] 2013 北京统计年鉴［R/OL］. http：//www. bjstats. gov. cn/nj/main/2013-tjnj/index. htm.

[2] 北京交通委. 2013 年北京交通年报［R］. 北京：北京交通委，2013.

[3] 郭继孚，李先，王书灵. 北京市缓解交通拥堵实践与效果分析［J］. 城市交通发展模式转型与创新——中国城市交通规划 2011 年年会论文集，2011.

[4] 郭万超，王婴. 北京交通拥堵的治本之策［J］. 城市运行管理与科技，2011. 3.

[5] 仇保兴. 缓解北京市交通拥堵的难点与对策建议［J］. 现代城市，2011，6（1）.

支线航空是解决中小城市通达性的重要路径

华夏航空有限公司

【摘　要】发展支线航空，完善航线网络，完善中小城市通达性，可利用现有的国家干线网络，通过在支线城市与国家干线航空网络的节点之间开通高密度航班，实现任意一支线城市在6～8小时内到达国内40～50个主要中心城市的比例达到80%的目标，从而实现改善中小城市航空通达性的支线航空运营模式。这一计划的实施可使航空有效覆盖人口从2.8亿提升到8.5亿以上，直接带动中小城市的快速辐射距离从数百公里扩展到数千公里。进而实现共同富裕与可持续发展，为国家新型城镇化战略提供支撑。

【关键词】通达性　新型城镇化　中小城市　支线航空　政策支持

Regional Aviation is one of the Important Paths to Solve the Accessibility of the Small and Medium-sized Cities

China Express Airlines

(China Express Airlines, Chongqing 401120)

Abstract: We can use the existing national trunk network and high density flights between the nodal pointof national trunk network and regional city to develop regional aviation, perfect route network and accessibility of the small and medium-sized cities. We can achieve the aim that the proportion of arrival time from any regional city to 40 or 50 main center city up to 80%, so that the accessibility of the small and medium-sized cities can be improved. It will promote the people who are covered by the air from 280 million to 850 million and extend the radiation distance from hundreds kilometers to thousands kilometers by this plan. At last we can realize common prosperity and sustainable development to support the new urbanization strategy of country.

Keywords: Accessibility　New-type urbanization　Small and medium-sized city　Regional aviation　Policy support

党的十八大指出，新型城镇化是我国现代化建设的历史任务，在新型城镇化建设的过程中，人才既是核心要素，又是长期瓶颈。吸引高端人才在大城市与中小城市之间顺畅流动，带动资金、物资、信息的流通，是城镇化成功与否的重要因素。而解决中小城市通达性问题的最有效途径是发展支线航空。为此，我们建议实施中小城市航空通达性改善计划，即利用现有的国家干线航线网络，通过在支线城市与国家干线网络的节点之间开通高密度航班，实现任意一支线城市在6～8小时内到达国内40～50个主要中心城市的比例达到80%的目标。

一、解决中小城市航空通达性的现实意义

（一）改善航空通达性是实现公民平等出行权利的基本要求

自由、便捷地出行是公民所自然拥有的基本权利。任何一个公民，不能因其所处地域的偏远就丧失这个权利。为公民提供自由和便捷的出行条件，让公民拥有选择交通出行方式的自由，是政府责无旁贷的义务，也是建设和谐社会的重要内容。在城市中，航空出行已经从奢侈消费逐步转向必需消费。鉴于公路和铁路建设投资大、周期长，现阶段可以充分利用航线网络，快速有效地改善通达性问题，满足公民出行的基本权利。

（二）解决中小城市航空通达性是国家城镇化战略的核心支持要素，也是衡量城镇化水平的重要标准

在新一轮的经济高速发展期，新型城镇化将是带动产业升级和推动经济发展的重要助推器。根据中国社会科学院所做的《城市竞争力蓝皮书：中国城市竞争力报告》，城市交通出行是评价城市竞争力的核心指标之一。在城市交通中，机场以及机场的通达性又是交通指标的重要项目。航空运输具有快速、高效、安全的特性，其对上下游产业的“放大作用”和带动地区经济发展的“辐射作用”，已成为提升城市品质和推动经济发展的不可或缺的重要力量。

（三）中小城市航空通达性的突破是我国从民航大国走向民航强国的关键步骤

改革开放以来，中国民航业伴随着中国经济的快速发展而高速增长。2005年我国航空吞吐量超过德国，成为仅次于美国的世界第二航空大国。根据专家预测，未来20年，中国经济仍将保持增长的态势。面对未来航空市场的良好前景，中国民航局于2005年提出了中国民航要从民航大国向民航强国转变的战略目标。2012年7月8日，《国务院关于促进民航业发展的若干意见》提出加强干线支线衔接和支线间的连接、加强机场规划建设、大力发展通用航空等十项主要任务，旨在提高中国航空产业的国际竞争力和影响力，建立成熟完善的民用航空体系。这是新中国成立以来第一部全面指导民航业发展的纲领性文件，标志着发展民航业上升为国家战略。但目前我国航空有效（达到通达性条件）服务人群尚不足总人口1/4，东西部差距明显，干支失衡，国内民航服务的国土面积和人口受到了很大限制，建设民航强国需要首先解决中小城市航空通达性问题。

二、完善国家航线网络是提升中小城市航空通达性的可行之路

由于航线宽度不足、运力不匹配等原因，点到点航班开发方式难以大面积推广。通

过将支线机场与同向邻近核心枢纽机场高频次连接，充分利用现有国家相对成熟的干线航线网络的优势，建立干支中转联程网络模式，是提升中小城市航空通达性的可行之路。

（一）补充支线航线、完善国家航线网络，是提升中小城市航空通达性的最佳手段

1. 完善中小城市航空通达性的目标与基本模式

补充支线航线、完善中小城市航空通达性的目标，是实现任意一支线城市在6～8小时内到达国内40～50个主要中心城市的比例达到80%。实现这一目标的可行模式是以支线城市为出发点，以到核心枢纽城市之间的航程长度和航线宽度为依据，选择3～5个中转点，以点到点和联程中转相结合的航线设计方法，实现航线彼此连接，形成网络化的支线运营模式。

在支线航线规划时，在1000公里航程之内且航线宽度达到盈亏平衡点的航线可采用点对点的模式，其余则应选择中转联程的方式。基于航线宽度和航班密度的考虑，在前期需要迅速启动并提升支线通达性，则应优选航线网络覆盖好、密度高的核心机场为枢纽，实现高密度飞行。伴随着干线机场网络日臻成熟，将会有越来越多的干线机场加入到中转枢纽机场的行列，为支线城市提供更多的出行选择。

2. 通过完善国家航线网络提升中小城市航空通达性的优势分析

（1）成本优势。通过完善国家航线网络来提升中小城市航空通达性具有明显的成本优势。众所周知，建设高速公路每公里的投入是4000万～5000万元。根据华夏航空有限公司对赣州通达性试点的实践，赣州市政府每年的平均投入为9000多万元。即每个支线城市仅需在5年内累计投入10公里高速公路建设所需投入的资金（折合人民币5亿元）用于支线航线运营补贴，100个中小城市在5年内总投入资金500亿元，理论上可以实现100个中小城市通达50个主要中心城市的5000条空中快速通道。

（2）效率优势。在实现通达性目标的多种手段中，相对高速公路和铁路而言，支线航空拥有较强的效率优势。首先，支线机场建设周期短，布点快，针对性强，只需1～2年即可达到通航条件；其次，国家骨干网络已经基本形成规模，一个支线机场投入使用后，只要有适当的运力投入，与已有的国家干线网络对接，就可以充分利用联程中转的运作模式，迅速实现与全国各地的快速通达。例如，通过点对点和中转联程相结合的网络，赣州4小时内可通达的城市达17个，6小时可通达的城市达34个，8小时可通达的城市达38个，基本覆盖中国主要的大中型中心城市。

（3）广泛性优势。目前，全国共有183个民用机场，其中支线机场超过100个。以地面交通2小时车程为机场服务半径指标，理论上我国现有全部机场可覆盖全国总人口的65%左右。但目前国内100个支线机场几乎全部不能达标，航空有效（达到通达性条件）服务人群尚不足25%。如果通过实施改善计划，使全部支线机场达到通达性要求，可以使航空有效服务人群从现有干线机场所覆盖的2.85亿人口再增加5.65亿人，总覆盖人口达到8.5亿人。

（二）目前我国已具备实施干支联程、完善国家航线网络的核心资源

1. 干线航线网络资源

支线航线能否改善城市通达性取决于国家干线网络的密度及频次。目前，国家的干线网络由北京、上海、广州三大门户枢纽，成都、西安、昆明、武汉、沈阳、乌鲁木齐等六大地区性枢纽以及近四十家干线机场构成，航线密度和航班频次已经初步具备了条件。只要支线机场连接进入干线网络内的任意一个拥有较好航线密度和频度的核心枢纽机场，就可进入干线网络共享整体网络资源。

2. 政府支持能力

开发支线航线需要政府的支持投入，投入资金主要用于航线培育期补贴，其来源广泛包括国家专项资金、中国民航局、地方政府等多个渠道。随着国力的增强，国家专项资金和中国民航局资金支持已经具备可行性。近年来地方政府对城市通达性越来越重视，对航线网络建设的支持力度也越来越大，即使在经济欠发达地区也提供了较大的支持力度，例如贵州省兴义市每年从财政收入中划出超过1亿元的航空发展专项资金用于开发航线航班、黑龙江省黑河市每年补贴近8000万元用于航班补贴、江西省赣州市政府每年投入9000万元用于航线补贴，等等，地方政府支持力度的提高，为补充支线航线、完善国家航线网络提供了充分的资金保障。

三、影响中小城市航空通达性改善计划实施的制约条件

中小城市航空通达性改善计划是一项系统工程，影响计划实施的制约条件主要包括以下三个方面：

（一）核心时刻不足

时刻是中小城市航空通达性改善计划的重要制约条件，特别是启动阶段显得尤为重要。在区域枢纽和省会机场尚存在航线网络缺陷的状况下，必然会对门户机场形成一定的时刻资源需求。美国的干支联程模式发展情况较好，据统计，美国前十大机场支线时刻所占比例达到了51%，最高达到70%，充分的支线时刻资源为支线到枢纽的高频次提供了很好的时刻资源保障。但反观国内可谓少之又少，这与国内干支失衡的现状密不可分。虽然在当前枢纽机场时刻已经几近饱和的情况下向支线提供大量时刻存在困难，但应加大前期制定的枢纽机场支线时刻倾斜政策；在时刻总量不增加的情况下，随着门户枢纽航线网络结构的优化，一部分不合理的航线将会调整出去而节约出部分时刻用于支线航线开发；未来的增量时刻应主要用于支线开发。

（二）支线运力严重匮乏

航线的长度和宽度决定了运力构成。完善国家航线网络需要支线运力，然而中国支线运力严重匮乏。

从中国国内支线市场判断，完善国家航线网络所需要的支线运力应是由19座到90座不等的涡桨或涡喷支线机型构成。而仅有的50座和90座支线机中，还有相当一部分被用于执飞干线，导致有限的支线运力进一步减少。

从运营角度来看，飞行员是运力不可分割的一部分，国内飞行员短缺，而支线飞行员就更加稀缺，这直接导致了支线运营的紧张。

从运营成本来分析，由于支线机型运营成本居高不下，推动支线票价整体大大高于干线票价，而现行的票价政策并未区分支线和干线，造成某些支线票价无法覆盖成本，一定程度上挫伤了国内航空公司经营支线的积极性。

从市场竞争来看，有些干线航空公司从培育市场的角度出发，未引入合理座位数的机型，以现有的干线飞机来飞支线航线。支线机型相对干线机型的单座成本劣势导致支线运营非常脆弱，干线机型通过价格战挤走支线机型，接下来因航线宽度不足迫使干线机型降低频次，航线飞飞停停，徘徊不前，最终导致各航空公司均不愿引入支线机型。

（三）枢纽机场缺陷

支线机场和干线机场均是中小城市航空通达性改善计划的直接受益者，也是推进干支联程的重要环节，特别是作为国家门户机场重要补充的二级枢纽，更是起着关键性的作用。但目前二级枢纽还存在着诸多缺陷，难以承担起区域枢纽的重任，当前最需要弥补的是二级枢纽的航线网络状况。以武汉和重庆为例，在42个城市中，武汉和重庆的直达通航城市分别为29个和37个，在直达的城市中，每日密度达到4班的城市分别为9个和15个，在这部分日密度达标的城市中，时刻分布均匀利于中转的城市更是下降到7个和11个城市，而同期北京作为中转枢纽，其直达、日密度达标和时刻分布合理易于中转的城市比例分别为39个、32个和31个。相对门户枢纽而言，二级枢纽的中转劣势显而易见，其所带来的影响则是中转时间延长，甚至无法中转，而大型门户枢纽不得不承担起部分二级枢纽应当承担的中转责任，造成资源失衡。

四、推动中小城市航空通达性改善计划需要得到各方的支持

推动中小城市航空通达性改善计划的核心是中央和地方政府、中国民航局和地方管理局、干线航空公司和支线航空公司通力合作，在短期内共同搭建起一个干支互补的具有良好通达性的航线网络。在启动阶段，需要以下政策的支持与协调：

（一）核心枢纽机场时刻支持

为了减少对门户机场时刻的过多占用，保证改善计划的持续推进，需要协调相关方面，向支线航空公司开放门户机场的二线机场。当然，在改善计划初期阶段，在二线机场尚不具备中转能力的情况下，为了确保计划的快速启动，需要中国民航局和地方管理局率先提供北京、上海、广州等枢纽机场的部分时刻专门用于支线航线开辟。

（二）提供灵活的运力摆放政策

为了提高支线航空运力投放效率，降低支线运营补贴压力，支线运力需要采用多点投放方式以更加贴近客户，需要中国民航局提供更加灵活的基地（或分公司）、运力摆放政策。

（三）在国家宏观调控的基础上采用灵活的市场化定价方式

目前，除了省内支线航线定价采用备案之外，其他跨省航线均采用审批制。由于支线航线运营成本远高于干线，而目前的支线定价相对支线成本而言依然偏低，造成支线收益低，政府补贴压力大。建议将国内支线定价权参照省内航线处理。

（四）公共政策环境

民航业发展不仅需要稳定的资金保障，更需要良好的公共政策环境。在公共航空运输体系中，小型机场是“神经末梢”和基础节点，支线航空是“毛细血管”。世界上许多国家都具有发达的支线航空，这得益于政府的扶持政策。即使像美国这样的发达国家，要实现支线航空的经济效益都是一个难题。特别是在日益激烈的市场竞争环境下，如果没有相应的扶持机制，航空公司就没有经营支线航空的积极性，直接削弱了国家航线网络的通达性，中小城市居民也享受不到国家的基本航空服务。美国的“基本航空服务计划”等政策，明确了小社区最低的航空服务水平，并通过政府向航空公司支付补贴形式予以保证。在欧盟的“公共服务义务”航线政策中，对承担公共服务责任、运营支线定期航班的航空公司，成员国可以给予这些航线最低3年的保护期和一定的补偿。

参考文献

[1] 刁永梅，朱金福．支线机场的建设与发展［J］．中国民国航空．2002，5.
[2] 吴涛，李林．我国加快支线机场建设的现实意义［J］．改革与开放，2011，2.
[3] 罗奕钦．关于推动中国支线机场发展的探讨［J］．空运商务，2007，4.